杭州市哲学社会科学规划重点课题
杭州历史文化研究丛书

严州文化史

洪淳生 / 编著

中国社会科学出版社

图书在版编目（CIP）数据

严州文化史 / 洪淳生编著. — 北京：中国社会科学出版社，2021.4
ISBN 978-7-5203-8248-9

Ⅰ. ①严⋯ Ⅱ. ①洪⋯ Ⅲ. ①文化史－杭州 Ⅳ. ①K295.51

中国版本图书馆CIP数据核字（2021）第066865号

出 版 人	赵剑英
责任编辑	郭　鹏
责任校对	刘　俊
责任印制	李寡寡

出　　版	中国社会科学出版社
社　　址	北京鼓楼西大街甲158号
邮　　编	100720
网　　址	http://www.csspw.cn
发 行 部	010－84083685
门 市 部	010－84029450
经　　销	新华书店及其他书店
印刷装订	杭州高腾印务有限公司
版　　次	2021年4月第1版
印　　次	2021年4月第1次印刷
开　　本	787×1092　1/16
印　　张	16.25
插　　页	2
字　　数	201千字
定　　价	98.00元

凡购买中国社会科学出版社图书，如有质量问题请与本社营销中心联系调换
电话：010—84083683
版权所有　侵权必究

编辑指导委员会

主　　任　卓　超

委　　员（以姓氏笔画为序）

　　　　　王其煌　史及伟　朱学路　孙　璐

　　　　　李志庭　何忠礼　张旭东　陈　铭

　　　　　林正秋　周　膺　徐吉军　顾志兴

　　　　　顾希佳　薛家柱

目 录

绪　言	1
第一章　严州文化的源头	7
第一节　史前文化	7
第二节　医药文化	13
第三节　地名文化	14
第四节　冶炼文化	15
第五节　励志文化	18
第六节　隐逸文化	22
第二章　严州文化的发展（三国—隋朝）	31
第一节　三国时期的东吴文化	31
第二节　山越民族的历史沿革及山越文化	40
第三节　山水文化	47
第四节　山越遗风：骁勇善战的"寿昌县公"周文育	64
第五节　东吴经济文化发展对山越经济文化的影响	65
第三章　严州文化的辉煌时期（唐朝—宋朝）	69
第一节　严州文学	69
第二节　严州史学	135
第三节　严州理学	141
第四节　严州刻本	163
第五节　货币文化：神泉监	167
第六节　起义文化	170
第七节　佛教文化	176
第八节　严州名人	192
第九节　中原文化对严州文化的影响	197

第四章　严州文化的余绪流风（元朝—清朝）　　　199
    第一节　戏剧文化：元杂剧、南戏与严州　　　199
    第二节　农耕文化：建德市大慈岩镇新叶古民居、
           淳安县浪川乡芹川古村落、桐庐县深澳镇深澳古村　　　202
    第三节　科举文化　　　212
    第四节　建筑文化　　　219
    第五节　贱民文化：严州九姓渔民　　　226
    第六节　方言文化　　　230
    第七节　谱牒文化：地方志与家谱　　　234
    第八节　著名古典小说与严州　　　242
余　论　　　251
后　记　　　255

绪 言

《严州文化史》的写作是一件十分繁重的事情。严州几千年的文明历史，不是一本书能讲清楚的。但鉴于一直以来没有一本专门讲严州文化史的书籍，笔者如能在前人的研究基础上做一些梳理，做一些开拓性的工作，抛砖引玉，也是非常有意义的事情。下面，笔者想讲三个方面的问题：一是为什么要写这本书；二是《严州文化史》应该是怎样的一本书；三是写作的基本思路。

一 为什么要写这本书

第一，我是地地道道的严州人。我出生在美丽富饶的淳安县茶园镇。当我还在襁褓中的时候，因为建设新安江水电站，就随父母亲搬迁到建德市（县）新安江街道。我住在新安江街道，是喝着新安江水长大的，是在严州文化的熏陶中成长的。那时，父亲给我讲起明代三元及第的商辂公的传奇故事，他是那样忘情，并且充满自豪感。商辂公在皇帝面前吹嘘家乡如何如何好，是"铜桥、铁井、小金山"。其实"铜桥"就是乡间"桐子树"搭的小桥，"铁井"指井口是铁打的井圈，"小金山"则完全是个地名。聪明的商辂公还说他家乡的毛竹有水缸那么粗，皇帝不相信，商辂公就拿出从家乡带来裹粽子的叶片给皇帝看，皇帝从未出过远门，稀里糊涂就相信了商辂公的话。除了三元及第的商辂公，还有方逢辰，父亲也讲得活灵活现。我长大后，查看了一些资料才知道，那些不过是传说。其实正史上说，宋朝末年，程元凤拜相后，极力推荐方逢辰，想把他扶为副宰相，终因朝中大臣相继指摘方逢辰而作罢。如此之类的传说故事，简直可以编成几本厚厚的故事集。说实话，我对这片生我养我的土地是怀有深深的感情的。

第二，自大学毕业后，我一直在建德市的教育、新闻、文联、宣传等部门工作，尤其是自2006年以后，我专门从事党史、地方志工作，使得我对严州的历史文化有了更深入的了解。严州地区的历史文化名人令我肃然起敬，严州地区的文化积淀让我惊叹。我觉得有必要写一本《严州文化史》，以此来展示严州历史文化的光辉灿烂。从学养和能力上来讲，我感觉有些力不从心，但从情感上来讲，作为严州后代的我对严州文化的热爱又难以割舍。我长期从事地方文化编撰工作，仿佛有一种历史赋予的使命感压在肩上，催促我迎接挑战，奋然前行。绍兴、衢州、金华等地区都有专门介绍本地区的历史书籍正式出版，更让我有一种时不我待的紧迫感。古时浙江的11个地区——杭、嘉、湖、甬、绍、温、台、处、金、严、衢，在国务院区划调整时，不再使用严州这一地名。原先严州所辖的六县，先是归建德专区所辖，后来归金华专区所辖，再后来又划归杭州市所辖。原有的地名虽然消失，但其历史文化却没有消失。拭去历史的尘埃，仍然能放射出夺目的光彩。

第三，其实，早在严州文化研究会成立之前，已经有很多热爱严州文化的人在自觉地开展工作了，如戴不凡、郑秉谦、陈利群、朱睦卿、方韦等，就是这样具有文化自觉的人。说来惭愧，有许多领域，当地人没有去研究，倒是外地的专家把它当成宝贝。比如严州的方言——中国著名语言学家、北京语言大学语言研究所所长曹志耘先生，在研究了他的家乡金华方言之后，接受他的朋友——日本语言学家的建议，于1993年至1996年之间四次到建德市对严州方言进行调查，写出《严州方言》书稿。之后，曹志耘先生得到日本三菱公司赞助，于1996年年底由日本出版公司出版。当地人没有重视的事情，外地人先重视了；中国人自己本该重视的事情，外国人先重视了。这让我们这些严州人的后代，为之汗颜。现在，地方党委和政府对历史文化的保护和弘扬特别重视，建德市还专门成立了严州文化研究会，拨出专款、组织人员对严州文化进行研究。我作为严州文化研究会的成员，有责任、有义务努力去做好这项工作。

二 《严州文化史》应该是怎样的一本书

《严州文化史》应该是怎样的一本书呢？在写这本书之前，我也反复地思考过这个问题。我阅读了各类文化史教科书，如张岱年、方克立主编的《中国文化概论》、冯天瑜的《中国文化史纲》、钱穆的《中国文化史导论》以及柳诒徵的《中国文化史》，还有各个大专院校自己编写的文化史教科书，通过借鉴专家的文化史书籍，使得我对着手写作的《严州文化史》之思路逐渐清晰起来。

第一，什么是严州文化，这个概念必须明确起来。按照通常的说法，文化是人类社会在发展过程中所创造的物质财富和精神财富的总和。但我们平时讲的文化更偏重于精神财富，如文学、艺术、教育、科学等。如果套用这一说法，那么严州文化，就是严州人在历史上创造的具有地方特色的物质财富和精神财富的总和。所谓的严州文化史就是严州人创造物质财富和精神财富的历史。当然，文化史是一个复杂的课题，不是简单的一两句话能讲清楚的。古今中外关于文化概念的说法少说也有几百种，各说各的，从来没有一个统一的说法，只不过大同小异而已。严州文化是一个复杂的历史现象，不是一两本书能说清楚的。

第二，严州这个地名在历史上是发生过多次变化的。平时我们说的严州实际上是州府的名称。唐武德四年（621年）于桐庐（今桐庐县的西北面）置严州府，唐武德七年（624年）又废除严州府。宋宣和三年（1121年）又改睦州为严州，治所在建德（今建德市的东北面）。辖境相当于今天浙江的建德市、桐庐县、淳安县三县地域。宋咸淳初升为建德府，元改为路。明初改为建安府，洪武八年（1375年）又改为严州府，直到1912年，即辛亥革命成功后，严州府完成自己的历史使命，从此该地名停止使用。明朝以后的严州辖境相当于现在的建德、桐庐、淳安三地。现在的建德、桐庐、淳安在历史上都分别是两个县，是1949年以后区划调整时合并起来的，建德是由原来的建德县和寿昌县合并起来的，桐庐是由原来的桐庐县和分水县合并起来的，淳安县是由原来的淳安县和遂安县合并起来的。唐朝以前这六个县是分别属于不同地区的，这个历史可以追溯到汉朝。汉建安十三年（208年），孙权遣大将贺齐去安徽的黟县和歙县平定山越民族。在成功镇压山越民族的反抗后，就分歙县的东叶乡为新始县（淳安建县之始）；分歙县南面的武强乡为新定县（即后来的遂安县）。两县县治分别在新定里（原淳安县威坪镇）和木连村溪北（今淳安县仙居村一带）。又从丹阳郡里分出一部分作为新设立的新都郡，辖始新、新定、黎阳、休阳、黟、歙六县，以始新县治为郡治，贺齐为太守。次年，另筑郡治——贺城，始新县治迁郡城东附廓。晋太康元年（280年），改新都郡为新安郡，改新定县为遂安县。隋朝开皇九年（589年），改始新县为新安县，将遂安、寿昌两县并入，改隶属婺州。仁寿三年（603年）置睦州于贺城，新安县改隶属睦州。将遂安复立县，亦隶属睦州。大业三年（607年）新安县改称雉山县，改睦州为遂安郡，郡治仍设在贺城。曾经有一段时间，严州、睦州是同时存在的，后来并在一起，以严州相称。我们说的严州，实际是历史上的一个区域，也就是现代汉语所说的地域。从学术意义上看这一概念，就是从地理学、自然学、经济学、政治学、文化学、社会学、民族学、语言学、风俗学等方面来看待这一地区的历史并以此来划分和界定区域社会的。人们长期生活在同一个地方，就会有共同的文化背景，就会有相近的语言和风俗，甚至就会有相同的思维方式。其中方言是这一地区文化的活化石，是在历史长河中变动最小的元素。

作为一个地区级行政区，如果从唐武德四年（621年）算起，严州至今不过1395年的历史。不算太长，也不算太短。但是，严州成为文明地区，则早于出现严州这个地名（或州府名称）之前，并在数千年间就已经成为在地理、经济、文化、风俗方面独具特色的区域社会。区域社会意义上的严州，其时空跨度大大地超过了政区意义上的严州。由此来看，《严州文化史》所反映的该地区文化发展历史，就不能仅仅是严州作为政区时的历史，还应该包括严州作为区域社会的文化发展历史。否则，如果仅抠字眼，那么，没有严州地名以前的文化发展历史就不能说了。正是基于这样的认识，所以我有必要在这里特别指出这一点。

第三，主要是关于"文化"一词的内涵和外延的确定。文化是伴随着人类社会的诞生而诞生的。原始社会时期，在狩猎和采摘活动中，人们需要配合和交流——尤其是劳动经验的交流，这实际上就已经开始文化的传承了。那时还没有出现文字，文化传播没有载体，只能是口口相传。文字的出现，才使古人积累起来的劳动经验能够更好地传承下去。这个传承的过程就是文化、文明的传承过程。

"文化"一词古已有之，只是那时所讲的意思和现在不完全相同。"文化"两个字最早是分开的，后来才合并在一起。"文"的本义是指各色交错的纹理。《易·系辞下》载："物相杂，故曰文。"[1]《礼记·乐记》中说："五色成文而不乱。"[2]《说文解字》中说："文，错画也，象交文。"[3]说的都是同一个意思。在此基础上，"文化"一词的词义不断扩展，引申为装饰、文物典籍、典章制度、道德修养。"化"的本义是改变、生成、变化，自然造化。《易·系辞下》中说："男女构精，万物化生。"[4]《庄子·逍遥游》中说："化而为鸟，其名曰鹏。"[5]《黄帝内经·素问》中说："化不可代，时不可违。"[6]《礼记·中庸》中说："可以赞天地之化育。"[7]像这样的例子还可以举出许多。化"字的词义后来逐渐演变，具有事物的形态和性质发生变化的意思，最后引申为人的思想品德所发生的变化。最早出现"文""化"都使用的句子是《易·贲卦·象传》："刚柔交错，天文也；文明以止，人文也。观乎天文，以察时变；观乎人文，以化成天下。"[8]这段话充分体现了我们古人的哲学思想，即天人合一的思想。意思是说观看天象、天文，能了解一年四季的时序变化，从而把握自然界发展的规律；观察人文情况的变化，以便帮助人们了解社会的发展规律，通过掌握规律来改造社会，也就是"化成天下"。

1952年，美国文化人类学家克罗伯等人所著的《文化：有关概念和定义的批判性回顾》一书，列举了西方学术界从1871年到1951年80年间出现的各种"文化"定义一百余种，其中还不包括中国、苏联等国家各种有关的"文化"定义。自中国改革开放以来，文化热潮一浪高过一浪，各种"文化"定义层出不穷。如果作一个统计，数字一定非常可观。

第四，严州文化的结构与分类。按照文化内涵的分类，严州文化可分

---

[1] 郭文友撰：《周易辞海》，巴蜀书社2005年版，第118页。

[2] 陈戍国点校：《周礼·仪礼·礼记》，岳麓书社1989年版，第429页。

[3] 许慎撰：《说文解字》，中华书局1963年版，第185页。

[4] 郭文友撰：《周易辞海》，巴蜀书社2005年版，第164页。

[5] 傅云龙、陆钦校注：《老子·庄子》，华夏出版社2000年版，第85页。

[6] 刘永升等编著：《全本黄帝内经》，华文出版社2010年版，第175页。

[7] 陈戍国点校：《周礼·仪礼·礼记》，岳麓书社1989年版，第183页。

[8] 原著孔子等，译文兴华等：《四书五经》（文白对照本），昆仑出版社2001年版，第1172页。

为四个层面，即器用文化、观念文化、制度文化和行为文化。

器用文化，又叫物质文化，它是人类各种文化的物质基础。人类自从诞生的那一天起，就离不开对物质的依赖——人要靠物质来维持生命和延续生命。这类文化反映了人类在解决和改善自身生存条件即衣食住行方面的能力，说到底就是社会生产力发展的水平，反映了人与自然的关系，是人类征服自然，与自然界和谐发展的历史。通过考古，严州发现了一些旧石器时代和新石器时代的历史遗存，出土了各种打制和磨制的石器，这是严州古人类的劳动工具，这些都是器用文化。

观念文化是人类精神方面的内容，它反映了人类在发展过程中逐渐形成的核心价值体系，反映了人类的审美情趣、思维方式和知识体系，反映了社会大众的普遍心理和意识形态，是可以通过提升凝聚为文化的精神内核。历史上，严州的土著人是山越民族，与绍兴的越族有着千丝万缕的联系，其血脉中遗留有越王勾践的强悍、刚烈性格和正义感。这些强烈的反抗精神被固化在基因中，在农民起义领袖陈硕真、方腊、倪从庆等人身上，在辛亥革命时期的仁人志士包宗经等人身上，我们都能找到这些精神根基。

制度文化是介于器用文化与观念文化之间的一种文化。制度文化是统治者在社会实践中为了规范人们的行为而设立的带有强制性的各种规定——如政治、经济、宗教、家庭、婚姻等规定。这种规定是自上而下的规定。比如严州地区古代的九姓渔民制度，实际上是由统治者实行贱民制度造成的，是带有歧视性质的制度文化。后来这项制度废除了，这一制度文化也就逐渐消失了。

行为文化是人们在长期的社会实践活动中和相互交往中建立起来的一种约定俗成的行为习惯性定式——通常以民风民俗的形式出现。这是一种自下而上的行为规范。相比于制度文化，行为文化的约束力要小一些，范围也小一些，是带有鲜明的民族性、区域性特色的行为模式。严州地区是山区，相对于中原地区和大城市来说，它封闭得多，其在社会风俗等方面都有自己的一套讲究——尤其是婚丧嫁娶、过年过节等事情都有自己的风俗习惯。

第五，严州文化也体现了中国文化所具有的一些重要特征。作为人类物质生活和精神生活的结晶，文化是在一定的时间和空间中诞生的，因此它必然带有时代性和区域性。文化一旦诞生就是人类社会的共同财富，不可能完全由个人把持，因此它又必然带有共性和个性的特点。文化不是一成不变的，它是与时俱进的，是随着时代的进步而进步的，在各种文化并行发展的同时，它也经历着激烈的矛盾碰撞，并且相互渗透、相互交融、共同发展，这是一个复杂的过程。因此，严州文化又具有相融性和变异性的特点。严州文化在发展过程中具有鲜明的时代性，比如北宋的方腊农民起义就是在风云激荡的时代，外族入侵和国内各种矛盾交织，最后激烈对抗的结果。严州文化还具有鲜明的地域特点。最明显的就是严州的方言。《中国语言地图集》把严州大部分地区的方言划作徽语严州片，把建德北部与桐庐交界的乾潭镇、钦堂乡划入吴语太湖片，把建德东南部与兰溪交界的大慈岩镇划入吴语婺州片。严州在地理位置上正好处在徽州的徽方言区、金华的婺方言区和太湖的吴方言区之间，由于特殊的地理位置，形成了独特的地方方言。在严州文化发展过程中，经历过中原文化对它施加的影响——如中原人因为躲避战争大量迁移到严州地区来；因为做生意的需要，上游的徽州人必须经过严州走向杭州、上海，甚至国外，因此徽州文化对严州文化的影响是非常巨大的。比如徽菜、徽派建筑、新安画派等不同种类的文化都对严州文化产生过非常重要的影响。因为处在多种文化的包围之中，就更显出它的相融性特点。如果要举例说明严州文化非常鲜明的区域特点，那就是：九姓渔民。他们与岸上人有着截然不同的文化。比如他们不准与岸上人通婚，婚礼是在船上举行的，不准穿鞋上岸，不能参加科举考试等。在这种社会风俗的制约下，九姓渔民慢慢形成了一套属于他们自己的带有非常鲜明特色的风俗习惯。

三　怎样来写《严州文化史》这本书

这类书，一般有两种写法，一是以时间为线索，从事情的源头写起，由远及近，一一道来；二是按照文化的分类来写——比如按照器物文化、观念文化、制度文化、行为文化四大类来写。既然是史，总是以纵的写法为好，能够看出文化发展的来龙去脉。但让人为难的是，由于缺少资料，许多历史发展阶段难以呈现出原有的、完整的面貌。鉴于这种情况，我只能采取"条""块"相结合的办法。"条"，即以史为线索，将严州文化的历史分为四个阶段：第一阶段是严州文化的源头时期，即从史前到汉代；第二阶段是严州文化的发展时期，从三国到隋代；第三阶段是严州文化的辉煌时期，从唐代到宋代；第四阶段是严州文化的余韵时期，从元代到清代。"块"，即每个时期内有特色的重要内容。比如在写"史前文化"一节中，我主要写"建德人"牙齿化石的发现及其意义，另外附带写桐庐、淳安的史前考古发现。再比如写"科举文化"，我就以明朝商辂公的三元及第为重点展开，同时适当向前、向后延伸。如果不这样处理，势必要从隋代写到清代，每个朝代都写，就会像撒胡椒粉一样，平分秋色，没有重点。就一个州府地区来写，史料也不够。因此，采取"条""块"结合的办法来写，比较妥帖些。

第一章 严州文化的源头

第一节 史前文化

一 "建德人"牙齿化石的发现

讲到浙江的人类历史，就不能不说"建德人"。据考古发现，在距今10万—5万年前，在今天的建德市李家镇新桥村就有古人类生活。

中华人民共和国成立以后，曾两次有组织地对建德市李家镇新桥村的乌龟洞进行考古发掘。

（一）建德市李家镇新桥村乌龟洞的第一次考古工作

1962年10月至1963年6月，浙江省地质局区域地质测量队的黄正维、孟子江、王雪瑜、叶士泓、朱佩璋等人，在调查浙江石炭、二叠纪灰岩区喀斯特地貌时，在建德、衢县等地考察了一百多个洞穴，发现一个含哺乳类化石的地点，并对其中的四个洞穴（骆洞、乌龟洞、桑园、葱洞三号）进行了发掘。除获得丰富的哺乳类化石外，还在乌龟洞中发现了一枚古人类牙齿化石。

乌龟洞位于新桥村枣园自然村西面400米处，即东经119°05，北纬29°20附近。洞穴发育于船山灰岩中，洞口朝南略偏西，洞进深7.3米，分为三段。前洞深2.55米，高2.45米，宽2米；中洞（即过道）深1.25米，最高处2.3米，最宽处4.25米；底洞深3.5米，高2.73米，宽1.90米。底洞右侧有一个洞，中径0.90米，深1.60米，底宽2.57米。右口进入有一个小洞，洞进深3.90米，又分上下两洞。上洞深1.80米，高2米，宽2.20米；下洞深2.10米，高3米，宽4.45米。堆积层厚1.35米。原洞顶大部坍塌，大部分堆积已无洞顶掩盖。因此，原生堆积上覆盖着有50厘米厚的现代堆积。其实，在这次考察挖掘前，村民曾多次发现过动物化石，有人还在洞中挖出过龙骨（哺乳动物化石）。因此，研究人员专门将此洞作为重点进行发掘。乌龟洞堆积物自上而下，依次是：第一层是棕色黏土，横向过渡为含钙质结构的黏土。钙质结构大多呈姜状，层厚0.7米。棕色黏土中的化石，计有：猕猴、犀牛、巨貘、水牛、黑鹿、猪、熊、犬科、豪猪、啮齿类。第二层是棕褐色黏土及灰烬层，松散，呈小团粒状，含有人的牙齿等。第三层是棕黄色石灰胶结的燧石碎屑物，坚硬，层厚0.3米。据黄正维等人分析，乌龟洞洞穴中第四纪哺乳类化石的种类，基本上与华南山洞中常见的化石种类相同，是属于剑齿象—大熊猫动物群。洞穴中堆积物，根据其中所含的化石或动物种类，可分为两个时期：含有剑齿象—大熊猫动物群的堆积，为地质时代更新世中晚期；含有人牙、灰烬层的堆积，为晚更新世或全新世。相当于考古学年代的旧石器时代晚期。

建德乌龟洞动物群和古人类遗物、遗迹的发现，不仅为浙西地区第四纪地质和哺乳类化石的研究提供了可靠材料，而且还填补了杭州旧石器时代洞穴遗址的空白。遗憾的是，这次考古发现的人牙化石后来居然不见了，真是可惜。

（二）建德市李家镇新桥村乌龟洞的第二次考古工作

相隔11年，即1974年冬，为探索杭州周边地区旧石器时代的历史，中国科学院古脊椎动物与古人类研究所的张森水、韩德芬、戴尔俭、许春华和浙江省博物馆自然部的魏丰、徐玉斌、张明华等人来到乌龟洞考察。结果，从一个小孩那里征集到一些化石，其中有犀牛骨和牛骨等，令人意外的是，其中还有一枚古人的牙齿。

洞中上部地层出土的"建德人"化石标本，是一枚右上犬齿（编号为PA536），除其齿冠远端外侧稍缺一小块之外，其他部分均基本保存完好。其齿冠唇面有条状浅槽痕迹，疑被啮齿类动物啃咬过。齿根的尖部被啮齿类动物咬掉，而略呈一斜面。这件标本的齿冠内侧边缘已磨损，齿冠高11.66毫米，中径为8.2毫米，唇舌径9.5毫米。此牙齿化石粗壮程度，大于1958年在广西柳江县通天岩洞穴中发现的"柳江人"牙齿化石，由此判断，其为男性个体所属；而从其齿尖的磨损程度比"柳江人"稍弱来看，他可能为30岁左右的青年人。

根据"建德人"的牙齿等形态判断，"建德人"应属于智人型的古人类。其理由如下：从北京猿人的上犬齿分析，北京猿人的齿冠和齿根都较粗壮，舌面结构复杂，舌嵴和副舌嵴发育，舌面圆隆的底结节显著，齿带发育；再根据北京猿人的齿根不仅壮，而且至尖端处有突然收缩成细尖的现象，可以看出"建德人"右上犬齿比之北京猿人的上犬齿有着明显的进步。但如将"建德人"牙齿标本与现代男性的上犬齿比较，不仅其齿冠稍大，而且齿根也显得粗壮一些，没有像现代人那样呈柱形。除此之外，"建德人"右上犬齿化石形态与"柳江人"和"山顶洞人"也表现出十分的相似，但又比"柳江人""山顶洞人"和现代人同类牙齿的平均值要大一些。结合"建德人"出土的层位和与之共存的古动物资料分析，将"建德人"归属于"柳江人"一类的智人类型这一论点是有道理的。

"建德人"牙齿化石的发现，虽然材料不多，但它为我国智人化石的分布提供了实证，为在浙江发现更多的远古人类化石带来了希望，其意义是十分重大的。

（三）"建德人"的生活年代

"建德人"右上犬齿化石发现后，引起了旧石器时代考古学学者们的高度重视，但学者们对其生存年代却存在着较大的分歧。中国科学院古脊椎动物与古人类研究所的张森水和韩德芬先生经过研究，认为"建德人"形态较"北京猿人"有了明显的进步，与发现于广西柳江县通天岩洞穴中的"柳江人"和北京的"山顶洞人"十分相像，应属于智人类型的古人类。再从同层共存的哺乳动物化石来看，下部堆积中有14种哺乳动物，其中有5种是灭绝种，而且又有纳玛象和剑齿象化石，尤其是不见最后鬣狗，与地质年代为晚更新世早期的动物群相仿，种属也近似。出土"建德人"牙齿化石的上部堆积层中含有最后鬣狗，但缺乏纳玛象和巨貘，说明上部堆积应比下部堆积时代要晚。不过，从晚更新世末最后鬣狗已灭绝的现象分析，"建德人"的时代显然应为晚更新世晚期，即相当于旧石器时代晚期偏早，大致距今为5万年左右。

一般说来，"柳江人"和"山顶洞人"等晚期智人的特点是：脑量增加，约有1300—1500毫升，已在现代人脑量的变异范围之内；颅骨变高，厚度减薄，而头骨的最大宽度上移，其额部丰满，眉弓变矮，吻部后缩；同时，牙齿也变小，颏部突出。说明晚期智人的智力发达程度和头部特征都已接近现代人类，"建德人"的头部形象也可能与此相近。当然，由于进化程度不一，加上古生物环境差异，"建德人"仍或多或少地具有某些原始性。

随着科学技术的进步，原先一些测量方法的精确度已难以令人满意。尤其是采用不同的方法测定同一遗址，或同一方法测定同一遗址中的不同样品，所得的年代值之间往往有着明显的差距。即使是人类化石及其文化的年代与其所在地层的堆积年代也不一定是同时的，有的延续时间长。况且，碳十四测定方法只能测定晚于4万年的地层，因而，在旧石器时代考古测定中，需采用别的先进方法测定。1986年，北京大学考古系的年代测定研究人员公布了在乌龟洞中，同上部地层人类牙齿化石伴出的牛牙化石，其采用铀系法测定年代数据为10万年左右，也就是说"建德人"的生活年代应距今10万年左右。

测定这些数据所采用的铀系法（U系法），是利用铀的诸同位素和它们的子体之间放射性平衡的破坏与重建来确定年代的，测定范围为0.5至35万年。用于考古测年时的主要对象是人和哺乳动物化石，以及地层中自生的碳酸盐化学沉积物,如钙板、钙结构、泉华、钟乳等。目前,已测定了包括周口店在内的20多个重要的旧石器时代遗址的年代。因此,将"建德人"的生活年代重新确定在距今10万年前,应该是非常可信的。近年来,在皖南繁昌县和宁国县以及南京汤山等地发现的旧石器时代早期遗址,也可为"建德人"年代的判断提供佐证。

如果无误的话,那么"建德人"所处的社会发展阶段就应相当于考古学上的旧石器时代中期晚段,即处在母系社会初期阶段。此时远古人类的主要工具是以打制石器为特征,同时,也已懂得制作诸如木长矛和木棒等工具,开发和征服自然的能力比原先大为提高,采集、狩猎和捕鱼是当时人们的主要生产活动。当时生产资料公有,人们共同劳动、共同消费,过着以母系血缘为纽带的穴居生活。世系以母亲计算,子女也随同母亲。母系氏族社会的妇女,特别是老年妇女往往是氏族社会生产的指挥者或领导者,受到大家的尊重。在建德市莲花镇樟村南部的樟村洞内的黄红色黏土堆积中,曾发现疑似用火的痕迹和6种哺乳动物化石,表明"建德人"生活时代可能也已懂得使用火。火的使用,给人带来光明,也给人带来温暖,同时还为制造工具、围捕猎物和熟食生活等创造了条件,是人类社会划时代的一大进步。由此可以推知,在距今10万年前,栖息在浙西山地的"建德人",依靠集体的力量,同大自然进行顽强的斗争,用粗壮有力的双手,推动社会向前迈进。

关于"建德人"的许多问题,至今仍然有很多谜。例如"建德人"是在乌龟洞里面长期定居生活呢,还是路过这里碰巧死在这里的呢?"建德人"的遗存现在只有一颗牙齿,当时遗骸是在洞内,还是在洞外呢?有一种说法,认为"建德人"的遗骸原来是在洞外的,是外力将他推入洞内的。是什么外力将他推入洞内的呢?这个问题过去一直困扰我。后来读了著名地理学家陈桥驿老先生的著作,才解决了这个疑难问题。从晚更新世开始,海平面上升,浙江的钱塘江流域经历了三次大的海进海出。乌龟洞外的"建德人"遗骸如果是外力移入洞内,那可能就是海侵时期的海水力量把"建德人"的遗骸移入洞内。过去我总奇怪,我们建德市新安江街道地势较高的地段为什么会有那么厚的沙地,起码有五六米厚。新安江河流在沙地之下,即使涨洪水,也不可能把沙地堆得那么高。后来看了陈桥驿老先生的著作,心中的疑团才豁然开朗。

二 桐庐智人头盖骨化石的发现

2000年5月,桐庐县印渚镇延村村民自愿集资4000余元,想通过开发村后600米处的岩洞搞旅游,使村民得以致富。在考察这两个石灰岩洞穴时,发现了8块古人类头盖骨化石和包括水牛、黑熊、猪、赤麂与中国犀等种类的近百块古动物化石。为确定它的年代,同年7月4日,浙江省自然博物馆将这批化石送到北京，请中国科学院古脊椎动物与古人类研究所做进一步的鉴定。吴新智院士和张森水研究员经研究后认为：这是古人类智人的头盖骨碎片和一块下颚骨，且个体年龄较轻，约为30岁左右；从收集的动物骨骼和牙齿化石来看，动物化石则与晚更新世动物群面貌相似。后来，南京师范大学用铀系法作年代测试，结论是：人类头盖骨等化石标本，大致年代为距今为2万至1万年前的旧石器时代晚期。这是继"建德人"古人类化石出土后的又一个重要发现。这个古人类头盖骨，在杭州地区是第一次发现。出土的化石数量也比建德市更多。这个发现增强了人们在当地寻找更多的旧石器时代晚期遗址的信心。

三　其他史前文化遗址

（一）建德市大同镇久山湖遗址

久山湖遗址位于建德市大同镇久山湖自然村东南的屋后山上，周围均为水田，水田外围是绵延的群山，遗址北面依着久山，西面约100米外有大同溪自北向南流过，320国道在遗址南部自东向西穿过。该遗址为南北长约100米、东西宽约50米的台地，面积约5000平方米。是20世纪80年代初，当地农民在基建时发现的。

经初步发掘，该遗址出土了一批石器，有带孔石斧、穿孔铲、石锛、石镞、石鱼网坠和玉簪等。同时出土的还有黑陶豆、灰陶豆、碗、陶盂等器物。从出土器物的制造工艺来看，当时住在这里的先民，已有了较高的制造水平。1985年12月23日，该遗址被确定为建德市（当时为建德县）文物保护单位。

1989年11月，当时的建德县文物办和杭州市考古所对久山湖遗址进行了抢救性发掘。发掘主要在台地的南部进行，共布置有宽2米、长20米的探沟4条，在台地的北部工厂厂区布置有东西向探沟1条，另外在台地东南与之相连的小台地上也布置有东西向探沟1条，发掘面积总计240平方米。出土的文物有：陶器6件，主要为夹沙红陶和泥质灰陶，还有少量夹细沙黄陶，以素面为主，有少量饰绳纹。器型有鼎、豆、簋、双鼻壶、罐、贯耳壶等；石器17件，器型有段锛、钺、镞、镰等。此次考古发掘，探明了遗址的范围和蕴藏情况，出土的文物为研究浙江新石器时期文化布局提供了可贵的证据。如将久山湖遗址出土的陶器与太湖流域良渚文化的陶器相比，可以发现，这里的鱼鳍形足鼎、双鼻壶、折腹浅盘豆、侈口折腹或敛口弧腹簋、贯耳壶等在良渚文化中都能找到相同的器型，它们应是来自良渚文化。出土的石钺、石锛和采集到的玉锥器型质料也与良渚文化相同。唯有宽折沿圜底绳纹釜、浅盘豆为久山湖遗址独有。据此，可将久山湖遗址的年代定在新石器时代晚期，大致与良渚文化晚期相当。

久山湖遗址的考古学文化与良渚文化一脉相承，为我们了解建德市先民的生活环境、经济方式、生存状况诸方面提供了珍贵的实物资料，同时，也为研究浙江先民在华夏文明形成过程中所起的作用提供了重要依据。[1]

（二）建德市航头镇六山岩遗址

六山岩遗址位于建德市航头镇溪沿村六山岩的山坡上，南临寿昌溪，320国道从山脚下通过，遗址面积约1500平方米。文化层的堆积以六山岩东南坡最为丰富。1982年2月，杭州市文物普查工作队在这里进行了文物普查，并在东南坡的腰部试掘了一个2平方米的小探方。在探方内，揭去约20—43厘米的褐色耕土层后，即发现有文化层。文化层分为两层：第一层厚约20—40厘米，为灰黄色砂性土质。出土的器物有陶片、陶器和石器。陶片有泥质黑陶，可辨认器型有罐、壶、盘、盆、钵、豆、鼎足和纺轮等。其中有三片夹沙黑陶，为釜片；还有红色夹砂陶，大多为鼎足，其形有鱼鳍形、扁尖足形、凿形足。石器有镞、钺、网坠、有孔小石刀、石斧、砺石。第二层厚约50—60厘米，为灰黄色黏性土，出土的陶片中的泥质灰陶，可辨认器型有罐和豆，有红色夹沙陶，亦为鼎足，其形与第一层大致相同。还有少量的白陶片和黑陶片。石器有镞、锛、管、砺石等。

1997年320国道改线，建德市文物办在杭州市考古所的指导下，对其进行抢救性发掘，共出土石器67件。其中石斧6件，石饼4件，石锛10件，石箭头6件，石镰4件，石网坠4件，石刀4件，石钻孔器2件，石矛2件，纺轮4件，陶片8件，其他石器13件。

从采集到的器物看，该处遗址延续的时间较长，内涵丰富，有其本身的特色，为了解浙西地区新石器时代早期的气候环境与人类活动、文化分布与交流的关系，以及环境变化、河流迁徙、地貌形成等提供了重要的实物资料。

1982年10月23日公布为建德县县级文物保护单位。[2]

（三）建德市寿昌镇东门村青龙头遗址

青龙头遗址位于建德市寿昌镇东门村青龙头山坡，寿昌江由西向东从南面流过，330国道从遗址西面穿过。遗址所处的青龙头山坡高出河道约10米左右，占地面积约2万平方米，为1982年发现，未经发掘，故文化层厚度不详，1985年公布为建德县县级文物保护单位。遗址上种有山芋、桃树等农作物。从遗址上采集的石器有网坠、镞、锛、石饼、夹沙红陶、夹沙灰陶、泥质灰陶、印纹硬陶以及打磨石器所剩的废料，其内涵与六山岩遗址类似。由于遗址内碎石片堆积规模较大，有可能是当时的石器加工场所。

该遗址为研究史前建德居民生活状况提供了珍贵的实物资料，具有较高的文物研究价值。[3]

（四）淳安县千岛湖镇五龙岛遗址

淳安县千岛湖镇五龙岛遗址，位于千岛湖镇西3公里新安江水库的五龙岛南侧，通过挖掘，发现遗址中有石锛、石斧、石镞、陶网坠、陶纺轮、

[1] 建德市第三次全国文物普查办公室编：《建德古韵》，西泠印社出版社2012年版，第7页。

[2] 建德市第三次全国文物普查办公室编：《建德古韵》，西泠印社出版社2012年版，第7页。

[3] 建德市第三次全国文物普查办公室编：《建德古韵》，西泠印社出版社2012年版，第8页。

鱼鳍形鼎足以及较多的夹沙陶、灰陶、泥质黑陶等陶片，另外还有玉石1块。

第二节 医药文化

一 桐君简介

严州历史上传说的桐庐的祖先——桐君老人是古代医药文化的代表者之一。桐庐这个县名就是因他而来。桐君是上古时候与黄帝同时代的人，在东山桐树下结庐栖身。人问其姓名，则指桐树以示，因而得名。桐君一生深究医理，"知医方药饵"，采药治病。他的医药实践成果，后人汇编成《桐君采药录》，这是我国有文字记载以来较早的药物著作之一，被《隋书》《旧唐书》列为典籍。在《太平御览·药部》中，亦载有桐君对30多种药物性味的品评。后人将桐君在医药实践方面的成就与贡献概括为："识草木金石性味，定三品药物，以为君、臣、佐、使。"[1]桐君总结、首创的按中药性味，定上、中、下三品药物和分君、臣、佐、使进行药物配伍的格律（今称主、辅、佐、引药），一直沿用至今。

桐君以其对华夏医药学的贡献，被尊为"中药鼻祖"。

[1]周保尔主编：《桐庐富春江文化集萃》，杭州出版社2013年版，第199页。

二 楼钥和他的《桐庐县桐君祠记》

宋朝的文学家楼钥曾写过一篇题为《桐庐县桐君祠记》的文章。这篇文章收入他的集子《攻媿集》中。楼钥（1137—1213年），南宋大臣、文学家。字大防，又字启伯，号攻媿主人，明州鄞县（今属浙江）人。是楼璩的三子，有兄长楼铄、楼锡。他的《桐庐县桐君祠记》的文章是这样写的：

> 荆州多荆，蓟州多蓟，豫章以木氏都，酸枣以棘名邦。兹邑以一桐之大，垂盖如庐，古有隐者采药求道于此，或问其姓，则指桐以示之，人因称为桐君。故桐江、桐溪、桐岘，皆因此而得名。既以为县，又因以名郡焉。大溪澄澈横其前，又一溪出天目，至此而会。一山峭然耸于溪之东。林樾秀润，号小金山，上有祠宇肖君之像，盖一方之绝境也。新婺州贰车詹君义民以书来曰：家本严陵郡中，慕桐君之高风，来寓邑下，念古祠之芜废，思有以兴起之，未能也。邑尉赵君某公余为一新，士民称美，思有以登载传后，求记于余。昔未冠时尝侍亲过其下，虽甚爱山水之清淑，曾不能登嵽山蕖，以致一觞之荐，徒颂卢公赞元招仙之词而去之，至今犹属梦境也。夫所谓隐者，正欲逃名于世。严之高士有三人焉：子陵隐于汉，

风节最高，而其名终不可泯；方干隐于唐，又以诗显；桐君不知为何人，身既隐而姓氏竟不传，其殆最优乎！余既喜詹、赵二君之好事，有契夙心，因并书之俾刻焉。[1]

第三节 地名文化

一 地方志中关于伍子胥的记载

中国的许多地名都保留有大量的古代历史信息，建德市的一些地名也如此。比如建德市乾潭镇的一些地名，就跟春秋时期的伍子胥有关。伍子胥从楚国去吴国的时候，途经建德所发生的故事就充满了传奇色彩。见之于正史的有刻于南宋初年的《严州图经》："英烈王庙在胥岭，盖伍子胥别庙，旧不载祀典。绍兴九年因修图经，考证本源，取吴山本庙封爵名之，岁时遣官致祭焉。"[2]另据明《万历严州府志》卷十九记载："今云（伍子胥）逃难抵此（指严州胥岭村）。疑无所据，或当是退耕之时尝至此地。"[3]但有一点可以肯定的是，在南宋之前这里就有了关于伍子胥的传说，否则《严州图经》中不可能无缘无故地说起这件事情。

二 建德历史上关于伍子胥的地名及传说

和伍子胥有关的地名在建德市乾潭镇有"胥村""胥岭""胥口""胥溪""子胥渡"等。在陈桥驿先生主编的《浙江古今地名词典》中有三个地名是与伍子胥有关的。

一是"胥岭"。《浙江古今地名词典》中是这样说的：

1. 村名。在建德县城北32公里。属下包乡（现下包乡已并入乾潭镇），旧时是通往安徽省要道。楚人伍子胥趋吴国，曾经此岭，遂名。村以岭名。村沿岭呈点状分布。人口400人。产杉木、松木、茶叶。村旁有两个溶洞，称胥岭洞。一明一暗，明曰玉泉，暗曰金粟。明者高广数丈。石钟乳状如狮、龟，形态极妍。宋陆佃题名其间。

2. 山名。在建德县东北下包乡与桐庐县歌舞乡之间。相传伍子胥奔吴时曾歇于此，故名。《清一统志·严州府·山川》："上有仙洞二，一明一暗。胥水发源于此。宋尝置驿于此。"海拔539米。[4]

二是"胥溪"。《浙江古今地名词典》这样说：

溪名。旧名胥口江、胥口溪、建德溪、建德江，又名乾潭溪。桐江支流。在建德县东北。源出建德县罗树乡扶梯岭，向东南流经

[1] 范樟友主编：《桐庐县志》，浙江人民出版社1991年版，第807页。

[2] 方韦编著：《严州史话》，天津古籍出版社2008年版，第11页。

[3] 方韦编著：《严州史话》，天津古籍出版社2008年版，第11页。

[4] 陈桥驿主编：《浙江古今地名词典》，浙江教育出版社1991年版，第500页。

罗村、下包、乾潭等乡镇，在乾潭镇大畈村胥口入桐江。长41.7公里。流域面积193.7平方公里。坡陡流急，水位暴涨暴落，属山溪性河流。上游建罗村水库。[1]

三是"胥口江"。《浙江古今地名词典》这样说：

> 古水名。即今建德县胥溪。淳熙《严州图经》卷二："胥口江在州东二十五里。地名胥村，故以名水。"或云"以伍子胥经此，因名"（雍正《浙江通志》卷十九引《建德县志》）。明初，李文忠遣将败张士诚于胥口，即此。又景定《严州续志》卷五作"胥口溪"。[1]

陈桥驿先生是口碑很好的历史地理专家，治学严谨。他主编的《浙江古今地名词典》是一本严肃的历史地理工具书。关于"胥岭""胥溪""胥口江"三个地名的解释，虽然引用的最早资料都是南宋的淳熙《严州图经》和景定《严州续志》，但至少他是认可这两部书的说法。伍子胥从楚国入吴，究竟有没有经过今天的建德市，虽然缺乏有说服力的历史资料来证明，但民间流传的伍子胥故事这种文化我想肯定是很早就流传于今天的建德市一带的。究竟是春秋时期还是稍后，现在还不能肯定，有待于新的资料出现，也可能永远是个谜。

[1] 陈桥驿主编：《浙江古今地名词典》，浙江教育出版社1991年版，第500页。

第四节　冶炼文化

一　历史资料中关于严州及周边采铜的记载

在建德市新安江街道辖区的西面有一个地名叫"岭后"，也叫"铜关岭后"，古时这里的山名就叫"铜关山"。据记载，秦时朝廷就在这里置官采铜。一是《元丰九域志》："铜关山，《新安记》云：秦时于此置官采铜，因以名。"二是万历年间编的《严州府志》："铜关山，县西八十里，《新安记》云：秦时于此置铜官采铜，后铜乏，遂废。"三是《读史方舆纪要》："铜关山，在府西八十里，《志》云：秦时尝于此置官采铜。"另外，北宋的晏殊在《类要》一书中也有记载，"睦州铜关山，唐时于此置铜官采铜"。不过他记的是唐朝。《淳熙严州图经》这样记载道："宋熙宁七年，于铜官五宝山置神泉监铸铜钱。"

在今天的建德市周边地区都存在着许多铜矿。离建德市最近的淳安县境内的铜矿遗址附近有一处摩崖石刻，上面有这样的文字："大唐天宝八年开山取铜，至乾元元年七月，又至大历十年十有二月再采，续至元和四年。"离建德市不算太远的江西德兴县就是中国的铜都。吴越之地铜的矿藏非常丰富，较早被人开采利用。据《越绝书》记载："赤堇玉山破而出锡，若耶之溪涸而出铜。""六山者，勾践铸铜；铸铜不烁，埋之东坂。""姑中山者，越铜官之山也，越人谓之铜姑渎，长二百二十五步。"越国以铸铜剑名闻于世。《周礼·考工记》载："吴粤（越）之剑，迁于其地而不能为良，地气然也。"《庄子·刻意》："夫有干越之剑者，押而藏之，不敢用也，宝之至也。"关于越国宝剑记载较为详细的是《越绝书》："昔者，越王勾践有宝剑五，闻于天下。"从以上记载我们知道，春秋时期越国对铜的开采冶炼技术已经非常成熟。今天的建德市，在古代归越国管辖，因此，越国发达的采铜冶炼技术不能不对过去的建德产生重大影响。因此，秦朝时期的建德已经置官采铜就不是什么稀奇的事情了。

二　中国开矿采铜情况简介

我们大家都知道，人类是由猿进化而来的。人类和动物最大的区别就在于，人会制造工具，并且能使用工具进行劳动。在人类社会初期，由于生产范围狭小，知识水平低下，所使用的工具不过是简单的木棒和石器。人类要继续生活下去，并且希望生活得更好，就要谋取更多的生活资料。在漫长的岁月里，在和大自然的斗争过程中，人类对自然界的认识也越来越广泛和深入了。随着社会生产的发展，人类逐渐发现金属比石器更锋利、更结实坚固，并开始掌握了冶炼的技能，制造金属工具。人类最早使用，并且在社会生产和社会生活中产生过重大影响的金属是铜，之后才是铁和其他金属。最早使用的铜是自然铜，之后才是冶炼铜；最早冶炼的铜是红铜或者是含有共生元素的原始铜合金，之后才是人工配置的铜合金。铜、石并用时代是人类最早使用金属的时代。由于铜的熔点低（1000℃左右），便于冶炼，而且资源分布较广，所以人类首先掌握了炼铜的技术。人类历史上的铜器时代，可以分为两个阶段：第一个阶段是黄铜器阶段；第二个阶段是青铜器阶段。黄铜器是使用自然铜铸造的，硬度小、生产率低。青铜器是铜锡合金，硬度大、生产效率较高。

金属生产工具的出现，促进了社会生产力的发展，使人类社会进入一个崭新的历史阶段。从世界历史看，中国青铜器时代到来得比较早。当4600年前，世界上许多民族还处于野蛮时期，中国就已出现了文明的曙光，开始用金属制造兵器和生产工具了。中国是世界上开采、冶炼、铸造铜最早的国家之一。

今天的陕西西安市临潼区姜寨，曾经在1973年出土了一件黄铜残片和黄铜管状物，树轮校正年代为4675年前后。在世界上，与我国开采、冶炼、铸造铜的历史时期相近的是伊朗。从殷墟（今河南安阳市殷都区小屯村）出土的考古资料可知，我们的祖先在冶炼、铸造技术方面达到了相当高的水平，非常擅长青铜器的制造和使用。青铜器的制造和使用是当时生产和生活中的一件大事。青铜器不同于质地较软的黄铜，它是一种铜、锡合金。制作这样的青铜器，从采矿、配料、冶炼出铜料，再到做成陶范以及灌注铜液制出成品，每一个过程都要有熟练的技巧。商代青铜器种类繁多，按其使用性质大致可分为六大类：一是兵器；二是食器及烹饪器；三是水器及容器；四是酒器；五是乐器；六是杂器。在兵器中有矛、戈、镞、刀、匕首、勾兵等；食器及烹饪器有鼎、鬲、甑等；水器及容器有盘、盆、鉴等；而盛酒之器，更盛行于殷商，其中有盛酒的尊（如四羊尊）、卣，饮酒用的角、爵、斝等；在乐器中，有铙、铎、铃、钟等；杂器有车马饰品、甲饰品、人面具等。殷墟发现的铜器中，数量最多的是镞，镞是只能使用一次的易耗品，而当时却使用青铜来制造，可见当时青铜原料充足，产量很大。青铜器表面往往呈现出一种青色的光泽，上面有各种复杂的美丽的纹饰（比如饕餮纹等），这彰显了当时的铸造技术已有非常高的水平。据研究，当时殷人把沸腾的青铜溶液注入雕有花纹的陶范里，铸造出精美的花纹。这种方法就是失蜡法（过去一直认为，到了西周时期才开始用失蜡法）。这种方法，到利玛窦来中国后，才把它传到欧洲，英美等各国科学家都承认这种方法是中国人发明的。这是中国人在工程技术上的一项珍贵成就。1939年，在河南安阳市武官村的一座大墓中，发现了一件青铜器——"司母戊"鼎，长110厘米，带耳高137厘米，宽77厘米，重700公斤左右，鼎上有精致的雷纹、龙纹和饕餮纹，腹内刻有"司母戊"三个字。在3000年前，就能铸造这样大而重的青铜器，如果没有规模较大的冶炼设备，没有精细的分工与协作，是不可能的。那时冶炼炉边一定有简单的鼓风设备，不然，他们如何提高冶炼炉内的温度呢？要铸造出这样大而重的青铜器是非常困难的。

关于铜矿和铜器的记载，在一些历史书籍中出现有一个重要的地名—首山。比如《史记》（"封禅书"）："黄帝采首山铜，铸铜于荆山下。"《洞冥记》卷三记载道："此刀，黄帝采首山之铜铸之。"首山，在今河南襄城县境内。由此可知，中原地区铜器的冶炼铸造技术，是比较发达的，会对东南沿海之地产生影响。只要我们认真阅读章鸿钊写于1918年的著作《中国铜器铁器时代沿革考》和章炳麟写于1925年的著作《铜器铁器变迁考》，我们对于古代铜矿和铜器的开采、冶炼、铸造情况就会有所了解。在我们今天看来，秦代置官采铜似乎很早了，其实在当时已经是非常正常的事情。通过考察中国古代青铜器冶炼、铸造技术，我们可以肯定，当时铜的开采、冶炼、铸造已经相当普遍，技术也比较高了。

第五节　励志文化

朱买臣（？—公元前115年），字翁子，会稽郡吴县（今江苏省苏州市）人，西汉大臣。朱买臣过去家庭经济条件十分困难，但他从来没有停止过努力，在妻子离开他时，也没有改变他继续奋斗的精神。他"穷且益坚，不坠青云之志"，越挫越勇。在他身上，表现出来的是一种励志精神，反映了一种励志文化。

一　朱买臣与建德市的关系

朱买臣与今天建德市的关系密切：

一是建德市洋溪街道朱池村村名的由来。陈桥驿先生的《浙江古今地名词典》"朱池"条曰："村名。在建德县城东北9公里，新安江北岸。属洋溪镇。以池得名。《清一统志》卷三〇二：'朱池在建德县（梅城）西三十五里。相传以朱买臣居此得名。当三衢大路，宋置朱池驿于此。'村呈块状。人口600（人），产茶叶。公路通县城，水运极便。村西北幽径山有朱买臣墓。""朱池"这一村名主要是因为朱买臣在此奋发读书，每天写字，清洗笔砚，池水尽染而来。《严州图经》这样说："朱池，距城三十里，相传朱买臣读书处。……因家于下涯之上，筑室读书，凿池为涤砚所，后人即其姓而名之曰朱池。"

二是朱买臣墓。《严州图经》记载："汉会稽太守朱买臣墓：在幽径山。按朱异《严州事迹》曰：朱池之西有山，名幽径，世谓买臣旧葬之山，山有丛棘俗号朱太守墓。"此墓现在建德市洋溪街道友谊村。原墓坐东南向西北，面宽7.2米，进深8.6米，封土堆高约3.9米。据当地村民反映，在20世纪40年代被盗掘过。现墓地仅存墓碑，碑中间是"汉右相朱公讳买臣之墓"，碑的右面是"大明万历拾壹年岁在阳月朔日"，碑的左面是"赐进士知建德县事华亭俞汝为立"。朱买臣的墓址一直有几种不同记载：第一种，《严州事迹》记载："嘉兴县，本号长水县，在东二里有会稽太守朱买臣坟。"第二种，《严州图经》卷二记载："朱买臣儿子朱山拊护灵柩回故里建德朱池，葬朱买臣于幽径山。"我认为这并不奇怪，因为后人出于对古代名人的崇敬，往往有好几处墓地，目的是为了能比较方便地纪念他们。

三是朱太守祠。《严州图经》记载："其东有朱太守祠，唐李频文其碑，石今不存而文传。"碑文曰："吴王濞举兵，民不遑居，公逃难至此，挹下涯水饮之，曰'水香而善，其地可居。'于是深入大周（大洲），得地为蓬荜而居之。后去官，因家于下涯之上，筑室读书，凿池为涤砚所，后人即其姓而名之曰朱池。"唐朝建德籍诗人李频在他的诗中说："家临浙水旁，岸对买臣乡。"至少在唐朝就有朱买臣在建德居住的说法。查《汉书》，我们知道朱买臣是江苏吴县人。

二　朱买臣简介

《汉书》记载：

> 朱买臣，字翁子，吴人也。家贫，好读书，不治产业，常艾薪樵，卖以给食，担束薪，行且诵书。其妻亦负戴相随，数止买臣毋歌呕道中。买臣愈益疾歌，妻羞之，求去。买臣笑曰："我年五十当富贵，今已四十余矣。女苦日久，待我富贵报女功。"妻恚怒曰："如公等，终饿死沟中耳，何能富贵！"买臣不能留，即听去。其后，买臣独行歌道中，负薪墓间。
>
> 后数岁，买臣随上计吏为卒，将重车至长安，诣阙上书，书久不报。待诏公车，粮用乏，上计吏卒更乞丐之。会邑子严助贵幸，荐买臣，召见，说《春秋》，言《楚辞》，帝甚说之，拜买臣为中大夫，与严助俱侍中。是时，方筑朔方，公孙弘谏，以为罢敝中国。上使买臣难诎弘，语在《弘传》。后买臣坐事免，久之，召待诏。
>
> 是时，东越数反复，买臣因言："故东越王居保泉山，一人守险，千人不得上。今闻东越王更徙处南行，去泉山五百里，居大泽中。今发兵浮海，直指泉山，陈舟列兵，席卷南行，可破灭也。"上拜买臣会稽太守。上谓买臣曰："富贵不归故乡，如衣绣夜行，今子何如？"买臣顿首辞谢。诏买臣到郡，治楼船，备粮食、水战具，须诏书到，军与俱进。
>
> 初，买臣免，待诏，常从会稽守邸者寄居饭食。拜为太守，买臣衣故衣，怀其印绶，步归郡邸。直上计时，会稽吏方相与群饮，不视买臣。买臣入室中，守邸与共食，食且饱，少见其绶，守邸怪之，前引其绶，视其印，会稽太守章也。守邸惊，出语上计掾吏。皆醉，大呼曰："妄诞耳！"守邸曰："试来视之。"其故人素轻买臣者入内视之，还走，疾呼曰："实然！"坐中惊骇，白守丞，相推排陈列中庭拜谒。买臣徐出户。有顷，长安厩吏乘驷马车来迎，买臣遂乘传去。会稽闻太守且至，发民除道，县长吏并送迎，车百余乘。拜为太守，入吴界，见其故妻、妻夫治道。买臣驻车，呼令后车载其夫妻，到太守舍，置园中，给食之。居一月，妻自经死，买臣乞其夫钱，令葬。悉召见故人与饮食诸尝有恩者，皆报复焉。
>
> 居岁余，买臣受诏将兵，与横海将军韩说等俱击破东越，有功。征入为主爵都尉，列于九卿。
>
> 数年，坐法免官，复为丞相长史。张汤为御史大夫。始，买臣与严助俱侍中，贵用事，汤尚为小吏，趋走买臣等前。后汤以廷尉

治淮南狱，排陷严助，买臣怨汤。及买臣为长史，汤数行丞相事，知买臣素贵，故陵折之。买臣见汤，坐床上弗为礼。买臣深怨，常欲死之。后遂告汤阴事，汤自杀，上亦诛买臣。买臣子山拊官至郡守，右扶风。[1]

由此，我们可以知道朱买臣是怎么走上仕宦之路的——主要是同乡严助的引荐。当时，朱买臣在京城办事，凑巧在街上遇到严助，严助官居中大夫，深受汉武帝赏识，于是向汉武帝推荐了朱买臣。汉武帝召见朱买臣，朱买臣谈说《春秋》，讲解《楚辞》，汉武帝很高兴，便封朱买臣为中大夫，与严助一起在宫廷侍奉皇帝。当然，有同乡推荐很重要，但自己还得有真才实学，否则，再怎么引荐也没用。历史记载还告诉我们，朱买臣与妻子离婚的故事。原来，妻子与他同甘共苦，相濡以沫，后来妻子嫌弃朱买臣。朱买臣反复劝阻无效，最后只好休妻。然而事情的发展往往会出现戏剧性的变化，被他妻子认为没有出头之日的朱买臣，却真的当了大官。朱买臣的前妻最后自杀身亡。

三 古人对朱买臣的评价

《汉书》云："而吴有严助、朱买臣，贵显汉朝，文辞并发，故世传《楚辞》。"[2]

《初学记》云："朱买臣孜孜修学，不觉雨之流粟。"[3]

《曲海总目提要》云："田蚡、张汤、桑弘羊、朱买臣。各以献策为进身之阶。以理财裕饷为急。"[4]

蔡邕云："朱买臣出于幽贱，并以才宜，还守本邦。"[5]

四 关于朱买臣的几个故事

一是负薪苦读的故事。《三字经》中"如负薪"的典故，说的就是朱买臣家贫，卖薪自给，每日砍柴，勤奋读书的故事。他40岁时仍然是个落魄儒生，靠砍柴卖掉以后换回粮食维持生计。

前元三年（公元前154年），吴王联合各藩王拥兵造反，朱买臣夫妻俩为逃离战乱，背井离乡逃到下涯（今建德市下涯镇）。他们一路风餐露宿，后来到达源里（新安江的一条支流），在人烟稀少的深山里搭了个茅棚，居住于荒野。

夫妻俩经常一起到山上砍柴，然后挑到山下市场去卖，以此维持生计。朱买臣在挑柴途中，喜欢背诵诗文，有人笑他是个书痴，当做故事传来传去，这惹得他的妻子常感难堪，于是劝他在挑柴时不要嘴里念个不停，让周围人当笑柄。可朱买臣不听他的妻子劝告，无动于衷，甚至越念

[1] 班固：《汉书》，中华书局1997年版，第711页。

[2] 班固：《汉书》，中华书局1997年版，第711页。

[3] （唐）徐坚辑：《初学记》（下卷），京华出版社2000年版，第92页。

[4] 董康编著：《曲海总目提要》，人民文学出版社2014年版。

[5] （南朝宋）范晔撰：《后汉书》，浙江古籍出版社1998年版，第837页。

越响,有时如唱山歌一般,弄得周围人都围过来看热闹。他的妻子无法忍受,请求离开朱买臣。朱买臣笑着对她说:"你别看我是个穷鬼,我50岁要大富大贵,你跟我吃苦已有20多年,现在我已经是40多岁的人,再等我几年,等到我富贵的时候好好报答你的恩情。"他的妻子生气地说:"像你这样的人,最后只能饿死在沟壑中,怎么能够富贵呢?"朱买臣再三劝说,他的妻子索性大哭大闹,没有办法朱买臣只好同意离婚,写下了休书,他的妻子毫不留恋,离家而去。

二是马前泼水的故事。有一出戏曲,叫《马前泼水》,讲了一个家喻户晓的故事:樵夫朱买臣整日不务"正业",只知读书。他的老婆崔氏吃不饱、穿不暖,满腹怨言。他的老婆对朱买臣说,我宁愿去乞讨,也不愿再跟你受苦。你给不了我幸福生活,我只能和你分手。说完,毅然改嫁有钱的赵石匠。朱买臣受此刺激,奋发图强,终于为官回乡。此时赵石匠已经落魄,崔氏看到旧爱当了官,打算回头。朱买臣说,回来可以,但我泼一盆水在马车前,你必须一滴不落地收回。如果你能做到,我就请你回来。崔氏听后,知道事情不能回转,就羞惭地自杀了。据《汉书·朱买臣传》记载,朱买臣和崔氏的关系并没有传说中那么紧张。首先,朱买臣穷得吃不上饭时,前妻还施舍过他食物,可见亲情还在。其次,朱买臣被授予会稽太守后,回乡看到前妻和新丈夫在一起修路,就停下车,叫后面的车子载上他们到太守府,安置在府中,供给食物。过了一个月,他的前妻上吊而死。朱买臣给她新丈夫银两,让他安葬。

也有人说,这个故事,不是发生在朱买臣身上,而是发生在姜子牙身上。宋朝王楙在《野客丛书》中说:"姜太公妻马氏,不堪其贫而去。及太公既贵,再来,太公取一壶水倾于地,令妻收之,乃语之曰,若言离更合,覆水定难收。"[1]明朝人写的《封神榜》,又把这个故事大肆演绎一番,说马氏跟姜子牙结婚时,是个60岁的老处女,婚后生活不和谐,提出离异。不过,姜子牙受封为齐王后,这么捉弄她一下,却大大符合其性格特征。

有一段时间,我不明白为什么后人在编写剧本时要把"覆水难收"扣到朱买臣身上,后来我仔细研究故事的结尾,有了新的发现。崔氏到了太守府后一个月就上吊自杀,死得着实蹊跷,给人无限遐想空间。就是说,朱买臣并没有以真正的善意对待前妻及其新丈夫,真实情况可能比姜子牙所为还惨烈。

人们把姜子牙、朱买臣的故事捏在一起,大概是为了揭示事件的本质——所谓以德报怨的朱买臣,其实比疯狂报复的姜子牙有过之而无不及。女人的太过功利只能激发男人成功后的报复。"马前泼水"这个故事,有的人又写成"覆水难收"。

[1] 刘万国 侯文富主编:《中华成语辞海》,吉林大学出版社2008年版,第365页。

第六节　隐逸文化

还有一个人物对该地区的文化产生过重要影响，这个人就是严子陵。两千多年以来，严子陵一直成为失意文人歌颂的对象，成为他们的偶像，更成为他们科举失败或官场失意的精神寄托。那么，严子陵与严州文化史究竟有什么关系呢？

一　严子陵与严州

严子陵与严州的关系：

一是严州乃严子陵的隐逸之地。严子陵名遵，字子陵，慈溪人（原为浙江会稽余姚陈山人，今属于慈溪市横河镇子陵村。1979年9月，慈溪县进行合区域调整，泗门区划归余姚县，余姚县以龙南区划入慈溪县，形成现有境域），是当地著名的历史人物之一。他原姓庄，后来因避明帝讳改姓严。严子陵年轻时就很有名望，他在游学长安时，结识了刘秀和侯霸等人。王莽篡政，天下起兵，严子陵便改习医学。他博览群书，精通岐黄，医术精湛。他不愿做官，周游名山秀水，拜师法门学道，通晓天文地理，广交文人豪杰。公元8年，王莽称帝，法令严苛，徭役繁重，吏治腐败，民怨沸腾。王莽为笼络人心，曾广招天下才士。侯霸趁机出来做官，刘秀却参加了绿林起义军，决心推翻王莽政权。严子陵也多次接到王莽的邀聘，但他均不为所动，最后索性隐名，以求彻底摆脱王莽的羁绊。严子陵少年时就很有才气，与刘秀是好友，后来协助刘秀举事称帝即成为汉光武帝。刘秀称帝后，回忆起少年时期与严子陵结下的深厚情谊，想起严子陵的聪明才智，便多次征召其为谏议大臣，邀请他在朝廷做事，但严子陵认为刘秀只可同患难，不可共享乐，于是非常明智地急流勇退。他怕刘秀派人来找他，就隐居于富春江一带，终老于林泉。

二是严州的州名、地名是与严子陵的姓有关系的。过去有人说，睦州改为严州是因为方腊起义的缘故，说"睦"字反映出朝廷的温柔软弱，必须严加管制，就取了严州的州名。其实，并不是这样的。睦州改为严州是因为严子陵。宋朝的方逢辰在《景定严州续志序》中说："严之所以为望郡而得名者，不以田、不以赋、不以户口，而独以云山苍苍、江水泱泱，有子陵之风在也。"宋朝的著名学者洪迈在《容斋随笔》（卷六）中说："严州本名睦州，宣和中以方寇之故改焉。虽以威严为义，然实取严陵滩之意也。"

二　《后汉书》关于严子陵的记载

《后汉书·卷八十三·逸民列传·严光传》这样记载道：

严光，字子陵，一名遵，会稽也。少有高名，与光武同游学。及光武即位，乃变名姓，隐身不见。帝思其贤，乃令以物色访之。后齐国上言："有一男子，披羊裘钓泽中。"帝疑其光，乃备安车玄纁，遣使聘之。三反而后至。舍于北军，给床褥，太官朝夕进膳。司徒侯霸与光素旧，遣使奉书。使人因谓光曰："公闻先生至，区区欲即诣造，迫于典司，是以不获。愿因日暮，自屈语言。"光不答，乃投札与之，口授曰："君房足下：位至鼎足，甚善。怀仁辅义天下悦，阿谀顺旨要领绝。"霸得书，封奏之。帝笑曰："狂奴故态也。"车驾即日幸其馆。光卧不起，帝即其卧所，抚光腹曰："咄咄子陵，不可相助为理邪？"光又眠不应，良久，乃熟视，曰："昔唐尧著德，巢父洗耳。士故有志，何至相迫乎！"帝曰："子陵，我竟不能下汝邪？"于是升舆叹息而去。复引光入，论道旧故，相对累日。帝从容问光曰："朕何如昔时？"对曰："陛下差增于往。"因共偃卧，光以足加帝腹上。明日，太史奏客星犯御坐甚急。帝笑曰："朕故人严子陵共卧耳。"除为谏议大夫，不屈，乃耕于富春山，后人名其钓处为严陵濑焉。十七年，复特征，不至。年八十，终于家。[1]

[1]范晔：《后汉书》，中华书局1997年版，第716页。

三 范仲淹等名人与严子陵

（一）范仲淹在睦州写下千古名篇《严先生祠堂记》

范仲淹的《严先生祠堂记》这篇文章使严子陵的名气增加了许多。一是范仲淹本身名气大，地位高。二是他这篇文章确实写得好，真可谓千古文章配千古名人。

范仲淹的《严先生祠堂记》是这样写的：

先生，汉光武之故人也。相尚以道。及帝握赤符，乘六龙，得圣人之时，臣妾亿兆，天下孰加焉？惟先生以节高之。既而动星象，归江湖，得圣人之清。泥涂轩冕，天下孰加焉？惟光武以礼下之。

在蛊之上九，众方有为，而独"不事王侯，高尚其事"，先生以之。在屯之初九，阳德方亨，而能"以贵下贱，大得民也"，光武以之。盖先生之心，出乎日月之上；光武之量，包乎天地之外。微先生，不能成光武之大，微光武，岂能遂先生之高哉？而使贪夫廉，懦夫立，是大有功于名教也。

仲淹来守是邦，始构堂而奠焉，乃复为其后者四家，以奉祠事。又从而歌曰："云山苍苍，江水泱泱，先生之风，山高水长！"[2]

[2]许啸天译注：《古文观止》，天津古籍出版社1981年版，第824页。

范仲淹的这篇文章篇幅不长，但写得非常精致，很有哲理。其把汉光武帝与严子陵的关系讲得非常辩证，让人心服口服，可谓大家手笔。范仲淹为什么要写《严先生祠堂记》这篇文章呢？因为范仲淹热爱严子陵，更因为范仲淹羡慕严子陵能幸逢明主。

范仲淹曾经因为北宋时期朝中废郭皇后之争而被贬黜到睦州任知州。他一路奔波，曾经从钱塘江下游坐船，在旅途中饱览富春山水景色。到州府所在地梅城后，在公务闲暇时，他就来到七里泷，寻访严子陵的相关遗迹。而后，范仲淹又组织人员在东台山麓建筑严子陵祠堂，同时还免除严子陵后代四户人家的赋税和劳役，让他们安心管理祠堂事务。范仲淹这样做，目的是表达自己对严子陵的崇敬。此外，他还高度赞扬了严子陵的人格魅力："云山苍苍，江水泱泱。先生之风，山高水长。"从表面上看，文章写的是严子陵，实际上是通过严子陵进一步赞扬汉光武帝刘秀。文章一开头就说："先生，汉光武之故人也。相尚以道。及帝握赤符，乘六龙，得圣人之时，臣妾亿兆，天下孰加焉？惟先生以节高之。既而动星象，归江湖，得圣人之清。泥涂轩冕，天下孰加焉？惟光武以礼下之。"[1]

首先，文章写了严子陵的清高纯洁。他隐居深山，"泥涂轩冕""粪土当年万户侯"（见毛泽东词《沁园春·长沙》）。其次，严子陵的伟大不是他单方面所能实现的，更离不开胸襟开阔的汉光武帝的帮助和成全。范仲淹从两个方面，比较客观、辩证地来写严子陵及汉光武帝。文章说："在蛊之上九，众方有为，而独'不事王侯，高尚其事'，先生以之。在屯之初九，阳德方亨，而能'以贵下贱，大得民也'，光武以之。盖先生之心，出乎日月之上；光武之量，包乎天地之外。"写出了先生的品格之高，同时也写出汉光武帝的气量之大。最后，范仲淹不得不发出感叹："微先生，不能成光武之大，微光武，岂能遂先生之高哉？"[2]

读完这篇文章，我们不难理解范仲淹的言下之意，即自己如能遇上心胸开阔的汉光武帝刘秀之类明主，会被贬到睦州这种偏僻的地方来吗？

范仲淹在《依韵答胡侍郎见寄》一诗中深有体会地说道："千年风采逢明主，一寸襟灵慕昔贤。待看朝廷兴礼让，天衢何敢斗先鞭。"[3]一个封建社会的大臣，如果不能幸逢明主，仅依靠自己的才能，要想做出丰功伟绩是十分困难的。

（二）严子陵与范仲淹不同的地方

一是两人的出发点不一样。范仲淹讲的是"达则兼济天下"，是积极入世；严子陵讲的是"穷则独善其身"，是身心的真正自由，是消极避世。

二是两人信奉、依托的思想也不一样。严子陵信奉、依托的是黄老之学，是无为而治；范仲淹信奉、依托的是儒家积极进取的思想。

我认为，"达则兼济天下""穷则独善其身"，这两句话形式上是并列关系，但是一般有理想的读书人都向往前者，后一句话则是表现失意者的自我安慰和万般无奈。如能仕途通达、兼济天下，谁愿意寂寞冷落地独善其身呢？只有在穷途末路才会走独善其身这条路。真到那一步，又有几

[1] 许啸天译注：《古文观止》，天津古籍出版社1981年版，第824页。

[2] 许啸天译注：《古文观止》，天津古籍出版社1981年版，第824页。

[3] 范仲淹：《范仲淹全集》，凤凰出版社2004年版，第87页。

个人能真正洁身自好，独善其身呢？大部分人，不是想办法去投机钻营，卖身投靠别人，寻找东山再起的捷径；就是牢骚满腹，自暴自弃，怨天尤人，甚至弃绝人世。

（三）严子陵与中国的隐逸文化

为什么历代文人都这样崇拜严子陵，主要是仰慕严子陵"不事王侯，高尚其事"的高尚人格，以及他不含任何功利目的、只求真正获得心灵自由的隐逸风范。范仲淹这么崇拜严子陵，与后人崇尚"静弱""内敛""深致"的风范有关。

《周易·系辞上》说："君子之道，或出或处，或默或语。"这道出了"出仕"和"隐逸"这些中国文人不同的处事方式，彰显出不同的政治态度、哲学观念、人生价值、审美取向及行为方式。

人们一直对隐逸怀有尊崇、敬佩的情怀。具体讲，就是在思想上，以独善其身为目标；在行为上，则表现为与现实不合作的疏离做法。中国古代的隐士创造了中国历史上独特的"隐逸"文化，它讲究亲近自然，清心寡欲，修身养性，淡然超脱。这种"隐逸"文化虽不是中国文化的主流却源远流长，并对中国传统文化产生了深远影响。

隐逸是中国士人心理与行为的哲学命题之一，也是士人内在价值取向与处世态度的外在表征。隐逸历经小隐、大隐到中隐的嬗变，三者有明显的高下之分。隐逸在其历时性演进过程中，逐渐淡化了传统隐逸以道抗势的抗议精神，显示出隐逸精神化、世俗化的走向，反映了在世俗王权等势统的挤压下，士人持守的道统的不断整合和重新定位。

上古的许由、巢父不受爵位，隐居终生，开启了中国隐逸文化的先河。如果说，许由和巢父是中国隐逸文化的启蒙者，那么，严子陵则是把隐逸文化推向高潮的重要推手。《刘秀与严子陵书》说："古之大有为之君，必有不召之臣，朕何敢臣子陵哉。唯此鸿业若涉春冰，辟之疮痏须杖而行。若绮里不少高皇，奈何子陵少朕也。箕山颍水之风，非朕所敢望。"这真如范仲淹在《严先生祠堂记》中所说的："在蛊之上九，众方有为，而独'不事王侯，高尚其事'，先生以之。在屯之初九，阳德方亨，而能'以贵下贱，大得民也'，光武以之。盖先生之心，出乎日月之上；光武之量，包乎天地之外。微先生，不能成光武之大，微光武，岂能遂先生之高哉？而使贪夫廉，懦夫立，是大有功于名教也。"[1] 严子陵之所以有后来这样的名声，关键是汉光武帝有宽阔的胸怀，能容下严子陵的旷达放肆。如果像明朝、清朝的个别君主一样，只要手下人说上半个"不"字就宰了你，怎么能有严子陵这样潇洒超脱的名士？

对于严子陵的隐居，不同的人有不同的看法。严子陵拒绝了汉光武帝的亲自征召和封赏，隐居在富春江边。范仲淹《严先生祠堂记》中说："云山苍苍，江水泱泱。先生之风，山高水长。"据说这"风"，原写作"德"。在范仲淹眼中，严子陵之德，崇高如山。南宋诗人杨万里在《读

[1] 许啸天译注：《古文观止》，天津古籍出版社1981年版，第824页。

〈严子陵传〉》一诗中说:"客星何补汉中兴?空有清风冷似冰。早遣阿瞒移汉鼎,人间何处有严陵!"[1]朱元璋说得更是击中要害,他在《严光论》一文中说:

> 汉之严光,当国家中兴之初,民生凋敝,人才寡少,为君者虑,恐德薄才疏,致民生之受患,礼贤之心甚切,是致严光、周党于朝。何期至而大礼茫然无所知,故纵之,飘然而往。却仍凄岩滨水以为自乐。……假使赤眉、王郎、刘盆子等辈混淆未定之时,则光钓于何处?当时挈家草莽,求食顾命之不暇,安得优游乐钓欤?……朕观当时之罪人,罪人大者莫过严光、周党之徒。[2]

中国的隐逸文化源远流长,内容丰富。隐者精神是中国文化中一种独特的元素,表现多样。

隐者精神是对卓越状态的追求,是对精神价值的向往,是对生命内核的关怀。它表现出的,是对现实的某种距离乃至拒绝,是一种遗世独立的姿态。

(四)后代诗人咏严子陵

严子陵对后世的影响是巨大的。

1999年,中国文史出版社出版了《新安江历代诗选》,全书选集了历代诗人咏新安江的作品共295首,其中歌咏严子陵的就有66首,几乎占据整个集子的四分之一。据统计,从南北朝开始至清朝,就有1000多名诗人来过严州,并留下2000多篇诗文。清文学家严懋功言:

> 自古名胜以钓台命名繁多:陕西宝鸡县渭河南岸之周吕尚钓台;山东濮州之庄周钓台;江苏淮安汉韩信钓台;福建闽县之东越王王徐善钓台;湖北武昌县江滨之吴孙权钓台……吕尚、韩信、任昉三钓台较为著称,然均不及桐庐富春山严子陵钓台。[3]

严子陵钓台闻名于世,在全国十多处钓台古迹中名列第一位。

富春江上风光最美丽的一段是七里泷,乘船经过,可见江边富春山下有一片古朴的建筑,其高阁连亘,飞檐翘角,粉墙黛瓦,这就是严子陵钓台。严子陵拒绝光武帝刘秀之召,拒封"谏议大夫"之官位,来此地隐居垂钓。历代文化名人——如李白、范仲淹、孟浩然、苏轼、陆游、李清照、朱熹、康有为、郁达夫、张大千、陈毅、郭沫若、巴金等都来过这个钓台,并留下不少诗文佳作。下面我们选几首有特色的诗作以供欣赏。

唐代诗人咏严子陵。

孟浩然(689—740年),襄阳(今湖北襄樊)人。他写过一首《经七

---

[1] (南宋)杨万里:《杨万里集笺校》,中华书局2007年版,第1085页。

[2] (明)田艺蘅:《留青日札》,上海古籍出版社1992年版,第405页。

[3] 周保尔主编:《桐庐富春江文化集萃》,杭州出版社2013年版,第79页。

里滩》的诗：

> 予奉垂堂诫，千金非所轻。为多山水乐，频作泛舟行。五岳追向子，三湘吊屈平。湖经洞庭阔，江入新安清。复闻严陵濑，乃在兹湍路。叠嶂数百里，沿洄非一趣。彩翠相氛氲，别流乱奔注。钓矶平可坐，苔磴滑难步。猿饮石下潭，鸟还日边树。观奇恨来晚，倚棹惜将暮。挥手弄潺缓，从此洗尘虑。[1]

其中"湖经洞庭阔，江入新安清"一句成为吟咏新安江的名句。诗中表达了对严子陵的仰慕之情。

张继，字懿孙，襄州（今湖北襄樊）人。他写过一首《题严陵钓台》的诗：

> 旧隐人如在，清风亦似秋。客星沉夜壑，钓石俯春流。鸟向乔枝聚，鱼依浅濑游。古来芳饵下，谁是不吞钩。[2]

张祜，字承吉，贝州清河（今属河北）人。他写过一首《七里濑渔家》的诗：

> 七里垂钓叟，还傍钓台居。莫恨无名姓，严陵不卖鱼。[3]

李频，字德新，睦州寿昌（今浙江建德市李家镇）人。他写过一首《题钓台障子》的诗：

> 君家尽是我家山，严子台前枕古湾。却把钓竿终不可，几时入海得鱼还。[4]

方干，字雄飞（809—873年），睦州淳安（今浙江淳安县）人。他写过一首题为《暮发七里滩夜泊严光台下》的诗：

> 一瞬即七里，箭驰犹是难。樯边走岚翠，枕底失风湍。但讶猿鸟定，不知霜月寒。前贤竟何益，此地误垂竿。[5]

方干还写过两首《题严子陵祠》：其一"物色旁求至汉庭，一宵同寝见交情。先生不入云台像，赢得桐江万古名。"其二"苍翠云峰开俗眼，泓澄烟水浸尘心。惟将道业为芳饵，钓得高名直到今。"[6]方干的诗对严子陵的沽名钓誉提出了委婉的批评。

宋代诗人咏严子陵。

[1] 罗嘉许等选注：《新安江历代诗选》，中国文史出版社1999年版，第15页。

[2] 罗嘉许等选注：《新安江历代诗选》，中国文史出版社1999年版，第24页。

[3] 罗嘉许等选注：《新安江历代诗选》，中国文史出版社1999年版，第34页。

[4] 罗嘉许等选注：《新安江历代诗选》，中国文史出版社1999年版，第41页。

[5] 罗嘉许等选注：《新安江历代诗选》，中国文史出版社1999年版，第45页。

[6] 康熙御定：《全唐诗》，国际文化出版公司1993年版，第2153页。

苏轼，字子瞻，号东坡（1036—1101年），四川眉山人。他写过一首《过钓台》的诗：

昔人垂钓今何在，此地空余百尺台。山上余云舒复卷，江中潮汐去还来。昭昭令誉垂千古，耿耿清风播九垓。回视寿陵何处是，夕阳翁仲卧苍苔。[1]

陆游，字务观，号放翁（1125—1201年），山阴（今浙江绍兴）人。他写过一首《泛富春江》的诗：

双橹摇江叠鼓催，伯符故国喜重来。秋山断处望渔浦，晓日升时离钓台。宦路已悲捐岁月，客衣仍悔犯风埃。还家正及鸡豚社，剩伴邻翁笑口开。[2]

陆游还作过一篇《鹊桥仙》来写钓台精神：

一竿风月，一蓑烟雨，家在钓台西住。卖鱼生怕近城门，况肯到红尘深处？潮生理棹，潮平系缆，潮落浩歌归去。时人错把比严光，我自是无名渔夫。[3]

宋人罗泌，字长源，庐陵（江西吉安）人。他有一首咏严子陵的诗写得很好，很有特色，他说："一着羊裘便有心，虚名浪说到如今。当时若著渔蓑去，烟水茫茫何处寻。"[4]旨在说明严子陵对名声仍是渴求。

谢翱，字皋羽，号晞发子（1249—1295年），长溪（今福建福安）人。他写过一首《登钓台》的诗：

古时临钓渚，遗像在苍烟。有客随槎到，无僧依树禅。风尘浸祭器，樵猎避兵船。应有前朝迹，看碑数汉年。[5]

元代诗人咏严子陵。

赵孟頫，字子昂（1254—1322年），号松雪道人、水晶宫道人，浙江湖州人。他写过一首《严陵濑》的诗：

悠悠空山云，浃浃长江流。廊庙意不屑，山泽聊淹留。故人在天位，高步追巢由。岂曰子无衣，辛苦披羊裘。东京多节义，之子乃其尤。穷居虽独善，辅世岂不优。[6]

赵孟頫在诗中对严子陵的隐居提出了自己的观点，"穷居虽独善，辅

[1] 罗嘉许等选注：《新安江历代诗选》，中国文史出版社1999年版，第69页。

[2] 罗嘉许等选注：《新安江历代诗选》，中国文史出版社1999年版，第72页。

[3] 唐圭璋等撰：《唐宋词鉴赏辞典》（南宁·辽·金分册），上海辞书出版社1988年版，第1391页。

[4] 罗嘉许等选注：《新安江历代诗选》，中国文史出版社1999年版，第75页。

[5] 罗嘉许等选注：《新安江历代诗选》，中国文史出版社1999年版，第78页。

[6] 罗嘉许等选注：《新安江历代诗选》，中国文史出版社1999年版，第83页。

世岂不优"。"穷居"固然好,但"辅世"难道不是更好的选择吗?

张翥,字仲举(1287—1368年),晋宁(今云南晋宁县)人。他写过一首《谒子陵庙》的诗:

两山有径可跻攀,老树长藤荟蔚间。渔钓自忘天子贵,风云何似客星闲。钟催夜月来孤寺,帆挟春潮过乱山。寂寞羊裘轩下路,几人携酒酹潺湲。[1]

明代诗人咏严子陵。

刘基,字伯温(1311—1375年),浙江青田人。他写过一首《钓台》的诗:

伯夷清节太公功,出处行藏岂必同。不是云台兴帝业,桐江无用一丝风。[2]

商辂,字弘载(1414—1486年),浙江淳安人。他写过一首《钓台》的诗:

拂袖长歌入富春,沧江深处独垂纶。短蓑不换轩裳贵,千载高风有几人。[3]

唐寅,字伯虎,一字子畏,号六如(1470—1523年),长洲(江苏省苏州市)人。他写过一首《严滩》的诗:

汉皇故人钓鱼矶,鱼矶犹昔世人非。青松满山樵斧响,白舸落日晒客衣。眠牛立马谁家牧,水鸟鸊鹈无数飞。嗟余漂泊随馈粥,渺渺江湖何所归。[4]

清代诗人咏严子陵。

洪升,字昉思,号稗畦(1645—1704年)。他写过一首《钓台》的诗:

逃却高名远俗尘,披裘泽畔独垂纶。千秋一个刘文叔,记得微时有故人。

顾开雍,出生地点、生卒年不详。他写过一首《泊钓台》的诗:

青衫无梦绕江干,沙叠新痕第几盘。绣岭千层收暮雨,钓台三

[1] 罗嘉许等选注:《新安江历代诗选》,中国文史出版社1999年版,第85页。

[2] 罗嘉许等选注:《新安江历代诗选》,中国文史出版社1999年版,第87页。

[3] 罗嘉许等选注:《新安江历代诗选》,中国文史出版社1999年版,第90页。

[4] 罗嘉许等选注:《新安江历代诗选》,中国文史出版社1999年版,第94页。

月杂秋寒。故人帝座松云气,狂客星亭烟水漫。我访伊人如宛在,红尘满眼羡鱼竿。[1]

1949年4月,毛泽东同志的七律《和柳亚子先生》一词中的"莫道昆明池水浅,观鱼胜过富春江"就是沿用严子陵隐居垂钓富春江这件事,来劝说柳亚子先生留在北京参加建设新中国的工作的——在这之前,柳亚子曾经写有《感事呈毛主席》一诗,诗中有"安得南征驰捷报,分湖便是子陵滩"之句。

[1] 罗嘉许等选注:《新安江历代诗选》,中国文史出版社1999年版,第150页。

第二章 严州文化的发展
（三国—隋朝）

第一节 三国时期的东吴文化

一 "倚井教子"

从古至今，建德市梅城镇一直流传着"倚井教子"的故事。

三国时期，吴国的孙坚和夫人，养育有孙策、孙权、孙翊、孙匡四子和一个女儿，吴夫人十分注重培养儿子们的品德。一次，长子孙策和手下的功臣魏腾起了纷争。孙策勃然大怒，把魏腾抓了起来并要杀死。危急关头，吴夫人挺身而出。她倚在家门前的一口大井旁边，痛骂孙策，阻止他杀死大公无私、尽心竭力的功臣魏腾，并着当孙策的面要往井里跳。孙策一见，大惊失色，赶紧拉住母亲，跪在地上向她请罪，并立即把魏腾当众释放了。

1990年，建德县（1992年改为建德市）梅城镇人民政府在梅城镇竖立了一块石碑，上刻碑文：

> 六合古井，井深7.5米，水深6米，周围石板砌成，相传东汉末年，丹阳太守吴景家用水井，亦称"吴国太教子井"。吴景的姐姐为孙坚夫人，生有策、权、翊、匡四子及一女儿。孙坚东征西讨，一门四孙一孙女在外婆家长大。一千八百余年来，居民世代在此汲取甘泉。录《建德县志》。梅城镇人民政府一九九〇年七月立。

2004年1月，建德市文物管委会又在此竖立一块石碑，碑文为：

建德市重点文物保管单位　六合古井

建德市人民政府2003年2月28日通过，建德市文物保管委员会2004年1月28日立。

《三国志》卷五十《吴书·妃嫔传第五》裴松子引用《会稽典录》一书为《三国志》作注，可以说明这一故事。《会稽典录》曰：

> 策功曹魏腾，以迕意见谴，将杀之，士大夫忧恐，计无所出。夫人乃倚大井而谓策曰："汝新造江南，其事未集，方当优贤礼士，舍过录功。魏功曹在公尽规，汝今日杀之，则明日人皆叛汝。吾不忍见祸之及，当先投此井中耳。"策大惊，遽释腾。夫人智略权谲，类皆如此。

从这则引文中我们不难看出，"倚井教子"的故事并非空穴来风，历史上是有案可稽的。孙策母亲是很有主见和个性的女性，她分析了孙策事业未成、急需用人的局面，认为如果开启滥杀士人之风，将会带来众叛亲离的后果。这就指出了问题的严重性。同时，孙策母亲还要逼迫儿子采纳她的意见，如果不采纳，她将投井自尽。孙策只能乖乖采纳她的意见。这反映出孙策母亲的魄力与智慧。

《三国志·吴书·妃嫔传第五》是这样记载孙策母亲的：

> 孙破虏吴夫人，吴主权母也。本吴人，徙钱塘，早失父母，与弟景居。孙坚闻其才貌，欲娶之。吴氏亲戚嫌坚轻狡，将拒焉，坚甚以惭恨。夫人谓亲戚曰："何爱一女以取祸乎？如有不遇，命也。"于是遂许为婚，生四男一女。[1]

孙策母亲在家人竭力反对之下，她坚信自己的判断与看法，据理力争，一定要嫁给被人认为行为"轻狡"的孙坚，真是非常不容易。

另外，在孙权少小时候继承哥哥孙策与父亲孙坚的事业，军政不稳之时，又是母亲为他做好辅助工作。这些在《三国志·吴书·妃嫔传》中都有记载：

> 及权少年统业，夫人助治军国，甚有补益。建安七年，临薨，引见张昭等，嘱以后事，合葬高陵。[2]

二　建功立德——建德侯孙韶

三国时期黄武四年（225年），置建德县。自1784年以来，建德一直被

[1]（西晋）陈寿著，（南朝宋）裴松之注：《三国志》，浙江古籍出版社2000年版，第733页。

[2]（西晋）陈寿著，（南朝宋）裴松之注：《三国志》，浙江古籍出版社2000年版，第733页。

用作州府、专区地名。中华人民共和国成立后又作为县名，1992年起又变为县级市名。

说起这个地名，该是孙权的功劳，是他将自己的爱将孙韶封为建德侯，这块土地成了孙韶的封邑，才有了这个沿用1700余年的地名（当然，中间还用过睦州、严州这两个地名）。

据史书《三国志》记载，孙韶，字公礼。他的伯父名叫孙河，字伯海，吴郡人。孙韶伯父后来出继给姑妈做儿子，改姓为俞，后又复姓孙——既是孙权因他有战功赐姓于他，更是恢复了自己原来的祖姓孙姓。这在《三国志》裴松之引用的《吴书》一书中有记载：

> 河，坚（孙坚）族子也，出后姑俞氏，后复姓为孙。河质性忠直，讷言敏行，有气干，能服勤。少从坚征讨，常为前驱，后领左右兵，典知内事，待以腹心之任。又从策平定吴、会，从权讨李术，术破，拜威寇中郎将，领庐江太守。[1]

《三国志·吴书·宗室传》云："孙韶，字公礼。伯父河，字伯海，本姓俞氏，亦吴人也。孙策爱之，赐姓为孙，列之属籍。后为将军，屯京城。"[2] 人们读了这段话，都认为，孙韶的孙姓是赐姓。《建德县志》等书中也这样认为。实际上这是一种误解。当然，《三国志》中这段文字，不注意看是有些指代不明的。经过严州中学历史教师毛飞明先生专门分析订正，人们才认识到这一错误。为什么呢，因为文中是"孙策爱之，赐姓为孙"。当年跟着孙策去打天下的只能是孙河，孙策在兴平二年（195年）带兵渡江征讨吴郡时，孙韶当时还只有8岁，不可能上战场，为此，也不可能赐孙姓于孙韶。

孙河年纪不大，被自己人所杀。事情是这样的：当初，孙权杀了吴郡太守盛宪，盛宪的老朋友妫览、戴员等人逃入山中藏起来。孙权的弟弟孙翊做丹阳太守时，仍对他们以礼相待，使他们都来归附。妫览为大都督领兵，戴员为郡丞。孙翊作战勇敢，骁勇凶悍，果敢刚烈，有他哥哥孙策的风范。太守朱治推举他为孝廉，被司空征召。建安八年，孙翊以偏将军身份兼任丹阳太守，当时他只有20岁。由于他的性格，可能在平时容易得罪人，后来被他的随从边鸿杀害。当孙翊遇害后，孙河飞马疾驰奔赴宛陵。愤怒指责妫览和戴员，认为他们没有尽到职责，没能阻止这一悲剧的发生。妫览、戴员两人商议说："孙河跟孙翊关系不是非常亲近的，尚且这么严厉地指责我们，如果是讨虏将军孙权来了，我们两人就不可能活命了。"于是两人经过商量，就决定杀死孙河。

伯父孙河死时，孙韶还只有17岁。孙韶就聚集了孙河留下来的兵士，修缮整治京城县域，建起瞭望敌情的高台，修理作战兵器，时刻保持高度的警惕性，以防备敌人的进攻。

[1]（西晋）陈寿著，（南朝宋）裴松之注：《三国志》，浙江古籍出版社2000年版，第743页。

孙权听说丹阳发生了叛乱，就带着部队前来平定。当丹阳被平定后，孙权带领军队返回东吴。夜里到达京城扎营，孙权想试探考察一下孙韶守城部队的警惕性与防守能力。孙韶的守城部队一发现敌情，马上进入紧急防卫状态。京城的士兵都快步登上城墙，迅速进入各自岗位，同时向其他守城部队传递军令，防备警戒。城头箭飞如雨，喧声动地。城外的攻城部队对孙韶守城部队的警备工作十分敬佩。孙权一看假戏真做，事情闹大了，马上派人前去说明事情真相。顿时，紧张的气氛缓和下来，事情才得以停止。经过这次考验之后，孙权对孙韶的表现非常满意，同时也更器重他了，立即任命他为承烈校尉，统领孙河的军队，以曲阿、丹徒两县作为他的封地。于是，孙韶就按照自己当地的工作需要，自行设置官员——一切都像孙河在世一样。后来孙韶凭着自己卓越的战功，官至广陵太守、偏将军。公元229年，孙权在湖北武昌称王后，就任命孙韶为镇北将军。

孙韶做边防将领几十年，爱护关心自己的部下和士兵，部下和士兵也都拼死替他效力。孙韶办事特别认真，在警戒边界的几十年中，每遇战事，总是派人深入敌后做好敌情侦察工作，并且一直当做一件非常重要的事来做——真正做到"知己知彼，百战百胜"，所以他每次都能有备无患，总能打胜仗。为此，青州、徐州、汝州等地的百姓都纷纷前来归附。魏国屯驻在长江边上的部队眼看没有取胜的机会与可能，都纷纷撤兵远迁。徐州、江淮一带，没有屯兵住人的地方有几百里。自从孙权西征，都城迁建武昌后，孙韶已有十几年没有朝见过孙权。后来，孙权又把都城从武昌迁回建业（现南京市），孙韶才又见到了孙权。孙权问起青州、徐州各个军营的主要情况——诸如人马多少、驻军远近，魏国将领的姓名，孙韶都能随口答出，准确无误。这让孙权感到非常放心与欣慰。孙韶身高八尺，仪容英俊，风度文雅，气宇轩昂，精神抖擞。对于这位爱将，孙权高兴地说道："我很长时间没有见到公礼（孙韶的字），没想到你有这么大的进步。"从此，孙权就把更重要的任务交给孙韶去办——任命孙韶兼任幽州牧并授以节制部队的符节。赤乌四年，即公元241年，孙韶因病去世，享年54岁。孙韶的几个儿子都非常优秀，都是吴国的将军。

在小说《三国演义》中，孙韶是一个作战勇敢大胆，风华正茂的青年将军形象。

魏主曹丕听说吴蜀要联合起来攻打魏国，心中十分恼火，于是就决定要先下手为强，召集满朝文武大臣商议讨伐吴国。吴王孙权听说曹丕要发动大军攻打吴国，心中十分恐慌，嘴上念念有词："非陆伯言不能当此大任。"但当时陆逊却在镇守荆州，抽不出身来。怎么办呢？正在忧愁之际，有一名将军自告奋勇地站出来愿意担此重任，这个人就是徐盛将军。孙韶就是徐盛将军麾下的得力干将。徐盛领取作战任务后就着手军事部署，传令部队多置器械，多设旌旗，以为守护江岸之用。从这些部署中可以看出徐盛的作战思想是稳重谨慎的。正如毛宗岗在点评此书时说的：

"其地曰徐，其将曰徐，其用兵亦不疾而徐。"[1]

对于徐盛这种保守的打法，孙韶勇敢地站出来发表了自己的不同看法："今日大王以重任委托将军，欲破魏兵以擒曹丕，将军何不早发军马渡江，于淮南之地迎敌？直待曹丕兵至，恐无及矣。"[2]徐盛听了孙韶的话，马上反驳："曹丕势大，更有名将为先锋，不可渡江迎敌。待彼船皆集于北岸，吾自有计破之。"[3]这时，孙韶主动请战："吾手下自有三千军马，更兼深知广陵路势，吾愿自去江北，与曹丕决一死战。如不胜，甘当军令。"[4]但徐盛坚决不同意，孙韶却执意要去。在孙韶的再三请求下，徐盛火冒三丈："汝如此不听号令，吾安能制诸将乎？"[5]于是就让手下武士推出去准备将孙韶斩首。孙韶部下一看真要斩孙韶，赶紧飞报孙权。孙权深知这位族侄的鲁莽勇敢，更爱其忠心耿耿，于是立刻前来解救。孙韶哭着向孙权禀奏道："臣往年在广陵，深知地利；不就那里与曹丕厮杀，直待他下了长江，东吴指日休矣！"[6]可见孙韶内心十分着急。但徐盛坚持临战前要稳定军心，非要对孙韶军法从事不可。孙权反复说情，还搬出了他哥哥孙策，反复强调孙韶的勇敢及战功。最后徐盛看在吴主孙权的面上才饶了孙韶。早有计策在心的孙韶在半夜带领3000精兵，渡江过去迎战曹丕的部队。徐盛毕竟是一军之主，只怕孙韶有闪失，对吴王孙权无法交代，于是叫来丁奉，授以密计，另外拨3000精兵渡江前去接应——从这里可以看出徐盛是一个顾全大局的人，办事沉稳，不计较个人恩怨得失。

徐盛对丁奉授予的密计就是把江边的芦苇扎成人形，穿着青衣，手执旌旗，立于假城疑楼之上。曹军一见这阵势，内心十分恐慌，此时又传来急报，说赵云引兵出阳平关，径取长安，曹丕听后，大惊失色，急忙带部队往回撤，丢盔卸甲之时，忽然又听得鼓角齐鸣，刺斜里有一彪人马杀到，为首大将，乃孙韶也。魏兵不能抵挡，折其大半。曹丕带领残兵败将行不到30里，准备渡过淮河，徐盛早就安排下，将淮河中芦苇，预灌鱼油，尽皆引燃。火势顺风而下，风势甚急，火焰漫空，截住了曹军龙舟。曹丕大惊，急忙下到随行的小船准备靠岸，这时龙舟已被大火烧着。曹丕在众官兵护拥下，慌忙上马。想不到岸上又有一彪人马杀来，为首的将军正是丁奉。魏军为了保护主子曹丕，损失了许多人马。孙韶、丁奉夺得了大批马匹、车辆、船只。

由此可知，孙韶是一个非常有性格、有主见的将军，他英勇善战，对吴国忠心耿耿。虽然年轻气盛，但非常可爱。小说《三国演义》成功地塑造了一个有勇有谋的战将形象。从整部小说来看，孙韶的情节不多，但通过这些文字，我们仿佛已看到栩栩如生、真实鲜活的可爱形象。

孙韶后裔大部分留在建德市。为了纪念建德侯孙韶，建德市内有多处特色建筑。简单罗列如下：一是建德市新安江街道月坪公园中建有建德侯亭。二是建德市梅城镇大街上建有建德侯孙韶跨街石牌坊一座。三是建德市下涯镇丰和村孙家自然村建有孙家祠堂和建德侯庙。四是建德市梅城

[1] 罗贯中著，毛宗岗评：《全国绣像·三国演义》，内蒙古人民出版社1981年版，855页。

[2] 罗贯中：《三国演义》，人民文学出版社1953年版，740页。

[3] 罗贯中：《三国演义》，人民文学出版社1953年版，740页。

[4] 罗贯中：《三国演义》，人民文学出版社1953年版，740页。

[5] 罗贯中：《三国演义》，人民文学出版社1953年版，740页。

[6] 罗贯中：《三国演义》，人民文学出版社1953年版，740页。

镇北门街保留吴国太教子井。五是建德市梅城镇南峰塔景区内建有的五贤祠，其中为首的古代建德名人就是孙韶，另外四人是孟浩然、刘长卿、范仲淹、陆游。六是建德市梅城镇政府又在梅城古城入城口建造了一座孙韶骑马作战的塑像，英俊勇武，威风凛凛。

建德孙姓与富阳孙姓乃同一祖宗。孙氏过去一直居住在河南洛阳。自齐景公赐齐大夫田书以孙姓，军事家孙武为三世孙。秦始皇统一中国，天下分为三十六郡，江南之富春是其中一郡，今富阳、桐庐、建德地域归富春郡所辖。魏晋之际，中原大战，全国出现第二次人口大迁徙，孙武之子明食邑富春，江南孙氏由此开始。乐安《孙氏宗谱》曾有记载："系出自有虞，降而田书受姓，食邑乐安（今山东博兴）；降而孙明，以父功食邑富春，此富春孙氏之由也。"田书受以孙姓后，以乐安为郡，生子凭，凭生武（孙武），孙姓由此誉载天下。《孙氏宗谱》又载："孙氏世居洛阳巩县，汉末国于三吴，街居富春。"孙武生有三子，老大叫孙驰、老二叫孙明、老三叫孙敌。孙权是从老二孙明这一支衍展而来的。孙明生孙膑，孙膑生孙胜。至十八世汉灵帝时，汉阳太守孙耽的长子，即振阳公孙钟曾种瓜于富阳平山，居住于瓜丘之地。孙钟生子孙坚，汉献帝时任长沙太守，孙坚生孙策、孙权、孙翊、孙匡四个儿子，另外还有一个女儿，历史上没有名字记载。孙权立国江东，为三国吴国大帝。时孙坚部将同族人俞河，本姓孙，曾过继给姑妈，后改姓俞，因作战勇敢，孙策赐姓孙，实际上是恢复孙姓，为孙策义子。孙河之侄孙韶于黄武四年（225年）被封为"建德侯"，建德孙姓由此始，按世系排列为孙氏二十一世孙。孙韶后代始居梅城，五代十国时，因战乱迁居马目孙家山，并另建建德侯庙。每年都举行大型祭祖活动。截至2015年末，建德市境内有孙姓人口2821人，主要集聚在建德市下涯镇丰和村孙家自然村。

综上所述，孙韶是影响建德市1700年的历史人物，他不光影响建德市的历史进程，还影响当时东吴的历史进程。他那勇于开拓、不断进取的形象与建功立德的奋斗精神将永远成为严州地区人们永久的精神财富。

三　贺齐建县立郡

东汉末年，在魏、吴、蜀三国争夺天下的征伐中，孙吴为了巩固长江以南的后方基地以对付曹、刘，对山越民族发动了多次征讨。而山越人具有极强的地域观念，尚武习战，惯于山路疾走，很难征服。东汉建安十三年（208年），东吴孙权遣威武中郎将贺齐讨伐属丹阳郡黟歙一带的山越人民。

贺齐，会稽（今绍兴）人，建安元年（196年），孙策临郡，举贺齐孝廉，少为郡吏，诛恶扬善。他胆识超群，勇猛过人，武艺高强，英勇善战，深有谋略。当时歙之东乡，方姓南迁，中原文化渗透，山越势力日趋减弱。山寨不攻自破,山越人大都弃械投降。史载:贺齐讨山越,"时武强(遂安)、叶乡(淳安)、东阳、丰浦四乡望风先降,齐表言以歙之东乡新定里地叶乡(古威坪)为始新县"。[1]当时古威坪一带,方储兄弟留下很多遗迹,如在七都口,方储"闻父老相传其地初苦,山涧流浅溉田不足,方仙翁马上一指,遂成塌,自是田不复旱,遂以村名塌村"[2]。谱牒载:"一百十三世祖洪,方储三子,字弘之,又字高容,取陈氏女,生一子文亮,迁居永平。"[3]方储兄弟方俦、方俨因受奸相张林谗害,自杀在塌村村下,人称为"血湖",而且建庙祭祀方储等人。贺齐首先在古威坪建始新县,安营扎寨,作为征讨山越人的根据地。

其时山越人顽强抵抗贺齐兵马的讨伐。头领歙帅金奇,率万户山越民屯守安勒山;头领毛甘率万户屯守乌聊山;更有黟帅头领陈仆、祖山等率两万户屯守林历山。林历山四面壁立,高数十丈。道路危狭,地势险要。陈仆、祖山两位山越头领凭险扼守,临高下石,使得贺齐官兵久攻不下,将士忧患,束手无策。贺齐毕竟是久经疆场之将军,他趁夜色亲自察看地形,选择山越人不备的隐蔽之处,精选轻捷、勇猛之士兵,乘夜以铁戈斩山为梯潜爬上山,再垂布以援下人,士卒、兵勇攀爬而上展开偷袭,四面俱鸣鼓角,呼号雷动,陈仆、祖山及部卒深夜突闻鼓角喊声,惊惧慌乱,不知所措,纷纷四处逃窜,陈仆等皆降。歙帅金奇、毛甘后也被征服。黟歙有7000多山越人被斩杀或者被迫降服,贺齐大获全胜,平定了整个黟歙一带的山越人。

黟歙完全平定,贺齐复表孙权"分歙之武强为新定县(遂安),歙之屯溪为黎阳县,休宁为休阳县,并黟、歙和先表建立的始新凡六县"。孙权遂割丹阳郡置新都郡,贺齐为太守,此为立府之发端。

贺齐作为新都郡第一任太守,管辖"一府六邑"。为突出郡府地位,他不断加强与孙吴政权的联系,贺齐于东汉建安十四年(209年),顺新安江而下选距威坪60里更宽广平坦的新安江畔筑建郡城。此城因为贺齐所筑,人称之为贺城。贺齐当年就将新都郡治迁入郡城。

建安十六年(211年),吴郡余杭民郎稚合宗起乱,复数千人,贺齐出兵讨伐,即破郎稚。又上表分余杭为临水县,孙权亲自出祖道,以隆重的礼节迎接贺齐。两年后,贺齐更讨豫章(今南昌),迁奋武将军。建安二十年(215年),他又跟从孙权征战合肥,次年又平定陵阳、始安、丹阳,三县皆降。贺齐被拜为安东将军,封山阴侯,后仍转战驰骋,东讨西伐,扬威四方,打下东吴半壁江山,成为三国时战功赫赫的英雄。淳安人赞扬他是:"保境安民忠武盖百世,置郡立县英略冠千秋。"[4]

四 孙和父子被迁到新都

三国赤乌四年(241年),太子孙登去世。第二年,即赤乌五年(242

---

[1](西晋)陈寿著,(南朝宋)裴松之注:《三国志》,浙江古籍出版社2000年版,第836页。

[2]刘志华主编:《淳安姓氏》,西泠印社出版社2008年版,第8页。

[3]刘志华主编:《淳安姓氏》,西泠印社出版社2008年版,第8页。

[4]凌志峰主编:《淳安纪事》,西泠印社出版社2008年版,第8页。

年）正月，孙权立第三个儿子孙和为太子（按：次子孙虑已死）。孙和，字子孝，"少以母王（氏）有宠见爱，年十四，（孙权）为置宫卫，使中书令阚泽教以书艺"。据说，孙和"好学下士，甚见称述"。他被立为太子时，年纪已经19岁。孙权命令精于学问的中书令阚泽为太傅，学有专精而且做过合浦、交趾太守的薛综为少傅，另外还将当时的学问家蔡颖、张纯、严维等派到太子身边，"皆从容侍从"。《三国志·孙和传》注引韦曜《吴书》说，孙和"少歧嶷有智意，故权尤爱幸，常在左右，衣服礼秩雕玩珍异之赐，诸子莫得比焉。好文学，善骑射，承师涉学，精识聪敏，尊敬师傅，爱好人物，（蔡）颖等每朝见进贺，和常降意，欢以待之。讲校经义，综察是非，及访咨朝臣，考绩行能，以知优劣，各有条贯"。他还对博弈之害，很有一套看法，经常对人讲，士人应当"讲修术学，校习射御，以周世务，而但交游博弈以妨事业，非进取之谓"。由此看来，孙和做太子，真是一个非常合适的人选。

这年八月，孙权又封第四个儿子孙霸为鲁王。孙霸，字子威。《三国志·吴书·孙霸传》说："和为太子，霸为鲁王，宠爱崇特，与和无殊。"当时，身为尚书仆射的是仪甚感不妥，上疏劝谏："臣窃以为鲁王天挺懿德，兼资文武，当今之宜，宜镇四方，为国藩辅。宣扬德美，广耀威灵，乃国家之良规，海内所瞻望。且二宫宜有降杀，以正上下之序，明教化之本。"是仪一连上了三四个疏谏劝告孙权，但晚年的孙权就是糊涂，一直听不进去。在这件事上，孙权是欠考虑的。孙权给孙霸相当于太子的待遇，这样做既使孙霸有了非分之想，又让手下的朝廷官员们不知如何是好，很自然地分为两派，同时给人的感觉是孙权在接班人问题上，还在犹豫，还没有最后下定决心，还不成熟。这就造成了朝廷不应有的混乱，给后来的政局埋下了相互挤对、相互残杀的祸根。孙权生前，许多有远见的大臣如丞相陆逊、太常平尚书事顾谭、太子太傅吾粲都苦口婆心地劝告孙权，要他改变目前这种平分秋色的状况，但执拗的孙权就是不听，甚至还处分了给他提意见的忠心耿耿的大臣。太子太傅吾粲还因此被下牢狱，最后死在狱中。

这中间，还有一位人物起了很坏的作用，她就是全公主（一作长公主）。据记载，全公主与孙和的母亲王夫人不和。有一次，孙权得病，孙和到祖庙中为父亲祈祷。孙和妃子的叔父、扬武将军张休居住在宗庙附近，因而邀请孙和到家里坐坐。这时，被全公主派去跟踪的人看到，就向全公主报告。全公主乘机向孙权进谗言，说"太子不在庙中，专就妃家计议"，又造谣说"王夫人见上寝疾，有喜色"。孙权听了全公主的谗言，不禁大怒。从此就慢慢地冷落王夫人，对孙和的宠爱也比过去减弱了。最后致使"（王）夫人忧死，而和宠稍损，惧于废黜"。于是，事情就变得越来越糟糕。太元二年（252年）正月，孙权封孙和为南阳王，派遣他到长沙，四月，孙权驾崩。

诸葛恪执掌朝政，大权独揽。诸葛恪是诸葛亮的侄儿，即诸葛瑾的大儿子。从小就特别聪明，很得孙权的喜欢。20岁时就被封为骑都尉，与顾谭、张休等人侍奉太子孙登，为他讲论儒家的仁义之道和礼、乐、射、御、书、术六艺，成为孙登的宾客和朋友。诸葛恪执掌朝政，开始时还比较得人心，"罢视听，息校官，原逋责，除关税，事崇恩泽，众莫不悦。恪每出入，百姓延颈思见其状"。在军事上也取得了胜利，所以，他有些志得意满。诸葛恪就是孙和妃子张氏的舅舅。张氏派黄门陈迁到建业（现江苏南京）宫内上疏，并向诸葛恪致以问候。陈迁临走时，诸葛恪对他说："为我转告王妃，到时我一定让她超过其他人。"这话后来在无意之中就泄露出去了，引起了许多人的嫉恨。皇宫是十分复杂的地方，不可随便乱说话。诸葛恪真是太大意，说话也太随便了，甚至认为自己手中有权，就可以任意而为。他忘乎所以，没有想到自己的对手正虎视眈眈地盯着自己，更何况诸葛恪还有迁都的想法，他派人去修治武昌的宫殿，民间就有人联想到他与孙和的关系，说他是想迎回孙和。这下事情就变得更加复杂了，由一般的人情关系上升到朝廷的政治关系，使诸位大臣对这一事情都变得十分敏感了。一个已经废除的皇太子，如果再要迎回来，那么朝廷的混乱将变得不堪设想。之后，诸葛恪还做了一些有违人心的事情，如"违众出军，大发州郡二十万众，百姓骚动"[1]。紧接着，在军事上又连连失利，"众庶失望，而怨黩兴矣"[2]。这时，野心家孙峻，"因民之多怨，众之所嫌"[3]，污蔑诸葛恪想造反，"置酒请恪"[4]，把诸葛恪灌醉后，乘机杀了他。

孙峻还剥夺了孙和的印玺绶带，把孙和迁到新都，又派使者赐孙和一死。孙和和嫡妻张氏告别时，张氏伤心地说："无论吉凶如何，我都一定要跟着你。终归一句话，我不可能一个人活在这个世界上。"[5]在孙和自尽后不久，张氏也自杀了。真是其事可悲，其情可敬，举国上下都为他们感到悲伤。

这里所说的新都，就是古代的新都郡，是东汉建安十三年（208年）从丹阳郡中分出来，新成立的一个郡。《三国志·吴书·吴主传》说：孙权"使贺齐讨黟、歙，分歙为始新、新定、犁阳、休阳县，以六县为新都郡"。[6]治所在始新县（今浙江淳安县），属扬州。在今天属浙江管辖的有始新县和新定县（始新县为今浙江淳安县，新定县为后来的浙江遂安县，后并入淳安县）两县。故址在浙江淳安县西面的威坪镇。后不久又移治所到贺城。西晋太康元年（280年）改为新安郡。孙休即位后，封孙和的儿子孙皓为乌程侯，孙皓等人才离开新都郡回到他原来的封邑。孙休死后，孙皓登基做了皇帝，当年就追谥父亲为文皇帝，改葬明陵，安置园邑二百户人家，设立令、丞来奉守。

[1] 陈寿著，裴松之注：《三国志》，浙江古籍出版社2000年版，第867页。

[2] 陈寿著，裴松之注：《三国志》，浙江古籍出版社2000年版，第868页。

[3] 陈寿著，裴松之注：《三国志》，浙江古籍出版社2000年版，第868页。

[4] 陈寿著，裴松之注：《三国志》，浙江古籍出版社2000年版，第868页。

[5] 陈寿著，裴松之注：《三国志》，浙江古籍出版社2000年版，第736页。

[6] 陈寿著，裴松之注：《三国志》，浙江古籍出版社2000年版，第669页。

第二节 山越民族的历史沿革及山越文化

古时自然的、政治的、军事的、经济的交往和活动都会对文化产生重要的影响。山越文化，经过岁月的淘洗，虽然已经褪色很多，但它的精华还在，是严州文化的重要组成部分。纵观整个严州文化的发展过程，它曾经受到吴文化、山越文化等的影响。当然，从整体上来看，三国以后中原文化比山越文化对严州文化的影响更大。

一 山越的名称及源流

古时，严州地区相对于中原地区来说是蛮夷之地，属山越族。《中国历史大辞典·民族史》（上海辞书出版社1995年版，第39页）对"山越"一词是这样解释的："山越，古族名。指东汉末、三国时越人。名称始见于《后汉书·灵帝记》《资治通鉴·灵帝建宁二年》。分布于孙吴诸郡县山区，后亦有被迁于平地者。居住特点为大分散、小聚居。经过长期发展逐渐融合于汉族。隋唐及宋尚偶有记载，宋以后不复见于文献。"

战国秦汉之际，我国东南部的居民主要是越人，包括分布在浙江、福建的东越和闽越，分布在广东、广西的南越与骆越。汉武帝时，分别将东越、闽越迁徙到江、淮间，并在南越、骆越地区设置了郡县。这样，大部分越人就被封建王朝编户齐民，逐渐融合于汉族之中。但是，也有许多越人不愿离开故土。他们为了逃避战乱以及封建地主阶级的统治与剥削，住进深山，少部分人甚至逃亡到海上，其中，有些越人可能到达了今日的台湾等岛屿。这些避住深山或逃亡于海岛的越人，被称为"山越""山夷""山民"，或被诬称为"山寇""山贼"等，而以称"山越"最为普遍。

"山越"之名最早见于《后汉书·灵帝纪》：建宁二年（169年）九月，"丹阳山越贼围太守陈寅，寅击破之"[1]。以后，关于"山越"的记载，史不绝书。如《三国志·吴书》孙策、孙权、诸葛恪等传，《晋书》卷三十四《杜预传》、卷六十六《陶侃传》，都有关于"山越"或"山夷"的记载。吕思勉说："山夷即山越。"（《燕石札记·山越条》）《陈书》卷三《世祖本纪》、《南史》卷二十四《王淮之传附王猛传》、《北史》卷七十五《苏孝慈传》，都说隋文帝时有"山越"活动。《新唐书》卷一百八十二《裴休传》、《旧唐书》卷一百六十四《王播传》，则为我们留下了唐德宗贞元（785—805年）及唐懿宗咸通十四年（873年）仍有"山越"的记载。因此，王鸣盛说："山越历六朝至唐，为害未息。"[2]（《十七史商榷·山越条》）封建史学家的所谓"为害"，实际就是"山越"人民的反抗斗争。此后，"山越"之名遂从史籍中消失。这就说明，"山越"这个少数民族，在我国历史上活动了700多年（169—873年），即

[1] 范晔撰：《后汉书》，中华书局1997年版，第103页。

[2] 张崇根：《民族研究散论》，中国藏学出版社2000年版，第241页。

公元2—9世纪，而最后融合于汉、壮、瑶等民族之中。所以顾炎武在《天下郡国利病书·广东七峒僚条》中说："岭表溪峒之民，古称山越。"

元朝胡三省的《资治通鉴注》，给山越下了这样的定义："山越本亦越人，依阻山险，不纳王租，故曰山越。"[1]胡三省下的定义基本上是正确的。因为这个定义表述了山越与古越人的渊源关系，以及他们的山居、不隶封建王朝户籍、不纳租赋、不服徭役等特点。但这个定义不够确切，需要加以补充。在山越之中，还有许多逃亡进去的汉人。两汉时期，特别是东汉末年，豪强兼并土地，吏治腐败到了极点。地虽广而农不得耕，粟贵如金而民不得食。残酷的阶级压迫与沉重的经济剥削，使得汉族农民破产，而纷纷逃避到封建统治力量薄弱的山越地区。他们与山越人民一起从事生产，共同反抗官府，甚至互通婚姻，结果"习其风土"，俨然成了一族之人。因此，山越之中加入了一部分汉人，应是没有疑义的。

综上所述，我们是否可以给"山越"下一个这样的定义：山越，是东汉末年由古代越人的遗裔与部分汉族人，在我国东南部山区，经过长期的共同劳动与斗争，逐渐融合而形成的一个少数民族。直到唐朝后期，方融合于汉、壮、瑶等民族之中。

[1] 翁独健、刘荣焌主编：《中国历史大辞典·民族史》，上海辞书出版社1995年版，第39页。

二 山越民族的几次大变迁

山越民族历史上经历过几次大的变迁。

第一次变迁，是受远古时期三次海侵事件的影响。从远古时候起，就有一个叫"越"的民族居住在宁绍平原。他们从晚更新世起就在这里居住生活、繁衍生息。第四纪古地理研究的成果证明，宁绍平原从晚更新世以来，曾经经历了三次大的海侵——星轮虫、假轮虫和卷转虫的海侵。

星轮虫海侵发生在距今10万年前。那时候比现在的海平面要高5米到7米，宁绍平原的大部分都被淹没了。此后，又经过了2.5万年时间，海水才慢慢退回去。到4万年前左右，海平面出现了最低点，大概比现在低70多米。舟山群岛这一片，也变成了陆地。北京大学考古文博学院的年代测定实验室，采用铀系法，对建德市乌龟洞中出土的与上部地层人类牙齿化石伴出的牛牙化石标本进行了年代测定，结论是：建德市李家镇新桥村乌龟洞发现的"建德人"牙距今为10万年左右，也就是说，"建德人"的生活年代应为距今10万年左右。虽然因为年代久远，我们不能肯定"建德人"就是绍兴迁移过来的"越人"，但我们可以确定，完全有这种可能。

假轮虫海侵发生在距今4万年前。

卷转虫海侵发生在全新世纪初，即距今1.2万年前后。海侵发生，海水上升，陆地面积大为减少，于是居住在这里的越族人开始逃难。著名历史地理学家陈桥驿教授在《绍兴水利史概论》中描述道："……有的越过钱塘江到浙西和苏南丘陵区，这就是以后创造马家浜、崧泽、良渚等文化的句吴。""另一部分安土重迁,留在这个地区的一些较高丘埠上,包括舟山群岛和平原上的一些孤丘之上。在流散的越族居民中,有很大一部分随着宁绍平原自然环境自北向南的恶化,逐渐向南部会稽、四明山区迁移。"大约在新石器时代,新安江流域为三苗族居住。在唐、虞、夏三代,北方的华夏族曾多次征讨三苗族。夏朝帝王少康的庶子无余为祭祀大禹而成为于越部落的首领。那些"文身断发,披草莱而邑"的越族,史学界称之为"百越"。唐代诗人柳宗元曾有"共来百越文身地"的诗句,可见"越族杂居,各有种姓,不尽少康之后也"。而新安江流域的先民,历史上均被称之为"山越"。浙西皖南山区,山谷险峻,地理环境形成远古时期生活的山越人。

第二次变迁,是秦始皇统一中国后,对于原越国势力的强大心有余悸,强行将越族人分散迁移到浙西、浙北和皖南一带,其中就有后来设立的淳安县。公元前256年,秦灭周。公元前223年,秦将王翦率军南下,平定大片越国地区,招降越君,建立会稽郡,全面占领越国地盘。公元前221年,秦消灭齐国,统一天下。秦王嬴政在陕西咸阳召开会议,讨论建立国家体制、制度及年号等方面的问题。他从"泰皇""五帝"两个词中各抽出一个字,重新组合,号曰"皇帝"。嬴政认为从其开始,可以家天下,万代相传,故曰"始皇帝"。嬴政在全国实现郡县制,建立了三十六个郡,法令由中央统一发布,使天下真正归为了皇帝一人领导。

秦在越国这片土地上,大体分两次进行县的设置:一次是秦置会稽郡时,另一次是秦始皇东巡,上会稽、祭大禹时。会稽郡的属地南面可以达到金衢盆地。也就是说,后来的严州地区除淳安县地域属于安徽鄣郡歙县管辖外,其余如建德、寿昌、桐庐、分水四地都属于会稽郡下面的富春县。据司马迁《史记》卷六记载:"(秦始皇)至钱塘,临浙江,水波恶,乃西百二十里,中狭中渡。上会稽,祭大禹,望于南海,而立石刻颂秦德。"据《越绝书》记载,当年,秦始皇令李斯作文并书颂秦德的这块刻石,后人称为"会稽刻石",一直在越国古都流传下来。其文曰:

> 皇帝休烈,平一宇内,德惠修长。三十有七年,亲巡天下,周览远方。遂登会稽,宣省习俗,黔首齐庄。群臣诵功,本原事迹,追首高明。
>
> 秦圣临国,始定刑名,显陈旧章。初平法式,审别职任,以立恒常。六王专倍,贪戾傲猛,率众自强。暴虐恣行,负力而骄,数动甲兵。阴通间使,以事合从,行为辟方。内饰诈谋,外来侵边,遂起祸殃。义威诛之,殄熄暴悖,乱贼灭亡。
>
> 圣德广密,六合之中,被泽无疆。皇帝并宇,兼听万事,远近毕清。运理群物,考验事实,各载其名。贵贱并通,善否陈前,靡有隐情。饰省宣义,有子而嫁,倍死不贞。防隔内外,禁止淫泆,男女絜诚。

大为寄假，杀之无罪，男秉义程。妻为逃嫁，子不得母，咸化廉清。
大治濯俗，天下承风，蒙被休经。皆遵度轨，和安敦勉，莫不顺令。
黔首修絜，人乐同则，嘉保太平。后敬奉法，常治无极，舆舟不倾。
从臣诵烈，请刻此石，光垂休铭！[1]

[1]（汉）司马迁：《史记》，中州古籍出版社1994年版，第48页。

秦始皇刻石，就是要用中原文化来改造越文化。比如，尤其对男女隔防、女子贞操给予特别的强调。这种严厉的教化，在越国故地是前所未有的。越人强悍而且还有一定的实力，这在秦始皇看来都是对秦国的潜在威胁。秦始皇刻石的真正目的就是要对越族采取强硬措施，就是要加强对越族的教化。但在采取措施之前，很有心计的秦始皇还要通过刻石来为自己制造一些舆论。在舆论制造到位后，他就动手强迁大批越族民众到浙西和皖南地区——即新安江流域。后来，严州地区的淳安就是当时迁徙的重点地域。淳安曾属中华九州之一的扬州，春秋时先属吴后属越，战国时属楚。秦统一中国后，建立郡县制的行政区划，分天下为三十六郡。初属会稽郡，仍是越地。秦朝对越族归化，采取强制性手段，令越民迁徙浙西、皖南等荒僻之处，同时又将北方"有罪吏民"流放越地。

第三次变迁，是汉武帝采取强硬手段，将中原大户迁到山越民族的居住地，同时将越人北迁。西汉王朝采取剿抚策略，令越民降汉，当时的淳安属丹阳郡归歙县。西汉末年，北方战乱，大批地方士族避乱于江南，随着他们避乱的还有大量的农民与手工业者。浙江是这次北人南移的主要接收地区，其结果是带来了中原文化，包括北方大量的劳动人口，北方先进的农业、手工业技术，以及中原的人才和学术与思想观念，由此导致山越文化与中原文化开始逐渐同化。

在淳安，方氏家族是迁到此地的名门望族，据史料及方氏的宗谱记载，方氏鼻祖为雷公，字天震，封于方山，居河南郡。

汉平帝元始五年（5年），方望之长子方纮，为汉大司马长吏、汝南尹。因王莽篡乱，方纮即携带家属避地丹阳歙县东乡（即今淳安县）。东汉建武元年（25年）刘秀即位，方纮为丞相。方纮是最早南迁淳安，传播中原文化的士大夫。方纮有方旷、方远两兄弟，又有四子，长雄、次杰、三纲、四毅，且都为出类拔萃之人才。方雄，字代英，汉建武六年（30年）拜尚书郎，后迁给事中，建武十一年为金牙将军，建武二十五年升云麾将军，后征战有功，拜西河太守。方雄又有三个儿子，长子方储，少年英俊，善辨天文。汉明帝永平二年（59年）举贤良为南郡守六郎君，后为太子门下大夫左侍郎。永平六年（63年）封关内侯。

方储及兄弟遭奸相加害而死，但当时歙之东乡汉风日盛，人文蔚起。方储生三子，长子观之，任长城（今浙江长兴）县令；次子觐之，授关内侯；三子洪之，晋安县令，可谓显赫的官宦人家。所以他们当时能在贺城东北之迈山，修筑占地近百亩，雕有翁仲、石狮、石马、石羊等气势宏伟、壮观荫威的墓群。

比方姓家族迁淳安晚180年的，有东汉皇室成员刘蒜，因避黄巾起义，南迁歙东林兰（今光昌县）。

当时淳安虽未建县，只属歙之东乡，但由于中原士族南迁，汉风日盛，为后来的贺齐建县立郡打下了基础。

总之，山越是我国古代的一个少数民族，其活动时代历经汉晋至隋唐（约当公元2—9世纪），分布在我国东南部的今江苏、浙江、安徽、江西、福建等省的山区。三国孙吴时，山越人数众多，盛极一时，曾与汉族人民一起，不断展开农民起义，以反抗封建统治阶级的压迫与剥削。山越人民对于开发我国东南地区，繁荣祖国的经济和文化做出了巨大贡献。

三 山越的分布与社会生活

孙吴立国，占据了东南全部地区和中南一部分地区——即辖有今江苏南部、浙江、安徽、江西、福建、广东，以及湖南、湖北和广西的一部分地区。当时划分为扬、荆、广、交四州。山越主要分布在扬州的会稽、丹阳、吴、豫章等十一郡的山岭地区。就今天的行政区域来说，主要分布在江苏的南京、镇江，以及安徽南部、浙江全境、福建北部和江西东北部这一范围内，其中心则在安徽南部及与之相毗邻的山区。

山越主要分布地区，还可由《三国志·吴书》关于吴国君臣的行动得到证实。孙策曾在吴、会稽两郡"平定山越"。名将黄盖，曾严厉地镇压过山越的反抗斗争，"诸山越不宾，有寇难之县，辄用盖为守长"；"凡守九县，所在平定"。孙权于建安十三年（208年），把歙县分为始新、新定、黎阳、休阳和歙五县，加上黟县为六县，立新都郡。贺齐因镇压这里的山越"有功"，被封为太守。孙权之所以把一个县分成五个县，并不是因为人口增加很多，经济发展很快，而主要是对山越采取的分而治之的办法。后来，孙权于黄武七年（228年）又分丹阳、吴、会稽三郡之险地立东安郡，孙亮于太平二年（257年）分会稽郡东部立临海郡，孙休于永安二年（259年）分会稽郡南部立建安郡，孙皓于宝鼎元年（266年）分会稽郡部分土地立东阳郡，分吴、丹阳二郡地立吴兴郡，其主要目的仍然是为了加强对山越的控制。孙皓曾明确说过："立郡以镇山越。"由此可见这些地区山越人数之多。

在今江西的东北部，即当时的豫章、鄱阳二郡，也有很多山越人。鄱阳太守周鲂，为了诱魏军深入而消灭之，曾向魏将曹休写了一封诈降信，周鲂提出：要将军、侯印各五十方，郎将印一百方，校尉、都尉印各二百方，授给那些为曹魏所熟知的山越"旧族名帅"等，让他们做内应起事。周鲂所要印信如此之多，可能有所夸大，但绝不是虚构。总之，由此可推测当时山越人之多，数量超出想象。吴国的东南部，是山越族主要分布地区。

由于史料不足，对山越的社会生活状况，诸如社会性质、经济、文化、生活习俗等，至今仍不甚了然。现仅据《三国志·吴书》的有关记载及前人研究成果，略述如下。

山越之民，悉居深山，大约处于大分散、小聚居的状态。《诸葛恪传》说："……丹阳地势险阻，与吴郡、会稽、新都、鄱阳四郡邻接，周旋数千里，山谷万重。"[1]又说"山出铜铁"。他们用铜、铁铸造生产工具与兵器，种植谷物，自织布帛，过着自给自足的生活。故山越人"自首于林莽"，不入城市。山越地区，无所谓王法，也没有租赋徭役。

山越人民勤劳、勇敢，"俗好武习战，多尚气力"。他们长期生活在山区，练就了一副铁脚板。他们翻山越岭，攀登悬崖，履荆棘如平地。山越虽然是一个人口众多的民族，但是他们居住隔绝，经济自给自足，他们只是"聚族而居"，以部落、宗族或氏族为一个独立单位，互不统属，所以史书称山越的社会组织为"宗"，称山越人为"宗民"，称其首领为"宗帅""大帅"或"帅"。在打仗时，"宗"与"宗"之间可以采取联合行动。因此，被称之为"合宗"。由于没有严密的组织，没有统一的部署和指挥，山越民族在进攻时蜂拥而上，失利时各自奔逃，从而削弱了对封建统治阶级斗争的力量。所以，有人认为，山越的社会性质是"阶级分野尚欠明朗，贫富分化尚未悬殊，故保有了较多的原始氏族公社残余，实质上是一种且耕且战的坞壁"。

孙吴统治集团残酷压榨、奴役山越民族。他们强迫山越民族缴纳租赋，从军服役，甚至还把他们当做奴婢赏赐给地主官僚。孙吴统治者经常出动军队，掠夺山越人口，并大肆屠杀山越民族——林历山一战，孙吴统治集团就杀害山越民族7000多人。在诸葛恪当丹阳太守的时候，曾用了三年时间，对山越实行封锁。每当山越民族的庄稼成熟，诸葛恪就派兵抢割一空，使山越民族得不到颗粒粮食。山越民族没有粮食，就不得不扶老携幼，出山定居。甚至山越民族的老弱妇幼，也被隶入吴国编户，供统治者奴役和驱使。这种残酷的压迫和沉重的剥削，迫使山越民族与当地的汉族人民联合起来，共同开展反抗孙吴统治集团的斗争。

山越民族反抗孙吴统治集团的斗争方式有很多种，一般是抗租不交。有一次，豫章太守华歆要海昏、上缭两县的山越人民出米三万斛。结果，搜刮了一个多月，才得到数千斛。当然，山越人民反抗统治者的主要形式还是开展武装斗争。他们凭借深山幽谷的险阻形势，使用自己铸造的兵器，一有机会，就攻下郡县，杀掉官僚、地主。据林惠祥统计，先后有60多个郡县的山越人民揭竿而起。起义此起彼伏。在各地的反抗斗争中，有很多支队伍，其中称"帅"的有12人，有"名"而无衔的有23人，不知"名"的带兵者还有10余人[2]。在起义首领中，有山越人，也有汉人——如余杭的郎稚，会稽的潘临，吴郡的严白虎，丹阳的费栈、陵阳，鄱阳的尤

[1]陈寿：《三国志》，浙江古籍出版社2000年版，第861页。

[2]张崇根：《民族研究散记》，中国藏学出版社2000年版，第245页。

突，以及黟歙一带的祖郎、焦巳。

山越民族的反抗斗争，本来就是孙吴的腹心之患，而豪宗大族、割据势力——如袁术、刘勋、陈瑀、商升等人，又总是想利用山越民族的力量，搞垮孙吴。丹阳郡的山越民族首领费栈，"受曹公印绶，扇动山越，为做内应"。这就使孙吴面临内外夹击的严重威胁，极大地牵制了孙吴与曹魏、蜀汉争斗的力量。陆逊曾说："腹心未平，难以图远。"由于内部不稳定，孙权"不遑外御"，采取向曹魏称臣、与蜀汉通好的权宜之策。孙权曾让张温出使蜀国，向诸葛亮解释他不得不臣魏的苦衷，并表示：一旦平定山越，就兴兵攻魏。

为了平定山越民族的反抗斗争、巩固统治集团，孙吴统治集团实行了镇压与安抚相结合的手段。一方面，孙权"分都诸将，镇抚山越，讨不从命"，命令贺齐、黄盖等对山越民族实行武装镇压；另一方面，孙权又接受诸葛恪的请求，拜他为丹阳太守，让他采用长期围困的办法，强迫山越民族出山定居。

孙吴统治者采取的两手政策，既有给山越人民带来深重灾难的一面，如人口被大量杀戮，家园屡遭破坏等；又有客观上的积极进步意义。第一，逼迫山越民族到山外定居，结束了他们原先分散、孤立、隔绝于世的保守状态，加强了山越民族与汉族的联系，有利于生产技术、文化的交流，在客观上有利于山越民族自身生产力的发展。同时，由于两族人民的交错杂居，彼此的语言、风俗等也得以交流。两族人民还通过婚姻，加速了民族融合的步伐。第二，化消极力量为积极力量。以前，山越民族起来反抗孙吴政权，孙吴统治者派兵镇压，也削弱了吴国自身的力量。后来，孙权采纳了陆逊"取其精锐""强者为兵，赢者补户"的建议，选拔了很多精壮的山越人民当兵，增强了吴国与魏、蜀两国斗争的军事力量。赤壁之战，黄盖诈降曹操之时，为了强调"寡不敌众"的军事力量对比，他在给曹操的信中说吴国"用江东六郡山越之人，以当中国百万之众"。从这句话中，我们可以看出孙吴军队中山越人数之众多。第三，促进了江南地区的开发。山越民族出山定居、吴国开展编户齐民，使吴国的劳动力资源大增。山越民族和北方南移的汉族人民一起，开垦了长江下游沿岸和太湖流域的许多荒地，促进了江南地区农业生产的发展。据统计，吴国末年（280年），全国共有52300户，男女共230万人；士兵有23万人，舟船有5000余艘；国库积谷有280万斛。晋初人说：吴国"牛羊掩原隰，田地布千里""商贩千船，腐谷万庾""荆扬户口半天下"。由此可见，当时吴国人口兴旺，经济、文化发达。

四 山越文化

山越人民是淳安的先民。他们生活在山涧峡谷中，以鸟或蛇为图腾。

他们巢居、断发文身、善铸青铜器、善制印纹陶……该地出土的文物，其形制、纹饰的色彩和构图风格都具有浓厚的山越文化特色。一些生产工具——用来舂稻谷的石杵、石臼和用于存放谷物的瓮罐，表明当时已经有相当规模的农业生产。他们过着"饭稻羹鱼"和"火耕水耨"的生活。从出土的铜箭头、铜口锛、曲刃铜刀来看，山越人民已能进行青铜的冶炼和青铜器的铸造。多处出土的陶纺纶，说明山越人民已能纺纱织布。淳安八都严家、王阜一带，至今还流传着一种古老的民间刺绣艺术——山越麻绣。它以粗麻布和青麻线、棉线为原料，完全用手工挑绣出青白相间、粗犷古朴的图案，还留存着山越人民的原始文化印记。

山越人民在山坡地修筑梯田，用石头剖成石板盖房，度过了原始社会阶段，进入了善冶青铜的奴隶社会阶段。山越人民有自己的奴隶制王国，在出土的青铜器中有奴隶形象——三位女性奴隶双手上举，双膝下跪。由于社会动荡，长期战乱，弱肉强食，山越人民避居山涧，渐趋衰落，数量越来越少。

孙吴时期，江南的生产技术、经济文化、交通贸易，是山越人民和汉族人民共同劳动和开发的智慧结晶，也是山越人民对祖国文明和中华民族的发展做出的巨大贡献。可以说，山越人民是开发江南地区的先行者。

第三节　山水文化

所谓山水文化，就是山山水水中蕴涵的文化现象。中国山川秀丽，地大物博，自然山水资源众多，人文历史丰富悠久。这种自然与人文的有机结合，孕育出了丰富多彩的山水文化。可以说，中国众多的名山胜水，不仅自然景观雄奇秀丽，而且文化沉积十分深厚，闪耀着灿烂的光彩。这是中国的宝贵财富，也是全人类的自然与文化遗产，在世界上有着重要的地位。

与中国山水文化成一体系的严州山水文化，在中国山水文化中享有不可忽视的地位。

一　严州山水文化的滥觞者——谢灵运

"天人合一"，是中国古代的一个重要哲学思想。人类只有与自然真正和谐友好、共同发展，社会才能健康向上、良性运转。

人类自始就与山水相依存。山水，是人类的安身立命之所，为人类提供了生活资源，好像母亲的乳汁养育着她的儿女；山水，又是人们实践的主要对象，人类在这个广阔的舞台上，从事着多方面的形形色色的活动。人有生存、发展、享受等多种多样的需求，需要适应这些需求而与山水结成各种对象性关系，在利用和改造山水的过程中，使人类自身的需求、智慧、能力凝聚于山水之中，也就是使自身的本质力量对象化，从而在悠悠历史长河中享受丰富的山水文化。

自然本身不是山水文化，而是它赖以生成的客观条件；山水文化作为人类特有的成果，是人与自然交互作用的结晶。山水文化的形成是一个长期的不断创造的过程，随着时代和社会的发展、人类在各个方面的进步，人对山水的需求自然也在演变。山水文化的形成和发展，依靠的是丰富的历史文化内容，体现出人类文明的演进过程。

通过前面的介绍，我们知道，严州素有"锦峰绣岭，山水之乡"的美称。如诗如画的自然风光，流传千古的人文景观，吸引了古今中外的文人墨客来此游览。他们流连忘返，留下了数以万计的美丽诗文。山水诗的开山鼻祖——谢灵运就是这样。

（一）谢灵运为什么会来到严州

谢灵运（385—433年），南北朝诗人，祖籍阳夏（今河南太康县），后迁到会稽始宁（今浙江上虞）。他出生后不久就被寄养在钱塘杜明师的道馆里，15岁才回建康，所以小名叫客儿，后来人们又习惯称他为谢客。王、谢两大家族是东晋王朝从北方来的世族中的重要成员。唐朝诗人刘禹锡写的《乌衣巷》中有"旧时王谢堂前燕，飞入寻常百姓家"的诗句，说的就是王、谢两大家族。谢灵运出生在谢氏家族最鼎盛的时期，他的祖父谢玄感叹自己的儿子生而不慧，但是孙子却非常聪明能干，所以取名谢灵运。青少年时代的谢灵运受到很好的教育，才华初露，到建康，深受祖叔谢浑的赏识。谢浑是当时政界和文坛的重要人物，为了家族的利益，十分注重本家族子弟的培养。谢灵运少好学，工书画，文章之美可与颜延之并为江左第一。谢灵运袭封康乐公，世称谢康乐。初为武帝太尉参军，宋受晋禅，迁太子左卫率。当时，东晋王室的势力已经衰弱，北府军将领刘裕的力量日益壮大，朝廷出现拥护刘裕和反对刘裕两派，而谢氏家族的代表人物则反对刘裕。在刘裕以接受"禅让"的形式建立刘宋王朝之后，谢氏家族在拥戴问题上的态度则给谢灵运的前途带来很多不利影响。即使谢灵运有才华，刘裕在使用时，也会留一手。这样一来，谢灵运感到十分尴尬。刘裕一度曾想把皇位传给次子刘义真，刘义真与谢灵运关系非常要好。但最后，刘裕还是把皇位传给了长子刘义符。刘义符掌权以后，就以"构扇异同，非毁执政"的罪名把谢灵运贬到永嘉（今浙江永嘉县）当太守。在谢灵运去永嘉上任时，途经严州，看到这里风光如此之好，遂游览一番，题咏风光，以致其意。

谢灵运未参权要，常怀愤惋。也就是说，由于谢灵运心中十分不开心，他在永嘉不理政事，肆意遨游，游踪遍及郡治各县。其诗开文学史上山水一派先风。

（二）谢灵运在严州写了一首题为《七里濑》的诗

宋永初三年（422年）谢灵运自京都建康赴永嘉太守任，途经富春江畔的七里濑时写下了这首诗。明人焦竑辑有《谢康乐集》。

　　七里濑
　羁心积秋晨，晨起展游眺。
　孤客伤逝湍，徒旅苦奔峭。
　石浅水潺湲，日落山照曜。
　荒林纷沃若，哀禽相叫啸。
　遭物悼迁斥，存期得要妙。
　既秉上皇心，岂屑末代诮。
　目睹严子濑，想属任公钓。
　谁谓古今殊，异世可同调。[1]

[1]罗嘉许等选注：《新安江历代诗选》，中国文史出版社1999年版，第1页。

　　这首诗真实地反映了谢灵运被贬永嘉时的心情，处处流露出政治上失意之后内心的牢骚、愤懑，甚至包括急流勇退、抽身退步而又身不由己的悲凉与无奈。

　　这首诗共十六句。每四句一个小节。

　　第一节，写谢灵运经过七里濑时的心情。秋晨，谢灵运的羁旅之思更加浓重了。虽有羁心，但他还是尽情地游赏眺望。看到激流而去的江水和崩落的江岸，谢灵运更加感伤自己长期在外的飘荡。是什么让他如此心受牵挂而无法自适呢？是在宫廷的权力斗争中，谢灵运身不由己地被卷入政治漩涡之中，整个家族成了皇上的对立面，自己要扭转乾坤是不可能的，只好乖乖地接受命运的安排，去天高地远的浙江永嘉上任。过去的江南，水路为主要的交通方式，途中的七里濑，是谢灵运的必经之地。东汉时期，严子陵就隐居在七里濑。严子陵是当时会稽的余姚人，与谢灵运的住地上虞相去不远。因此，我们知道，谢灵运一定非常熟悉严子陵的为人，内心也会非常崇拜他。所以，这次去永嘉上任，经过这里，谢灵运无论如何也要去纪念一下自己的前辈。我们知道，谢灵运去赴任的季节是秋天。而且是住在七里濑。至于是住在船上还是岸上，我们不得而知。在那个秋天的早晨，谢灵运一边游览一边远眺，心情非常复杂。他通过诗句中"羁心"的"羁"字、"孤客"的"孤"字、"苦奔峭"的"苦"字非常鲜明地把他痛苦的心情表现出来——痛苦的心情加上秋天这种最适合表现痛苦的天气，真是情由景生，情景交融，感染力非常强。

　　第二节，写谢灵运眼前的景色。秋天的景色是悲凉的，"荒林""哀禽"，又加上"日落"，这样写景色的荒凉，正是谢灵运心情的外化，是谢灵运眼前景色的真实写照。正如王国维先生在《人间词话》中说的"一切景语皆情语"。

　　第三节，从写景转入抒情，并有议论。是写谢灵运看到的客观景物——即面对流水、日光、荒林和哀禽这些美好而衰败的自然景物和动物，使谢灵运对于老庄哲学有了更好的体悟。谢灵运是想用这种清静无为的思想来抚平自己心灵上的创伤——自己既然已经有了上古时代的圣贤德行，哪里还在乎当今世人对我的讥笑与攻击呢？

第四节，谢灵运借严子陵的故事表达了自己的想法。实际上作者更多的是感叹自己生不逢时，没有遇上一个好皇帝，没有遇上像严子陵那个时代能理解严子陵的好皇帝。

谢灵运出身名门，才华满身，但仕途坎坷。为了摆脱自己的政治烦恼，谢灵运常常放浪形骸于山水之间，尽情探奇览胜。谢灵运的诗歌大部分描绘了他所到之处——如永嘉、会稽、彭蠡等地的自然景物和山水名胜。其中有不少自然清新的诗，如《登池上楼》一诗，就是谢灵运的代表作。

> 潜虬媚幽姿，飞鸿响远音。
> 薄霄愧云浮，栖川怍渊沉。
> 进德智所拙，退耕力不任。
> 徇禄及穷海，卧疴对空林。
> 衾枕昧节候，褰开暂窥临。
> 倾耳聆波澜，举目眺岖嵚。
> 初景革绪风，新阳改故阴。
> 池塘生春草，园柳变鸣禽。
> 祁祁伤豳歌，萋萋感楚吟。
> 索居易永久，离群难处心。
> 持操岂独古，无闷征在今。[1]

其中写春天的诗句"池塘生春草，园柳变鸣禽"（《登池上楼》）就非常出名；另外还有写秋天的诗句如"野旷沙岸净，天高秋月明"（《初去郡》）；写冬天的诗句"明月照积雪，朔风劲且哀"（《岁暮》）等。[2]这些经典诗句，从不同角度刻画自然景物，给人以美的享受。

谢灵运的诗，善于刻画自然景物，开创了文学史上山水诗歌门派。他写的诗艺术性很强，尤其注意形式美，很受文人雅士的喜爱。诗篇一出，人们就竞相抄录，流传很广。

宋文帝很赏识他的文学才能，特地将他召回京都任职，并把他的诗作和书法称为"二宝"，常常要他边侍宴，边写诗作文。一直自命不凡的谢灵运受到这种礼遇后，狂妄自大起来。有一次，他一边喝酒一边自夸道："魏晋以来，天下的文学之才共有一石（一种容积单位，一石等于十斗），其中曹子建（即曹植）独占八斗，我得一斗，天下其他的人共分一斗。"[3]从他的话中可以看出，他除了佩服曹植以外，其他人的才华都不在他眼里。

[1] 林庚、冯沅君主编：《中国历代诗歌选》，人民文学出版社1964年版，第211页。

[2] 游国恩等主编：《中国文学史》，人民文学出版社1963年版，第270页。

[3]（唐）李延寿撰：《南史》，中华书局1997年版，第152页。

（三）谢灵运在文学史上的地位及对严州山水诗的发展和严州山水文化的形成所起的作用

谢灵运聪明好学，文章为江左第一。工诗文、能诗画、通史学，又精玄学佛理。所作大量山水诗，鲜丽清新，开一代风气，历来被视为山水诗派之祖，时称"谢灵运体"。与颜延之、鲍照并称"元嘉三大家"。鲍照称谢灵运的诗歌如"芙蓉出水"，沈约《宋书·谢灵运传论》称："爰及宋氏，颜谢腾声。灵运之兴会标举，延年之体裁明密，并方规前秀，垂范后昆。"[1]钟嵘《诗品》列于上品，评曰："若人兴多才高，寓目辄书，内无乏思，外无遗物，其繁富宜哉！然名章迥句，处处间起；丽典新声，络绎奔会。"元陈绎曾《诗谱》称："谢灵运以险为主，以自然为工，李杜取深处，多取此。"谢灵运著作甚富，多达二十余种。谢灵运书法也非常好，有人说他"诗书皆独绝，每文竟，手字写之，文帝称为二宝"，其墨迹今已不存。

[1]（梁）沈约撰：《宋书》，浙江古籍出版社1998年版，第457页。

谢灵运不仅是历史上伟大的诗人，也是见诸史册的一位大旅行家。谢灵运的诗文大都是一半写景，一半谈玄，带有玄言诗的痕迹。谢灵运以他的创作极大地丰富和开拓了诗的境界，使山水的描写从玄言诗中独立出来，从而扭转了东晋以来的玄言诗风，确立了山水诗的地位。从此山水诗成为一个流派。他的诗充满道法自然的精神，贯穿着一种清新、自然、恬静的韵味，一改魏晋以来晦涩的玄言诗的风气。谢灵运善于用富艳精工的语言记叙游赏经历、描绘自然景物，多有形象鲜明、意境优美的佳句，对唐代的诗歌发展有一定的影响。唐朝许多著名诗人的山水诗多少都受到谢灵运诗的影响，比如李白、杜甫、白居易、孟浩然、王维、韦应物、柳宗元等。唐以后的山水诗或者说山水文化的发展也都多少受到谢灵运的影响。唐朝大诗人李白对谢灵运颇为推崇，曾有"吾人咏歌，独惭康乐"之句。

谢灵运性豪奢，躁进狂傲，终至被杀。这样的结局是非常令人痛心的，是中国文学史上的重大损失，但也是性格使然。

虽然在严州文化史上谢灵运留下的诗作并不多，但他对后来严州山水诗的形成和严州山水文化的发展还是起过一定的作用。

二 严州山水文化的发展

如果说谢灵运是严州山水文化的滥觞者、开辟者，那么沈约、任昉、吴均、沈瑀等人则是严州山水文化发展的继承者和助推者。

（一）严州山水诗吟咏者——沈约

沈约（441—513年），武康人（今浙江德清），南朝文学家。仕宋及齐，累官司徒左长史。梁武帝受禅，为尚书仆射，迁尚书令。时谢玄晖善为诗，任彦升工于笔，约兼而有之。然其自负高才，昧于荣利，颇累清谈。沈约曾为武帝连夜草就即位诏书。萧衍认为成就自己帝业的，是沈约和范云两个人。萧衍封他建昌县侯，官至尚书左仆射，后迁尚书令，领太子少傅。晚年他与梁武帝产生嫌隙。天监十二年（513年），忧惧而卒，时年73岁。帝诏赠本官，赐钱五万，布百匹。有司请谥沈约为"文"，梁武帝道："怀情不尽曰隐。"[1]故改谥为"隐"。

沈约十分好学，曾聚书至两万卷。有《晋书》一百一十卷、《宋书》一百卷、《梁武纪》及文集百卷、《齐纪》二十卷、《高祖纪》十四卷、《迩言》十卷、《谥例》十卷、《宋文章志》三十卷、文集一百卷，并撰《四声谱》。作品除《宋书》外，多已亡佚。明人张溥在《汉魏六朝百三名家集》中辑有《沈隐侯集》，自谓入神之作。沈约是"神不灭"论的积极维护者。南朝时期，佛教盛行，但也出现了反佛的斗士。刘宋时期的史学家范晔是一位无神论者，"常谓死者神灭，欲著《无鬼论》"，确信"天下决无佛鬼"。

南朝齐永明年间，周颙著《四声切韵》，提出平上去入四声。沈约与谢朓、王融、范云等人一起，将四声的区辨同传统的诗赋音韵知识相结合，规定了一套五言诗在创作时应避免的声律上的毛病，就是后人所记之"八病"。即平头、上尾、蜂腰、鹤膝、大韵、小韵、旁钮、正钮八种声病，"八病"具体为何，说法不一。"四声八病"说为后来产生近体诗奠定了基础。

沈约一生经历宋、齐、梁三代，年寿既长，官位又高，在齐、梁之际执文坛牛耳，俨然为当时的诗伯文宗。沈约所在的家族是世居江东的世族。沈约为什么会来到严州？其祖父沈林子，曾从刘裕北伐，官辅国将军。其父沈璞，在宋文帝元嘉末期为淮南太守。刘劭弑父自立，刘骏起兵讨伐，沈璞犹豫不敢响应，在刘骏即位后被杀。当时沈约年13岁，逃窜他乡，遇赦得免。沈约身遭家难，孤贫寡居，因此特别发奋、努力读书。他青年时代博览群书，白天读的书，夜间一定要温习。其母担心他的身体支撑不了这样刻苦的学习，常常减少他的灯油，早早撤去供他取暖的火。青年时期的沈约不仅"博通群籍"，还能写得一手好文章，二十几岁就立志修一本《晋书》。初露才华的沈约得到了吏部尚书蔡兴宗的赏识。宋明帝泰始三年（467年）蔡兴宗出为郢州刺史后又迁荆州刺史，沈约均在其幕中任记室。泰豫元年（472年），蔡兴宗去世。沈约于次年进入郢州刺史晋熙王刘燮幕中任记室。大约在宋顺帝升明元年（477年），返回建康任尚书度支郎。

萧赜在宋后废帝文徽四年（476年）为晋熙王长史，主持郢州军政事务，其子萧长懋即后来的文惠太子也在郢州为抚军主簿。沈约在郢州结识了萧赜父子。萧道成代宋建齐，建元元年（479年），萧长懋以皇孙的身份受封征虏将军，镇守雍州，沈约被任命为萧长懋的记室，带襄阳令，深受宠信，成为一生腾达的开始。其时沈约已经39岁，相对于北方来的甲族人

[1]（唐）李延寿撰：《南史》，中华书局1997年版，第152页。

士,他的发迹是相当晚的。

萧长懋于齐武帝即位(483年)后被立为皇太子。萧长懋爱好文学,门下的文士非常多。沈约被任命为东宫属官步兵屯骑校尉,掌管书记和校订四部图书。在齐累迁太子右卫率、兼著作郎、御史中丞、尚书左丞、骠骑司马将军,为文惠太子萧长懋太子家令,仕途颇为得意。"特被亲遇,每直入见,影斜方出。"[1]竟陵王萧子良开西邸,招文学之士,与谢朓交好。就在这段时间,他又为竟陵王萧子良所赏识,成为"竟陵八友之一",萧衍与沈约也相处得极为快乐。沈约在这一时期的作品大多为应教和酬唱之作,比较有价值的是一些模仿民歌乐府的爱情作品。永明十一年(493年),齐武帝去世,郁林王萧昭业嗣位。沈约因为和萧子良的关系而被外放为东阳(金华)太守。在东阳期间,他写了不少描写山水风物的诗文,文集中的许多名篇都写于这一时期。《过新安江贻京邑同好》就是沈约在去金华赴任的途中写下的。

[1] (唐)姚思廉撰:《梁书》,中华书局1997年版,第64页。

沈约在严州写下的著名诗篇《过新安江贻京邑同好》,均在清《光绪淳安县志》《光绪严州府志》刊载,这首诗是这样写的:

> 眷言访舟客,兹川信可珍。
> 洞澈随深浅,皎镜无冬春。
> 千仞写乔树,百丈见游鳞。
> 沧浪有时浊,清济涸无津。
> 岂若乘斯去,俯映石磷磷。
> 纷吾隔嚣滓,宁假濯衣巾。
> 愿以潺湲水,沾君缨上尘。[2]

[2] 罗嘉许等选注:《新安江历代诗选》,中国文史出版社1999年版,第4页。

据《梁书·沈约传》记载,南齐隆昌元年(494年),沈约被除吏部郎,出为东阳太守。新安江源出安徽婺县,流经浙江,是自建康赴东阳的必由之路。这首诗就是沈约在此行途中所作。

这首诗共十四句。

首二句,讲的是沈约乘舟漂泊于新安江上,发现江上风景非常优美,心情为之一振,不由得发出"兹川信可珍"的由衷感叹。

接下四句,即承"兹川信可珍"意,铺陈描写。无论深处还是浅处,江水都清澈缥碧,略无一点一滴浑浊;无论春天还是冬天,江水都皎若明镜,不沾一丝一毫尘埃。江水清澈见底。所以,透过江水,沿江千仞山峰上苍松碧树的倒影清晰可见;俯视百丈水府,神情自若,倏忽往来的游鱼也络绎分明。"千仞""百丈",极言江水之深——江水深深如许,而仍能映见乔树,忽闪游鱼,则一湾碧如玉清如月的新安江水,宛然可见。"写""见"二字,毕现水底奇景异观,直将江水之清莹缥碧反映出来。总此六句,诗人通过绘写江水之"深",衬写出江水之"清",以致使人感到虽深犹浅。这就是诗题中点出的"新安江至清浅，深见底"的韵致。新安江之"信可珍"，正在于它的"清"。

京官外放，一般都具有被贬的意味。沈约此后曾致书徐勉，中有"出守东阳，意在止足"之语（见《梁书》），颇有点自宽、自慰、自我解嘲的意思，可见当时他的心情还是比较低沉的——祸福难倚，万物皆空矣。由此，沈约励志修行、洁身自好、独善其身的念头便油然而生。接下来便是抒发这一情怀。第七、八两句分用两个典故。"沧浪"句源出《孟子·离娄》："沧浪之水清兮，可以濯吾缨；沧浪之水浊兮，可以濯吾足。"[1]先哲从中抽绎出了人生的哲理：水清，则濯缨；水浊，则洗足——时世承平，则进而兼善天下；时运不济，则退而独善其身。"清济"句，意出《战国策·燕策》："齐有清济浊河。"沈约用此二典，前句顺用，后句反用，都为一意：沧浪之水有浑浊的时候，清济之水也有干涸的时候。既然如此，那么"岂若乘斯去，俯映石磷磷。纷吾隔嚣滓，宁假濯衣巾。[2]"沈约认为，既然自己时运如此不济，不能随世沉浮，那么，此次前往东阳，由此就与京师嚣尘自然隔绝了，可以自由自在，倘佯山水，过上一段清静悠闲的日子，不必还要假借沧浪之水来洗濯衣巾、涤神爽志了。李善曾曰："谓去京师嚣尘之地以往东阳，自然隔越，亦不须濯衣巾。"诗人言语之间颇有些"久在樊笼里，复得返自然"的庆幸之感。

最后，沈约寄语京城中的朋友："愿以潺湲水，沾君缨上尘。"意思是说：我愿以此清莹净澈之水，来洗涤各位朋友帽子上的灰尘。言语之中，颇有"世人皆醉我独醒"的自得。此句收束全篇，照应诗题，显得周到而严密。诗人的精神似乎获得了解放，不但洋溢出一种远离尘嚣的轻松愉快之情，更抑制不住透露出一种俯视人寰的超脱和自豪之感。

沈约欣赏新安江的旖旎风光，描绘新安江江水的清浅透彻，由此折射出他的平静心情。只是在遐想和反思的诗句之中，才隐约流露出沈约对身世的伤感和告别官场、隐退江湖之意，并由此反映出由苦闷、沉郁到解脱、轻松的复杂思想变化。反映到文思上，便从容不迫，纡徐有致。从写景到抒情，从构句到用典，笔调细腻，婉转多姿。既庄重，又圆熟、深沉和隽永。

沈约在文学史上的地位非常高。

他历仕三朝，官高望重，俨然文坛领袖。他又好奖掖后进，不遗余力，王筠、何逊、刘勰、谢举、何思澄等人均得到其称赏。当时，"谢朓工于诗，任昉工于文，沈约则兼而有之"。沈约存诗数量甚多，除拟古乐府以外，多为应制、侍宴之作，而描写山水和抒写离情别绪的诗作最为后人传诵。诗风平稳工整，上继鲍、谢，下开齐梁。《诗品》是这样评价沈约诗作的："观休文众制，五言最优。详其文体，察其余论，固知宪章鲍明远也。所以不闲于经纶而长于清怨。""虽文不至，其工丽亦一时之选也。"[3]沈德潜在《古诗源》卷十二中说："家令诗，较之鲍、谢，性情声

[1] 杨伯峻译注：《孟子译注》（上册），中华书局1960年版，第170页。

[2] 罗嘉许等选注：《新安江历代诗选》，中国文史出版社1999年版，第4页。

[3] 王叔岷：《钟嵘诗品笺证稿》，中华书局2007年版，第310页。

色，俱逊一格矣。然在萧梁之代，亦推大家。以边幅尚阔，词气尚厚，能存古诗一脉也。"[1]

（二）新安太守、著名诗人——任昉

任昉，字彦升（460—508年），乐安博昌（今山东寿光市）人。任昉的父亲名任遥。任遥的兄长任遐，字景远，自幼勤于学业，家教严谨，官至御史中丞。永明年间，任遐因获罪将被流放到荒远的地方，任遥拿着名片去求情，边说边流泪，齐武帝听后很同情，最终赦免了任遐。任遥的妻子河东裴氏，聪明且有德行，有一次白天睡觉，梦到四角悬挂着五彩旗盖从天而降，其中一只铃铛落入怀中，心里非常害怕，而后有孕，算命先生说"你一定会生才子"。后来裴氏生下任昉。任昉身长七尺五寸，自幼聪明伶俐，被人称作神童。4岁时任昉就能背诵几十篇诗歌，8岁能文，"雅善属文，尤长载笔，声闻藉甚"。[2]友人曾对任遥说："听说您有一个好儿子，都感到非常欣喜。这样的孩子一百个不为多，一个不为少。"任昉的堂叔任晷有识别人才的能力，在任昉12岁时，他喊着任昉的小名说："阿堆，你是我们家的千里驹啊。"南朝宋时，任昉被推举为兖州秀才，拜为太常博士。南朝齐时，任昉为王俭所重，任丹阳尹的主簿、竟陵王记室参军，官至中书侍郎、司徒右长史，南朝梁时历任义兴（今江苏宜兴县）、新安（今浙江）太守。任昉一生仕宋、齐、梁三代，为官清廉，仁爱恤民。当任昉离开义兴时，"舟中唯有绢七匹，米五石而已"。天监七年（508年），任昉卒于官舍。梁武帝萧衍"悲不自胜"，"即日举哀，哭之甚恸"。

公元503年，任昉任宜兴太守时，有一年大灾，他用自己的俸金兑成粥，救活了2000多人。公暇之余，任昉喜欢到西九边散步、垂钓、观光、吟诗。为了纪念任昉在宜兴的德政，后人便在他经常钓鱼的西九之滨筑台，称之为"任公钓台"。任昉酷爱宜兴山水，卸任之后，于画溪北岸建别墅，长期寓居，这便是"任墅村"的由来。任昉对父母极其孝顺，每次伺候得病的父母，睡觉从不脱衣服（时刻准备起来），说话时经常眼泪一起流下来，汤药、饮食一定要先亲自品尝（试探热冷）。任昉被推荐为兖州秀才，任命为太学博士，因而文才更被世人了解。永明（南北朝齐武帝年号）初期，卫将军王俭担任丹阳尹，聘请任昉为主簿（官职名）。王俭每次读到任昉的文章，必定多次夸奖，认为当时没有比得上的。后来任昉因为父亲去世辞官，痛哭以至于眼中流血，如此三年——任昉一向身体强壮，腰带很长，守孝完毕后，身体羸弱得让人都认不出来了，要靠拄着拐杖才能起来。任昉奉养叔父、叔母就像奉养自己的亲生父母一样，侍奉哥哥嫂嫂也非常恭敬、小心。任昉还一直供养贫困的亲戚。所得的薪水，四处馈赠，都分散给了贫困亲戚，当天就用光了。任昉生性通达洒脱，不讲究着装打扮，喜怒从不在脸上表现出来，车马服饰也不鲜明出众。

后来，任昉外放担任宜兴太守。当地的人生孩子却不抚养，任昉严

[1]沈德潜选编：《古诗源》，中华书局1963年版，第294页。

[2]（唐）姚思廉撰：《梁书》，中华书局1997年版，第69页。

厉申明法律——生子不养和杀人同罪。对待怀孕的人，任昉想办法提供钱财用度。当时，受到接济的人家有好几千户。任昉在任上所得的公田、俸禄共八百多石，他先分成五份分给下级，剩下一点也主要资助别人，儿女、妻妾只吃麦子而已。此后，任昉又从宜兴太守调任新安太守，像普通人一样拄着拐杖，在乡间、城里徒步行走，见到有纠纷、打官司的，就地裁决处理。任昉做官清廉节俭，下级官吏在他面前都很随便。任昉在任上去世，遗产很少，家人没有能力办丧事。他遗言说不许家人拿老百姓的一件东西回京城。任昉家里不置产业，以至于没有宅屋府第。当时有人嘲笑他经常借贷，借贷来的钱也都分散给亲戚朋友。友人王僧孺曾经这样评论他，大意是任昉以别人快乐为乐，以别人忧愁而忧，不带家产上任，赢得百姓敬仰。任昉不顾贫穷，抛去吝啬的性格，影响当地风俗；他的气节教化人伦关系，能让贪婪的人不贪图钱财，让怯懦的人有自立的勇气。由此可知，任昉被推崇到了这种地步。

齐武帝死，南朝齐国政局复杂，萧鸾谋求即位。萧鸾强行征辟任昉为东宫书记，欲借任昉为他的篡弑活动服务。任昉在《为齐明帝让宣城郡公表》中，着重申述齐武帝临终的重托，实是表述了任昉对萧鸾有失佐臣之职的谴责。至于任昉于表中追述萧道成、萧颐对于萧鸾的慈爱、友谊，更旨在让萧鸾恪守为臣之道，以德报恩。尤其表中所说的"且陵土未干，训誓在耳，家国之事，一至于此"，鲜明地表现出任昉对于萧鸾的讽谏之意。该表的写作，寓有深意而又堂堂正正，使萧鸾为之无可奈何。即使在萧鸾称帝之后，也不能更改任昉于表中所表现出的憨直面目，可见任昉的机智。

任昉撰写《为齐明帝让宣城郡公表》，以其"辞斥"结怨于萧鸾，"终建武中，位不过列校"[1]。但是，任昉虽遭沉沦，却不计较个人的得失，尽力荐举贤材，以期他们拔身于泥途，伸展才智。建武中，有诏令举贤才，任昉便写《荐士表》，还为王暕及王僧孺大声疾呼。王暕为王俭之子，任昉非出自私谊，而是因为王暕年仅数岁"而风神惊人，有成人之度"[2]；王暕少时，就曾获得了"公才公望，复在于此矣"[3]的美誉。从王暕转仕梁后，"职事修理"[4]，颇有才干，可见任昉对王暕的推荐不为虚誉。王僧孺生活贫寒，不得不"佣书以养母"[5]。任昉识王僧孺以困厄潦倒之时，王僧孺得到了任用。在其赴钱塘令任所时，任昉写诗相勉："百行之首，立人斯著。子之有之，谁毁谁誉。"[6]王僧孺在任有清德，并在转仕梁后，还根据"晋籍"改定《百家谱》，另外，王僧孺还撰成多种谱籍，成为我国较有成就的早期谱学专家。

任昉对于贤材的荐举是真诚的、有效的。当任昉转仕梁后，许多后学之辈如刘孝绰、刘苞、陆锤、殷芸、到溉、到洽等均集结在他的门下，有着"车辙日至"之盛；任昉被视为似李膺一样的士人领袖，尊称为"任君"（参见《南史》）。

[1]（唐）李延寿撰：《南史》，中华书局1997年版，第382页。

[2]（唐）姚思廉撰：《梁书》，中华书局1997年版，第87页。

[3]（唐）姚思廉撰：《梁书》，中华书局1997年版，第87页。

[4]（唐）姚思廉撰：《梁书》，中华书局1997年版，第87页。

[5]（唐）李延寿撰：《南史》，中华书局1997年版，第383页。

[6]（唐）李延寿撰：《南史》，中华书局1997年版，第383页。

萧鸾的篡弑，形成南朝齐王室的危机。身为"竟陵八友"之一并且为南朝齐后期举足轻重的人物，任昉坚定地站在萧衍一边，在由南朝齐到南朝梁过渡的过程中，许多章表均出自任昉之手。南朝梁建立初期，任昉于天监元年任吏部侍郎，后于天监三年任御史中丞。其中所写的《弹奏曹景宗》《弹奏萧颖达》等文章，凌厉犀利无比，是他颇负盛名的作品。

曹景宗为梁武帝萧衍宠爱的悍将，但他"鬻货聚敛。于城南起室，长堤以东，夏口以北，开街列门，东西数里，而部曲横残，民颇厌之"。而且还在战争中挟私愤而不相救司州刺史蔡道恭。《弹奏曹景宗》中具体罗列了曹景宗以上的罪行，要求萧衍免其"所居之官，下太常削爵土，收付廷尉法狱治罪"，以"肃明典宪"。同时，还提出要奖掖蔡道恭"率励义勇，奋不顾身"的行为。《弹奏曹景宗》有着强烈的推颓之势，表现出任昉坚决不与邪为伍的鲜明立场。

萧颖达为萧衍的同宗，又因为有开国之勋，在被封为唐县侯的唐河一带"寻生鱼典税""一年收值五十万"。任昉认为，萧颖达与民争利的错误行为，不仅有失大臣之体，而且还坠入到"屠中之志"，这是决不能被宽容的。任昉在弹劾文中要求萧衍不要以"弘惜勋良"为借口回避此事，一定要治萧颖达之罪。由此表现出任昉不避亲、不畏上的刚直品格。

任昉的大作一经传入社会，即引起人们的高度重视。在"竟陵八友"中最为自负的是王融，他"自谓无对当时"，可是一见到任昉之作，似"恍然若失"。宋末齐初最负盛名的学者王俭一见到任昉的笔札，"必三复殷勤，以为当时无辈，曰：自傅季友以来，始复见于任子。若孔门是用，其入室升堂"[1]。王俭还曾亲自命题让任昉作文，及成，王俭曰："正得吾腹中之欲。"[2]有时，王俭请任昉改动他的文章，任昉略增删几字，就使之增色不少，以致王俭叹息着说："后世谁知子定吾文。"[3]任昉为感其知遇，在王俭死后，整理其诗文为《王文宪集》，并为集作序。序文详叙王俭的生平，对王俭的诗文也有涉及。由于任昉对王俭怀着深深的敬意，又善于把握王俭的为人为文，从而使这篇序变成与正史王俭传相媲美的篇章。由此可见，任昉于情谊之笃定、于笔体之擅长。任昉除工于笔体之作，尚有诗作和文学理论的探索，只为笔体之作的量大所掩。

天监七年（508年），任昉在任上去世，是年49岁。谥敬子。百姓为了纪念他，专门建立任昉的纪念祠堂。

《淳安县志》载："任昉为新安太守时，寓居城东五里东溪畔之凤凰山下；任昉去世后，其后人世代族居其地。"据此，其地当为原淳安县东溪乡之任家坎，任昉为该村任氏居住淳安之始祖。

任昉在淳安有《严滩》等三首诗存世。

第一首是《严滩》：

群峰比峻极，参差百重嶂。

---

[1]（唐）李延寿撰《南史》，中华书局1997年版，第166页。

[2]（唐）李延寿撰《南史》，中华书局1997年版，第166页。

[3]（唐）李延寿撰《南史》，中华书局1997年版，第166页。

清浅既涟漪，激石复奔壮。
神物徒有造，终然莫能状。[1]

该诗极力赞美了当地的美好景色。第一句写山峰之"美"与"险"。群峰起伏峻峭，参差不齐，关山重重，峰峦叠嶂，尽显群山之险。第二句写江水的"清"与"壮"。江水清浅，涟漪微漾，但柔顺平静的江水碰到江中的石头，也会激越跳荡，显出奔腾壮阔的气象。最后一句是作者发出的感叹，即使鬼斧神工，造化有灵，也很难说出它的美来。

在淳安任太守期间，他还写下另外两首诗。

一首是《落日泛舟东溪》：

勔勔桑柘繁，芃芃麻麦盛。
交柯溪易阴，反景澄馀映。
吾生虽有待，乐天庶知命。
不学梁父吟，唯识沧浪咏。
田荒我有役，秩满余谢病。

诗中写到的"东溪"是指原淳安县城东五里的一个地方，这里有一条溪叫"东溪"，以溪为地名，故称"东溪"。这首诗写乡村的景色，即"桑柘""麻麦"的繁盛，溪上连绵美景，树枝倒影，交相辉映。后三句写任昉自己的想法——希望过一种安于天命而自乐的生活，家里田地荒芜，只因为我还在外地当官，等我服官任满，我将称病辞官回家种地，过上与陶渊明一样"采菊东篱下，悠然见南山"的悠闲自在的生活。

另外，他还写了一首题为《苦热》的诗：

旭日烟云卷，烈景入东轩。
倾光望转蕙，斜日照西垣。
既卷蕉梧叶，复倾葵藿根。
重簟无冷气，挟石以怀温。
霢霂类珠缀，喘赫状雷奔。

这首诗写夏天的炎热和人的感受，让人有身临其境的感觉。夏天不是读书天，也不是写诗的好季节，所以歌咏夏天的诗一般来说是比较少的，而任昉却给我们留下了一首写夏天的好诗。

后人评价任昉云：昉好交游，于才士广为称誉，文士也群相亲附，陆倕、到溉、到洽、王僧孺、张率、刘孝绰等均受其奖掖，时相宴聚，号"龙门之游""兰台聚"。陆倕少其10岁，刘孝绰少其21岁，而昉不以前辈自居，故时人尊称"任君"。任昉家境贫寒，死后诸子无人赡养，刘峻

[1] 罗嘉许等选注：《新安江历代诗选》，中国文史出版社1999年版，第3页。

曾作《广绝交论》以讥刺任昉旧友。

任昉生前喜欢藏书，多达一万余卷，与沈约、王僧儒一样，曾是当时著名的藏书家。身后，梁武使贺纵、沈约勘其书目，宫中所无者，即就取之。

任昉善作文，尤善长于诏册、章奏、碑传，所著数量约数十万言。《梁书》云，"当世王公表奏，莫不请焉。起草即成，不加点窜"。时称"沈（约）诗任笔"。今存之遗文，除朝廷重要典诰外，有代当时著名文人范云所作二表，其重名可见一斑。萧统编纂的《文选》录其文十七篇，数量冠于全书。萧纲《与湘东王书》称："近世谢朓、沈约之诗，任昉、陆倕之笔，斯实文章之冠冕，述作之楷模。"其文当时就传入北朝，为魏收等奉为圭臬。张溥《任彦升集题辞》称江南"俪体行文，无伤逸气者，江文通、任彦升，庶几近之"。昉诗今存二十余首，《诗品》列入中品，云："彦升少年为诗不工，故世称沈诗任笔。昉深恨之。晚节爱好既笃，文亦遒变，善诠事理，拓体渊雅，得国士之风，故擢居中品。但昉既博物，动辄用事，所以诗不得奇。"

（三）严州山水小品的创作者——吴均

吴均，又名吴筠，字叔庠，吴兴故鄣（今浙江安吉县）人。生于宋明帝泰始五年（469年），卒于梁武帝普通元年（520年），年52岁。梁武帝天监初年，为郡主簿。天监六年（507年），被建安王萧伟引为记室。临川王萧宏将他推荐给武帝，很受欣赏。后又被任为奉朝请（一种闲职文官）。其欲撰《齐书》，求借《齐起居注及群臣行状》，武帝不许，于是私撰《齐春秋》，称梁武帝为齐明帝佐命之臣，触犯梁武帝，书被焚，人被免职。不久又奉旨撰写《通史》，未及成书即去世。

吴均是史学家，又是著名的文学家。

吴均作为史学家，著有《齐春秋》三十卷、《庙记》十卷、《十二州记》十六卷、《钱塘先贤传》五卷，注释范晔《后汉书》九十卷等，惜皆已亡佚。还著有志怪小说集《续齐谐记》一卷。

吴均又是著名的文学家。《梁书·吴均传》说他"文体清拔有古气"。他的诗文多描绘山水景物，风格清新俊拔，有一定的艺术成就。他对当时文坛影响较大，时人仿效他的文体写作，号为"吴均体"。今存《与施从事书》《与宋元思书》《与顾章书》三篇，俱以写景见长。如"绝壁干天，孤峰入汉。绿嶂百重，青川万转""风烟俱净，天山共色，从流飘荡，任意东西"等句，皆文笔清丽，韵味隽永。梁武帝曾有"吴均不均，何逊不逊"的评价（见《南史》卷三十三《何逊传》）。其诗今存140余首，多为友人赠答、赠别之作，音韵和谐，风格清丽，属于典型的齐梁风格。吴均善于刻画周围景物用于渲染离愁别绪，常以景物衬出离别时分的凄婉。如"轻云纫远岫，细雨沐山衣""白日辽川暗，黄尘陇坻惊"。

吴均家世贫贱，终生不得意，他的一些作品也往往表现出寒士的雄心和骨气，如《赠王桂阳》："松生数寸时，遂为草所没。未见笼云心，谁知负霜骨。"其借松树来吐露怀才不遇的牢骚，"郁郁涧底松"一句的构思立意很像陶渊明的"青松在东园"。再如《梅花落》《行路难》《赠别新林》，也含蓄地抒写了渴望有所作为的心情。

吴均很注意向乐府民歌学习，创作了不少乐府古诗，如《行路难》《胡无人行》《从军行》等。他的一些五言诗句，如"君随绿波远，我逐清风归""折荷缝作盖，落羽纺成丝"等，民歌风味也比较浓。

吴均的骈文成就较高，他的《与宋元思书》《与顾章书》等，都是传诵很广的名作。

我们来看一下史书中是怎样记载吴均的。

《梁书》卷四十九这样记载道：

> 吴均，字叔庠，吴兴故鄣人也。家世寒贱，至均好学有俊才。沈约尝见均文，颇相称赏。天监初，柳恽为吴兴，召补主簿，日引与赋诗。均文体清拔有古气，好事者或效之，谓为"吴均体"。为扬州，引兼记室，掌文翰。王迁江州，补国侍郎，兼府城局。还除奉朝请。先是，均表求撰《齐春秋》。书成奏之，高祖以其书不实，使中书舍人刘之遴诘问数条，竟支离无对，敕付省焚之，坐免职。寻有敕召见，使撰《通史》，起三皇，讫齐代，均草本纪、世家功已毕，唯列传未就。普通元年，卒，时年五十二。

均注范晔《后汉书》九十卷，著《齐春秋》三十卷、《庙记》十卷、《十二州记》十六卷、《钱唐先贤传》五卷、《续文释》五卷，文集二十卷。

《南史》卷七十二这样记载道：

> 吴均字叔庠，吴兴故鄣人也。家世寒贱，至均好学有俊才，沈约尝见均文，颇相称赏。梁天监初，柳恽为吴兴，召补主簿，日引与赋诗。均文体清拔，有古气，好事者或学之，谓为"吴均体"。均尝不得意，赠恽诗而去，久之复来，恽遇之如故，弗之憾也。荐之临川靖惠王，王称之于武帝，即日召入赋诗，悦焉。待诏著作，累迁奉朝请。先是，均将著史以自名，欲撰齐书，求借齐起居注及群臣行状，武帝不许，遂私撰齐春秋奏之。书称帝为齐明帝佐命，帝恶其实录，以其书不实，使中书舍人刘之遴诘问数十条，竟支离无对。敕付省焚之，坐免职。寻有敕召见，使撰《通史》，起三皇讫齐代。均草本纪、世家已毕，唯列传未就，卒。均注范晔《后汉书》九十卷，著《齐春秋》三十卷、《庙记》十卷、《十二州记》十六卷、《钱唐先贤传》五卷、《续文释》五卷、《文集》二十卷。

吴均写给友人的书信《与宋元思书》，已成为不朽的山水文化名篇：

> 风烟俱净，天山共色，从流飘荡，任意东西。自富阳至桐庐，一百许里，奇山异水，天下独绝。水皆缥碧，千丈见底，游鱼细石，直视无碍。急湍甚箭，猛浪若奔，夹岸高山，皆生寒树。负势竞上，互相轩邈，争高直指，千百成峰。泉水激石，泠泠作响。好鸟相鸣，嘤嘤成韵。蝉则千转不穷，猿则百叫无绝。鸢飞戾天者，望峰息心；经纶世务者，窥谷忘返。横柯上蔽，在昼犹昏；疏条交映，有时见日。

在《艺文类聚》中，《与宋元思书》的"宋元思"原作"朱元思"，《全梁文》《汉魏六朝百三名家集》均同。黎经诰《六朝文絜笺注》说："宋，一作'朱'，非。案宋元思，字玉山，刘峻有《与宋玉山元思书》。"今从此说，改"朱元思"为"宋元思"。

这篇是吴均写给友人宋元思的一封书信。与一般书信不同，该信没有问候的套语和日常事务的叙述，而是一篇述说旅行所见的信，该信由清词丽句构成，寥寥一百四十余字，把富阳至桐庐一百多里富春江上的山光水色，描写得就像置身于奇山异水之间一样。该信最早见于初唐人编的《艺文类聚》，这本书在选辑小说诗歌文学作品时，往往是根据不同专题的要求进行摘录。因此，现在我们读到的《与宋元思书》，也许并非是吴均与宋元思通信的全文，而仅是作者描绘富阳至桐庐一百多里富春江上雄奇秀丽景色的一段。

《与宋元思书》在艺术上很有特色。有人这样阐释道：

> 别具一格的构思。文章没有出现人物，但又字字不离人物。它带给读者设计的环境和气氛是：一条小船在富春江上随流而下，作者于船上饱赏着满目风光。峥嵘的山石，浩荡的江水，挺拔的寒树，清厉的猿叫，给人以秀拔劲峭之感；漾漾的碧波，娓娓的游鱼，泠泠的泉声，嘤嘤的鸟语，久久的蝉鸣，显得清丽隽洁，令人读后如入诗画。

浑然一体的结构。这可分为四个方面来说。

第一，形声兼备。这篇文章时而山水之形显露画面，时而鸟禽之声喧于卷幅，做到形声兼备，意舒情畅。"急湍甚箭，猛浪若奔"，状波翻浪滚之形，闻震聋发聩之声；"好鸟相鸣，嘤嘤成韵"，摹鸟语串串之声，宛见群鸟交欢之景。文章就是这样写形写声，形中闻声，声中有形，臻入形声相融的意境。

第二，虚实相间。如果说"鸢飞戾天者，望峰息心，经纶世务者，窥谷忘返。"是虚写，那么前面则是实写。实写既给人以具体的感受，又为虚写提供了依据；虚写进一步突出实写。两者共同表现"奇山异水，天下独绝"。同时文章又实中有虚，虚中见实。具体描写时，给人广阔的想象天地，使其具有意境上简笔勾勒的美感；侧面虚写中含有形象，且从真实性角度看，又觉合情合理。

第三，动静互见。"蝉则千转不穷，猿则百叫无绝。"表面看来似乎是写鸟禽声音，实质是以声音来反衬山林之寂静。这是以动写静，寓视于听的手法。"横柯上蔽，在昼犹昏。疏条交映，有时见日。"光线随枝条疏密而明暗，是因为人在船中，船随水行。这是以静写动，寓动于静的手法。

第四，骈散相间。文章虽用骈体，但有散行句穿插其中，别具一番参差错落的韵致。骈体文源于两汉辞赋，到了南北朝畸形发展，文风上绮丽浮靡。但是，《与宋元思书》既不艰深晦涩，又不华辞丽藻，在重视形式美的同时，做到清新隽逸、疏畅谐婉。这在当时形式主义泛滥的文坛上，确实是难能可贵的。

后来，吴均退隐家乡梅溪石门，给朋友顾章写了封信，这就是著名的《与顾章书》：

仆去月谢病，还觅薜萝。梅溪之西，有石门山者，森壁争霞，孤峰限日；幽岫含云，深溪蓄翠；蝉吟鹤唳，水响猿啼，英英相杂，绵绵成韵。既素重幽居，遂葺宇其上。幸富菊花，偏饶竹实。山谷所资，于斯已办。仁智之乐，岂徒语哉！

这篇文章很简短，仅八十三个字，就把石门山清幽秀美的风景，如诗如画地展现在我们面前。"幸富菊花，偏饶竹实。山谷所资，于斯已办。仁智之乐，岂徒语哉！"[1]作者以鲜明生动的笔触，描绘了石门山壮丽秀美的自然景色，表现了故乡山水悦目赏心的情韵和灵趣——既有争霞蓄翠的浓重色彩，又有鹤唳猿啼的悠扬声韵，这一切契合于作者无拘无碍的自由心境，表现了作者回归自然的欢愉和对自由人生的追求，从而进入了一个退避人世、不慕名利、追逐超然的审美世界。

全文可分为二个层次。

第一层次是第一句。作者以叙事开篇，交代了自己上个月归隐一事。为什么要归隐呢?作者没有明说，但"谢病"和"觅"已清楚地表明他是托病辞官，是自寻归隐的。由此可见他对官场的厌恶，对政治的失望，这为下文作者尽态极妍地描写景物进行了蓄势。

第二层次是从第二句开始一直到最后。主要描绘石门山的景色，表达了作者归隐后自得其乐的情趣。作者先交代了石门山的位置，接下来运用神奇的想象力，巧妙地由静态转化为动态，从而写出石门山山高谷翠的景色特点：阴森森的峭壁直指天空，连接红霞；孤零零的山峰高高耸立，遮挡太阳；幽邃的山洞里漂荡着白云；深深的溪谷旁青草丛生，绿树纷披。在这里，作者运用了一系列的动词，赋予石门山以生命活力，启发我们丰富的联想。同时，作者还绘声绘色，把石门山描写成一个音乐的世界：溪流的淙淙声、鸣蝉的吟唱声、云鹤的叫唳声、猿猴的哀啼声，交织在一起，"英英相杂，绵绵成韵"，组成了优美的山林交响曲。作者铺写山中的各种声音，表面上看似热闹，其实却是以闹写静，显示出山高无人的幽静。这个地方，对于"素重幽居"的作者来说，自然是一个好去处，因而他"葺宇其上"。可见，作者选择这里幽居的理由是，高山的幽静契合了他想避开喧嚣尘世生活追求淡泊宁静的心境，而漫山的菊花、遍地的竹实，不仅增添了这份幽静，而且通过夸张地描绘这些高洁美好的自然物，来美化诗人自己的品格，构成崇高完美、超然出俗的典型形象。"智者乐水，仁者乐山"，作者用"仁智者"自比，不言而喻。总之，这段写景是为了表达"归隐"的思想。这是意脉，围绕这意脉，作者濡笔山林，而山林是作者隐居的生活环境，作者描写它、赞美它，正是表达他摆脱官场羁绊所获得自由的满足和隐居的乐趣。

从表达方式看，文章先叙述，再写景，在写景中穿插了叙述，最后抒情，自由灵活。从描写景物的方法看，文章动静结合，以动写静，以动衬静，给我们耳目一新的感觉。从全文来看，有排比、有对偶、有拟人，手法多样。这篇文章的语言很精练，极富表现力。如"争"字给人一种向上的气势，"限"字显示阻挡的威力，"办"字流露出心理上的满足。这些字都可以以一当十，足见作者遣词的功力非常深厚。

（四）建德令、诗人——沈瑀

沈瑀（451—509年），字伯瑜，吴兴武康（今浙江德清）人。沈瑀在历史上以政绩闻名，有较好的口碑，《梁书》将其列入《良吏传》。沈瑀虽然也写诗，但未列入"竟陵八友"的行列。与沈瑀同时代一起写诗的诗人有王僧儒、谢璟、虞羲、江洪、刘峻、王思远、陆慧晓、柳恽等几十人。可惜，沈瑀所写的诗未被保存下来。《梁书·沈瑀传》："司徒竟陵王子良闻瑀名，引为府参军。""初，瑀在竟陵王家，素与（范）云善。"沈瑀起家州从事、奉朝请，后因齐尚书殷沵、司徒竟陵王萧子良的赏识而仕途通达。齐永泰元年（498年）担任建德令，大力实行农业经济政策，"教民一丁种十五株桑，四株柿及梨栗，女丁半之，人咸欢悦，顷之成林"。《梁书·沈瑀传》载沈瑀是建德历史记载中最早提倡大力发展农业经济的县令。入梁后，王师北伐，沈瑀为建威将军，迁少府卿，出为安南长史、寻阳太守，后为信威将军萧颖达长史。沈瑀性格倔强，总与萧颖达相抵触，萧颖达对沈瑀常怀不满。后来沈瑀在路上被强盗所杀，生年59岁。

第四节 山越遗风：骁勇善战的"寿昌县公"周文育

一 周文育生平简介

周文育（507—558年），字景德，新安寿昌（今属建德市）人，原姓项，名猛奴。南朝梁天监十八年（519年）宜兴人周荟任寿昌浦口戍主，见到周文育后，甚为惊奇，便和他交谈。周文育说："母老家贫，兄姊并长大，困于赋役。"（《陈书·周文育列传》）周荟很可怜他，便随周文育到他家里，请求周母将周文育交给他收养，得到周母的同意。周荟秩满后，带周文育回京，见到太子詹事周舍，便请周舍为其起名。周舍便给他起名周文育，字景德。周荟还让侄子周弘让教他读书写字，周弘让善于写隶书，于是便写下蔡邕的文章《劝学》及古诗给他看，但周文育对此并不感兴趣，便对周弘让说："谁能学此，取富贵但有大槊耳。"（《陈书·周文育列传》）周弘让遂教他骑射，周文育非常高兴。

梁普通年间，周文育因征战有功，封南海（今广东番禺）令。梁太清二年（548年），河南王侯景起兵。陈霸先起兵勤王讨伐，周文育与杜僧明为前军，战有功。后陈霸先战蔡路养于南野，周文育为路养所围，四面矢石如雨，乘马被射死，周文育右手搏战，左手解鞍，突围而出。又与杜僧明等并力而进，大败蔡路养。梁天成元年（555年），周文育发兵南徐州（今镇江丹徒区），讨伐叛将王僧辩，进兵吴兴，长驱会稽，移师江州（今江西九江市），因功勋卓著，升迁南豫州刺史。梁太平元年（556年），徐嗣徽引北齐兵渡江占领芜湖。周文育还都御敌，与陈霸先相会。将战，风急。陈霸先说："矢不能迎风而发。"周文育说："事急矣！当决之，何必定依古法！"即抽槊上马而进，众军随之，杀伤数百人，大败徐嗣徽。因功晋爵寿昌县公。梁太平二年（557年）十月，陈霸先灭梁，建立陈国，号武帝。周文育因平广州，加封镇南将军、开府仪同二司。陈永定二年（558年），湘州刺史王琳反叛。陈武帝诏周文育为南道都督，与王琳战于沌口，被王琳擒住，后逃脱。陈武帝又遣周文育等讨余公飏、余孝劢。豫章内史熊昙朗亦率众来会。熊昙朗失利，恐受惩处，借议事杀害周文育。周文育时年51岁。陈武帝闻讯后，即日举哀，赠周文育为侍中、司空，谥曰"忠愍"。

二 逸闻趣事

（一）周文育与周荟

司州刺史陈庆之和周荟同郡，二人关系很好。便启请周荟为前军军主，陈庆之派周荟带五百人去新蔡慰劳白水蛮。白水蛮密谋要把周荟擒捉献于北魏，但被周荟察觉，周荟和周文育一起抵抗。时白水蛮甚盛，一日之中战数十合，周文育冲锋陷阵，勇冠军中。作战时，周荟不幸战死，周文育驰马夺其尸，白水蛮见其勇，不敢相逼。晚上，白水蛮各自退回，周文育则身中九创。周文育伤愈后，便请求回去安葬周荟，陈庆之很赞赏他的气节，重赏了周文育。葬罢周荟，正好卢安兴为南江督护，启奏朝廷要周文育和自己同行。后周文育征俚獠，累战有功，任南海令。卢安兴死后，周文育和杜僧明于梁大同八年（542年）起事，攻广州。二人分据东西，一日之中，众至数万。后周文育和杜僧明率兵与陈霸光部交战，时西江督护、高要太守陈霸先率三千精兵来救援，结果，周文育与杜僧明二人战败被俘。陈霸先见二人骁勇过人，便将其释放，以二人为主帅。

（二）后监州王劢对周文育委以重任

王劢曾经和周文育一同，到大庾岭，二人去占卜，卜者说："君北下不过作令长，南人则为公侯。"周文育说："足钱便可，谁望公侯。"卜者又说："君须臾当暴得银至二千两，若不见信，以此为验。"（《陈书·周文育列传》）当晚，周文育和王劢在客店遇见一个商人，商人要和周文育赌博，周文育果然赢了二千两。翌日，周文育向王劢告辞。陈霸先听说周文育又回来了，十分高兴，派人相迎，厚加赏赐，并分配了军队让他指挥。

（三）陈武帝的预言

当初陈武帝曾与诸位将帅设宴饮酒，杜僧明、周文育、侯安都在座，各称功伐。陈武帝说："卿等悉良将也，而并有所短。杜公志大而识暗，狎于下而骄于尊，矜其功不收其拙。周侯交不择人，而推心过差，居危履险，猜防不设。侯郎傲诞而无厌，轻佻而肆志。并非全身之道。"（《陈书·侯安都列传》）后皆如其言。

第五节　东吴经济文化发展对山越经济文化的影响

在东汉末年的军阀混战中，孙吴经过两代三人——孙坚、孙策、孙权的努力，最终确立了在江东（长江中下游以南）地区的统治，形成魏、蜀、吴三足鼎立的局面。

公元229年，孙权称帝，改元黄龙，以建业为都。同年，孙吴与蜀汉建立盟约，中分天下，双方约定：勠力同心，共讨曹魏，"若有害汉，则吴伐之；若有害吴，则汉伐之。各守分土，无相侵犯，传之后叶，克终若始"。孙刘抗魏联盟得到进一步巩固，孙吴据长江中下游，形势稳定。这有利于江南经济文化的发展。东吴这一片江南经济文化的发展，对于山越地区的经济文化发展起到了促进作用，有时甚至是强制性的。

一 东吴经济发展对山越民族经济方面的影响

首先是农业发展的影响。汉末的中原地区，军阀混战，人口大量向南方转移。这不仅增加了江南的劳动力，而且还带来了北方先进的生产技术。孙权对农业生产十分重视，像北方的曹操一样，实行屯田，也分军屯和民屯，设典农校尉和典农都尉进行管理。在南方，牛耕得到进一步推广，水利设施的建设也有所发展。孙权曾组织人力开通从句容（今属江苏）到西城（今江苏丹阳境内）的破岗渎运河，使都城建业和三吴（会稽、吴郡、丹阳）一气相连。钱塘江流域和太湖流域成了经济发达的富庶地区。

其次是手工业也有相当的发展。纺织业中的丝绸业虽不如蜀国，但葛布、麻布的生产，却是当时最发达的，会稽的越布最为有名。在严州所属的山区县域，山上种植着大量的葛与麻。会稽发达的布业制造不可能不对山区的淳安、建德等地产生重要影响。瓷器制造，也有重大进步，青瓷的造型和制造工艺都相当精美。"煮海为盐"，盐业发达，设有司盐校尉管理，海盐（今浙江平湖东南）是著名产地。大将朱桓死时，孙权赐盐五千斛，作为丧事费用，可见盐的产量之丰富。酿酒、制茶业也有所发展。孙皓每次宴会群臣，规定每人饮酒七升，这也反映酒的产量相当可观。

再次是造船业迅速发展。东吴水军非常强盛，这与他的造船业发达有很大关系。当时，建安郡的侯官（今福建闽侯）是东吴造船业的中心，有很大的造船工场。造船技术已达到相当高的水平，大海船长二十余丈，可载六七百人，或载物万斛（五百吨以上）。随着造船业的进步，航海业也发达起来，扩大了与海外的联系，拓展了海外的疆土。黄龙二年（230年），孙权派将军卫温、诸葛直率领一万人渡海到达夷洲（今中国台湾地区），"得夷洲数千人还"。这是大陆与台湾交往的早期记载。严州地区境内有一条著名的新安江，在过去交通不十分发达的情况下，船是重要的交通工具。在东吴政权统治下的严州山越民族，深受东吴造船业的影响。农业、手工业和造船业的发展，既促进了各民族的相互交往，也促进了商业的发展。孙吴除了海外贸易外，也与曹魏、蜀汉做生意。孙吴供应魏、蜀的主要是葛布、麻布等物品。在这些物品中，许多是出自勤劳的严州地区山越民族的劳动人民之手。

二 东吴文化发展对山越民族文化方面的影响

首先，在孙权的影响下，东吴形成了良好的读书风气。孙权少年时期，父亲常年在外征战，其随母亲转徙，居无定所。稍长，即十四五岁，孙权便参与军事，军职在肩，随兄征战。因此，他的学问功底是非常薄弱的。既不如枭雄曹操，也不如蜀主刘备。孙权知道自己的弱点，于是在军中，只要有空，他就发奋学习。《三国志·吴主传》注引《吴书》中记载了中大夫赵咨使魏，在魏文帝面前大赞孙权的好学精神。"吴王浮江万艘，带甲百万，任贤使能，志存经略，虽有余闲，博览书传历史，籍采奇异，不效诸生寻章摘句而已。"孙权不光自己带头学习，还带动和鼓励其他将军也努力学习。比如"士别三日，即更刮目相待"的吕蒙就是在孙权鼓励下开始学习的。在孙权的教导下，吕蒙"始就学，笃志不倦，其所览见，旧儒不胜"。就连饱读诗书的鲁肃，对吕蒙后来的变化也不得不另眼相看。开始鲁肃看不起不学无术的吕蒙，后来看到在吕蒙身上发生这么大的变化，鲁肃拍着吕蒙的背高兴地说："吾谓大弟但有武略耳，至于今日，学识英博，非吴下阿蒙。"遂拜蒙母，结友而别。蒋钦在孙权的教导下也开始发奋读书，孙权对他们的进步非常高兴，常常对人感叹地说："人长而进益，如吕蒙、蒋钦，盖不可及也。富贵荣显，更能折节好学，耽乐书传，轻财尚义，所行可迹，并作国士，不亦休乎！"[1]

其次，是"诏立都讲祭酒，以教诸子"。孙权称帝一年后，即黄龙二年（230年）正月，"诏立都讲祭酒，以教诸子"。这一记载，虽然简短，但它却表明了孙权对教育事业的重视——过去因为战争，没时间重视教育，现在自己做了皇帝，就把这件事情提到议事日程上来，下令建设中央学府（太学），并且任命了"都讲"（主讲）、"祭酒"（授课负责人）。孙权继承了汉时太学制度。教学内容与曹操的"以先王之教为教"和汉武帝的独尊儒术很不相同。除儒家学术之外，还教授诸子之学。

再次，礼遇道士，为道教盛行南方奠定基础。孙权在位时，曾礼遇过方士、道士介象、姚光、葛玄等一批人。晋代有位儒道兼修、著名的神仙道教代表人物葛洪（284—364年）。他是江南人，祖父、父亲都曾经是吴国的官僚。他的从祖父葛玄是江南著名道士，很受孙权重视。以《搜神记》闻名后世的晋人干宝，他的祖父干统是吴国的奋武将军，父亲干莹做过丹阳丞。《搜神记》这样的著作出于吴国官吏后代人的手中，自然也不是偶然的。这与孙权宽松的文化政策不无关系。

最后，孙权还亲准在江南地区建立佛寺。后来，东晋南朝时期，江南佛教大发展，遍地建佛寺。唐朝诗人杜牧在《江南春》这首绝句中写道："南朝四百八十寺，多少楼台烟雨中"，就是当时真实情况的反映。如此状况，从一定意义上说，不可不为孙权肇端。历史上严州地区的淳安、建德，属于山越民族地区，有许多的寺庙。这些不能不说是深受东吴文化的影响。

[1] 曹道衡 沈玉成编著《南北朝文学》，人民文学出版社1991年版，第197页。

第三章　严州文化的辉煌时期
　　　　（唐朝—宋朝）

第一节　严州文学

唐朝是中国历史上非常重要的历史时期，在政治、经济、文化、军事等方面都空前的强盛、繁华及高度发达。唐朝的诗歌创作是我国古典诗歌创作中最辉煌的时期。鲁迅曾说：诗到唐朝已经作完。此话虽有偏颇，但有一定的道理。俗话说，窥一斑而观全豹，从当时新安江流域出现的诗歌数量与诗歌质量，就足以看出唐朝诗歌创作的繁华程度。

一　睦州诗派

睦州是古代的州名。查《辞海》可以知道，其是隋代仁寿三年（603年）设置，治所在雉山（今淳安县西南），唐代移至建德（今建德市）。辖境相当于今浙江的桐庐、建德、淳安三地。

民国时期的《寿昌县志》，记载有一句明代人的诗句："寂寞元和音，飘零睦州谱。"这句诗下面有一个注解："谢翱《睦州诗派》记自元和至咸通间以诗名凡十人。"说的是谢翱编了一本诗集，共收了睦州一带十名诗人，集子取名为《睦州诗派》。另一说法是翁衡编《睦州诗派》诗集，谢翱为友人作序，谓"自元和至咸通间以诗名凡十人"——即施肩吾、方干、李频、喻凫、翁洮、章八元、徐凝、周朴、喻坦之、皇甫松"取十先生编为集，名曰《睦州诗派》"。在这十人中，喻凫为江苏常州人，因与睦州诗人方干亲善，被编入《睦州诗派》。从现存资料看，后一说法更可靠。

谢翱是南宋诗人，字皋羽，号曰晞发子，福安人。后迁居浦城（今属福建）。元兵南下时，谢翱曾参加文天祥抗战部队，任咨议参军。后来文天祥被俘就义，谢翱特别伤心，特地选了一个风景很好的地方——严子陵钓台——去祭奠文天祥，为此还写下了很有名的散文《西台恸哭记》。正因为谢翱对睦州这一带山水特别热爱、特别熟悉，所以他愿意为好友翁衡的《睦州诗派》一书题写序言。

明朝有两位文学家曾经谈到睦州诗派。一位是宋濂，他在《故诗人徐方舟墓铭》一文中说："先是睦（州）多诗人，唐有皇甫湜、方干、徐凝、李频、施肩吾，宋有高师鲁、滕元秀，世号为'睦州诗派'。"[1]另一位是胡震亨，他在《唐诗丛谈》一书中说："谢翱《睦州诗派》载新定（按指睦州）之以诗鸣于唐者，二人（指喻凫和喻坦之）实并列焉，尤（犹）文献在本乡足据者也。"[2]

谢翱作序的《睦州诗派》，现在已找不到原书，但查《全唐诗》，古睦州一带较为有名的诗人不止十个。较有名气的有：徐凝、方干、李频、翁洮、喻坦之、施肩吾、章碣、皇甫湜、皇甫松、周朴、章八元、马异、章孝标、许彬、崔涂等。

睦州诗派的诗作，有很强的地域特色和晚唐时期的时代特色，在内容上有以下几个特点：

（一）他们出生在江南，对江南风景、风俗、风物均有较多反映，诗歌的风格主要是清丽淡雅

徐凝，有人说他是桐庐分水人，也有人说他是建德人。早年与白居易有过交往——元和十四年（819年）曾有《寄白司马》诗，长庆三年（823年）至杭州谒白居易。

长庆三年，诗人张祜先至杭州，值州试进士，两人各希首荐。此事在五代王定保的笔记著作《唐摭言》中有较细致的记载：

> 白乐天（白居易，字乐天）典杭州，江东进士多奔杭取解。时张祜自负诗名，以首冠为己任，既而徐凝后至。会郡中有宴，乐天讽二子矛盾。祜曰："仆为解元宜矣。"凝曰："君有何嘉句？"祜曰："《甘露寺》诗有'日月光先到，山河势尽来'，又《金山寺》诗有'树影中流见，钟声两岸闻'。"凝曰："善则善矣，奈无野人句云：'千古长如白练飞，一条界破青山色。'"祜愕然不对。于是一座尽倾，凝夺之矣。

徐凝与张祜打擂台获胜，不光为他个人获得了声誉，也为家乡人、为睦州人获得了荣誉。徐凝原诗的题目是《庐山瀑布》，原诗是："虚空落泉千仞直，雷奔入江不暂息。千古长如白练飞，一条界破青山色。"[3]整首诗描写逼真，气势恢宏。庐山瀑布是较有江南地理特征的代表性的景点。唐朝诗人李白也为庐山瀑布写过诗："日照香炉生紫烟，遥看瀑布挂

[1] 方韦编著：《严州史话》，天津古籍出版社2008年版，第43页。

[2] 方韦编著：《严州史话》，天津古籍出版社2008年版，第44页。

[3] 陈伯海主编：《唐诗汇评》，浙江教育出版社1995年版，第2209页。

前川。飞流直下三千尺，疑是银河落九天。"[1]当然，李白的庐山瀑布诗更为出名。徐凝的庐山瀑布诗与李白的庐山瀑布诗可相互媲美，成为诗史上的双璧。大和四年（830年），白居易为河南尹，徐凝曾前往拜谒，与元稹也有交往。自称"一生所遇唯元白"（《自鄂渚至河南将归江外留辞侍郎》）。后归隐睦州，以布衣终其一生。潘若冲《郡阁雅谈》谓其官至侍郎，《全唐诗》小传依其所说是错误的。徐凝写诗以七绝见长。方干曾跟他学习写诗，皮日休谓徐凝之诗"朴略稚鲁"，而方干能得其"简古"。徐凝的《汉宫曲》《庐山瀑布》《忆扬州》《题开元寺牡丹》等诗影响比较大。《竹庄诗话》卷二〇谓其诗"皆有情致，宜见知于微之、乐天也"。《升庵诗话》卷七谓其诗"多浅俗"。

[1] 陈伯海主编：《唐诗汇评》，浙江教育出版社1995年版，第696页。

徐凝也擅长书法。《宣和书谱》曾这样说："徐凝，书有行法，其笔意自具儒家风范，非规规于书者。"

皇甫湜（777—835年），字持正，行七，睦州新安（今浙江淳安县）人。

皇甫湜出身于书香门第，从小接受严格的儒家思想教育。他寄家扬州，曾以童子身份拜见顾况于扬州孝感寺，颇得顾况嘉许。后来弱冠至京师，三年无所遇，乃东还，遍游山水。贞元年中，至江西，上书观察使李巽，无所获。贞元十九年又北上。元和元年（806年）进士及第。元和三年（808年）四月，与牛僧孺、李宗闵等人试"贤良方正直言极谏科"，皇甫湜在《制策》中激烈地抨击宦官专权、宦官典兵、职官泛滥、赋税繁重等现象，提出了一系列改革措施，受到考官赏识，同时也获得宪宗赞赏，称名对策第一，朝野震动。但皇甫湜策文直切，为宰相李吉甫所忌。李吉甫极力在皇帝面前搬弄是非，宪宗于是撤除考官职务，之后，皇甫湜被授予陆浑尉。

次年，皇甫湜被调升为殿中侍御史内供职。元和八年（813年），皇甫湜返回睦州青溪故里。后贬官庐陵（见《吉州庐陵县令厅壁记》）。元和十二年（817年），皇甫湜任山南东道节度使幕僚。太和元年到太和二年间（827—828年），任山南东道节度使李逢吉幕府。李逢吉转宣武军节度使，皇甫湜也返回洛阳。

东都留守裴度卑辞厚礼，曾召皇甫湜为留守从事。后来，裴度重修福先寺，欲请白居易作碑文。皇甫湜闻讯非常愤怒，他说："近舍湜而远取居易，请从此辞！"裴度谢请之。皇甫湜请求给他一斗酒，酒喝高兴后，立马提笔一挥而就，计3254个字，裴度重重地感谢他。

此后，皇甫湜又写《谕业》，总结文学创作的基本原理和经验。其随后返回故里，不久去世。白居易在《哭皇甫七郎中湜》一诗中说："多才非福禄，薄命是聪明。不得人间寿，还留身后名。"哀叹皇甫湜连享年60的"下寿"都没有达到，悲哉。其所著《皇甫先生文集》传于世。

皇甫湜与韩愈有师生之谊，尝与李翱同从韩愈学古文，"翱得其正，湜得其奇"（章学诚《皇甫持正集书后》）。其论文亦以"怪""奇"为宗，"意新则异于常，异于常则怪矣；词高则出众，出众则奇矣"（《答李生第一书》）。在当时古文创作"宜难""宜易"之争中，皇甫湜为"宜难"派首领。为晚唐古文学家孙樵所赏识。皇甫湜所作《顾况诗集序》，盛赞顾况的诗"骏发踔厉，往往若穿天心，出月胁，意外惊人语，非寻常所能及，最为快也"[1]。亦从新奇着眼，足见其论文与论诗观点一致。由于过分强调新奇，其所作诗有刻削之弊，故"祖述持正者，则有孙可之后，已罕闻成家者矣"[2]。

皇甫湜有一首题为《题浯溪石》的诗，说是咏浯溪石，其实全诗很少讲到石头，几乎都是对唐朝诗人的评论。先说元结，"可惋只在碎"，一个"碎"字，写出了皇甫湜对元结诗作写得琐碎细小的不满。之后又评价了唐朝诗人窦常的诗作"中行虽富剧，粹美若可盖"。写到陈子昂，皇甫湜的评价才逐渐高起来，"子昂《感遇》佳，未若君雅裁"。写到韩愈的诗，皇甫湜充满了钦佩之情，"退之全而神，上与千载对"。写到李白与杜甫，皇甫湜佩服得五体投地，"李杜才翻海，高下非可概。文于一气间，为物莫与大。先王路不荒，岂不仰吾辈"[3]。皇甫湜在诗的最后才写到浯溪的石头，但即使是写石头，其实还是在写人。"石屏立衙衙，溪口扬素濑。"最后一句写了皇甫湜自己的感想："我思何人知，徙倚如有待。"这些文字，使人读后，感觉在结构上确有新奇之感。

皇甫湜还是唐朝的古文家。大和三年（829年），曾经为他的前辈知音顾况的诗集作序，《顾况诗集序》：

> 吴中山泉气状，英淑怪丽，太湖异石，洞庭朱实，华亭清唳，与虎丘、天竺诸佛寺，钩绵秀绝。君出其中间，翕清轻以为性，结泠汰以为质，煦鲜荣以为词。偏于逸歌长句，骏发踔厉，往往若穿天心，出月胁，意外惊人语，非寻常所能及，最为快也。李白、杜甫已死，非君将谁与哉？
>
> 君字逋翁，讳况，以文入仕，其为人类其词章。尝从韩晋公于江南，为判官，骤成其磊落大绩。入佐著作，不能慕顺，为众所排，为江南郡丞。累虽脱糜，无复北意，起屋于茅山，意飘然，若将续古三仙，以寿卒。
>
> 湜以童子，见君扬州孝感寺。君披黄衫，白绢韬头，眸子瞭然，炯炯清立，望之，真白圭振鹭也。既接欢然，以我为扬雄、孟轲，顾恨不及见。三十年于兹矣，知音之厚，曷尝忘诸。
>
> 去年，从丞相凉公襄阳，有白顾非熊生者在门，讯之，即君子子也。出君之诗集二十卷，泣示余发之。凉公适移莅宣武军，余装归洛阳，诺而未副，今又稔矣，生来速文，乃题其集之首为序。[4]

---

[1] 陈尚君选注：《唐文》，河北教育出版社2001年版，第358页。

[2]（清）刘熙载撰，袁津琥校注：《艺概注稿》（上册），中华书局2009年版，第127页。

[3] 刘志军、方润生主编：《淳安古诗词选》，汉语大词典出版社1995年版，第28页。

[4] 陈尚君选注：《唐文》，河北教育出版社2001年版，第358页。

顾况（725—816年），字逋翁，苏州人。是大历时代很有特色的著名诗人。他为人狂放不羁，对于封建礼法不够尊重，又好嘲笑戏侮权贵，所以他在仕途上一生不得志。顾况的诗歌和他的为人、性格、思想非常一致——形式不受拘束，句法长短错杂，活泼流动，想象奇特，富有浪漫色彩。在这一点上，皇甫湜与顾况是非常相像的。皇甫湜把顾况这种独特的艺术风格描绘得淋漓尽致，又在对顾况生平的简略叙述中指出他"不能慕顺"的性格，并通过自己30年前为童子时见到顾况的形象描写，表现其清高绝俗的风貌和他对于后进的奖掖深情。这个序言简洁平易，形象鲜明，是皇甫湜文集中一篇别具风格的作品。

皇甫松是皇甫湜的儿子，其生卒年不详，字子奇，自号檀栾子，睦州新安（今浙江淳安县）人。皇甫松的"松"字有时也写作嵩山的嵩。

皇甫松工诗词，亦擅文，然终生未登进士第。光化三年（900年），韦庄奏请追赐李贺、赵光远、皇甫松、刘德仁等人进士及第，并谓诸人"俱无显遇，皆有奇才。丽句清词，编在人口；衔冤抱恨，竟为冥路之尘"[1]。皇甫松的词以《采莲子》二首和《忆江南》为著名。《采莲子》二首较好地反映了江南的风俗景物。清陈廷焯称赞其词说："宏丽不及飞卿，而措辞闲雅，犹存古诗遗意。唐词于飞卿而外，出其右者鲜矣。五代而后，更不复见此笔墨。"[2]栩庄亦评云："子奇词不多见，而秀雅在骨，初日芙蓉月柳，庶几与韦相同工。至其词浅意深，饶有寄托处，犹非温尉所能企及，鹿太保差近之矣。"[3]《新唐书·艺文志》著录其《大隐赋》一卷、《醉乡日月》三卷，《直斋书录解题》卷一一亦记其《醉乡日月》三卷，并云："唐人饮酒令，此书详载，然今人皆不能晓也。"[4]《大隐赋·并序》今存于《文苑英华》卷九九，《醉乡日月》已遗失，但《说郛》《古今说部》《五朝小说》《唐代丛书》《类说》《水边林下》等尚录存其残文。

此外，皇甫松还撰有《大水辨》《牛羊日历序》《齐夔凌纂要》等，今皆已遗失。他写的《续牛羊日历》今亦遗失，但《资治通鉴》卷二三四考异尚录存其文一节。《全唐诗》卷三六九录其诗、词凡十三首及断句一联，卷八九一又收其词十八首（与卷三六九所录重六首）。生平事迹见《唐摭言》卷一〇、《唐诗纪事》卷五三。《采莲子》二首抄录如下：

其一，"菡萏香连十顷波，小姑贪戏采莲迟。晚来弄水船头湿，更脱红裙裹鸭儿。"其二，"船动湖光滟滟秋，贪看年少信船流。无端隔水抛莲子，遥被人知半日羞。"[5]

全诗没有描写采莲的过程，也没有描写采莲女的服饰和容貌，而是通过采莲女的眼神、动作和一系列的内心独白，表现了采莲少女追求爱情的勇气和初恋时期的羞涩心理。尤其是"更脱红裙裹鸭儿""无端隔水抛莲子，遥被人知半日羞"几句更是写出江南女子的憨态可掬。这两首清新隽永的诗歌，为我们描绘了一幅江南水乡的风物人情画，意蕴深长。

[1] 王兆鹏：《唐宋词汇评·唐五代卷》，浙江教育出版社2004年版，第100页。

[2] 王兆鹏：《唐宋词汇评·唐五代卷》，浙江教育出版社2004年版，第102页。

[3] 王兆鹏：《唐宋词汇评·唐五代卷》，浙江教育出版社2004年版，第102页。

[4] 王兆鹏：《唐宋词汇评·唐五代卷》，浙江教育出版社2004年版，第101页。

[5] 王兆鹏：《唐宋词汇评·唐五代卷》，浙江教育出版社2004年版，第106页。

章八元（生卒年不详），行十八，睦州桐庐（今属浙江）人。章八元从小就喜爱诗歌创作。曾经在邮亭偶题数语，诗人严维看见后，大感惊奇，觉得很有文采，就找到章八元，问是否愿意跟他学诗。章八元非常高兴，就爽快地答应了，拜严维做老师。在严维的精心指导下，章八元进步很快。唐大历六年（771年）登进士第，复应制举未第。大历十一、十二年（776—777年）间归睦州，与刘长卿唱和。大历、建中（779—780年）之际居长安，与严维、清江唱和。贞元中（约794年左右）调句容主簿，迁协律郎，卒。章八元有诗名，号章才子。高仲武称其"'雪晴山脊见，沙浅浪痕交'此得江山之状貌矣"。白居易、元稹颇赞赏其《题慈恩寺塔》诗。以至元稹、白居易在慈恩寺塔下，看到前辈章八元题在塔下的诗句，二人移时吟味，尽日不厌。于是命僧人将塔下其他人的诗句抹去，唯独留下章八元的诗在那里。白居易还说："不是严维，谁能带出这样优秀的弟子！"于是两人竟然不在塔下题诗了。这个故事大有李白黄鹤楼上见崔颢题诗一样，"眼前有景题不得，早有崔颢在上头"。《题慈恩寺塔》云：

> 十层突兀在虚空，四十门开面面风。
> 却怪鸟飞平地上，自惊人语半天中。
> 回梯暗踏如穿洞，绝顶初攀似出笼。
> 落日凤城佳气合，满城春树雨蒙蒙。[1]

[1] 康熙御定：《全唐诗》，国际文化出版公司1993年版，第921页。

全诗写出了诗人春天登塔的感受，写出了塔之高和塔之险，以及塔下景色之美，是咏塔诗中不可多得的好诗。

章八元的另一首诗《新安江行》，写出了故乡山水之美。

> 江源南去永，野渡暂维梢。
> 古戍悬鱼网，空林露鸟巢。
> 雪晴山脊见，沙浅浪痕交。
> 自笑无媒者，逢人作解嘲。[2]

[2] 陈伯海主编：《唐诗汇评》，浙江教育出版社1995年版，第1471页。

诗人观察细致，对周围景色的变化非常敏感，写出了江南冬天景色变化的渐变过程："空林露鸟巢"——冬天来了，森林里的树木叶子掉光了，连树上的鸟巢也露出来，让人看去十分醒目。"雪晴山脊见"——诗中描写的是冬天下大雪，大雪厚厚地覆盖着山的脊梁。雪停日出，冰消雪化，最后山的脊梁也露出来了。这些诗句被后人称为"此得江山之壮貌矣"（《中兴间气集》）。

（二）睦州诗派的诗人基本上处于社会下层，出身贫寒，热衷功名，追逐科举，以中举及第为出人头地的唯一出路

睦州诗派的诗人十分辛苦，许多人长期奔走在农村与京城之间，屡试不第,屡败屡考。面对这种颠沛流离的生活,诗人们常常为此苦恼、哀叹,并在诗中多有反映。

喻坦之,浙江建德人,曾与李频外出千里寻师,到长安拜谒姚合。喻坦之与张乔、郑谷、张蠙(玭)等十人以诗出名,合称为"咸通十哲"。与诗人李频、曹松、方干等友善,互相有诗唱和。喻坦之诗以五律为佳,内容多为记游题咏,寄赠送别之作。其中有一首《陈情献中丞》的诗,就是写自己希望得到推荐,早日考取功名的迫切心情。原诗是这样的:

孤拙竟何营,徒希折桂名。
始终谁肯荐,得失自难明。
贡乏雄文献,归无瘠土耕。
沧江长发梦,紫陌久惭行。
意纵求知切,才惟惧鉴精。
五言非琢玉,十载看迁莺。
取进心甘钝,伤嗟骨每惊。
尘襟痕积泪,客鬓白新茎。
顾盼身堪教,吹嘘羽觉生。
依门情转切,荷德力须倾。
奖善犹怜贡,垂恩必不轻。
从兹便提挈,云路自生荣。[1]

[1]康熙御定:《全唐诗》,国际文化出版公司1993年版,第2384页。

诗中写出了喻坦之痛苦郁闷、进退两难的矛盾心理。他希望得到名人推荐,可是又有谁肯相荐呢?进无"雄文献",退无"瘠土耕"。"尘襟痕积泪,客鬓白新茎。"喻坦之为功名之事在外奔波,风尘仆仆,无济于事,双鬓斑白,既是辛苦,更是忧心。从"十载看迁莺"一句,可见喻坦之多次名落孙山。时间越长,他希望及第的心情越迫切,诗中有"依门情转切"一句就是这种心情的写照。喻坦之最后向中丞大人提出,希望得到提挈,如诗中说的那样,"从兹便提挈,云路自生荣"。

章碣,浙江桐庐人,后迁居杭州,一说他为章孝标的儿子。咸通以后,他的诗就很有名气,但就是不能中举及第。他曾写过一首《下第有怀》的诗:

故乡朝夕有人还,欲作家书下笔难。
灭烛何曾妨夜坐,倾壶不独为春寒。
迁来莺语虽堪听,落了杨花也怕看。
但使他年遇公道,月轮长在桂珊珊。[2]

[2]康熙御定:《全唐诗》,国际文化出版公司1993年版,第2195页。

章碣真是空有诗才。在别人看来,他很有才气,但就是中不了举,及不了第。他身在京城，十分思念故乡，但又不好意思回去。即使有熟人回故乡去，也不好意思下笔写信，请他们带回。在当时，全社会都认为"万般皆下品，唯有读书高"，唯有中科举是正路。如不能及第，就无颜见江东父老。章碣内心十分痛苦，经常借酒消愁。如此年复一年，如此莺迁花落，忧愁与紧迫感不断增强，真是情何堪、心真苦。该诗最后两句，还是写出他对未来寄托了一点点希望，"但使他年遇公道，月轮长在桂珊珊"。在唐朝这样的封建社会，完全的公道也是没有的，科举制度葬送了一大批有才华的正直之士。从这个角度说，章碣不能不说是封建科举制度的牺牲品。

乾符四年（877年），礼部侍郎高湘主持考试，将他自连州带到京城的举子邵安石给予及第。章碣再一次落第。章碣得知高湘之事，为自己落第感到委屈和愤怒。他愤而作《东都望幸》诗一首予以讽刺。这首诗还有一段小序，序云："纪事云，高湘侍郎南迁归阙，途次连江，连州邵安石以所业献，遂挈至辇下。湘主文，安石擢第，碣赋东都望幸刺之。"[1]诗是这样的：

> 懒修珠翠上高台，眉月连娟恨不开。
> 纵使东巡也无益，君王自领美人来。[2]

面对这样不公平的竞争，诗人无力回天，只有满腔愤怒。虽然这件事看起来是一个个案，但实际上反映了唐朝在录用人才体制上的弊端。一个王朝的没落体现在它的方方面面，而用人的腐败却是一个社会最大的腐败，是催促社会走向衰亡的腐败，是最要不得的腐败。

马异（生卒年不详），河南（今河南洛阳市）人，一说是睦州（今浙江建德）人，唐兴元元年进士及第。《唐才子传》谓"少与皇甫湜同砚席"，误。实际上是皇甫湜赴举，马异有诗相送，诗是这样的：

> 马蹄声特特，去入天子国。
> 借问去是谁，秀才皇甫湜。
> 吞吐一腹文，八音兼五色。
> 主文有崔李，郁郁为朝德。
> 青铜镜必明，朱丝绳必直。
> 称意太平年，愿子长相忆。[3]

马异的诗有些口语化，通俗易懂，如"马蹄声特特"一句，因为用了象声词，使人读来琅琅上口，音韵悠然。从"青铜镜必明，朱丝绳必直"一句，我们可以看出马异为人正直，做事光明磊落，至少是心中希望这样做。

---

[1] 康熙御定：《全唐诗》，国际文化出版公司1993年版，第2195页。

[2] 康熙御定：《全唐诗》，国际文化出版公司1993年版，第2196页。

[3] 康熙御定：《全唐诗》，国际文化出版公司1993年版，第1199页。

马异来自民间，对民间的情况比较了解，对百姓的疾苦十分同情，他在《贞元旱岁》一诗中写道："赤地炎都寸草无，百川水沸煮虫鱼。定应焦烂无人救，泪落三篇古尚书。"[1]诗人对百姓在赤地炎都中颗粒无收的境况非常同情，禁不住流下了难过的眼泪。卢仝闻其名，深为倾慕，寄诗与之结交，谓其诗"绝胜明珠千万斛"（《与马异结交诗》），马异亦有诗酬答。辛文房称其诗"赋性高疏，词调怪涩。虽风骨棱棱，不免枯瘠"[2]。明王世贞则直斥之为"乞儿唱长短急口歌博酒食者"（《艺苑卮言》卷四）。《全唐诗》卷三六九录其诗四首。除《答卢仝结交诗》较为险怪生涩外，余皆不入此格。事迹见《唐诗纪事》卷四〇、《唐才子传校笺》卷五等。

翁洮，浙江建德寿昌人。唐光启三年（887年）考取进士，曾官主客员外郎，后辞官归隐征召不起。他所写的关于四季山水景物的诗歌均休闲散谈，有几首反映乡村生活的诗倒是很清新自然，有生活气息。如《芦坂春耕》："雨足郊原万物荣，扶犁芦坂乐深耕。喜闻布谷调新舌，厌听黄鹂弄巧声。"[3]另一首《拓源晓牧》："漫漫村路雾蒙蒙，破暗骑牛入拓峰。短笛吹残斜月外，蓑衣高挂白云中。"[4]还有一首《岷麓樵归》："草树荒凉路欲迷，鹧鸪声里日沉西。荆薪急束归岷麓，不管仙人对下棋。"[5]这些反映山村自然风光、田园生活的诗，读来让人感到轻松自然，能够体会到诗人淡泊的心怀。说实话，只要一般生活能过，在乡村田园中做一个散淡的读书人，何乐而不为，为什么非得在名利场中争得你死我活，自寻烦恼与痛苦呢？看来，翁洮真是一个看透一切的人。如果翁洮未能考取进士，没有当过官，写就这些诗，人们会说他是装隐士，是矫情，其内心还是想及第、想当官的，而实际情况是翁洮早已考取进士，本可以在仕途大展鸿图，他却选择急流勇退，隐居乡里，过起隐士生活，真是让人佩服。

民国《寿昌县志》载唐僖宗皇帝《征翁洮诏》：

> 诏曰：举尔所知，下以忠而事上；荐贤受赏，君以礼而使臣。建州刺史李频奏其乡人翁洮，力学苦吟，隐居求志，宜即丘园之贲，以旌槃涧之伦，当有论思，毋为高尚，可特遣使加币，就其隐居征之。尔其幡然而改，决然而来，将备补阙之官，期以匡朕不逮。令睦州守臣催促就道，仍别遣使往建州褒赐刺史李频，以广贤路之劝主者施行。[6]

唐僖宗网罗天下人才的良好心愿并未被翁洮接受。翁洮的这一举动，出人意料，使那些热衷于功名仕途者百思不得其解。

翁洮为何征召不起。可能年纪大，力不从心了。翁洮在接到皇帝诏书后，他写过一首诗《枯木诗辞召命作》：

---

[1] 康熙御定：《全唐诗》，国际文化出版公司1993年版，第1199页。

[2] （元）辛文房著，李立朴译注：《唐才子传全译》，贵州人民出版社1995年版，第295页。

[3] 康熙御定：《全唐诗》，国际文化出版公司1993年版，第2192页。

[4] 康熙御定：《全唐诗》，国际文化出版公司1993年版，第2192页。

[5] 康熙御定：《全唐诗》，国际文化出版公司1993年版，第2192页。

[6] 朱睦卿编撰：《严州文化历代文献辑存》，浙江人民出版社2011年版，第3页。

> 枯木傍溪涯，由来岁月赊。
> 有根盘水石，无叶接烟霞。
> 二月苔为色，三冬雪作花。
> 不因星使至，谁识是灵槎。[1]

[1] 康熙御定：《全唐诗》，国际文化出版公司1993年版，第2192页。

"枯木"一般是指年纪大的人。翁洮一开始就把自己比作"枯木"。虽然我们不知道翁洮的生卒年，但通过他考中进士的年龄进行推断，当时他年纪较大了。那时，翁洮已经五六十岁了。这"枯木"只能向岁月赊账，再也生不出绿叶，开不出花朵了；虽然盘根错节，已经不能接受烟霞的滋润了。"不因星使至"，"星使"是指皇帝的使者，即前来宣读诏书的人。古时认为天节八星主使臣事。如刘长卿诗《贾侍郎自会稽使回》："江上逢星使，南来自会稽。""谁识是灵槎"[2]这句诗中"灵槎"一词是指能通往天河的船筏，也指有机会走向皇宫的人才。虽然表面上说自己是"枯木"，但翁洮心里并不这样认为，他认为自己还是人才，只不过埋没在人世间的蓬蒿之中。这正反映了一个真正意义上文人清高的一面。

[2] 康熙御定：《全唐诗》，国际文化出版公司1993年1月第1版，第2192页。

翁洮所处的年代正是天下不太平的时候。

一是安史之乱后，唐朝出现了军阀拥兵自重、割据一方的局面。当时局势十分混乱，尤其是边塞上动不动就兵戎相见。杜甫诗中写的"烽火连三月"，在李频诗中也有很多描写，如《送边将》一诗：

> 防秋戎马恐来奔，诏发将军出雁门。
> 遥将短兵登陇首，独横长剑向河源。
> 悠扬落日黄云动，苍莽阴风向草翻。
> 若纵干戈更深入，应闻收得到昆仑。

二是宦官干政，奸人当道。唐大和九年（835年）九月，在唐文宗的支持下，大臣李训、郑注和韩约、郭行余等人密谋，假称左金吾厅后的石榴树昨夜降下甘露，准备让百官在宰相带领下，前去观看，以便一网打尽宫中宦官，由于安排不够周密，一场由朝官和皇帝对付宦官的"甘露事变"，在血腥的屠杀中结束。从此，唐朝皇帝文宗成了宦官的手中傀儡。宦官们手握生杀大权，为所欲为，朝廷更加黑暗。

三是在唐乾符五年（878年）至中和四年（884年），发生了由冤句（今山东菏泽市西南）人黄巢领导的农民起义，接下来是王仙芝的起义。农民反抗唐朝政府黑暗、残酷统治，社会动荡不安，僖宗皇帝自身不保，被大臣们护拥着逃入四川成都，过了一段时间的流亡政府的日子。后来，僖宗皇帝虽然回到长安，但仍然号召无力，在宦官专政、奸臣当道的时代，官员们看不到希望。翁洮这位目光如炬的读书人当然不愿意去冒这份险，去担那份心、受那份罪。

翁洮的家乡风光优美，生活安逸，又加上受到佛教、道教消极出世思想的影响，他不愿意出去当官。翁洮在《春日题航头桥》这首诗中写道："故园桥上绝尘埃，此日凭栏兴自新。云影晚将仙掌曙，水光迷得武陵春。薜萝烟里高低路，杨柳风前去住人……"[1]在翁洮笔下，他的家乡仿佛就是陶渊明所写的世外桃源了。再如《芦坂春耕》，这首诗里讲述了农夫忙于春耕的欢乐心情："雨足郊原万物荣，扶犁芦坂乐深耕。喜闻布谷调新舌，厌听黄鹂弄巧声。"[2]翁洮家乡的春天是最美的，他在《春》这首诗中写道："漠漠烟花处处通，游人南北思无穷。林间鸟奏笙簧月，野外花含锦绣风……"[3]翁洮在《冬》这首诗中说："寂寂栖心向杳冥，苦吟寒律句偏清。"[4]

翁洮和李频及方干等诗人都是拜姚合、贾岛两位"苦吟诗人"为师的。因此，在苦吟这一点上，他们的风格非常接近。贾岛在《送无可上人》这首诗中说："独行潭底影，数息树边身。二句三年得，一吟双泪流。知音如不赏，归卧故山秋。"[5]卢延让在《苦吟》一诗中说："吟安一个字，捻断数茎须。"[6]李频在《与钱尚父》一诗中也说："只将五字句，用破一生心。"[7]"苦吟诗人"这种反复吟咏，苦心推敲，严肃认真，一丝不苟的写作态度让我们非常敬佩。在讲述翁洮写诗这种"苦吟诗人"的精神时，我们不难看出诗人的生活是安逸的，如果一天到晚为生计发愁，哪有工夫去写诗呢？即使能写诗也不可能有这么多时间去反复推敲。这就是诗人生活的真实写照，也是道教、佛教对翁洮的影响。

由唐高祖李渊制定的崇道政策，到唐玄宗李隆基时发展到了顶峰。唐玄宗如此狂热地崇道，本意是想借助神权来巩固和加强其王权。虽经安史之乱的打击，但唐代统治者的崇道政策并未根本动摇。在唐肃宗李亨平息安史之乱以后，直到翁洮所生活时代的唐僖宗皇帝李儇，无不念念不忘他们的"大圣祖"，继续"尊祖""崇本"，采取许多崇道措施，使道教在中唐以后继续发展。由于统治阶级的重视与推广，道教在全国蔚然成风。翁洮等文人受到道教影响是不言而喻的。这在翁洮的诗中也有所反映。如他在《冬》这首诗的末尾写道："归飞未得东风力，魂断三山九万程。"[8]"三山"在古代是专指神话传说中的三座山，即蓬莱、方丈、瀛洲。这是神仙居住的地方，是方士徐福寻找长生不老之药的地方。方士，即有方术之士。东汉以后，开始将方士叫作道士。晋代以后，方士之称渐不通行，而道士之称大著。另外，翁洮还深受佛教影响。他在《董岫晴云》这首诗中写道："巍巍董岫近天台，借得红云覆碌苔。"[9]诗中的天台，是专指天台山，这里以"佛宗道源，山水神秀"而誉满天下。佛教的"天台宗"和道教的"南宗"都首创于天台山，是宗教信仰者和文人们向往的地方。

翁洮归隐家乡后心理十分矛盾。

第一，翁洮虽回到家乡过起了隐居生活，但内心却一直没有安定下

[1]康熙御定：《全唐诗》，国际文化出版公司1993年版，第2192页。

[2]康熙御定：《全唐诗》，国际文化出版公司1993年版，第2192页。

[3]康熙御定：《全唐诗》，国际文化出版公司1993年版，第2192页。

[4]康熙御定：《全唐诗》，国际文化出版公司1993年版，第2192页。

[5]康熙御定：《全唐诗》，国际文化出版公司1993年版，第1911页。

[6]康熙御定：《全唐诗》，国际文化出版公司1993年版，第2351页。

[7]方韦编著：《李频诗集编年笺注》，中国文史出版社2015年版，第5页。

[8]康熙御定：《全唐诗》，国际文化出版公司1993年版，第2192页。

[9]康熙御定：《全唐诗》，国际文化出版公司1993年版，第2192页。

来。长期受儒家思想熏陶的读书人，要让他一下子完全抹掉过去所受教育的影响，不是那么容易，这些影响是根深蒂固、刻骨铭心的。《赠进士王雄》云："何事明廷有徐庶，总教三径卧蓬蒿。"[1]说的是三国时候，在刘备处效力的军师徐庶，非常孝敬母亲。曹操为了达到打击刘备的目的，就将徐庶母亲请入曹营，以欺骗的办法，冒充徐母给儿子徐庶写信，骗徐庶回来。徐庶临走时，面对依依不舍的刘备，极力推荐了诸葛亮。于是后来就有刘备三顾茅庐请诸葛亮出山的故事。这句诗表面上写徐庶多事，而实质上是翁洮羡慕诸葛亮有人力荐，并且做出了一番伟业。《夏》这首诗云："触目皆因长养功，浮生何处问穷通。"[2]翁洮既已隐居，还要问什么穷通，还要想从何处去问。古代读书人是非常讲究穷通的。孟子曾说："穷则独善其身，达则兼济天下。"一般读书人都希望自己能飞黄腾达，澄清天下，但历史上这样的人不多。在《蒙山霁雪》一诗中最后一句说："谁识其中有卧龙。"[3]卧龙，我们知道历史上是指诸葛亮。翁洮有多首诗写到诸葛亮，说明翁洮对他的敬仰。翁洮常感自己时运不济，否则也可以像诸葛亮那样，做一番事业。

第二，翁洮自视甚高。翁洮在《枯木诗辞召命作》中就把自己比作通往天河的船筏，不是一般凡尘中人。《上子男寿昌宰》一诗，看似写别人，实际上写的是自己。"百里江山聊展骥"，"骥"在词典中是好马的意思，也就是翁洮把自己比作千里马，比作难得的人才，渴望能驰骋百里江山，奔腾跳跃，呼啸前进；"明时霄汉有丹梯"，希望日后能找到通往天堂之路的阶梯，有朝一日能飞黄腾达。

第三，翁洮常心有不甘。《冬》这首诗的最后一段："归飞未得东风力，魂断三山九万程"。[4]为什么要怨恨东风呢？正如《红楼梦》中薛宝钗在《临江仙》一词中说的"好风凭借力，送我上青云"。翁洮诗中充满了怨恨，是怨恨自己在仕途上没有真正得力的人来帮助自己，否则凭自己的才华，完全可以青云直上。正因为翁洮自己怀才不遇，所以牢骚满腹。皇帝来征召，翁洮又拒绝了，真是机不可失，时不再来，翁洮这个恨啊！这个悔啊！真是无处话凄凉。翁洮在《赠进士王雄》一诗中说："河清海晏少波涛，几载垂钓不得鳌。空向人间修谏草，又来江上咏离骚。"[5]屈原的《离骚》写得很好，翁洮即使天天朗诵吟咏，也难消心头之恨。

翁洮原以为唐僖宗会像刘备三顾茅庐那样来请他，可是情况不一样了，那是三国时代，不是唐朝。翁洮自己面临的对象也不一样——刘备那时是落荒而逃，到处投靠。所以，刘备要称霸一方就必须有人才，帮助他迅速崛起。当时的刘备真是求贤若渴，而唐僖宗虽然处境也不太好，但心情绝没有刘备那样迫切。

翁洮与李频虽是同时代人，但李频则积极入世，大有澄清天下之志，为老百姓办了许多好事、实事。即便碰到许多困难，李频也迎难而上，毫不退却。《新唐书·李频传》有记载，李频在武功县为政时：

[1] 康熙御定：《全唐诗》，国际文化出版公司1993年版，第2192页。

[2] 康熙御定：《全唐诗》，国际文化出版公司1993年版，第2192页。

[3] 康熙御定：《全唐诗》，国际文化出版公司1993年版，第2192页。

[4] 康熙御定：《全唐诗》，国际文化出版公司1993年版，第2192页。

[5] 康熙御定：《全唐诗》，国际文化出版公司1993年版，第2192页。

于是畿民多籍神策军，吏以其横，类假借不敢绳以法。频至，有神策士尚君庆，逋赋六年不送，睥然出入闾里。频密擿比伍与竟，君庆叩县廷质，频即械送狱，尽条宿恶，请于尹杀之。督所负无少贷，豪猾大惊，屏息奉法，县大治。[1]

与李频相比，翁洮缺乏李频这种刚正不屈、蔑视强暴的精神与勇气。前面我们引用的那些诗句，完全可以看到翁洮那颗不安分的心。与隐居七里泷钓鱼台的严子陵相比，翁洮不如严子陵——他与汉光武帝是同学，后来，汉光武帝还亲自上门邀请，严子陵就是不去；严子陵每天放浪江湖，不思朝廷，真正过起隐居的生活，钓鱼会客，种植蔬菜、粮食之类的东西。这也就是千百年来，人们为什么大力赞颂严子陵的原因。

翁洮虽然敢于拒绝皇上的征召，但内心却十分的不甘。翁洮所写下的一些披露心迹的诗，让我们看到了一个内心复杂且充满悲剧色彩的读书人的真实面貌。从翁洮的身上，我们看到，一个人无论选择什么样的人生道路，都是要付出代价的。翁洮的一生及诗篇对后世之人具有较强的借鉴意义。

（三）边塞不安，战乱频繁，心忧天下的睦州诗人，是十分关注边关局势的，为此，边塞战乱这类题材在他们的诗作中均有较多反映

皇甫松有一首名叫《怨回纥歌》的诗，反映了边塞风情：

> 白首南朝女，愁听异域歌。
> 收兵颉利国，饮马胡芦河。
> 毳布腥膻久，穹庐岁月多。
> 雕巢城上宿，吹笛泪滂沱。

多年征战，给人民带来了无穷的痛苦。[2]

崔涂（850—？），字礼山，又作礼仙，睦州桐庐（今属浙江）人。家境贫寒，一生多羁旅各地。中和元年（881年），崔涂赴试进士而未第，曾羁留于渠州。光启四年（888年），登进士第。崔涂生平事迹见于《新唐书·艺文志》卷四、王安石《唐百家诗选》卷一七、《唐诗纪事》卷六一、《唐才子传校笺》卷九。

崔涂生逢乱世，漂泊失意，其诗多愁落之情。崔涂善于借景抒怀，颇能感人肺腑。《孤雁》《山寺》《春夕》《巫山旅别》，多有佳句，为人称颂。辛文房称其诗"深造理窟，端能竦动人意，写景壮怀，往往宜陶肺腑"[3]。管世铭赞《读庾信集》"骨色神韵，俱臻绝品，可以俯视众流"[4]（《读雪山房唐诗序例》）。他有一首题为《申州道中》的诗，反映了人民对战争的厌恶。全诗如下：

[1]（宋）欧阳修、宋祁撰:《新唐书》，中华书局1997年版，第1480页。

[2]刘志华、方润生主编:《淳安古诗词选》，汉语大词典出版社1995年版，第46页。

[3]（元）辛文房著，李立朴译注:《唐才子传全译》，贵州人民出版社1995年版，第607页。

[4]陈伯海主编:《唐诗汇评（下）》，浙江人民出版社1995年版，第2865页。

> 风紧日凄凄，乡心向此迷。
> 水分平楚阔，山接故关低。
> 客路缘烽火，人家厌鼓鼙。
> 那堪独驰马，江树穆陵西。[1]

[1] 康熙御定：《全唐诗》，国际文化出版公司1993年版，第2230页。

战争的破坏性是巨大的，不仅给百姓生活带来许多不便，还使百姓迅速陷入贫穷之中，甚至连生命也朝不保夕。崔涂的诗对可恶的战争进行了强烈的谴责。在另外几首诗中他也写到战争，如《秋夜与上人别》一诗中就有"南国初闻雁，中原未息兵"。在另一首《南山旅舍与故人别》的诗中有"那堪试回首，烽火是长安"。连长安都是烽火一片，可见国家动荡、民不聊生，虽然旧的一年即将过去，但新的希望的征兆却一点也没有，作为读书人出身的崔涂，其内心的郁闷痛苦是非常深重的。

《新唐书·艺文志》《直斋书录解题》均著录《崔涂诗》一卷。《全唐诗》卷六七九编其诗为一卷。《全唐文》卷八一九录其文一篇。

施肩吾身为读书人，却心系天下安危，记挂守边将士。如他的边塞诗就是一个例证。他写边塞的诗有《赠边将》《归将吟》《代征夫怨》等。

《赠边将》是一首难得的吟咏边塞的好诗，诗是这样写的：

> 轻生奉国不为难，战苦身多旧箭瘢。
> 玉匣锁龙鳞甲冷，金铃衬鹘羽毛寒。
> 皂貂拥雪花当背，白马骑来月在鞍。
> 犹恐犬戎临虏塞，柳营时把阵图看。

这首诗写出了戍边将士"轻生奉国"的可贵精神，同时也写出了将士们久经沙场磨炼的艰难生活。虽然是出生入死，"战苦身多旧箭瘢"，但戍边将士们为了国家的利益和人民的安全，早已将个人的生死置之度外，他们高度警惕，恪尽职守。"柳营时把阵图看"，时刻准备着打击任何来犯之敌。作者把一个高度负责任且能吃苦耐劳的戍边将军的形象栩栩如生地展现在我们面前。

在《归将吟》中，施肩吾为我们描写了一位胜利归来的将军受到的礼遇，诗是这样说的：

> 百战放归成老翁，余生得出死人中。
> 今朝授敕三回舞，两赐青娥又拜公。

老将军把自己的一生都献给了热爱的戍边事业，他是从死人堆中爬出来的，能活着回来已是非常不容易的事情。因此，老将军受到朝廷的礼遇。短短的四句诗为我们塑造了一个出生入死的将军形象。

《代征夫怨》写了丈夫从军，妻子的孤单与思念，以及保持贞洁等待丈夫胜利归来：

> 寒窗羞见影相随，嫁得五陵轻薄儿。
> 长短艳歌君自解，浅深更漏妾偏知。
> 画裙多泪鸳鸯湿，云鬓慵梳玳瑁垂。
> 何事不看霜雪里，坚贞唯有古松枝。

因为征夫从军在外，很长时间没见到了，因此思念得特别厉害，经常泪如泉涌，也懒得梳洗打扮——因为丈夫不在，她打扮给谁看呢？后来，干脆骂出声来了，说自己的丈夫是一个"轻薄儿"，这是一个"爱"与"恨"的发泄。

章碣有一首《赠边将》，和前面施肩吾的诗同题，该诗云：

> 千千铁骑拥红尘，去去平吞万里空。
> 宛转龙蟠金剑雪，连钱豹躩绣旗风。
> 行收部落归天阙，旋进封疆入帝聪。
> 只有河源与辽海，如今全属指麾中。

这首诗不像施肩吾的边塞诗写得那样凄苦悲壮，而是充分体现了张扬的个性，气势恢宏豪迈，大有气吞万里如虎的勇猛，整首诗洋溢着乐观昂扬的激情，满怀着对未来必胜的信心。

（四）睦州诗派中的部分诗人由于科场、官场失意，由原来的满腔热情、积极进取，转向悲观失望、消极遁世，由儒家理想转向道、佛境界，由入世转向出世

最明显的是方干与施肩吾二人。

方干（809—888年？），字雄飞，睦州清溪（今浙江淳安县）人。几次考进士不中，就失去信心，隐居于绍兴的镜湖，纵情山水，吟诗作文，悠闲度日。方干为人质朴，每见人常三拜，人称"方三拜"。方干貌陋唇缺，人又称其"补唇先生"。方干因相貌丑陋，不为世人所重。他很小就表露出自己的聪明才华，当时著名诗人徐凝十分看重他，就教他作诗的诗律。姚合在金州当刺史时，方干不远千里，前去拜见求教。开始，姚合见其容貌丑陋，嫌弃他，后见到方干的诗作，又为他的诗才而欣喜，大为叹赏。大中（约852年）年中，方干举进士不第，遂隐居会稽，渔于镜湖，萧然于山水。与郑仁规、李频、陶祥为三益友。咸通（874年）末，王龟任浙东观察使，颇称赏其节操，将荐之于朝。未几，王龟卒，事遂不果，以布衣而终。卒后，门人私谥为"玄英先生"。昭宗光化三年（900年），韦庄奏请追赐方干进士及第，并追赠其官。生平事迹见孙郃《玄英先生传》，《唐摭言》卷四、卷一〇，《唐诗纪事》卷六三，《嘉泰会稽志》卷一五，《唐才子传校笺》卷七。

方干善律诗。广明、中和年间（880—881年），诗名大著，与江南诗人李群玉、吴融、喻凫、郑谷、罗邺、崔道融、曹松诸人均有交往。李频、孙郃等人则师其为诗。故吴融称其"把笔尽为诗，何人敌夫子。句满天下口，名聒天下耳"。为诗尚苦吟，自言"吟成五字句，用破一生心"。诗风近贾岛、姚合。《早春》《越州使院竹》《除夜》等诗，尤为人所称引。王赞谓其诗"锼肌涤骨，冰莹霞绚。嘉肴自将，不吮余隽。丽不葩纷，苦不棘癯。当其得志，倏与神会，词若未至，意已独往"。《四库全书总目提要》亦称其"气格清迥，意度闲远，于晚唐纤縻俚俗之中独能自振。故盛为一时所推。然其七言浅弱，较逊五言。《郝氏林亭》而外，佳句无多，则又风会之有以限之也"。方干卒后，其甥杨弇及僧居远辑其遗诗三七〇余篇，成《玄英先生诗集》一〇卷，中书舍人王赞为作序。《新唐书·艺文志》亦著录其集一〇卷，《郡斋读书志》则著录《方干诗集》仅一卷，而《直斋书录解题》又记《玄英集》一〇卷，今佚。明人辑为《玄英集》八卷。《全唐诗》卷六四八至卷六五三录存其诗六卷，卷八七九又录存酒令四句，卷八八五《补遗》四亦收诗一首。《全唐诗逸》卷上收其诗二句，《全唐诗补编·续补逸》卷九又补收诗二首，《续拾》卷三三又补收六首。

从方干的经历中，我们可以知道他的《寄李频》这首诗应该是早期作品，诗中写道：

众木又摇落，望君还不还。
轩车在何处，雨雪满前山。
思苦文星动，乡遥钓渚闲。
明年见名姓，唯我独何颜。

此诗写方干与李频赴京赶考时候的复杂心情。应该说这个时候方干还是很有上进心的。他在《送喻坦之下第还江东》一诗中还劝喻坦之"文战偶未胜，无令移壮心"。虽是劝慰别人，实际上也是自己当时心情的真实写照。在《中路寄喻凫先辈》一诗中，方干说："求名如未遂，白首亦难归"，写出自己考又考不中，归又归不去的非常痛苦的心情。他在《除夜》一诗中写道："永怀难自问……心燃一寸火，泪结两行冰。"除夕之夜本是非常开心的时刻，读罢他的诗让后人也难免不为之同情唏嘘。后来，他这颗热情如火的心，逐渐冷却，信念开始动摇，在《自艾原客》一诗中他说："闲言说知己，半是学禅人。"社会现实对他太残酷了，让他由失望到绝望，最后皈依佛教，专事学禅。从此专心作诗，然而"才吟五字句，又白几茎髭"（《赠喻凫》），"吟成五字句，用破一生心"

（《贻钱塘县路明府》）。

施肩吾（生卒年不详）是我国唐朝著名的诗人，唐宪宗元和十五年（820年）状元。是今天的富阳市洞桥镇施家村人。

从科举考试这个角度来说，他比方干幸运，考中了状元。但最后他的思想发生了变化，与方干一样，殊途同归，皈依道教。施肩吾是一个对道学颇有研究的道士。他自从专心当道士以后，就写了许多有关道学的文章。在这些文章中，充分显示了他的道学涵养。作为诗人，他充满着浪漫的想象，在他的诗篇中描写着理想化的境地。即使是道学文章也写得非常美，不同于一般的道学文章。在这些文章中也有意无意地流露出自己的审美情趣。为此，读他的道学文章，不同于那些枯燥无味的、纯粹的、一本正经的道学文章，我们仿佛是在读优美的散文、优美的诗篇。施肩吾的大多数岁月是奔波在名山琼岛之中、在追仙求道中度过的。由于生活不安定，虽然他一生创作颇丰，但散佚较多，如《三住铭》已佚，另如《全唐诗话》中说他"曾作《百韵山居诗》才情富赡"，这一鸿篇巨制，也已不存人世。现《全唐诗》存有施肩吾诗一百九十六首，编为一卷，童养年《全唐诗续补遗》卷九补诗八首，陈尚君《全唐诗续拾》卷二七又补三首。共计两百多首诗。

施肩吾有着浪漫的理想化的道学境界。他在《金尺石》一诗中这样写道：

丹砂画顽石，黄金横一尺。
人世较短长，仙家爱平直。

在施肩吾看来，人世间充满着矛盾、斗争，尔虞我诈，你死我活，归根结底是"人世较短长"，人们太计较个人得失，最后导致了这么多不愉快事情的发生。

施肩吾另一首题为《冯上人院》的诗云：

扰扰凡情逐水流，世间多喜复多忧。
一回行到冯公院，便欲令人百事休。

他为世间的许多事情感到烦恼，而一回到道观，他就感到什么烦恼忧愁都烟消云散了，心情也舒畅快乐多了。

最能反映施肩吾浪漫的理想化的道学境界的是他写的一篇题为《嵩岳嫁女记》的文章。在这篇文章中，他描写了美好的自然环境：

行数里，桂轮已升。至一车门，始入，甚荒凉，又行数百步，有异香迎前而来，则豁然真境矣。飞泉（一作泉瀑）交流，松桂夹道；

> 奇花异草，照烛如昼；好鸟腾蠚，风和月莹。

这段描写看上去是写自然环境，实际上是带有作者理想化的环境，仿佛就是仙境。这段描写为下一步仙人们出场做了铺垫。紧接着就通过书生介绍，引出仙人王母娘娘，人间不平之事通过特使向其禀报：

> 浮梁县令求延年矣。以其人因贿赂履官，以苛虐为政，生情于案牍，忠恕之道蔑闻，唯雄于货财，巧伪之计更作，自贻覆悚，以促余龄。但以莲花峰叟，徇从于人，奏章甚恳，特纡死限，量延五年。

一方面说明施肩吾对人间的执政者已经完全失望了，另一方面说明人世间贪赃枉法已到了不可收拾的地步，必须依靠上天的力量来解决。这不过是施肩吾理想中的自我解脱而已。在这篇文章中，还描写了很多王母娘娘与穆天子相会唱和的场面，把神仙世界描写得十分美好，令人向往。不过，据中国社会科学院文学研究所研究员陈才智先生介绍，实出于唐人离玫《纂异记》，见于《太平广记》卷五十。清陈元龙《格致镜原》卷七十三认为是施肩吾所作，恐未足信。这个问题只有留待后人去考证。

从内容上看，施肩吾的诗可以分为世俗的和非世俗的两部分。在世俗的这一部分，有边塞诗、征夫诗、怨妇诗、艳诗、情诗、海岛诗、怀古诗、赠答诗等。非世俗的这一部分，主要是写追仙求道的。也有介于两者之间的，如山水风光诗。过去许多诗歌评论家说施肩吾的诗很少涉及时事政治，其实不然，施肩吾早期也是关心时事政治，热衷功名的，否则，他不会去考状元。状元考不中，他也伤心过。施肩吾在《下第春游》一诗中这样写：

> 羁情含蘗复含辛，泪眼看花只似尘。
> 天遣春风领春色，不教分付与愁人。

因为考试未能及第，即使是在美好的春天在他看来也只有忧愁。娇艳芬芳的花朵在他眼里仿佛尘土一般。因为心灵的寒冷，怎么也感觉不到春天的温暖。

后来，他终于考中了状元，心情也发生了天翻地覆的变化。在《及第后过扬子江》一诗中，他这样写：

> 忆昔将贡年，抱愁此江边。
> 鱼龙互闪烁，黑浪高于天。
> 今日步春草，复来经此道。
> 江神也世情，为我风色好。[1]

---

[1]康熙御定：《全唐诗》，国际文化出版公司1993年版，第1622页。

因为心情好，江边的风色都感觉特别好。因为心情好，他一连写了好几首诗，除前面讲的这首诗以外，还有一首题为《及第后夜访月仙子》的诗：

> 自喜寻幽夜，新当及第年。
> 还将天上桂，来访月中仙。[1]

因为他考了第一名，蟾宫折桂，于是他持桂去见月中仙——嫦娥。诗虽短，但为我们留下了巨大的想象空间，整首诗充满着浪漫色彩。

施肩吾既然花了这么多的精力和时间考中了状元，为什么后来又退出仕途，而去学道求仙呢？这与当时的历史条件是分不开的。施肩吾在钦点状元后，就被授予江西观察使。但不久就发生了唐宪宗被宦官所杀的非正常事件，朝廷上朋党之争十分激烈，朝政每况愈下。他在诗作《上礼部侍郎陈情》中十分担心：

> 九重城里无亲识，八百人中独姓施。
> 弱羽飞时攒箭险，蹇驴行处薄冰危。

正是在这种情况之下，由于害怕官场险恶，他脱离官场，走寻仙求道的路了。他去江西洪州（南昌）的游惟观隐居，自号"栖真子"，潜心修道，先后写下了《养生辨疑诀》等著作。

施肩吾是一个道士，道士一般来说是一本正经的，然而，就是这样一个道士却能写出非常艳丽的情诗。这说明，他虽然崇尚道教，过着道士的生活，然而他的内心仍然摆脱不了世俗情缘的纠缠，他的内心常常处在世俗与非世俗的矛盾、斗争与煎熬之中，他的有些诗比一般诗人还写得更露、更放荡、更无所顾忌。《夜宴曲》就是这样的一首诗：

> 兰缸如昼晓不眠，玉堂夜起沉香烟。
> 青娥一行十二仙，欲笑不笑桃花然。
> 碧窗弄娇梳洗晚，户外不知银汉转。
> 被郎嗔罚琉璃盏，酒入四肢红玉软。

在一个讲究封建礼教的社会里，女子是有自己的行为规范的，行不动裙，笑不露齿，而在施肩吾的诗里却是女子陪男人喝酒，并且已经喝得烂醉如泥。看了这样放浪的诗，谁会想到这诗竟然出自一个崇尚道教的道士之笔呢？

当然，作者最拿手的是他那些追仙求道的诗。他之所以热衷于追仙求道的事情，完全是为了逃避残酷的现实斗争，以求得心灵的平静安宁，

[1] 康熙御定：《全唐诗》，国际文化出版公司1993年版，第1623页。

人世间常常受到"喜"与"忧"的烦恼干扰，身心为此感到非常疲惫，令人不胜其烦，只有在这与世无争的世界里他才能感到从未有过的快乐。他的诗中多处讲到桃花源，目的还是含蓄地批评当时昏暗的朝廷政治，向往和睦美好的纤尘不染的境界。同时，也说明他只有那种消极避世的人生态度，缺乏那种挽狂澜于既倒，澄清天下的博大胸怀。

施肩吾的诗非常有韵味，耐读，很有意境。那么，什么是诗的意境呢？意境就是情与景的有机结合。只有能达到情与景的有机结合，才能算作高境界的作品。施肩吾的诗就是这样的作品，如《秋夜山中赠别友人》：

何处邀君话别情，寒山木落月华清。
莫愁今夜无诗思，已听秋猿第一声。

晚上，山中夜色多么美好，因为叶落，如水的月光就能更多地洒落在广袤起伏的群山之上，天宇澄澈，万籁俱静，诗人正在发愁没有写诗的思绪，只听得天荒地老的深山之中，传来了一声刺破夜空的猿啼，让诗人为之一惊，同时作者的心弦也为之拨动。这是多么动人的诗句，又是多么美好的意境啊。

与方干、施肩吾一样，在科场失意的还有许彬、周朴等人。另外，章孝标等人在为官多年后，也表达过看淡功名之心境。

许彬（生卒年里不详），其名一作郴，又作琳，疑皆误。睦州（今浙江建德市）人，与诗人郑谷同时。许彬举进士屡不及第，一生多羁旅各地，老而归乡。郑谷怜之，赠诗云："桐庐归旧庐，垂老复樵渔。"（《闻进士许彬罢举归睦州怅然怀寄》）许彬与张乔等齐名咸通（860—874年）年间，长于五律，然气格不高。辛文房评王周、刘兼及许彬等人诗云"虽有集相传，皆气卑格下，负鱼目唐突之惭，窃碔砆韫袭之滥"。《全唐诗》卷六七八编其诗为一卷。生平事迹见黄滔《答陈磻隐论诗书》《唐诗纪事》卷七一。

许彬在《湘江》一诗中写道："异日谁为侣，逍遥耕钓群。"在另一首《重经汉南》的诗中又写道："须同醉乡者，万事付江流。"他对现实社会非常失望，对前途失去信心，认为只有放情山水，才能寻找其中的乐趣。

周朴（？—879年），字见素（一作太朴），睦州桐庐（今属浙江）人，旧说吴兴（今属浙江）人，疑误。朴唐末避居福州，寄食于乌十山僧寺。为人高傲纵逸，淡于名利，隐居山林，虽蓬门荜户，不庇风雨，亦悠然自乐。喜交山僧钓叟，不乐仕进。福建观察使杨发、李诲颇喜其诗，先后召之，不往。乾符六年（879年），黄巢攻入福州后，邀其入伍，周朴云："我尚不仕天子，安能从贼！"黄巢怒，遂杀之。朴性喜吟诗，每遇景物，搜奇抉思，日暮忘返。盈月得一联一句，则欣然自快。周朴在一首叫《赠大沩和尚》的诗中说："我问师心处，师言无处心"，"又登尘路去，难与老僧期"，"初日长廊下，高僧正坐禅"。从这些诗中我们可以看出，周朴在思想上已完全皈依佛教，愿意与青灯下的老僧交朋友，了此残生。

唐朝末年，社会动荡，民不聊生，官场更加腐败，许多正直的诗人对现实社会都感到非常失望。应该说，这些诗人在当时是属于那种觉醒了的知识分子。

章孝标（生卒年不详），字道正，睦州桐庐人，居于钱塘（今浙江杭州市）。元和九年（814年），入京应试，屡不第。元和十三年（818年）下第时，同落第者多以诗刺主司庾承宣，唯独章孝标赋《归燕诗》，以抒眷恋之情。元和十四年（819年）庾承宣擢之及第……《新唐书·艺文志》著录《章孝标诗》一卷。《全唐诗》卷五〇六编其诗为一卷、卷八七〇补一首，《全唐诗逸》上补四首又十六联，《全唐诗补编·续拾》卷二八又补一首又八句。《全唐文》卷六八三录其赋一篇。章孝标曾经写道："云领浮名去，钟撞大梦醒。"深感惭愧于自己曾经为了浮名而孜孜以求。章孝标认为，过去追求的理想仿佛做梦一般，如今梦醒了，再也无所求了。

在这些诗人中，皇甫湜最大胆，直接抨击当时浑浊肮脏的社会，他在《出世篇》中说："生当为大丈夫，断羁罗，出泥涂。……上括天之门，直指帝所居。……与天地相始终，浩漫为欢娱。下顾人间，溷粪蝇蛆。"

（五）唐朝末年的咏史诗非常发达，睦州诗派诗人的相关作品也较多

唐朝咏史诗的发展是有一定背景的。唐代的统治者比它前代的君王更加重视以史为鉴，唐太宗就明确说过："以古为镜，可以知兴替。"（《贞观政要》卷二）唐代大规模的编修前代史书，就是这种历史意识的具体实施。何焯在《义门文书记》中这样评价左思的《咏史》诗：

咏史者不过美其事而咏叹之，概括本传，不加藻饰，此正体也。
太冲多直抒胸臆，乃又其变。

其实"直抒胸臆"正是"咏史"的一贯传统。这一传统对后代咏史诗的影响较大。于是咏史诗就有了以下两个特点：一是一诗专咏一事，不再有一诗中杂咏数事的情形；二是诗中的感慨或议论都以精警、含蓄的方式表达出来，最佳的形态就是意在言外。

在睦州诗派相关诗人中，咏史诗写得最为有名的是章碣的《焚书坑》。章碣留下来的诗作不多，真正让后人记住章碣的就是他这首诗：

竹帛烟销帝业虚，关河空锁祖龙居。
坑灰未冷山东乱，刘项原来不读书。

这首诗将秦始皇焚书坑儒事件与刘邦、项羽揭竿造反，推翻秦朝统治有机结合起来。秦始皇为了统一思想，焚书坑儒，令后人十分愤怒、痛心，然而真正推翻秦始皇统治的刘邦、项羽原本不是读书人。再说秦始皇的思想也未能统一全国，建立的秦王朝倒是个短命的朝代，可见暴政不得人心。从长远来说，统治还是应该施行仁政。章碣当时适逢战乱，因此也很容易想起焚书坑儒这个题材，所以借这个题材来抒发自己的感慨。后来章碣流落到毗陵等地，不知所踪。

在睦州诗派相关诗人中，咏史诗写得最多的是崔涂和徐凝二人。崔涂在《全唐诗》中有七首，徐凝在《全唐诗》中有四首。

崔涂在《过昭君故宅》一诗中高度赞扬了"以色静胡尘"的王昭君的高尚牺牲精神。王昭君以牺牲一人的幸福为代价，换来了千百万人的"免战"，真是可歌可泣。崔涂在《屈原庙》一诗中，对屈原不幸的遭遇非常同情，"谗胜祸难防，沉冤信可伤"。崔涂在诗中最关心的是人的出路问题——他在《读留侯传》一诗中写道"男儿遭遇更难知"；在《赤壁怀古》一诗中写道"勤王谁肯顾元勋"；在《东晋》一诗中写道"兴亡竟不关人事"；仿佛胜败无凭，任何事情都是天意。另外，崔涂在《续纪汉武》《读庾信集》《过洛阳故城》等诗中都有较多对历史的感叹。

徐凝的咏史诗与崔涂的咏史诗相比，显得更细腻，深入人心。如《汉宫曲》一诗：

水色帘前流玉霜，赵家飞燕侍昭阳。
掌中舞罢箫声绝，三十六宫秋夜长。

皇帝宠幸赵飞燕，昭阳宫兴盛热闹，但另外三十六宫却遭了殃，夜夜无寐，她们企盼有那么一天能够得到皇帝的宠幸，但这希望是多么渺茫。这一强烈反差，使诗人十分同情那些不幸的宫人，同时，该诗从另一侧面揭露批判了皇帝穷奢极欲的糜烂生活。

徐凝有多首咏史诗，都以览古为题——如《长洲览古》《金谷览古》《汴河览古》，让人易发思古之幽情。其中《长洲览古》与《题伍员庙》二首是写吴王夫差的。《长洲览古》中有一句"吴王上国长洲奢"，"奢"字写出了吴王失败的根本原因。不由得让我们想到唐朝诗人李商隐《咏史》诗的名句："历览前贤国与家，成由勤俭败由奢。"李商隐是在总结了千年历史兴衰之后，写出这两句感慨深沉、饱含哲理的诗，可以说是具有历史纵深感的高度概括。"夫差亡国已千秋""拜奠青山人不休"。青山依旧，亡国千秋，后人的感慨难以用语言形容，徐凝没有对历史史实多加评论，只让读者自己去体会，含不尽之意于言外。在《金谷览古》一诗中，徐凝对美人绿珠寄予了无限的同情，"绿珠歌舞天下绝"。然而，绿珠红颜薄命，宁可坠楼身亡，不愿屈从逼迫。绿珠与石崇的坚贞爱情成为千古绝唱，为后代许多诗人反复吟咏，还成为戏剧等创作的素材。《汴河览古》一诗写"炀帝龙舟向此行""为是杨家怨思声"，批评了隋炀帝下江南的阔气铺张、劳民伤财，等等。

睦州诗派诗人方干写过两首关于严子陵的诗。第一首是《暮发七里滩夜泊严光台下》，这首五律诗的前三段是写七里滩一带优美的风光，最后一段才写出带有批评意味的诗句："前贤竟何益，此地误垂竿。"方干第二首写严子陵的诗，题目是《题严子陵祠》，第一段写出汉光武帝对同学严子陵的友谊与赏识，"物色旁求至汉庭，一宵同寝见交情"。第二段写严子陵不肯接受汉武帝刘秀的邀请进城做官，官没做，名气却从此大增，"先生不入云台像，赢得桐江万古名"。不仅严子陵先生的名气大增，还使得桐江赢得了万古名声。严子陵为什么不肯去做官呢？主要是因为这里的山水太美，洗涤了他那为世俗蒙蔽的心灵，升华了他的灵魂与精神世界，也就是"苍翠云峰开俗眼，泓澄烟水浸尘心"。最后，方干在篇末点题，"惟将道业为芳饵，钓得高名直到今"。同样是以严子陵为题材的诗作，这后一首在内容上要挖掘得更深一些，给人的启迪更多一些。

皇甫松的五绝诗《登郭隗台》短则短矣，倒有些意思：

燕相谋在兹，积金黄巍巍。
上者欲何颜，使我千载悲。

皇甫松由古人联想到自己，感慨万千。这种怀才不遇，难为人识的痛苦是古今相同的，即使是在高度文明发达的今天，人们也还有相同的遭遇与感叹。

会写或喜欢写咏史诗的人很多，但真正要写好咏史诗却不是一件容易的事情。睦州诗派的咏史诗在艺术上有以下几个出彩之处：

一是批判现实主义色彩。如皇甫湜在《出世篇》中就矛头直指社会："下顾人间，溷粪蝇蛆。"并号召人民"生当为大丈夫，断羁罗，出泥涂"。崔涂在《申州道中》一诗中就写出了老百姓的厌战情绪。另外如章孝标的《闻角》、周朴的《边思》等诗都描写了战争的残酷和戍边将士的艰苦生活，这些都对统治者穷兵黩武，老百姓民不聊生的现实有了一定程度的揭露。鲁迅在《小品文的危机》一文中对唐末诗人皮日休、陆龟蒙的小品文曾给以高度评价，称它们为"是一塌糊涂泥塘里的光彩和锋芒"。如果我们借用鲁迅的话，也可称这些具有批判现实主义色彩的诗篇为晚唐诗坛这"一塌糊涂泥塘里的光彩与锋芒"。

二是苦吟色彩浓重。唐朝诗人白居易与姚合都曾任过杭州刺史，都对睦州诗派的诗人产生过重要影响。《诗人主客图》曾说：

白居易……及门十人：费冠卿、皇甫松、殷尧藩、施肩吾、周光范、

>祝天膺、徐凝、朱可名、陈标、童翰卿。

白居易门人中有三人为睦州诗派中的诗人，如皇甫松、施肩吾、徐凝三人。皇甫松父亲皇甫湜还曾与白居易交游，后皇甫湜去世，白居易还有诗哭之。另外，李频、方干、喻坦之、翁洮等人都受到过姚合的指教与影响。由于姚合与贾岛的交往较多，两人不光诗风接近，关系又非常密切，为此，凡与姚合亲近并受姚合影响的后辈诗人，均与贾岛友好并受到贾岛的指教与影响。当然，在这群诗人中，于苦吟方面下功夫最多的是方干，他在诗中深有体会地说："吟成五字句，用破一生心""才吟五字句，又白几茎髭"。因为他苦下功夫，孜孜以求，为我们留下了一些让人回味无穷的诗句——如"野花多异色，幽鸟少凡声""无酒能消夜，随僧早闭门""野烟新驿曙，残照古山秋""地下无余事，人间得盛名""鹤盘远势投孤屿，蝉曳残声过别枝""驯鹿不知谁结侣，野禽多是自呼名"等。

三是淡雅清丽，通俗明快。这是睦州诗派诗人的共同之处。受到睦州明山秀水、钟灵毓秀的影响，或是受到白居易、姚合、贾岛诗风的影响，他们的诗清丽而充满灵性。与韩愈诗的古奥艰深相比，简直是两种完全截然不同的风格；他们的诗完全不同于李白的豪放飘逸，也不同于杜甫的沉郁顿挫，充满乡村风味的质朴。看去非常浅显，但却浅得可爱，浅得透明。

四是直抒胸臆，较少寄托。睦州诗派诗人都是正直率爽之人，有什么事说什么事，有什么感慨发什么感慨。他们大多是乡野之人，既不担心什么，想怎么说就怎么说，也没有那种曲里拐弯的说话习惯。即使是咏史诗，也是自自然然，较少有言在此而意在彼的做法。

睦州诗派中的部分诗人如方干、徐凝等人也为宋代江湖诗派的诗人们所推崇，这些当然也源于姚合、贾岛二人的诗歌吟咏流风。

二 唐朝诗人李频和他的《梨岳集》

李频（约818—876年），字德新，睦州寿昌（今浙江建德市）李家镇石门堂人。明宰相商辂在《重修宣圣庙学记》一文中写道：

>寿昌，严中邑，户不半万，然土田膏腴，民足衣食，兴于礼义，人才之出，自昔为盛，若唐李频德新……

可见后人对其之推崇。

（一）李频的简要生平

《唐摭言》卷四《师友》条云：

> 李频师方干，后频及第，诗僧清越赠干诗云："弟子已得桂，先生犹灌园。"

由此知道，李频早年曾拜方干为师，学习诗歌创作。

据《新唐书·李频传》记载，李频年轻时期，一直住在寿昌李家西山一带。从小就颖慧聪明，记忆力特强，常常是过目成诵；读书认真，阅读面广。

在诗歌创作方面，李频令人瞩目。当时给事中姚合在诗坛很有名气，很多读书人都归在他的门下。李频仰慕他的名声，希望得到姚合的推荐，于是同朋友喻坦之一起找到姚合，请姚合给自己看看诗作，提提意见，给予评定，同时希望能向朝廷推荐。姚合看了李频的诗作，非常满意，大加表扬，同时，姚合对李频本人也非常欣赏，最后把女儿嫁给了他。当时李频还未中举人，但姚合能这样做，真的非常不容易——这样做是有风险的，万一李频一辈子也考不中进士怎么办？岂不耽误女儿一辈子。可见姚合对李频十分信任，相信他一定能考中进士。后来，李频果然不负众望，考取了功名。大中八年，即公元854年，李频考取进士。这年李频37岁。据《登科记考》记载，与李频同榜的有刘沧、毕绍颜、李循等。

不久，李频被授秘书郎一职，这个职务是掌管国家所藏图书的官员。这里不是一般的图书，而是皇家藏书（子、史、经、集）。大中十三年，即公元859年，李频到南陵任主簿。南陵是古时一个县名，在安徽省东南部，属青弋江流域，故址在今繁昌县境内。主簿为统兵开府大臣幕府中的重要僚属。公元862年，李频又由南陵主簿转为池州参军。池州，是古时州、路府，治所在秋浦（今安徽池州市）。参军，是州府中的重要幕僚。公元864年，李频47岁，这一年，他由池州参军迁为武功令。唐朝的武功，在现在陕西的武功县以西地区。

李频在武功县令这一位置上，主要做了两件较有影响的事，一是抑制强暴；二是兴修水利。《新唐书·李频传》是这样写的：

> 于是畿民多藉神策军，吏以其横，类假借，不敢绳以法。频至，有神策士尚君庆，逋赋六年不送，睅然出入闾里。频密擿比伍与竞，君庆叩县庭质，频即械送狱，尽条宿恶，请于尹杀之，督所负列少贷。豪猾大惊，屏息奉法，县大治。有六门堰者，废废百五十年。方岁饥，频发官瘗庸民浚渠，按故道厮水溉田，谷以大稔。懿宗嘉之，赐绯衣、银鱼。

文中讲到的神策军，是指宦官统领的一支军队。

公元871年，李频54岁。因其在武功县令任上政绩显赫，声名日盛，他被朝廷升为侍御史。此时，他往来鄜州，公干繁忙，但他忙里偷闲，作诗多首，以记其行，如《鄜州留别王从事》《春日鄜州赠裴居言》《朔中即事》等。公元873年，李频升为尚书兵部都官员外郎。员外郎为六部（吏、户、兵、礼、刑、工）所辖诸司的次官，协理司务。两年以后，李频上表主动请求外放为建州刺史。李频出任建州刺史时已经58岁了，但他仍壮心不已。初到建州，正值春天，李频就以饱满的热情有条不紊地开展工作，如关心蚕桑之事等。《新唐书·李频传》还说：

既至，以礼法治下，更布条教。时朝政乱，盗兴，相椎夺，而建赖频以安。

李频在建州刺史任上，工作特别勤奋，长时期超负荷运转，最后积劳成疾，与世长辞。老百姓非常爱戴他，为了纪念他，用他的字作为桥名，取名德新桥，让后代子孙记住这位好刺史。

李频去世之后，他的后人为他编了一本诗集，名叫《建州刺史集》。李频生前为建州百姓做了许多好事，死后就葬在建州的梨山。当地老百姓为他立祠建庙，尊之若神。梨山后改为梨岳，李频的诗集就因他的葬地而取名，叫《梨岳集》。南宋理宗嘉熙三年（1239年），金华人王埜刻印了《梨岳集》，使李频诗集得以流传，免遭遗失。之后，还有元成宗大德元年（1297年）李邦材刻本；元惠宗至元三年（1337年）李会同刻本；明成祖永乐十三年（1415年）师祐刻本；明英宗正统七年（1442年）张瑛刻本；明世宗嘉靖十七年（1538年）汪佃刻本；明神宗万历廿四年（1596年）龚道立刻本；明神宗万历廿六年（1598年）李学颜刻本；清穆宗同治十年（1871年）《玉华李氏示谱》刻本。另外《四库全书》及《全唐诗》均收录李频的诗二百零四首。之后，胡才甫老先生于1990年编印了《李频诗集校释》一书；方韦先生又于2003年8月编印了《李频诗集编年笺注》一书。该书2015年1月由中国文史出版社正式出版。

以上这些刊布，体现了家乡人民对李频的重视与纪念。

（二）李频诗歌的思想内容

李频诗歌的思想内容主要有以下几个方面：

一是体察百姓疾苦，注重农桑发展。李频出身于平民之家，从小在农村长大，虽然后来考试中举，官至刺史，但他仍不忘劳动人民本色。正如他在《五月一日蒙替本官不得随例入阙感怀献送相公》一诗中说的那样，"劝农原本是耕人"。当然，这也是他作为一个地方官的职责所在。他初到建州，就写了《之任建安渌溪亭偶作二首》，诗中有这样几句："入境当春务，农蚕事正殷。逢溪难饮马，度岭更劳人。想取烝黎泰，无过赋敛均。"尤其是诗的后二句，写出了他的从政目的与理念。

二是勤政爱民，安抚地方。每一个正直的知识分子，都有共同的心愿，那就是"达则兼济天下"。李频之所以要求外放当刺史，主要是想为当地百姓做一些有益的事情。李频在《送台州唐兴陈明府》一诗中，曾对即将去台州当县令的陈明府寄予希望："遥知为吏去，有术字茕孤。"就是希望他把那些孤苦伶仃的人抚养好。在另外一首题为《送德清喻明府》的诗中说："但为诗思苦，为政即超群。"意思是说，如果用作诗那样辛苦的态度来对待当官为政，那肯定能做出超群的业绩。

　　三是关心边防建设，主张收复失地。自安史之乱之后，唐朝西北少数民族势力一直比较强大。每年一到秋天，河水结冰，这些西北少数民族就大举挥兵南下。虽然唐朝每年都征兵，但也只能应付，没有人真正为朝廷出力、为国家效劳。一遇外族入侵，就盲目往后撤退。另外，朝廷与边将不和，互相猜忌，坐视敌骑长驱直入，边地遭殃。这些情况在《闻北虏入灵州》《赠李将军》《送凤翔范书记》《朔中即事》等诗中都有反映。李频知道自己无缘领兵打仗收复边关失地，只能将自己的企盼及一腔豪情寄托给那些有可能建功立业的边将们。如《送边将》就是这样的一首诗。诗云：

　　　　防秋戎马恐来奔，诏发将军出雁门。
　　　　遥领短兵登陇首，独横长剑向河源。
　　　　悠扬落日黄云动，苍莽阴风白草翻。
　　　　若纵干戈更深入，应闻收得到昆仑。

　　这首诗气势较大，是一首赠别防秋边将的诗。首段叙写奉诏防秋；二段叙写将军英勇领兵秋防；三段写边塞情景，场景远大空阔，富有边塞诗人那种浪漫豪迈的气概。最后一段是写诗人对边将发自内心的勉励立功的愿望。

　　四是宗教思想浓厚。细读李频诗集，我们发现，李频对宗教是极有兴趣的。可以说，在他的生命历程中，儒教、佛教、道教相互影响，各有不同表现。纵观李频的一生，对他影响最深、使其身体力行的是儒教，与其他两家相比，儒家思想在他的思想脉络中是占主导地位的——因为这在当时是正统思想，是融化在他的血液中的东西。

　　李频的儒家思想主要体现在他的积极入世、热衷功名方面。作为一个地处偏远山乡的平民之子，要进入上流社会，唯一的途径就是通过科举，考取功名；也只有当了官，掌了实权后，才能实现李频的宏大理想，为老百姓办一些好事、实事。但功名之路，难度较大。李频在《长安即事》一诗中就写到"愁人白发自生早，我独少年能几何"。可见他为自己的前途担忧，白发都生了许多。一个人不可能总是停留在少年时期，青春易逝，非常具有紧迫感。最让人感动，催人泪下的一首写自己参加科举考试落第感想的诗是《长安感怀》，这首诗是诗人在多次考试没有成功的情况下在长安送友人东归的诗篇。此诗开头两句"一第知何日，全家待此身"真是凝聚着自己的千般期待，万般辛酸。能不能考取功名，这不光关系到自己个人的名誉地位，更主要的是关系到家庭，是自己对家庭的一种无法推卸的责任，全家人都盼望着、等待着自己考试及第的好消息。李频一想到这些，感到压力很大。如果不是儒家正统思想影响得如此刻骨铭心，李频会如此忧心痛苦吗？如果不是儒家思想如此深入骨髓，他难道在科举考试不成功的情况下，不会去寻找新的出路吗？

李频是一个积极入世的诗人，但他的诗作中也有一些反映佛教内容的诗篇。唐朝佛教之所以非常兴盛，这与唐王朝实行儒、佛、道三教调和的思想统治政策有关，继武则天和唐玄宗之后，中唐时期的肃宗、代宗、顺宗、宪宗、穆宗诸帝，都非常信奉佛教。当时社会动荡不安，群雄割据，人们对自己的前途命运感到迷茫，渴望精神上有所寄托，这是当时适宜佛教思想传播的精神土壤。尤其在人们碰到困难，遭受挫折时，更容易在思想上转向佛教思想，在那里找到精神上的寄托与安慰。

综观李频诗集，总共二百零四首诗，但从内容与题目上看，同佛教有关的诗就有十四首之多，占整部诗集的百分之七。由此可以看出这样高比例的与佛有关的诗，是李频诚心向佛，乐意结交僧人的见证，也是他追求佛境，力求内心清静的体现。

在儒、释、道三教并重的唐代，李频也多少受到一些道教的影响。道教崇尚养生，注重炼丹，追求长寿，李频对此是不以为然的。他在《赠阳山顾炼师草堂》一诗中就说："若到当时上升处，长生何事后无人？"在另一首《华山寻隐者》的诗中也提出了类似的疑问："长闻得药力，此说又何如？"李频尽管对道教宣扬的炼丹以求长寿的做法不相信，但对道教的事还是很关心的，对道教真人也还是非常友好的。

五是李频以诗会友，看重师友交情。李频与良师益友姚合、贾岛、方干有密切的交往与深厚的友谊。他年轻时受到姚合的赏识并被招为女婿，这一直是文坛佳话。至少他们处在一起，颇有共同语言。李频与姚合的交往过程是一个英雄惺惺相惜的过程，是崇拜者与被崇拜者相互欣赏、吸引的过程，他们气质相近，性情相投。李频在《陕府上姚中丞》一诗中就有"闲话钱塘郡，半夜听海潮"这样两句诗。姚合当过杭州刺史，而李频的家离杭州又不算太远，对杭州也十分了解。因此，两人在一起很自然会谈起杭州的事情，尤其是记忆深刻的钱塘潮等话题。李频成为姚合的女婿之后，在岳父的精心指导下，于各方面进步很快。李频是个很有责任感的青年，为了他个人的前途，终于不负众望于大中八年即公元854年考取进士。在之后的交往中，翁婿关系十分融洽，常常互相关心并有诗歌唱和。

姚合与贾岛是一对非常要好的朋友。他们诗风相近，故有"姚贾"之称。李频受到岳父姚合的影响，对贾岛也非常敬佩与友好。贾岛对李频而言既是良师又是益友。在贾岛去世后不久，李频就写了两首诗，一首是《过长江伤贾岛》，另一首是《哭贾岛》。对贾岛的去世表示悼念惋惜，

"无限风骚句,时来日夜闻"。

李频与方干也是要好的诗友。李频最初是跟方干学写诗的。方干在诗歌创作上是学姚、贾的,都属苦吟诗派的诗人。方干的诗句:"才吟五字句,又白几茎髭","吟成五字句,用破一生心",是"苦吟诗人"的经典诗句,颇为有名。

李频曾担任过京兆府试的主试官,而诗人薛能当时作为京兆尹,正好是李频的顶头上司。当时参加考试的诗友都成为"咸通十哲"。"咸通十哲"中的喻坦之与李频正好是同乡。由于这样千丝万缕的社会关系,加上他们共同的爱好,相近的文人习性,使李频与他们常有诗歌酬唱,互相往来,结下了深厚的友谊。

(三)李频诗歌的艺术特色

第一,李频的诗歌具有浓郁的生活气息。李频的观察非常细致,如《府试观兰亭图》一诗中的"向青穿峻岭,当白认回湍。月影窗间夜,湖光枕上寒"以及《题栖云寺立上人院》一诗中的"树老风终夜,山寒雪见春"等诗句,具有浓厚的生活气息。他是从一个书生、诗人角度来看很多事情的,诗思独特,感受细微,如《春日思归》:

> 春情不断若连环,一夕思归鬓欲斑。
> 壮志未酬三尺剑,故人空隔万重山。
> 音书断绝干戈后,亲友相逢梦寐间。
> 却羡浮云与飞鸟,因风吹去又吹还。

李频许多的诗都写到他颠沛流离的生活,以及羁旅情思,如《自黔中归新安》:

> 朝过春关辞北阙,暮参戎幕向南巴。
> 欲将仙桂东归去,江月相随直到家。

李频有的诗描写非常逼真,而且富含深意,如《省试振鹭》一诗中的"霜华作羽翰""月影林梢下,冰光水际残""田来鸳鹭侣,济济列千官",还有《寄辛明府》一诗中的"目凝烟积树,心贮月明潭。晓鼓愁方乱,春山睡正酣"等诗句,很有生活气息,描写也非常逼真。

第二,李频诗歌的情感比较丰富。李频具有赤子之心,有较强烈的儒家积极入世的思想。如《陕下投姚谏议》一诗中的"前心若不遂,有耻却归耕"是作者心理状态的真实流露。"前心若不遂",主要是指考取功名一事。几次落第之后,他在《长安即事》一诗中写道,"愁人白发自生早,我独少年能几何",写出了李频内心的痛苦,以及时不我待的紧迫感。尤其是《长安感怀》一诗:"一第知何日,全家待此身。空将灞陵酒,酌送向东人。"开头两句,确实是充满感情的。《五朝诗善鸣集》一书的作者曾说:"'全家待此身',只五字可堕灞亭泥神之泪。"细细体味,这句诗是满含情感的。唐朝诗人对"太和公主还宫"这一题材写得很多,据《对床夜语》的评价,"唐人咏太和公主还宫诗极多,唯李频一联最佳,词云:'禁花半老曾攀树,宫女多非旧识人'"。为什么说李频在同类诗中写得最好,因为他是用饱蘸情感的笔墨写下这首诗的,设身处地为太和公主着想,给人以切身的感受。全诗还具有沧海桑田变化的历史沧桑感,以及时过境迁的内心伤痛感。

第三,李频的诗充满丰富的想象,具有跳跃性的思维。李频诗集中的代表作是《湘口送友人》,《唐诗三百首》以及其他唐诗选本都收入了这首诗。这首诗先从描写送友人的场景起笔:"中流欲暮见湘烟,岸苇无穷接楚田。"为人物出场先做好铺垫。然后用衬托手法推出表现主题的人物:"去雁远冲云梦雪,离人独上洞庭船。"高明的诗人,他笔下的景语实际上是情语,看似写景,实际上是写景抒情。飞雪暮霭,弥漫着一种凄冷压抑的氛围;四野茫茫,更显离人的孤寂伶仃;大雁南飞,象征着友人旅途的寂寞艰辛。接下来,诗人发挥想象,从"洞庭船"展开去,"风波尽日依山转,星汉通宵向水悬"。最后一联:"零落梅花过残腊,故园归去又新年。"由友人想到自己,由"残腊"而想到"新年"。

第四,从容说理,给人以启发。李频的几首应试之作均是说理诗。写得较好的是《府试风雨闻鸡》,赞美"鸡德"忠贞,守时信用,"临晨即自鸣",鸡的责任感很强,不因阴霾和雨天而有所遗忘,表面上是写鸡,实际上是写人,诗的结尾点出了"欲识诗人兴,中含君子情"。另外,《府试丹浦非乐战》《府试观兰亭图》《府试老人星见》《省试振鹭》等诗在说理方面都各有特色。唐末的咏史诗、府试诗、省试诗已为宋诗说理开了风气之先。

李频写诗是非常认真的,他在《长安书情投知己》一诗中说:"精华搜未竭,骚雅琢须全。"可见其注重字锤句炼,用心良苦。李频写诗受到姚合的影响较大,后人曾说李频"松活似姚合"。"间似刘随州",即在诗歌风格上有些像刘长卿。李频是唐朝睦州诗派的主要成员。

李频是建德的骄傲,能在唐朝诗人林立的诗坛上占有一席之地,非常不容易。可惜一直以来,对他的研究还不够重视。随着时间的推移,他的诗歌的历史价值与艺术价值将会越来越受到重视,放射出应有的耀眼光芒。

三 浙西唐诗之路

唐朝是中国历史上非常重要的阶段,在政治、经济、文化、军事、商业等方面都出现过空前的强盛。唐朝的诗歌创作是我国古典诗歌创作的黄金时期。鲁迅说：诗到唐朝已经作完。此话虽有偏颇，但有一定的道理。俗话说，窥一斑而观全豹，仅从当时在建德一带出现的诗歌创作的数量与质量来考察，就足以证明唐朝诗歌创作的繁华。

浙西唐诗之路，讲的是发生在唐朝浙江西部的诗歌繁荣景象。这一说法最早是由建德市政协文史干部朱睦卿先生提出的。其大声呼吁并提供相关资料——如内部出版的《浙西唐诗选》（与李树凡合作）一书。朱睦卿还在《浙江学刊》等刊物发表文章，进一步阐述这一观点。朱睦卿这一提法，非空穴来风，而是受竺岳兵先生的影响。竺岳兵先生是浙江新昌县人，饱读诗书。他在阅读大量有关唐诗之后，还多次实地考察了从曹娥江、剡溪至新昌、天台等处古迹，从而提出"浙东唐诗之路"这一新命题，得到了傅璇琮、吴熊和、袁行霈等专家的首肯，称誉竺岳兵先生"为中华民族找回了一份珍贵的文化遗产"。既有浙东唐诗之路，是否也存在一条浙西唐诗之路呢？这是最正常不过的逻辑思维。通过翻阅《全唐诗》，人们发现唐朝诗人在浙江西部的新安江流域的确留下了大量脍炙人口的优秀诗作。

浙西唐诗之路中的"浙西"二字是一个地理概念。而查《辞海》，"浙西"二字有两种解释：一是镇名，浙江西道的简称。二是路名，两浙西路的简称，参见"两浙"。路在唐代是地方区划名，后为宋、金、元三朝所沿袭。唐代道制曾分境内为二十一路。查《辞海》："两浙"是指两浙西路，治所所在地临安府（今杭州市），辖境相当今浙江衢江、富春江、钱塘江以西和上海市及江苏镇江市、金坛、宜兴以东地区。元废。我们今天所讲的浙西与古代人所讲的浙西大同小异。不过，我们这里讲的浙西唐诗之路，主要是指在新安江流域唐代诗人游玩后创作出的宝贵诗篇。这些唐代著名诗人为什么钟情于新安江流域呢？

新安江是钱塘江上游的正源，发源于安徽休宁县西南，皖、赣两省交界处，怀玉山脉主峰之一六股尖的东坡，流经安徽的休宁、屯溪、歙县等地；进入浙江后，流经淳安、建德等地，于建德梅城与兰江相合，流入富春江、钱塘江。

这里风景优美。如诗如画的山水，曾被历代文人称为"锦峰秀岭，山水之乡"。两岸青山峙立，高低起伏，连绵不绝；一江清水，碧如翠玉，清澈见底，直视无碍。南北朝文学家吴均在《与宋元思书》一文中写道：

  风烟俱净，天山共色。
  奇山异水，天下独绝。

（一）李白游严州

唐代诗人在风景如画的新安江两岸，留下了许多千古名篇。如李白的《清溪行》。原诗是这样写的：

> 清溪清我心，水色异诸水。
> 借问新安江，见底何如此？
> 人行明镜中，鸟度屏风里。
> 向晚猩猩啼，空悲远游子。

这是李白在天宝十二年（753年）第二次漫游时期写的作品。清溪出安徽石台县，流经贵池一带与秋浦河汇合后流入长江。李白写清溪水色之美，突出一个"清"字。用众星捧月的手法，写出清溪的水色清丽之美。但诗人笔锋一转，马上就写到了新安江，可见新安江也是如清溪一样，水色非常清丽，否则，如何用得着用新安江这一广泛被世人认同的清丽江水来衬托清溪之水呢？有些李白诗歌解说者认为，是李白此时想到了沈约写过的《过新安江贻京邑同好》一诗，因诗中有这样几句赞美新安江的诗句：

> 洞彻随深浅，皎镜无冬春。
> 千仞写乔木，百丈见游鳞。

当然，这种解说只是主观猜测，没有有力的佐证材料，仅仅具有一种可能性。笔者认为有两种可能，一是李白过去来过新安江，即使没有来过，也从别人的介绍中了解到新安江的山水优美，但未必一定是南朝的沈约。二是有可能李白游了清溪后就来到新安江游玩，面对眼前秀美山水，禁不住发出设问式的赞叹："借问新安江，见底何如此？"新安江之清，说一千道一万，"见底"二字是说到点子上的，如水浑浊，何能见底。"人行明镜中，鸟度屏风里。"这一句是承上启下，人在明镜中行走，是进一步写水之清，接下来则由水写到山，笔触深发开去。"向晚猩猩啼，空悲远游子。"梁园虽好，并非久留之地。诗人笔锋又一转，写到傍晚，猩猩哀鸣，让在羁旅生涯中漂泊的诗人感到非常的悲情伤感。最后篇末点题。由此可见，前面所写的一切，均是为最后一句作铺垫。

这首诗中的"人行明镜中，鸟度屏风里"，成为后人广泛引用的描写山水优美的名句。诗人用比喻手法来正面描写新安江水之清澈，使人有身临其境的感觉。胡仔在《苕溪渔隐丛话》中这样说过："《复斋漫录》云：山谷言：'船可天上坐，人似镜中行。'又云：'船可天上坐，鱼似镜中悬。'沈云卿诗也。……予以云卿之诗，原于王逸少《镜湖》诗所谓'山阴路上行，如坐镜中游'之句。然李太白《入清溪山》亦云：'人行明镜中，鸟度屏风里。'虽有所袭，然语益工也。"

（二）孟浩然游严州

孟浩然原本是一个很有理想抱负的青年，他在诗中说："为学三十载，闭门江汉阴""中年废丘壑，上国旅风尘"。40岁时，他到长安参加进士考试，天不从人愿，结果名落孙山。另外，他想通过献赋，让名人推荐自己，以求闻达诸侯，谋得一官半职，结果也不能如愿。带着这种失望压抑的痛苦心情，他开始了"山水寻吴越"这一旅程，希望在美好的山水倘佯中放松自己的心情，排遣自己的苦恼。

孟浩然《宿建德江》的诗是这样写的：

移舟泊烟渚，日暮客愁新。
野旷天低树，江清月近人。

这首诗虽只有四句，二十个字，但写得非常逼真、传神。这首小诗头一联，就开门见山，直抒胸臆，点出"客愁新"三字。一反诗人先写景后抒情，先铺垫后点题的写法。同时，我们由诗及人，可以想见其人的直率坦诚。日暮与客愁，仿佛是一对孪生兄妹，有一种内在的必然联系。古时交通欠发达，离家漂泊，旅程漫长，每遇黄昏，总易愁上心来。这时的袅袅炊烟，仿佛诗人的愁思，聚积浓重，然后随风渐渐飘散。这在常人是这样，但在孟浩然这些失意潦倒的文人，这种愁思就更强烈，如不写诗抒发排遣，将会何等的郁闷。情感的郁积、爆发，则会写出优秀作品，满含情感的诗作，既打动着作者自己，更会打动读者。这郁积的过程，就如同蚌壳长时间郁积会生出熠熠闪光的蚌珠一样奇异。下一段写出了秋天建德梅城三江口一带广阔壮丽的场景，"野旷天低树"，虽只有五个字，可这五个字笔力千钧，以一当十，既凝练又形象。"江清月近人"，点出新安江水之清、月之明。"江"与"月"是清凉之物，更衬出孟浩然悲凉凄清的心境与愁怀，但悲凉之中也有一些安慰。月亮与诗人孟浩然相互亲近。大有"同是天涯沦落人""惺惺相惜"的感觉。这首诗浑然天成，毫无板刻雕琢之迹。

孟浩然对新安江山水是情有独钟的，他最少游过一次新安江，也可能游过二次至三次。他另外还写过《经七里滩》和《宿桐庐江寄广陵旧游》等诗作。其中"湖经洞庭阔，江入新安清""山暝听猿愁，沧江急夜流。风鸣两岸叶，月照一孤舟"[1]都是有名的诗句。在《宿桐庐江寄广陵旧游》一诗中，孟浩然还写到建德，诗句是这样的："建德非吾土，维扬忆旧游。"[2]表现了对建德美好山水告别时的依依惜别之情。

新安江是一条充满灵性的江，是一条具有诗情画意的江，是被唐朝众多诗人赞美过的江，为此说它是浙西唐诗之路，是一点也不为过的。因为这些诗篇记录了唐朝诗人在新安江的足迹，是历史的见证。客观地说，对新安江的赞颂，并非从唐朝开始，在南北朝时，就有山水诗的开山鼻祖谢灵运到此游览过，写下了《七里濑》一诗，对建德七里泷一带的山水风光有着较为出色的描写："石浅水潺湲，日落山照曜。荒林纷沃若，哀禽相叫啸。"与谢灵运同时代的任昉也写过一首《严滩》的诗，诗是这样的：

[1] 刘盼遂、郭预衡主编：《中国历代散文选》，北京出版社1980年版，第645页。

[2] 罗嘉许等选注：《新安江历代诗选》，中国文史出版社1999年版，第17页。

群峰比峻极，参差百重嶂。
清浅既涟漪，激石复奔壮。
神物徒有造，终然莫解状。

严滩之水既清浅又奔壮，是秀美与壮美的有机统一体。南朝诗人描写新安江风光最好的要数沈约，他的《过新安江贻京邑同好》一诗，一直为后代诗人所赞颂。诗是这样的：

眷言访舟客，兹川信可珍。
洞澈随深浅，皎镜无冬春。
千仞写乔树，百丈见游鳞。
沧浪有时浊，清济涸无津。
岂若乘斯去，俯映石磷磷。
纷吾隔嚣滓，宁假濯衣巾。
愿以潺湲水，沾君缨上尘。

全诗清丽可亲。诗中的"洞澈随深浅，皎镜无冬春。千仞写乔树，百丈见游鳞"几句已成为描写山水清丽之景的名句，被后世广泛引用。写新安江水之清丽不是目的，诗人笔锋荡开，走向深入，为的是要用清丽之水洗去衣缨上的世俗尘埃，让自己的内心世界永远保持清丽之境，这才是诗人要表达的意义之所在。

唐朝诗人热衷于新安江山水风光，不能不说受到唐以前诗人的影响。

（三）张继、严维等诗人游严州

唐以后，宋元明清几个朝代游新安江、吟咏新安江的诗人也大有人在，如宋朝的梅尧臣、范仲淹、苏轼、陆游、杨万里、朱熹、姜夔等，元朝的赵孟頫、方回等，明朝的商辂、唐伯虎、祝允明、董其昌、吴伟业等，清朝的黄景仁、洪升等都写过大量歌咏新安江山水的诗，但数量上不如唐代诗人，尤其是质量上，更是难以逾越。所以我们说浙西唐诗之路，而不说浙西宋诗之路或浙西明诗、清诗之路，这是有一定道理的。

唐代诗人对新安江山水感兴趣，除自然风光之外，人文景观严子陵钓台也是其中一个重要因素，是吸引失意文人前来游玩的原因之一。文人大抵志大才疏，好高骛远。如李白说，"问以经济策，茫如坠烟雾"。这一类人在现实生活中难免到处碰壁，一碰壁就大发牢骚，认为自己是怀才不遇，内心非常苦闷。如何排解呢？只能纵情山水，在山水游乐中忘记烦恼。无奈之中学起严子陵，皇帝来召也不去，做一个优美山水中的垂钓者。实际上有些失意文人与严子陵还是不一样的，严子陵是皇帝叫他去做事他不去，而你是皇帝并未要你做事。这些失意文人内心大有阿Q精神存在。如张谓《读后汉逸人传》一诗就这样写道："子陵殁已久，读史思其贤。……夜卧松下月，朝看江上烟。钓时如有待，钓罢应忘筌。……于今七里濑，遗迹尚依然。高台竟寂寞，流水空潺湲。"[1]张继也写过一首《题严子陵钓台》的诗：

> 旧隐人如在，清风亦似秋。
> 客星沉夜壑，钓石俯春流。
> 鸟向乔枝聚，鱼依浅濑游。
> 古来芳饵下，谁是不吞钩。[2]

张继面对严子陵钓台遗迹，很有感触，发出了深深的感叹。

唐朝诗人在新安江流域写下的瑰丽诗篇中，有许多篇目写到严子陵及其钓台，现仅以朱睦卿、李树凡编的《浙西唐诗选》为蓝本统计，这本小册子共选诗作五百首，其中写到严子陵及钓台的就有六十一首，占到十分之一还多，可见严子陵在社会上的影响以及他在诗人心目中的地位。他们在诗中写到严子陵及其钓台无非是借他人之酒浇自己胸中之块垒。

唐朝诗人在新安江流域能写下较多诗篇的另外原因是诗人间的相互交往，一是当地诗人之间的交往互访，二是外地诗人与当地诗人交往互访时写下的诗篇。唐朝著名诗人白居易曾在唐穆宗长庆二年（822年）出任杭州刺史。在杭州刺史任上曾专程拜访淳安诗人皇甫湜，其诗集中有多首写到皇甫湜。一首是《访皇甫七》，皇甫湜可能家中排行第七。原诗为：

> 上马行数里，逢花倾一杯。
> 更无停泊处，还是觅君来。[3]

另一首《寄皇甫七》，则写得富有生活气息与情趣。原诗为：

> 孟夏爱吾庐，陶潜语不虚。
> 花樽飘落酒，风案展开书。
> 邻女偷新果，家僮漉小渔。
> 不知皇甫七，池上兴何如。[4]

诗的首联从赞美陶潜的"孟夏爱吾庐"一语展开，表现了诗人饮酒作诗，风花雪月的理想生活。诗的最后虽是问皇甫湜"池上兴何如"，实际上正是写出白居易自己超凡脱俗的内心世界，以及将皇甫湜引以为知己，并在知己面前，展现自己清雅的理想生活，以求得知己在心灵上的共鸣。

令人遗憾的是，此人命不长，往往富有才情的聪明之人有时就是如此。杜甫在《天末怀李白》一诗中就有"文章憎命达，魑魅喜人过"。[5]可惜皇甫湜才华横溢，英年早逝。皇甫湜的过早去世，使老朋友白居易十分

[1] 陈伯海主编：《唐诗汇评》，浙江教育出版社1995年版，第639页。

[2] 罗嘉许等选注：《新安江历代诗选》，中国文史出版社1999年版，第16页。

[3] 罗嘉许等选注：《新安江历代诗选》，中国文史出版社1999年版，第15页。

[4] 陈伯海主编：《唐诗汇评》（上），浙江教育出版社1995年版，第519页。

[5] 罗嘉许等选注：《新安江历代诗选》，中国文史出版社1999年版，第1页。

伤心。为此，白居易专门写了一首题为《哭皇甫七郎中湜》的诗，诗中对皇甫湜给予高度评价，对他的逝世表示痛心与惋惜。原诗是这样的：

> 志业过玄晏，词华似弥衡。
> 多才非福禄，薄命是聪明。
> 不得人间寿，还留身后名。
> 涉江文一首，便可敌公卿。[1]

[1] 罗嘉许等选注：《新安江历代诗选》，中国文史出版社1999年版，第3页。

人生在世，草木一秋。虽然人的寿命有长短，但寿命的长短不是衡量一个人价值与贡献的标尺，有的人寿命很长，却什么也没有留给后人；有的人寿命虽短，却凭借自己的才华与智慧，为后人留下光辉的业绩，不朽的诗文。所以如白居易诗中"不得人间寿，还留身后名"的诗句，既是对皇甫湜的中肯评价，同时也道出了人世间一个非常有意义的命题。

另外，唐朝诗人张籍与睦州分水（今属浙江桐庐县）诗人施肩吾交往密切，曾有多首诗写给施肩吾，如《送施肩吾东归》一诗，对施肩吾的诗名颇有赞扬："早闻诗句传人遍，新得科名到处闲。"[2] 施肩吾虽很有才气，也颇有诗名，但光有诗名又有什么用呢，张籍在《赠施肩吾》一诗中说："世间渐觉无多事，虽有空名未著身。"同时又真诚地劝慰诗人不要太潇洒，如同"天上人"一样好高骛远，不切实际，还是要现实一点，干些实事，做一个实实在在的人。也只有真心朋友，才会说这样的知心话。

[2] 罗嘉许等选注：《新安江历代诗选》，中国文史出版社1999年版，第4页。

唐朝诗人刘长卿曾在睦州任司马，他前后有好几年住在碧涧别墅，曾与皇甫曾、李穆、李嘉祐、秦系、严维、耿漳（沣）等人有来往及诗作上的应酬。方干与李山甫、罗邺、翁洮、唐彦谦、崔涂、尚颜、可朋、吴融、贯休、周朴、李频、张乔、曹松、张蠙、姚合等有诗作来往及较深的情谊。

四 贬官文学

（一）刘长卿

唐朝著名诗人刘长卿在大历十一年（776年）来建德，在当时睦州州府所在地任司马一职。司马一职在唐朝属州府佐官，著名诗人白居易就曾当过江州司马，他在《琵琶行》一诗的结尾曾说："座中泣下谁最多？江州司马青衫湿。"司马一职有人说在商朝就已置立，只是那时的权职与后来不同。隋初由治中改名，它的职责是协助刺史管理州务，位次长史。唐高宗复改为治中置，无具体职掌，多用以安置被贬谪的官员。刘长卿当时正遭贬谪，所以把他安置到睦州当一名司马。

刘长卿是因为什么事才来到建德的呢？《旧唐书》《赵涓传》《陈少游传》以及《唐会要》卷五九"刑部员外郎"条均叙及此事。大历三年

（768年）秋冬，刘长卿任淮南转运使判官。大历六年（771年），又移任鄂岳转运留后。七年（772年），与被征入京途经鄂岳的有名诗人元结相会，作《赠元容州》诗。大历八年（773年），灾祸降临到刘长卿的头上。当时，吴仲儒来鄂州任观察使，与刘长卿有龃龉，吴为截夺上缴中央的钱帛，反诬刘长卿犯赃。此案幸好经监察御史苗丕秉公处理，刘长卿得以减轻罪责，但仍遭贬谪睦州（今浙江建德）任司马这样不公平的处理。大历十一年（776年），刘长卿赴睦州时写了《按覆后归睦州赠苗侍御》一诗，诗是这样写的："地远心难达，天高谤易成。羊肠留覆辙，虎口脱余生。……直氏偷金枉，于家决狱明。一言知己重，片议杀身轻。"[1]向苗丕表达了真诚的谢意。

[1] 罗嘉许等选注：《新安江历代诗选》，中国文史出版社1999年版，第24页。

大历十二年（777年）春，刘长卿已就任睦州司马一职。睦州刺史先后为萧定、李揆，同刘长卿关系很好。

李揆（711—784年），字端卿，行五。系出陇西成纪（今甘肃秦安），郑州（今属河南）人。开元二十九年（741年），进士及第，授陈留尉，献书阙下，召试中书，调左拾遗。大历十二年（777年），拜睦州刺史。因与刘长卿同时在任上，相处甚欢，相互赏识，常有诗歌唱和，可惜没有留传下来。李揆聪敏好学，善诗文，尤工书法。玄宗命中书试文章，揆撰《紫丝盛露囊赋》等，受赏识。今存诗仅八句，载孙望《全唐诗补编·补逸》卷五，存文三篇，载《全唐文》卷三七一。

刘长卿在睦州任上，结交了许多诗友，如严维、朱放、章八元、李嘉祐、皇甫冉、秦系等。他们经常登山临水，作诗酬答。其中同严维、秦系酬唱较多。后来秦系编了唱和集，还请权德舆作序。权德舆在《秦征君校书与刘随州唱和集序》中说：

> 彼汉东守（刘长卿）尝自以为五言长城，而公绪用偏伍奇师，攻坚击众，虽老益壮，未尝顿锋。[2]

[2] 康熙御定：《全唐诗》，国际文化出版公司1993年版，第1458页。

这部唱和集没有传留下来，真是遗憾。

秦系（720？—800年？），字公绪，号东海钓客，行十四，越州会稽（今浙江绍兴市）人。天宝中曾赴京应举未第。天宝末避乱归越，隐居剡中。大历五年（770年）相卫节度薛嵩奏为右卫率府仓曹参军，不就。大历十二、三年间与妻离异获谤，流寓睦州，与刘长卿唱酬甚多。《全唐诗》卷二六，编其诗为一卷，其中有一首是写给刘长卿的，题目是《耶溪书怀寄刘长卿员外（时在睦州）》：

> 时人多笑乐幽栖，晚起闲行独杖藜。
> 云色卷舒前后岭，药苗新旧两三畦。
> 偶逢野果将呼子，屡折荆钗亦为妻。

拟共钓竿长往复，严陵滩上胜耶溪。[1]

刘长卿有一首诗写给严维，题目是《蛇浦桥下重送严维》，全诗是：

秋风飒飒鸣条，风月相和寂寥。
黄时一离一别，青山暮暮朝朝。
寒江渐出高岸，古木依依断桥。
明日行人已远，空余泪滴回潮。[2]

诗中写到的蛇浦桥，宋以后改称佘浦桥，桥早已圮毁，旧址在今浙江建德市梅城东门外，现已没于富春江水库中。

严维在《全唐诗》卷二六三中有一首是和刘长卿上面这首诗的，题目是《答刘长卿蛇浦桥下重送》，全诗为：

月色今宵最明，庭闲夜久天清。
寂寞多年老宦，殷勤远别深情。
溪临修竹烟色，风落高梧雨声。
耿耿相看不寐，遥闻晓柝山城。[3]

集中还有《酬刘员外见寄》《留别邹绍刘长卿》《赠别刘长卿时赴河南严中丞幕府》《答刘长卿七里濑重送》《发桐庐寄刘员外》《重送新安刘员外》等诗篇。在仅存的六十多首诗中，写给刘长卿的诗就有七首，占百分之十还多一点。可见他们相从甚密，感情之深。严维在诗中说："望山吟度日，接枕话通宵。"[4]在现实生活中能彻夜长谈的人真不多。还说："新安非欲枉帆过，海内如君有几何。""手折衰杨悲老大，故人零落已无多。"[5]他们非常珍惜相互间的友谊，为有这样的知己而庆幸。值得一提的是，严维在《酬刘员外见寄》这首诗中的"柳塘春水漫，花坞夕阳迟"一联曾受到梅尧臣的高度评价，被誉为"状难写之景，如在眼前"的范例，此联后成为千古名句。

诗人章八元，行十八，睦州桐庐（今浙江桐庐县）人。从严维学诗。因为严维与刘长卿特别友好的缘故，所以章八元与刘长卿也是良师益友般的好朋友。《全唐诗》中仅存他的六首诗中，就有两首是写给刘长卿的，诗题是《酬刘员外月下见寄》《寄都官刘员外》。

作为被贬的睦州司马刘长卿，他的内心自然是非常痛苦的。他在《岁日见新历因寄都官裴郎中》一诗中说："青阳振蛰被颁历，白首衔冤欲问天。绛老更能经几岁？贾生何事又三年。"[6]悲叹年迈多病，恐惧无所作为而老死异乡，期盼早日结束这种贬谪生活。刘长卿在睦州度过了三年多时间，直到建中元年（780年），德宗即位，起用了一批在代宗朝被贬谪的

[1] 康熙御定：《全唐诗》，国际文化出版公司1993年版，第1458页。

[2] 康熙御定：《全唐诗》，国际文化出版公司1993年版，第703页。

[3] 康熙御定：《全唐诗》，国际文化出版公司1993年版，第1481页。

[4] 康熙御定：《全唐诗》，国际文化出版公司1993年版，第1252页。

[5] 康熙御定：《全唐诗》，国际文化出版公司1993年版，第1258页。

[6] 萧涤非等撰：《唐诗鉴赏辞典》，上海辞书出版社1983年版，第287页。

官员，刘长卿才结束了自己的贬谪生活，被擢升为随州（今湖北随县）刺史。正因为他在随州当过刺史，并在任上有过较好的政绩，所以被后人叫作刘随州。

刘长卿在睦州虽是遭贬的司马，但他对现实社会还是非常关注的，如他在睦州任司马时写的《送州人孙沅自本州却归勾章新营所居》一诗中就有"诗书满蜗居，征税及渔竿"[1]之句，表现了他对重赋的不满和对人民的同情。当然，他在睦州任的是司马这种官职，也就比较空闲，不如刺史那样忙，责任重大。为此，他写过许多山水闲适之作，如《碧涧别墅喜皇甫侍御相访》：

> 荒村带晚照，落叶乱纷纷。
> 古径无行客，寒山独见君。
> 野桥经雨断，涧水向田分。
> 不为怜同病，何人到白云。

诗题中所说的碧涧别墅，据《建德县志》记载："碧涧，在城（睦州府城）东三里许，为唐刘司马长卿别墅，群山环抱，胜景天然。今名碧溪坞。"而《刘长卿诗编年笺注》一书的编撰者储仲君先生则认为是在江苏宜兴。他说："长卿削籍东归后，即在常州义兴（今江苏宜兴）营碧涧别墅。碧涧，地志无载。按长卿《酬滁州李十六使君见赠》诗注云：'李公与予俱于阳羡山中新营别墅。'则碧涧亦在阳羡山中。"刘长卿在阳羡山中建造别墅是事实，难道他在睦州就不可能再造别墅吗？这睦州新造的别墅可能就在如今的碧溪坞。这里有皇甫曾的两首诗可以作为旁证材料。皇甫曾是刘长卿的老朋友，在刘长卿遭受冤屈，被贬睦州时，他多次来睦州看刘长卿，留下了许多相互唱和的诗作。第一首《寄刘员外长卿》：

> 南忆新安郡，千山带夕阳。
> 断猿知夜久，秋草助江长。
> 疏发应成素，青松独耐霜。
> 爱才称汉主，题柱待回乡。

诗中的开头两句"南忆新安郡，千山带夕阳"，因为睦州古时也曾为新安郡，可见是皇甫曾写给被贬睦州时的刘长卿的，而江苏宜兴的阳羡山则不可能属于古新安郡。第二首《过刘员外长卿别墅》则是完全能对应刘长卿《碧涧别墅喜皇甫侍御相访》一诗，诗是这样的：

> 谢客开山后，郊扉积水通。
> 江湖千里别，衰志一尊同。

[1]康熙御定：《全唐诗》，国际文化出版公司1993年版，第439页。

返照寒川满，平田暮雪空。

沧洲自有趣，不便哭穷途。

两人诗作中所描写的山川景物，与睦州当时当地的特征是基本吻合的。为此，我们有理由说，刘长卿诗中说的碧涧别墅是在睦州。当然，储仲君先生可能没到过睦州（即今浙江建德市），对这里的地貌特征没有感性认识。他的说法只能作为一家之言，但绝不是定论。真正的定论，还有待进一步发现历史资料，作更深入的考证。刘长卿是一位五七言诗皆擅长的多才多艺的诗人。他为人非常直爽，同时又非常自信，自诩为"五言长城"（权德舆《秦系君校书与刘随州唱和诗序》）。五言诗约占全部诗作的十分之七。五言诗中有几首绝句短小但很有意境诗味，如《逢雪宿芙蓉山主人》："日暮苍山远，天寒白屋贫。柴门闻犬吠，风雪夜归人。"另一首《送灵澈上人》："苍苍竹林寺，杳杳钟声晚。荷笠带斜阳，青山独归远。"

沈德潜对刘长卿的七言诗曾给予高度评价，如"七律至随州，工绝亦秀绝矣"（《唐诗别裁》卷十四）；《别严士元》一诗："春风倚棹阖闾城，水国春寒阴复晴。细雨湿衣看不见，闲花落地听无声。日斜江上孤帆影，草绿湖南万里情。东道若逢相识问，青袍今已误儒生。"另外，他的七绝虽不如五绝有名，但也写得清幽秀丽，饶有水墨画般的韵致，如："寂寞孤莺啼古园，寥寥一犬吠桃源。落花芳草无行处，万壑千峰独闭门。"（《题郑山人幽居》）

刘长卿虽然在睦州被贬时间不长，但纵观他的一生，可谓一波三折，读书求仕，屡困场屋，晚登科第，两遭贬谪；虽官至刺史，而身罹乱世，空有才干，不得有所建树，终老江湖，确实很是不幸。元人辛文房《唐才子传》卷二说："长卿清才冠世，颇凌浮俗，性刚多忤权门，故两逢迁斥，人悉冤之。"

（二）杜牧

在刘长卿卸任睦州司马一职66年后，又有一位唐朝著名诗人——杜牧前来睦州任刺史。

杜牧（803—852年），唐京兆万年（今陕西西安）人，字牧之。唐朝宰相杜佑的孙子。大和二年（828年）考取进士。历任淮南节度使掌书记、监察御史、宣州团练判官、殿中侍御史、内供奉、左补阙、史官编撰、司勋员外郎以及黄州、池州、睦州、湖州刺史。晚年尝居樊川，世称杜樊川。文以《阿房宫赋》著称，诗作明丽隽永，绝句诗尤受人称赞，为区别于杜甫，称小杜。因与李商隐齐名，世称小李杜。

杜牧是会昌六年（846年）九月，由安徽池州刺史位上调任睦州刺史的，这一年，他44岁。在睦州前后约两年时间，到宣宗大中二年（848年）八月，杜牧内升为司勋员外郎、史馆修撰，方离开睦州赴长安。

杜牧祖上是名门望族。向上可以追溯到西汉御史大夫杜周。杜周的子孙，在汉、魏、晋诸朝，世代为官，或专攻学问，如东汉的杜笃、西晋的杜预。杜笃工为文章，曾作《论都赋》；而杜预在历史上尤其有名，曾任镇南大将军、荆州刺史，封当阳侯。杜甫与杜牧还是远房亲戚。杜牧平时善于谈兵，似乎颇有他十六祖杜预的遗风，但是在自己的诗文中很少提到杜预，倒是杜甫将自己的祖先杜预经常挂在嘴上，写在诗文中。对杜牧一生影响最大的是他的祖父杜佑。杜佑在德宗末年（805年）当宰相，历顺宗、宪宗两朝，相继在相位，拜司徒，封岐国公。杜佑还撰成《通典》二百卷，共分八个门类：《食货》《选举》《职官》《礼》《乐》《兵刑》《州郡》《边防》。杜牧对自己的家世一直是非常自豪的，曾在《冬至日寄小侄阿宣诗》中这样写道："我家公相家，剑佩尝丁当。旧第开朱门，长安城中央。第中无一物，万卷书满堂。家集二百卷，上下驰皇王。"

杜牧是一个从小就很有志向的人，受家族影响，他喜欢谈兵论战，在《注孙子序》中说："主兵者圣贤才能多闻博识之士，则必树立其国也；壮健击刺不学之徒，则必败亡其国也。然后信知为国家者兵最为大，非贤卿大夫不可堪任其事，苟有败灭，真卿大夫之辱，信不虚也。"杜牧对国家大事、当朝政治十分关心，他自己也很自信，凭借他的学问与本领本可以很有一番作为的，但最后却事与愿违，这真是让人感到可惜而又遗憾。

杜牧为什么会远离京城，来到偏僻的江南小城睦州呢？书上没有系统明确的记载。武宗会昌二年（842年）春天，杜牧由司勋员外郎外放为黄州刺史，后又由池州刺史转到睦州当刺史。杜牧为什么由京官外放，据他自己推测，可能是由于当朝宰相李德裕的排挤。杜牧在《祭周相公文》中曾说："会昌之政，柄者为谁？忿忍阴污，多逐良善。牧实忝幸，亦在遣中。黄冈大泽，葭苇之场。"所谓会昌柄政者，当然是指李德裕了。其后在李德裕执政的数年之中，杜牧由黄州刺史迁池州、睦州，始终在外州做刺史。李德裕讨伐泽潞，抵抗回鹘，杜牧都曾上书论用兵方略，李德裕采纳了杜牧的设想，但都没有任用杜牧，这说明李德裕宰相对杜牧有成见，不信任，甚至还提防着杜牧这样才华横溢的人。因为这样的人会对他构成威胁。

李德裕为什么不任用杜牧呢？这里面原因很复杂，关系微妙。李、杜两家本来是世交，李德裕之父李吉甫自称"尝为司徒吏"（《樊川文集》卷八《唐岐阳公主墓志铭》），所谓"司徒"，就是指杜佑，而杜牧在宣州幕中写信给李德裕，也说："某忝迹门墙"（《樊川文集》卷十六《上淮南李相公启》），可见他们两家关系是相当密切的。李德裕对于杜牧的弟弟杜𫖮很器重，屡次召为幕僚，但是他为什么唯独不任用杜牧呢？可能有以下几个原因：一是杜牧虽然出身于名门望族，但为人风流倜傥，不拘小节，与李德裕所标榜的山东士族谨守礼法的标准不符。二是当时牛、李党争十分激烈，李德裕与牛僧孺是政治上敌对两派的头目，他们不共戴天，势不两立，而杜牧却在牛僧孺淮南节度使府做过掌书记，并且二人之间私交很好，这就可能被李德裕视为是牛党的人。三是杜牧性情刚直，抱负不凡，不肯逢迎敷衍有权有势的人，这也许是李德裕认为杜牧难以被任用的另一个原因。

唐朝时睦州又名新定郡，管辖建德、寿昌、桐庐、分水、遂安、还淳（即后来的淳安县）等六县，治所在建德县（今浙江建德）。睦州，元和时（806—820年）户数九千五十四户（《元和郡县志》卷二十五），是一个既贫穷又偏僻的小州。杜牧这次从安徽池州来睦州上任走的是水路。他先从池州乘船沿长江东行，到润州（即今镇江）然后转运河南下，经过杜州，再由富春江溯江而上，路途遥远，舟旅辛苦，有时还会陷入非常危险困难的境地。杜牧在《祭周相公文》中曾追述："东下京江，南走千里。曲屈越嶂，如入洞穴。惊涛触舟，几至倾没。"诗人杜牧经过杭州时，还在杭州作了短暂的停留。在这里，杜牧认识了龚韶，还听了他弹琴。由池州到睦州上任的路上，还幸亏有一个姓卢的随侍陪伴在身边，相互之间可以聊聊天，以慰长途舟旅的寂寞无聊。

杜牧自从会昌二年（842年）春离开京城长安，在黄州做刺史约两年多，迁到池州做刺史又是两年，到会昌六年（846年）秋冬间，再迁睦州。这时他离开故乡已经五年多，并且是越迁越往东走，距离京城长安越来越远，所以他的乡思之情越发浓厚起来。他在上任的路上写了一首诗，表达他的思乡之情，这首诗的题目是《新定途中》，诗是这样的："无端偶效张文纪，下杜乡园别五秋。重过江南更千里，万山深处一孤舟。"

张文纪即张纲，是东汉时人，顺帝时，他任御史，曾上书弹劾权奸梁冀及其弟梁不疑，结果没有扳倒权奸反而被权奸贬为广陵太守。杜牧以张纲自比，意思是说，他也是因为性情刚直，得罪权臣，而被排挤，出守远郡。一转眼间，离开老家"下杜乡园"已经五年多了，"万山深处"，孤舟独行，更引起了他的寂寞思乡之情与感叹。在寂寞的旅途中，杜牧除想到自己的家乡，同时还想到了自己那快活的风流韵事。杜牧虽然是一位关心国家大事，有政治抱负的人，但他的私生活却很糟糕，有着贵公子的放荡不羁，喜好声色歌舞的坏习气。在唐朝，凡是观察史、节度史或刺史的治所，都有官妓。官妓名列乐籍，不能随便脱离，当官僚们举行宴会时，她们都来歌舞侑酒。

大和三年（829年），杜牧在南昌任江西观察使幕僚，陪同观察使沈传师参加一个宴会，在宴会上初次听到一位年幼歌女张好好的歌。她年纪小，但歌唱得非常出色，得到沈传师的高度赞赏，被称为天下独绝，于是专门送她天马锦、犀角梳，作为奖品。从此以后，张好好成为江西观察使府幕僚们"特别青眼"之人，他们无论是在南昌城北的龙沙或是城东的东湖游玩，总要邀请张好好唱歌。大和四年（830年）九月，沈传师调任宣歙观察使，又将张好好带到宣城。每逢春秋佳日，杜牧又常在酒宴间欣赏她的轻歌曼舞。为此杜牧专门写过一首《张好好诗（并序）》，诗中这样赞美张好好："君为豫章姝，十三才有余。翠茁凤生尾，丹叶莲含跗。""盼盼乍垂袖，一声雏凤呼。繁弦迸关纽，塞管裂圆芦。众音不能逐，袅袅穿云衢。主公再三叹，谓言天下殊。"

令人意想不到的是杜牧这首诗的真迹，被后人几经辗转，终于保留下来了，成为诗歌创作史与书法史上的艺术佳话。杜牧好多诗中都有张好好的影子，如《赠别》：

  娉娉袅袅十三余，豆蔻梢头二月初。
  春风十里扬州路，卷上珠帘总不如。
  多情却似总无情，唯觉樽前笑不成。
  蜡烛有心还惜别，替人垂泪到天明。

睦州是一个沿江小郡，四周多山，很是荒凉偏僻。杜牧在《祭周相公文》中对当时睦州的情况有这样一段描写："万山环合，才千余家。夜有哭鸟，昼有毒雾。病无与医，饥不兼食。抑暗逼塞，行少卧多。逐者纷纷，归辕相接，唯牧远弃，其道益艰。"所以，杜牧更是经常想起家乡樊川。

  《忆游朱坡四韵》
  秋草樊川路，斜阳覆盎门。
  猎逢韩嫣骑，树识馆陶园。
  带雨经荷沼，盘烟下竹村。
  如今归不得，自戴望天盆。[2]

  《朱坡绝句》
  故国池塘倚御渠，江城三诏换鱼书。
  贾生辞赋恨流落，只向长沙住岁余。

樊川朱坡一带有竹村、荷沼，景物清美，贾谊远谪长沙，犹有召还之期，而自己在外州做刺史，更换了三个地方，还不知道何日才能重回长安，再次看见自己故乡的别墅。

杜牧《樊川文集》中还有一首叫《初冬夜饮》的诗，思乡之情写得更加淋漓尽致，诗是这样的：

  淮阳多病偶求欢，客袖侵霜与烛盘。
  砌下梨花一堆雪，明年谁此凭栏干。

这首诗情思凄婉。第一段以汲黯自比。西汉汲黯因为刚直敢言,屡次切谏,数被外放。在出任东海太守时,汲黯经常生病,虽卧病不视事而能大治。后汲黯又被任命为淮阳太守,他对汉武帝说:"臣尝有狗马之忘,今病,力不能任郡事。"结果汉武帝还是硬要他去做淮阳太守。杜牧用"淮阳多病"的典故,说出自己任外郡之不得已。后面慨叹屡次迁徙,大有不知明年又在何处之意。这首诗也应该是在睦州时所作,因为杜牧由黄州迁池州,再迁睦州,已经三迁了,所以有流转无定之感。

睦州锦峰秀岭,江水清澈如练,风景如画,这在杜牧的诗作《睦州四韵》中有着较好的表现:

州在钓台边,溪山实可怜。
有家皆掩映,无处不潺湲。
好树鸣幽鸟,晴楼入野烟。
残春杜陵客,中酒落花前。

对于杜牧这首诗,古人评价较高。元朝初年方回在《瀛奎律髓》一书中说是"轻快俊逸"。纪晓岚则认为是"风致宜人",结尾两句"结得浅淡有情"。

这时杜牧的老朋友邢群正做着歙州(治所在今安徽歙县)刺史。歙州与睦州东西相去三百里,他们二人时常作诗相寄。其实,在此之前,杜牧在安徽宣州沈传师刺史府上做幕僚时,邢群则正在江苏京口王并州刺史府上做幕僚,两府相去也三百里,两人就非常友好,也有诗作往来。杜牧在睦州时就写过一首《初春有感,寄歙州邢员外》的诗,全诗是这样的:"雪涨前溪水,啼声已绕滩。梅衰未减态,春嫩不禁寒。迹去梦一觉,年来事百般。闻君亦多感,何处倚栏干?"[1]

邢群留存在《全唐诗》中仅存的一首诗就是写给杜牧的《郡中有怀寄上睦州员外杜十三兄》,诗为:"城枕溪流更浅斜,丽谯连带邑人家。经冬野菜青青色,未腊山梅处处花。虽免嶂云生岭上,永无音信到天涯。如今岁晏从羁滞,心喜弹冠事不赊。"[2]他们在来往的诸多诗篇中都吐露了对家乡的思念之情。邢群怀念他的洛阳旧居,而杜牧则思念他的长安故里,所以知道他们心病的共同好友许浑就写过一首《酬邢杜二员外》的诗,诗序中说:"新安邢员外怀洛下旧居,新定杜员外思关中故里,各蒙缄示,因寄一诗以酬。"诗是这样的:"雪带东风洗画屏,客星悬处聚文星。未归嵩岭暮云碧,久别杜陵春草青。熊轼并驱因雀噪,隼旟齐驻是鸿冥。岂知京洛旧亲友,梦绕潺湲江上亭。"[3]

邢群年纪不大,终因怀才不遇、心情抑郁而身患重病,年仅50岁就病逝了。杜牧还专门为好友邢群写过一个墓志铭。

杜牧这时已经是45岁的人了,他除去思念故乡樊川以外,也常常回

[1] 吴在庆撰:《杜牧集系年校注》,中华书局2008年版,第909页。

[2] 羊春秋主编:《全唐诗》,海南国际新闻出版中心1995年版,第1979页。

[3] 羊春秋主编:《全唐诗》,海南国际新闻出版中心1995年版,第1967页。

忆往事。杜牧是很有政治抱负的,在文宗大和末年(835年)曾官监察御史,开成中,又为左补阙,两度在朝为官。左补阙是专掌讽谏之职,他很可以直陈时政得失,实现自己的政治抱负。但是大和末年(835年)正是郑注、李训专权之时,而开成中(838—839年)宦官势焰更盛,杜牧的好友李甘、李中敏等,都因为反对权臣郑注及宦官仇士良而遭到贬谪。杜牧回想那时朝中贪污的风气是"亿万持衡价,锱铢挟契论。堆时过北斗,积处满西园"。权臣与宦官及其爪牙们,是"狐威假白额,枭啸得黄昏"。而自己在这种污浊的政治环境中,不但不能有所作为,而且还要时常忧惕:"每虑号无告,长忧骇不存。随行唯踽踽,出语但寒暄。"杜牧因为是一个正直之士,因此受到权臣与宦官的嫉恨,这些事现在回想起来,足以发人深慨,所以他作了一首《昔事文皇帝三十二韵》的五言排律。

大中二年(848年)秋,杜牧接到吏部尚书高元裕寄给他的一封信。高元裕,字景圭,渤海人。文宗大和中,高元裕为中书舍人,当时郑注入翰林,高元裕撰郑注制辞,说他以医药奉君亲,郑注很生气,后来找了高元裕一个错处,把他贬为阆州刺史。会昌五年(845年)五月,宣歙观察使韦温去世,高元裕继任,这时杜牧正做池州刺史,正是他的下属。大中元年(847年),高元裕入朝为吏部尚书。第二年,他给杜牧写了一封信,表示关怀慰问之意,杜牧很感激。因为杜牧自从出守黄州以来,迁池、迁睦,首尾七年,很少有朝中达官贵人与他通书信,现在接到吏部尚书高元裕的信,心情真的非常激动,大有空谷足音之感。于是他立即给高元裕写了一封回信,既向他表示感谢,同时又发了一通牢骚:

> 某启:人惟朴樕,材实朽下,三守僻左,七换星霜,拘挛莫伸,抑郁谁诉?每遇时移节换,家远身孤,吊影自伤,向隅独泣。将欲渔钓一壑,栖迟一丘,无易仕之田园,有仰食之骨肉。当道每叹,末路难循,进退惟艰,愤悱无告。[1]

[1] 吴在庆撰:《杜牧集系年校注》,中华书局2008年版,第909页。

在武宗会昌(841—846年)中,李德裕当权,杜牧是不可能得到升迁的。会昌六年(846年),武宗死宣宗接任,李德裕失势,政局重新洗牌,格局发生新的变化,杜牧这样有才能而又正直之人应当是有晋升希望的。但是这年秋冬间,他从池州刺史调到睦州任刺史,只是换了一个地方,官职还是原来的级别。在睦州一待又是两年。到大中二年(848年)秋,仍然没有升官的消息,所以他给高元裕的书信中提到:"三守僻左,七换星霜,拘挛莫伸,抑郁谁诉?"觉得"进退惟艰,愤悱无告"。高元裕为吏部尚书,对于杜牧在仕途上是能帮到忙,也可以使上力的,他远道写信慰问杜牧,可见对杜牧是关心的,杜牧在回信中也表示了自己对他的感激之情,但是高元裕不久就出为山南东道节度使,没有来得及援引杜牧。

就在大中二年(848年)八月,杜牧终于接到内升为司勋员外郎、史馆修撰的新任命，这是由于宰相周墀援引之力。周墀，字德升，汝南人。长庆二年（822年）举进士及第，能作古文，有吏才。宣宗即位，他由义成军节度、郑滑观察使被召入朝为兵部侍郎，大中二年（848年）三月，以本官平章事。周墀与杜牧关系很深，杜牧少时，即受到周墀的赏识，所以他做宰相之后，就提拔杜牧。杜牧接到新的任命，就写了一文寄给周墀，表示感谢。

> 伏以睦州治所，在万山之中，终日昏氛，侵染衰病。自量忝官已过，不敢率然请告，惟念满岁，得保生还。不意相公拔自污泥，升于霄汉，却收斥锢，令厕班行，仍授名曹，帖以重职，当受震骇，神魂飞扬，抚己自惊，喜过成泣。

杜牧于大中二年（848年）九月初由睦州乘船启程赴长安就任新职。他动身的时候，写了一首题为《除官归京睦州雨霁》的诗，诗是这样的：

> 秋半吴天霁，清凝万里光。水声侵笑语，岚翠扑衣裳。远树疑罗帐，孤云认粉囊。溪山侵两越，时节到重阳。顾我能甘贱，无由得自强。误曾公触尾，不敢夜循墙。岂意笼飞鸟，还为锦帐郎。网今开傅燮，书旧识黄香。姹女真虚语，饥儿欲一行。浅深须揭厉，休更学张纲。

由诗中可以看出当时正是临近重阳，秋雨初霁，清光万里，"水声侵笑语，岚翠扑衣裳"，杜牧的心情是喜悦的。但是，他又想到自己做官多年，并无积蓄，而家累又多，负担又重，这次回京做官，应当学得世故些，不要像以前那样刚毅正直，以至于为世人所不容，所以在篇末，他又写了这样四句："姹女真虚语，饥儿欲一行。浅深须揭厉，休更学张纲。"这种衰靡颓废的思想与杜牧少壮时那种意气风发、以天下为己任的气概是大不相同了。在中国古代封建社会中，有才华、有抱负、有正义感的封建士大夫，经过多次挫折，看到许多无可奈何之事，到晚年往往趋于消极。这固然是由于不合理的封建社会制度造成的，同时也可以看出，即便是有正义感的封建士大夫，其本身也往往具有不同程度的软弱性。

也许是自己盼望已久的升迁愿望终于实现的缘故，杜牧的心情特别激动，离开睦州古城前又写了一首诗，题目是《秋晚早发新定》，全诗是这样的：

> 解印书千轴，重阳酒百缸。
> 凉风满红树，晓月下秋江。
> 岩壑会归去，尘埃终不降。
> 悬缨未敢濯，严濑碧淙淙。

杜牧是公元848年九月初,从睦州启程,取道金陵(今江苏南京市)、宋州(今河南商丘市),于当年十二月到达京城长安,路上走了三个多月,从而结束了睦州的刺史生涯。

(三)范仲淹

范仲淹是我国北宋时期的著名政治家和文学家,作为政治家,无论是居庙堂之高,官拜参知政事,还是处江湖之远,出知饶、润、越等州,或者远出边关,抗击西夏敌兵,都用自己不凡的言行,抒写辉煌人生,达到人生的最高境界。作为文学家,他在自己不多的诗文中,留下了数篇空前绝后的不朽之作,文如《岳阳楼记》、词如《渔家傲·秋思》、诗如《江上渔者》等,都达到了诗文艺术的最高境界。如在常人,能达到其中一项就已经够荣幸了,何况范仲淹还是兼而有之呢?千百年过去了,范仲淹的人生及诗文的境界之高仍给人一种美的享受。

第一,范仲淹的人生境界美。

范仲淹的一生是坎坷不平,奋斗拼搏的一生,他虽然屡遭打击,但愈挫愈勇,在磨砺中成熟。虽遭贬谪,但不消沉,反而信念越坚,心志更加纯正,品德更加高尚,可贵的是他具有"先忧后乐""心怀天下"的崇高精神境界。庆历三年(1043年)四月,范仲淹和韩琦同时被任命为枢密副使。范、韩应召赴阙,至京不久,范仲淹又由枢密院入中书,进参知政事。范仲淹于北宋景祐元年(1034年)任睦州知州(睦州即严州,建德自三国建县以来,唐宋设州,绵延千余年)。同年六月又调任苏州。从赴任到离任,前后不过半年时间。为了敬仰先贤,建德人为其建范公祠、思范亭、思范堂、思范坊等纪念建筑,后又修建思范石牌坊,另外,还在南峰塔景区内建有五贤祠,其中就有范仲淹的泥塑彩像。

在建德这块土地上,值得纪念的人和事很多。这里山川俊秀,人文荟萃,出了许多名人,有三国孙韶(被封为建德侯);梁朝周文育(任南豫州刺史,死后梁武帝举哀祭奠,赐侍中、司空,谥忠愍);晚唐李频(历任侍御史、都官员外郎、建州刺史);宋代江公望(诏赠右谏议大夫),刘晏(在宋辽战争中屡建战功,死后赠龙图阁待制),叶义问(宋孝宗封他为新安郡侯,资政殿学士);明朝宋贤(御史、兵部侍郎)等政治家、军事家。还有画家王绎、名医方叔和、文学家章夐,等等。还有众多曾经在建德任职的名人,如元延寿、宋璟、杜牧、王十朋、陆游,等等。这些人在吏治上卓有建树,推进了社会的发展,还留下不朽的诗词,成为人们的精神财富。这批建德人或外籍在建德任职的人,都值得后人纪念、研究,但是建德人对范仲淹情有独钟,这又是什么原因呢?

建德人世代怀念、纪念范仲淹,不在乎范仲淹在建德任职时间之短长,也不计他在建德是否修建江堤、注意农桑、推行法制、减轻徭役等,关键是他在知州任上有三件事是深得人心的。

第一件事,建严子陵祠。严光,字子陵,东汉初浙江会稽人,曾与刘秀同学。刘秀即位后，被召到京师洛阳，任谏议大夫，他不肯接受，归隐于富春江畔，躬耕自养，垂钓自娱。范仲淹因北宋朝中废郭皇后之争而被贬黜到睦州任知州。到梅城出任睦州知州后，他来到七里泷，寻访严子陵的遗迹及后裔，而后，下令在东台山麓建筑严家祠堂，免除严子陵后裔四户人家的赋税和劳役，让他们管理好祠堂事务。他非常仰慕严光之高风亮节的人格力量，写下了《严先生祠堂记》："云山苍苍，江水泱泱。先生之风，山高水长。"高度赞扬了严子陵"惟先生以节高之""泥涂轩冕"的高尚情怀。这篇文章成为千古名篇。祠堂在元、明、清几度重建，康熙二十年（1681年）知府任风厚有《重修严先生祠堂记》。1968年，富春江水库建成，祠堂没于水下。1983年在富春江畔重建祠堂，保存有明代重刻的范仲淹《严先生祠堂记》碑和部分清代遗物。

第二件事，建龙山书院。范仲淹任知州后，在梅城庙学原址创建睦州第一座龙山书院，融庙学、书院于一体。范仲淹在睦州开书院之先河，后竞相办起了"文渊书院""丽泽书院""双峰书院"等，计三十余家。龙山书院在元、明、清历代屡撤屡建，万历年间（1573—1620年）知府陈文焕再建，徐楚有《龙山书院记》述其事；清康熙初再修复，没出十年时间又毁于大水。办书院就是办教育，培养人才。范仲淹在不到半年内，办起了睦州第一家书院，说明他对教育的重视，而后竞相办起了这么多的书院，可见范仲淹办书院一事的影响之久远。

第三件事，兴修水利。梅城位于新安江、兰江、富春江汇合处，背靠乌龙山，面对三江口，常有水患。范仲淹主持修筑南北向连接的堤坝，后人称之为"范公堤"。此外还主持疏浚梅城西湖等水利设施。

办这三件事，算不上政绩卓著，但影响深远。更使建德人敬仰与怀念的是范仲淹留下的脍炙人口的千古名句和高风亮节的人格力量。

有人曾对范仲淹在睦州的诗作作过统计，范仲淹共存诗294首，从诗题和诗意分析，可以确定作于睦州（包括贬睦州途中和离睦州赴苏州途中）的45首，占他全部诗作的六分之一多。他称睦州"郡之山州，满目奇胜"，从这些诗作中，反映了范仲淹对建德这块土地十分赞美与热爱。

《游乌龙山寺》
高岚指天近，远溜出山迟。
万事不到处，白云无尽时。
异花啼鸟乐，灵草隐人知。
信是栖真地，林僧半雪眉。[1]

《萧洒桐庐郡十绝》
萧洒桐庐郡，乌龙山霭中。使君无一事，心共白云空。
萧洒桐庐郡，严陵旧钓台。江山如不胜，光武肯教来……

[1] 吴在庆撰：《杜牧集系年校注》，中华书局2008年版，第402页。

《萧洒桐庐郡十绝》描绘了建德的云、山、泉、水以及建德特产茶、莲、鱼等。写出真景实情，正如他在《和葛闳寺丞接花歌》中说的："我无一事逮古人，谪官却得神仙境。"他把睦州比作"神仙境"。

范仲淹生平以天下为己任，以民众利益为上，对劳苦民众寄予无限同情。其在《江上渔者》诗中云：

江上往来人，但爱鲈鱼美。
君看一叶舟，出没风波里。

江岸上人来人往，熙熙攘攘，目的是"但爱鲈鱼美"，道出了世人只爱鲈鱼的鲜美，有谁体察过捕鱼者的艰辛呢！"君看一叶舟，出没风波里。"描写了江上渔民的艰辛与风险。渔民们为什么要冒这么大的风险去捕鱼呢？范仲淹虽没有写明，但读者却能够体味到弦外之音。这首小诗，短短二十个字，语言质朴，形象生动，读来朗朗上口。

《赴桐庐郡淮上遇风三首》之二
妻子休相咎，劳生险自多。
商人岂有罪，同我在风波。

《赴桐庐郡淮上遇风三首》之三
一棹危于叶，傍观亦损神。
他时在平地，无忽险中人。

借景写实，反映了仕途上的坎坷，与《江上渔者》一样，流露出忧国忧民的情感。人们读了这些诗句，自然联想到唐诗中"谁知盘中餐，粒粒皆辛苦"（李绅《悯农》）的名句，自然也联想到范仲淹的"先天下之忧而忧，后天下之乐而乐"的千古名句。

范仲淹的为民思想、忧民意识，受天下人敬重。"忧民之忧者，民亦忧其忧"（《孟子·梁惠王下》）的古训，在范仲淹的一生中及人们的纪念中得到了充分体现。

范仲淹于北宋景祐元年（1034年），因激谏宋仁宗废除郭皇后一事，被贬睦州。虽然睦州风景秀丽，但他没有倘佯沉醉于天下独绝的山水风光之中，还是心忧天下，放心不下朝廷的事，上表以抒己见。在睦州期间，心情虽不平静，也不轻松，但有了一个相对宽松的工作环境，因此他写下了大量诗文。这些珍贵的历史资料，是我们研究范仲淹在睦州任上内心世界及思想发展的重要依据。

范仲淹因郭皇后事件被贬，从而引发了强烈的"明主"意识。他是一位非常有主见，性情又十分耿直的大臣。在废郭皇后这件事上，他的主见与性情得到了充分展示。本来准备第二天上朝时与御史中丞孔道辅一起率领所有台谏再次劝阻仁宗放弃废后一事，但哪里知道自知理亏又非要做成这件事的仁宗在前一天晚上就下诏书将孔道辅外贬知泰州、范仲淹外贬知睦州。对此，范仲淹是没有想到的。

虽有愤懑之情，但他坚持自己的看法，希望宋仁宗做一个虚心纳谏、有所作为的明主。范仲淹虽然遭受贬谪的不公正待遇，但他并不认为自己有什么错。刚到睦州，他顾不上旅途劳顿，就给皇上写《睦州谢上表》，在《睦州谢上表》中说："闻降妃之说，则臣相率伏阁，冀回上心，议方变更，言亦翻覆。臣非不知逆龙鳞者，掇齑粉之患；忤天威者，召雷霆之诛。理或当言，死无所避。盖以前古废后之朝，未尝致福。"[1]他自认为说得有理，即使会遭受杀头之祸也无所退避。另外，他还在《睦州谢上表》中列举了历史上几个因废后而带来后患的例子。汉朝有汉武帝、宣帝、成帝的废后，结果是"西汉之祚，由此倾微"。另外还有魏文帝宠立郭妃，潜杀甄后以及唐高宗以王皇后无子而废，武昭仪有子而立，既而摧毁宗室，成窃号之妖。"是皆宠衰则易摇，宠深则易立，后来之祸，一一不善。"范仲淹举这些例子，目的是劝皇帝回心转意，收回成命。同时还为皇帝想出权宜之计，"乞存皇后位号，安于别宫，暂绝朝请，选有年德夫人数员，朝夕劝导，左右辅翼，俟其迁悔，复于宫闱，杜中外觊望之心，全圣明终始之德"。这样做还是希望皇帝做一个明主。范仲淹在《睦州谢上表》中还说："臣腐儒多昧，立诚本孤，谓古人之道可行，谓明主之恩必报……""然后上下同心，致君亲如尧舜；中外有道，跻民俗于羲皇，将安可久之基，必杜未然之衅。"最后，范仲淹在《睦州谢上表》中表明自己的态度与忠心，"乐道忘忧，雅对江山之助；含忠履洁，敢移金石之心"。

范仲淹被贬睦州，他的心情是十分复杂的。既有委屈、愤懑，又有对朝廷因废后事件可能造成恶果的担心，同时又为自己未能遭逢明主而深感遗憾，因而对严子陵幸逢明主汉光武帝深表羡慕。

唐朝的开元盛世引发了范仲淹的明主感慨。

> 忆昔开元全盛日，小邑犹藏万家室。
> 稻米流脂粟米白，公私仓廪俱丰实。
> 九州道路无豺虎，远行不劳吉日出。
> 齐纨鲁缟车班班，男耕女桑不相失。

这是杜甫在《忆昔》一诗中为我们描绘的我国两千多年封建社会中的鼎盛时期——开元盛世的情景。且不论那里面有多少溢美的成分，当时的唐朝无疑是世界上生产最发达、社会最富庶、人民生活最安定的国家。当然，"开元盛世"离不开唐太宗"贞观之治"打下的坚实基础。唐玄宗

---

[1]（清）范能濬编集薛正兴校点：《范仲淹全集》，凤凰出版传媒集团2004年版，第164页。

李隆基，是唐朝继太宗皇帝之后，又一位颇有雄心魄力、大有作为的皇帝。他继位伊始，提拔任用一批颇有文韬武略的大臣，厉行均田制度，改革吏治，使一度中断的清明政治得以继续，从而促使社会经济、文化有了长足的发展，成为一个前所未有，为后人称道的盛世。当时几个有作为的大臣，如姚崇、宋璟等人就很出名，名垂青史。司马光曾说过："唐世贤相，前称房（玄龄）、杜（如晦），后称姚（崇）、宋（璟），他人莫得比焉。"虽然这些宰相大臣的个人品德、才能都非常出众，但如果不能遇到有理想、有作为的明主，那也是明珠暗投，发挥不了作用，显示不出自己的光亮。

范仲淹有感于这一点，因此，几次在诗中写到开元盛世。在《宋诗纪事》（卷八）一书中就收录了范仲淹的一首七绝，诗是这样写的："治乱兴衰甚可嗟，徒怜水调诉荣华。开元盛事今何在？尚有霓裳寄此花。"诗前还有小序，序曰："桐庐方正父家藏唐翰林画白芍药，予来领郡事，因获一见，感叹久之。题二十八字，景祐元年（1034年）十月七日。"另外，在《和葛闳寺丞接花歌》一首长诗中也写道："幽求功业开元盛，亦作流人过梅岭。"范仲淹向往开元盛世，更缅怀和期盼出现开创开元盛世的明主唐玄宗李隆基以及贤臣姚崇等历史人物，目的还是想自己能幸逢盛世，为国出力，开创大宋盛世的大好局面。

经历宦海沉浮、荣辱委屈的艰难考验，范仲淹积极入世的儒家思想更加根深蒂固。在范仲淹被贬睦州期间，其内心特别不平静，深感屈辱。在睦州创作的诗歌中就曾经多次谈到这样的感受。

范仲淹的荣辱感特别强烈。他在睦州任上写过一首《江城对月》的小诗："南国风波远，东门冠盖回。多情是明月，相逐过江来。"从京都开封贬到南方睦州，相隔二千多里，远离了宦海风波，是非之地，闹哄哄的官场，但又一时习惯不了，也掩饰不住内心的寂寞清冷。世态炎凉，原来宾客盈门，现在门可罗雀。只有多情的明月，仿佛旧时相识，依旧跟随一起渡过江来，于寂寞清冷的夜晚来陪伴并安慰着范仲淹。眼前的现实，更增加了他内心的荣辱感受。前后反差太大，内心实在难以承受。他在《郡斋即事》一诗中写道：

> 三出专城鬓似丝，斋中萧洒胜禅师。
> 近疏歌酒缘多病，不负云中赖有诗。
> 半雨黄花秋赏健，一江明月夜归迟。
> 世间荣辱何须道，塞上衰翁也自知。[1]

诗句浸润着无限的委屈和辛酸，真是一言难尽。就连《和章岷从事斗茶歌》这类诗作中，也渗透了范仲淹的荣辱感受。虽然表面上写民间的斗茶风俗，但笔锋一转，马上又写到政治上面去了。斗茶是我国古代喝茶趣

[1]（清）范能濬编集，薛正兴校点：《范仲淹全集》，凤凰出版传媒集团2004年版，第340页。

味游戏的一种，即比赛茶的好坏。这在古代文献中有许多记载。范仲淹在他的《斗茶歌》中这样写道："斗茶味兮轻醍醐，斗茶香兮薄兰芷。其间品第胡能欺，十目视而十手指。胜若登仙不可攀，输同降将无穷耻。吁嗟天产石上英，记功不愧阶前蓂。众人之浊我可清，千日之醉我可醒。屈原试与招魂魄，刘伶却得闻雷霆。卢仝敢不歌，陆羽须作经……"

中国是一个敬佩英雄的国度，自古以来，都以成败论英雄，成则为王，败则为寇。所以生活在官场的高官，尽管高处不胜寒，但人们依旧喜欢在高寒之地，因为那里是一个人事业成功的标志，是可以光宗耀祖的地方。一旦政治上失势，尤其是后来被贬到低处，那种心理落差就特别大，就容易心态失衡，兴衰、输赢、荣辱之感就特别强烈。然而，现实终究是现实。你能拿残酷的现实怎么办呢？最后只能采取阿Q似的精神胜利法自我安慰。虽然心里不舒服，但人前还是要表明一下自己的姿态。范仲淹也不例外。他在《和葛闳寺丞接花歌》一诗中说：

多愁多恨信伤人，今年不及去年身。
目昏耳重精力减，复有乡心难具陈。
我闻此语聊悒悒，近曾侍从班中立。
朝违日下暮天涯，不学尔曹向隅泣。
人生荣辱如浮云，悠悠天地胡能执。
贾谊文才动汉家，当时不免来长沙。
幽求功业开元盛，亦作流人过梅岭。
我无一事逮古人，谪官却得神仙境。

"人生荣辱如浮云"，可见后来范仲淹对荣辱是看开了，尤其通过与贾谊等人的对比，范仲淹自己已十分满足了，至少在诗中他表现出满足的感觉。

明主与个人荣辱有十分密切的关系。一代能臣能否成就辅助当朝明主的丰功伟业，关键在于明主有无创业的思想与欲望，有无驾驭政治局面和高级官员的雄才大略。唐朝之所以出现贞观之治的大好局面，主要是唐太宗慑于隋末农民起义的威力，采纳了魏徵、房玄龄、杜如晦等人的建议，吏治比较清明，刑罚宽简，又能轻徭薄赋，同情百姓疾苦，注意节俭，鼓励流散农民回乡生产，使社会经济很快恢复，物价下降，牲畜也繁殖起来。贞观四年（630年），"终岁断死刑才二十九人。东至于海，南极五岭，皆外户不闭，行旅不赍粮，取给于道路"。由于唐太宗的政治抱负及精明强干，形成了贞观之治的大好局面，唐太宗自己名留青史，也成就了一代能臣的英名，让后来许多有才能、有雄心、想成就一番事业的大臣十分羡慕。相反，如果不能逢明主，你再有才能也是枉然，甚至还会有生命危险。宋高宗时，北有金兵压境，南有群盗骚扰，岳飞抱着精忠报国的决心，破李成、平刘豫、斩刘么，扫除闽粤赣等地的内患，深为高宗和朝廷倚重，为此，高宗予以褒奖。可是不久，岳飞就在风波亭被害。韩世忠质问秦桧，秦桧支吾其事，闪烁其词，仅以"莫须有"的罪名搪塞应付。岳飞之死最终成为千古冤案。为什么这么有文韬武略的大将必须去死呢？关键是高宗赵构生怕父亲和哥哥回来，他就没有皇帝的位置可坐了。不是高宗忘记金人的南侵，忘记徽宗、钦宗所受的屈辱，而是生怕岳飞打仗太厉害，如果把金人打败，把徽宗、钦宗迎接回来，自己就当不了皇帝，就享受不了九五之尊的荣耀，就会失去一言九鼎的权威，就过不上嫔妃成群的舒心日子。碰到这样有私心且不讲人伦道德的皇帝，再能干的文臣武将又能做什么呢？所以，当我们看了明代文学家文徵明的《满江红》就觉得非常过瘾。过去人们都把矛头指向秦桧，只有文徵明把矛头直指宋高宗，一针见血，揭示本质。文徵明是这样写的："拂拭残碑，敕飞字、依稀堪读。慨当初，倚飞何重，后来何酷。岂是功高身合死，可怜事去言难赎。最无端，堪恨又堪悲，风波狱。岂不念，疆圻蹙；岂不念，徽钦辱，念徽钦既返，此身何属。千载休谈南渡错，当时只怕中原复，笑区区、一桧也何能，逢其欲。"

范仲淹的强烈荣辱感，主要是受到儒家思想的重大影响。范仲淹十分崇尚儒家学说，对孔孟之道深信不疑。他积极实践儒家的入世思想，"达则兼济天下，穷则独善其身"。这两句话虽有前后之分，但两句话在形式上是并列关系。后一句无非是陪衬关系，一般有理想的读书人都向往前者，后一句话则是表现失意者的自我安慰和万般无奈。如能仕途通达兼济天下，谁愿意寂寞冷落地独善其身呢？只有实在穷途末路才会走独善其身这条路。然而，又有几人能真正洁身自好，独善其身呢？有人想办法去投机钻营，寻找东山再起的终南捷径；有人牢骚满腹，自暴自弃，怨天尤人，甚至弃绝人世。

范仲淹主张"达则兼济天下"，还在于他有强烈的历史责任感。他在《君以民为体赋》一文中说："爱民，则因其根本；为体，则厚其养育。""每视民而如子，复使臣而以礼。""君育黎庶，如彼身体。"[1]他主张施政必须顺乎民心。在《政在顺民心赋》一文中说："振穷恤贫，必俯从于众望；发号施令，实允叶于群情。"[2]这也是他历宦州郡的施政纲领，因而深得民众拥戴。"政者为民而设，民者惟政是平。违之则事悖，顺之则教兴。"他在《用天下心为心赋》一文中说：人主政治之道在于"从民心而已""政必顺民""礼皆从俗"，这是他心目中最理想的政治。"审民之好恶，察政之否臧"，是检验治政成功与否的唯一标准。"爱将众同，乐与人共，德泽浃于民庶，仁声播于雅颂"是他心目中的理想王国。为进一步阐述"得道多助，失道寡助""得人心者得天下，失人心者失天下"的儒家思想，他又指出："虚己之谓道，适道之谓权"，主张实行民主的统治办法。范仲淹把澄清天下的强烈责任感及个人道德品性

[1]（清）范能濬编集，薛正兴校点《范仲淹全集》，凤凰出版传媒集团2004年版，第43页。

[2]（清）范能濬编集，薛正兴校点《范仲淹全集》，凤凰出版传媒集团2004年版，第44页。

的修养与建功立业、报效祖国和人民紧密联系起来。欧阳修在《神道碑》一文中对范仲淹有高度评价："公少有大节，其于富贵、贫贱、毁誉、欢戚，不一动心，而慨然有志于天下。""有志于天下"，这就是范仲淹一生勤勉努力强大的精神动力，正是这种动力让他每遇挫折都能百折而不挠。

历经宦海沉浮磨炼，荣辱思想终于升华为"先忧后乐"的思想。范仲淹的遭遇是非常曲折坎坷的，他一生经历了宋太宗、真宗、仁宗三位皇帝，官至参知政事，宦迹河南、江苏、安徽、陕西、甘肃、山东、山西、福建、江西、湖北、浙江等十余省。在浙江先后任睦州、明州、越州、杭州太守，是历史上任州、郡官职最多的官员。正因为他经历宦海沉浮的次数比别人多，又加上他个人完好的思想道德修养，为此，他对荣辱的看法也比别人淡薄。最后，终于将个人荣辱置之度外，升华为后人称道的"先天下之忧而忧，后天下之乐而乐"的"先忧后乐"思想。

荣辱思想与"先忧后乐"思想有许多相通之处。其相通之处就是积极入世的儒家思想，即为国家建功立业。为官执政要以民为本，关心百姓。《论语·学而》早已有"泛爱众，而亲仁"之说。《孟子·梁惠王》"乐以天下，忧以天下"的思想已成为儒家知识分子的共识。《荀子·乐论》说："君子乐得其道，小人乐得其欲。"孔子学生曾参说："士不可以不弘毅，任重而道远。仁以为己任，不亦重乎？死而后已，不亦远乎？"东汉范滂"澄清天下之志"的理想与胸怀也激励着范仲淹树立"以天下为己任"的远大志向。范仲淹的荣辱思想和"先忧后乐"思想，无疑是与孔孟之道一脉相承的。

荣辱思想与"先忧后乐"思想是有区别的。从层次来说荣辱思想低，侧重于个人的感受，是比较世俗传统的一种看法，强调的是功利性；而"先忧后乐"思想则是关乎天下，心系百姓，强调的是社会性、群体性，是对市俗观念的一种超越与突破。

与范仲淹同时代的韩琦和欧阳修，他们也谈到忧乐问题，但相比之下，境界就不及范仲淹高。韩琦说：

> 功名一立，不独身享富贵，而庆流家宗，其余风遗烈，可以被于旂常，传于简策，逸于万世，而凛然如存，咸有耸慕之意，不以酣歌优笑之为乐，而以是为乐，则予也岂徒己之为益，是将有益于人。

虽然卑视"酣歌优笑"，但强调的是光宗耀祖，青史留名。欧阳修在《易童子问·豫卦》中说：

> 圣人忧以天下，乐以天下。其乐也，荐之上帝祖考而已，其身不与焉。众人之豫，豫其身耳，圣人以天下为心者也。是故以天下

之忧为己忧，以天下之乐为己乐。

这段话是孟子"忧以天下，乐以天下"的翻版。两句话是平等关系，而范仲淹的"先天下之忧而忧，后天下之乐而乐"，则有先后主次之分，体现了在"忧乐"问题上更高的思想境界，是古代历朝优秀官吏民本思想的集中体现。

《严先生祠堂记》一文的历史地位及重大意义。范仲淹的明主意识与荣辱思想在《严先生祠堂记》中都有较好的反映。他对古代哲学著作《易经》颇有研究，这在《严先生祠堂记》中都有较多体现。这是范仲淹的良苦用心——用《易经》中这种隐晦暗涩的词语来表现自己复杂难言的心曲。透过文章的表面，我们可以看到很多背后的内容。有些内容可能我们限于水平，一时还很难理解。但文章中体现的明主意识与荣辱思想为范仲淹思想升华到"先忧后乐"思想层面打下基础。如果不是经历多次宦海沉浮的磨炼，范仲淹可能不会达到后来的思想高度。正因为有《严先生祠堂记》这篇文章中关于明主意识与荣辱思想的探索，使他后来的"先忧后乐"思想发生飞跃性的质变。他的这种"先忧后乐"思想，一千多年来一直被人赞颂着、实践着。正是从这个角度，这篇文章被人们称为《岳阳楼记》的姐妹篇，堪称散文艺术史上的双璧，彪炳史册，是一点都不为过的。

范仲淹位列执宰，如果他稍有私心，即使不像蔡京、严嵩那样贪心，也可大捞一把，使自己的生活过得更富足，但范仲淹想的不是一己之得失，而是天下安危。他看到当时社会已隐藏着危机，如果不改革就会有亡国的危险。于是，他就大胆地利用自己的有利地位，大刀阔斧地对社会进行改革。改革从来就没有一帆风顺的。改革是权力和利益的再调整、再分配，这样做势必触犯当朝官僚阶层的既得利益，招来他们的反对。尤其是范仲淹派出转运按察使这一举措，更是遭到来自各方面的攻击和中伤。有人指责按察使对各路官吏的查考约束太过苛刻，致使人不得尽其才。在邪恶势力的压迫下，庆历新政"流产"了，但范仲淹仍不改其心志，他在被罢去参知政事，知邠州的《邠州谢上表》一文中说："不以毁誉累其心，不以宠辱更其守"，真是"虽九死其犹未悔"。

敢于直言，不计后果。范仲淹一生遭到的打击可谓多矣。为什么屡遭打击而屡不改悔呢？主要是他没有私心，无私才能无畏。他有坚定的信念，确认自己那样做是对的。要么就是客观条件不允许，如果客观条件允许，一旦有机会，他仍要仗义执言。如天圣七年（1029年），宋仁宗为显示孝道，决定为秉真宗遗诏垂帘听政的章献太后上寿，并下令起草上寿仪式。上寿仪式为仁宗率领朝廷百官在会庆殿拜太后，并祝贺寿诞。范仲淹闻知此事，以为不可：祝寿乃皇室家事，岂可行国家大礼。范仲淹当时是秘阁校理，他谏责皇帝家事，且直接忤驳执掌朝政的皇太后的面子，这确实有些石破天惊,而且似乎还有不自量力的味道,就连举荐范仲淹为秘阁校理的晏殊,闻知此事也大吃一惊,"召仲淹怒责之"。范仲淹是得理不让人的人,即使是皇帝老子,他也直言相诤。范仲淹为自己的敢于直言,付出了极大的代价:他好几次被贬。他抱定"理或当言,死无所避"的宗旨,被贬又算得了什么呢?在旁人看来,范仲淹一介书生,真有些迂腐,但他为了国家,为了人民,他"迂腐"得十分可爱。

范仲淹为了坚持真理,对那些自认为错误的东西,总是直言不讳。他既敢于得罪皇帝、太后,也敢于得罪当朝的其他权贵,如此一来,他要坐稳自己的交椅就不那么容易了。因此,他常常遭贬抑。即使如此,他也没能从中吸取教训,或为了自身利益,或为了家庭利益,或为了自己的未来就缄口不言,噤若寒蝉了,他还是一如既往,从国家整体利益出发,只要自己认为不对的就直言提出。他进退自若,泰然处之。把宦海沉浮、个人进退看得很淡,等闲视之,泰然处之,他"进亦忧,退亦忧",一切以天下百姓利益为准绳。

古人对圣贤、功臣、文人有立德、立功、立言的要求。范仲淹是三者兼而有之。其中最突出的是他的立德。千百年来,他以自己的道德力量、人格力量感动着人们,教育着人们。"先天下之忧而忧,后天下之乐而乐",这种道德和人格的最高体现,就是人生的最高境界。这种境界是一座耸入云天的丰碑,一般人只能可望而不可即,这种道德的丰碑没有在历史烟尘中黯淡下去,而是熠熠发光,给人以向上的力量。

范仲淹诗的境界非常美。

范仲淹的诗在文学史上成就不算太大。既比不上早于他的李白、杜甫,也比不上迟于他的苏轼、陆游。拿范仲淹的诗与他的词和文章相比,也不如他的词和文章有名。但范仲淹的诗有自己独特的境界,让人回味无穷,在文学史上仍有自己的一席之地。其中《江上渔者》朗朗上口:"江上往来人,但爱鲈鱼美。君看一叶舟,出没风波里。"[1]这首小诗饱含着诗人对那些驾着一叶扁舟出没于滔滔风浪中的渔民的关切与同情,也表达了诗人对"但爱鲈鱼美"的江上人的规劝之意。另有五言律诗《野色》,为我们描绘了一幅美丽迷人的图画,在诗中诗人也表现出了自己的豪爽性格和旷达情怀。王国维在《人间词话》中说:

> 境非独谓景物也。喜怒哀乐,亦人心中之一境界。故能写真景物,真感情者,谓之有境界。否则谓之无境界。

王国维大师的这段话,同样适合于范仲淹的诗。范仲淹的诗情景交融,意境开阔。"无功可上凌烟阁,留取云山静处看。"这是范仲淹言忤宰相,三出青城,在游庐山时,题于庐山道士程用之为他作的画像上的两句诗。这两句诗,很形象地道出了范仲淹贬放之后不以进退为忧而处之泰

[1] (清) 范能濬编集,薛正兴校点《范仲淹全集》,凤凰出版传媒集团2004年版,第368页。

然的心境。范仲淹另有《郡斋即事》一诗，讲他"三出专城鬓似丝"，但在斋中仍然潇洒过日子，并且"不负云山赖有诗"，昼赏秋菊、黄花，夜观"一江明月"，"世间荣辱何须道，塞上衰翁也自知"。同样是贬放，白居易在《琵琶行》中，写自己听了琵琶女的不幸遭遇后，有感于自己在官场上的升迁遭遇，最后泪湿青衫，悲苦难抑。与此相比，范仲淹更潇洒放达，超脱泰然。读范仲淹的诗，会使我们感受到他开阔的胸襟。

范仲淹词的境界也是非常美。

词在文学史上的另一称呼叫诗馀。如果我们把它归入诗一类也是可以的。与范仲淹诗的成就比起来，范仲淹词的成就很高。范仲淹的词一改唐五代绮靡词风，开豪放词之先河，变低沉婉转之音为慷慨雄放之声。如他在《渔家傲·秋思》一词中，通过"塞下""四面边声连角起""千嶂里，长烟落日孤城闭""人不寐，将军白发征夫泪""燕然未勒归无计"等词句，表达了自己决心守边御敌的英雄气概，同时，也反映出了作者思念家乡的情绪及戍边战士的艰苦生活。《剔银灯·与欧阳公席上分题》一词中另有这样几句："昨夜因看蜀志，笑曹操、孙权、刘备，用尽机关，徒劳心力，只得三分天地。"这词纯用口语写成，气度不凡，借三国典故，抒自家胸臆，这在过去词人中是很少看到的。范仲淹的词具有独特的苍凉悲壮风格。在《渔家傲·秋思》一词中我们也可以看到这种风格。在另一首词《苏幕遮·怀旧》中，这一风格仍能得到很好的体现。这首词表现了作者的"去国之情"，大有当年荆轲刺秦王前"风萧萧兮易水寒，壮士一去不复返"的苍凉悲壮。词论家黄蓼园曾这样评说："按文正一生并非怀土之士，所为乡魂旅思以及愁肠思泪等语，似沾沾作儿女想，何也？观前阕可以想其寄托。"这话确实有道理。

王国维在《人间词话》中说过："词以境界为最上。有境界则自成高格，自有名句。五代北宋之词所以独绝者在此。"范仲淹的词在表现情感、意趣和创造性思维方面达到了较高成就，具有意象鲜明、情景交融、情境相谐的"境界"。只有这类洋溢着自然之美，重在传神的，有"味外之味"的作品才能步入"有境界"的艺术殿堂。

范仲淹文章的境界也是很美。

范仲淹的文章与同时期的作家相比，具有自己明显的风格特点，即立意高远。这一风格最集中体现在他的名篇《岳阳楼记》《严先生祠堂记》《金在镕赋》《稼穑惟宝赋》等文章中，尤其是《岳阳楼记》一篇，范仲淹提出了"先天下之忧而忧，后天下之乐而乐"的观点，他不仅是这样说的，也是这样做的。在封建士大夫和封建官僚阶层中，能有这种思想境界的人真是凤毛麟角。范仲淹的这一思想境界，通过他的文章表达出来，让后人学习，受到教育。他的这一思想已成为后人心怀天下，积极向上，服务社会与人民的巨大道德力量。这也是这篇文章千百年来被人传颂并经久不衰的原因。

另外,《金在镕赋》等文也是精妙,其在表面上写熔炼良金,而内在的深刻含义是说明要对人才培养锻炼,意在为国识才、养才、用才。即使是"天生至宝",如要"纵横成器",还须"哲匠之心"的熔炼。范仲淹的文章观点鲜明,语句精辟,生命力强,如《严先生祠堂记》一文中"云山苍苍,江水泱泱,先生之风,山高水长"等句子就是富有生命力的警句。在《稼穑惟宝赋》一文中,作者还鲜明地提出"唯农是务,诚天下之本欤"的观点。

第二,范仲淹人生境界与诗文境界美的关系。

范仲淹的人生境界对其诗文境界起着决定性的作用和影响。鲁迅在《革命文学》一文中说过:"从喷泉里出来的都是水,从血管里出来的都是血。"言为心声,一个作家的创作,总是受到他的思想境界的影响。范仲淹在年轻时期就大致形成自己的忧乐观。他在天圣五年(1027年)的丁忧居丧期间,"冒哀上书"当时的执政王,就朝廷大事而言:"不以一心之戚,而忘天下之忧。"随着职位的不断提升,后又几经沉浮,几番磨砺,他的这种忧乐思想就更加成熟。大有"穷且益坚,不坠青云之志"的执着与雄心。正因为有着如此强烈的忧乐思想,所以在他的诗文作品中经常可以看到作者这种真实思想的流露。范仲淹写《岳阳楼记》时,是庆历四年(1044年),这时范仲淹已经57岁,他多病早衰,渐入老境。《岳阳楼记》是受朋友滕子京所托、因岳阳楼重修而作,也有作者借作记之机会,抒发内心之感慨,总结人生之经验,谈自己对人生的看法的含义。因为胸怀天下,万家忧乐在心头,所以文章一气呵成,"先天下之忧而忧,后天下之乐而乐"的思想感情自然而然地在文章中喷涌出来。纵观文章,浑然一体,如果没有平时对人生的忧乐思考,仅凭一时冲动,是写不出这样的名篇的。再参看他的其他诗文和相关史料,也可以看出他的忧乐思想是一以贯之的。

范仲淹人生境界与诗文境界达到了高度统一。历史上能做到政治家与文人境界高度统一者是很少的——如三国时的曹操,这与他的气质、文化修养有关。范仲淹做人光明磊落,气度不凡,与他的诗文意境开阔、气象高远有着共同之处,这种共同之处在范仲淹身上达到了有机的高度统一。

范仲淹人生、诗文与境界美密切相关。范仲淹的人生、诗文为什么具有一种境界美,换句话说,范仲淹的人生境界和诗文境界为什么具有较强的美感,这主要取决于范仲淹本身有一种内在的道德与艺术的力量。我们知道美是人们本质力量的对象化,是人的本质力量在客观对象上的自由显现。那么,美感则是这一本质力量得到对象化或者自由显现之后,我们对它的感受、体验、观照、欣赏和评价,以及由此而在内心所引起的满足感、愉快感和幸福感。哲学家冯友兰先生在《新原人》一书中,将人生境界划分为"自然境界""功利境界""道德境界"和"天地境界"四种,范仲淹的人生就是达到了其中的"道德境界"。这种人生的"道德境界"

反映在诗文中，使诗文也带有浓厚的道德色彩。在对人物和诗文的审美过程中，往往牵涉到对审美对象的道德判断。西方古典美学中有"真善美统一"的说法，中国古典美学中有"美善相乐"的说法，都认为在人的审美活动中往往体验到一种崇高的道德情操。道德是对人的社会关系的价值判断，是人类共同信守的一种行为准则，善使人类共同受益，所以是美好的，联系范仲淹的人生及诗文，我们感到他人生境界和诗文境界具有美感，其中一个重要因素是他忧乐人生的道德力量在感染和感动着我们。

第三，范仲淹人生境界和诗文境界形成的原因。

范仲淹人生境界和诗文境界之所以达到如此的高度，其形成不是没有原因的。原因有三点：

第一点，范仲淹特殊的经历、特殊的遭遇玉成了他的高度。范仲淹从小失去父亲，母亲含辛茹苦将其带大。他心存大志，贫困好学。在青年时期历经磨难，闯过艰难的科场考试。在步入仕途后，他总以澄清天下为己任——无论在朝任职，还是外放他州，或远戍边关，他都克己奉公，不以私情用权，尤其是在多次遭到各种打击后，他没有心灰意冷，而是矢志不改。中晚年，他经历官场升迁摔打，砥砺成熟，使自己的人生观、价值观、审美观达到炉火纯青的地步。

第二点，范仲淹的自身修养成就了他的高度。范仲淹是一个肯刻苦学习的人，他一生都没有放松自己。在他的成长过程中，主要受到当时社会的正统思想——即儒家思想的影响，"达则兼济天下，穷则独善其身"。人生在世就要干一番轰轰烈烈的大事业的入世思想，对他一生的影响特别大。在他遭到贬抑时，他也接受了佛家的思想。如范仲淹宣抚河东时，在保德（今山西保德）水谷驿舍留宿，"于堂罅间"偶然得到一佛经《十六罗汉因果识见颂》，"颇异之"，不仅将它收藏在自己身边，到府州（今陕西府谷）时，他还要承天寺僧人录了一个副本珍藏寺中。范仲淹是否也像中国古代许多文人一样，在失意时走向佛教，希望在"归诚佛僧"的"深自省察"中求一"物我两忘，身心皆空"的轻松呢？对此无实据可证，我们自然不能妄测，但他后来还为这本佛经写了序，则是确定无疑的。在这篇序中，范仲淹深赞这本佛经，"直指生死之源，深陈心性之法，开定慧真明之宗，除烦恼障毒之苦"。说自己阅读后"一句一叹，一颂一悟，以至卷终，胸臆豁然。顿觉世缘大有所悟"。如果不是在仕途连蹇中对这本佛经别有参悟，范仲淹是不会对这卷《藏经》所未录的经籍如此推崇的。从《岳阳楼记》的"不以物喜，不以己悲"等超然物外的语句中，我们不难看出佛教对他自身修养的影响。由于佛教思想的影响，能使范仲淹站在更高的境界来看待红尘世界。这也就是冯友兰先生说的"天地境界"，即达到神人合一，物我一体，同时，又超然于红尘物外，更觉心性纯正，别无牵念。另外，严子陵先生的事迹对范仲淹也多少产生了一些影响，尤其在对待功名利禄的问题上，这些于他的《严先生祠堂记》一文中可见一斑。

第三点，范仲淹有一个较好的为政环境和诗文创作环境。从某种角度讲，范仲淹是幸运的——年轻时有人赏识、有人推荐；即使遭受打击，皇帝、大臣也始终没有忘记他——所以说，范仲淹在这样的环境下从政还是不错的。尽管"庆历新政"实施了一半，但毕竟进行了一些有益的改革，对后世也有些影响；范仲淹这种刚直不阿的作风，也多少影响了当时一代士风；在文学创作上，他有晏殊、欧阳修等人唱和，还有滕子京邀请他为岳阳楼作记，这些都给作为文学家的范仲淹创造了一个良好的写作环境。

总之，范仲淹无论为政、为人、为文都足以成为我们学习效仿的楷模。南宋偏安时期的刘宰评价范仲淹为"北宋第一人"，金元遗山称他"在布衣为名士，在州县为能吏，在边境为名将……孔子所谓大臣者，求之千百年间，盖不一二见"。

（四）陆游

陆游是中国文学发展史上的多产作家，他曾有诗云："六十年间万首诗"（现存九千三百余首）。陆游诗篇不仅数量丰富，在我国文学史上首屈一指，而且在艺术上也是成就卓著，具有独特的美学风格。风格是美学中的一个重要课题，它是文学家在创作实践中所逐步形成的，是作者独特的审美见解通过独特的审美传达活动表现出来的，并且在全部作品中反映出来的基本特色。在风格上，往往鲜明地烙有作家的审美个性。陆游是中国文学史上美学风格十分鲜明的诗人。

第一，陆游诗词的美学风格特点以及后人对他的评价。

首先，是关于陆游诗词美学的风格特点。

第一个风格特点是雄放豪迈。如《书愤》中有：

> 早岁那知世事艰，中原北望气如山。
> 楼船夜雪瓜洲渡，铁马秋风大散关。

另外，在《秋夜将晓出篱门迎凉有感二首》中有这样的诗句：

> 三万里河东入海，五千仞岳上摩天。
> 遗民泪尽胡尘里，南望王师又一年。

类似的诗还能举出很多。即使是陆游在老年时追忆往昔情景，仍能写得雄放豪迈，壮心不已。只是当时的社会环境、政治气候，使陆游的政治抱负无法实现，壮志难酬，以致使他在最后的绝笔诗《示儿》中这样写道：

> 死去元知万事空，但悲不见九州同。

王师北定中原日,家祭无忘告乃翁。

　　陆游的政治思想意识必然会反映到他的文学创作中,必然会影响他的诗词美学风格的形成。透过陆游的大量诗词作品,我们可以看到,在雄放豪迈的背后,掩藏着作者淡淡的忧愁和无奈,甚至是悲愤。从客观方面说,风格跟审美对象又有关系。沙场风光、转战南北、戍守边关、激战不休的战争题材与反映世态风情、市井小民平凡闲散的家居生活题材在风格上表现出来的韵致格调肯定会有所不同,《三国演义》与《红楼梦》因为题材不同,审美对象截然不同,因此在审美风格上就完全不一样——一个粗犷豪放,一个细腻缠绵。但审美风格更主要的还是来自于诗词作者自身的个性,同样写戍守边关的战争题材,不同的作者就有不同的写法,风格完全两样。如清词人纳兰性德写的《长相思》:

　　山一程,水一程,身向榆关那畔行,夜深千帐灯。
　　风一更,雪一更,聒碎乡心梦不成,故园无此声。

《蝶恋花·出塞》:

　　今古山河无定据。画角声中,牧马频来去。满目荒凉谁可语?
西风吹老丹枫树。
　　从前幽怨应无数。铁马金戈,青冢黄昏路。一往情深深几许?
深山夕照深秋雨。

　　另外如《台城路·塞外七夕》等都是写塞外军旅生活的,但纳兰性德却写得如此悲凉凄清。可见个人的美学风格与题材(即审美对象)有关,但不是绝对的。
　　第二个风格特点是陆游可以有一种固定不变的美学风格,也可以以一种风格为主,兼有其他风格。他的一种风格是沉郁深婉。如《钗头凤》:

　　红酥手,黄藤酒,满城春色宫墙柳。东风恶,欢情薄,一怀愁绪,
几年离索。错,错,错!
　　春如旧,人空瘦。泪痕红浥鲛绡透。桃花落,闲池阁,山盟虽在,
锦书难托。莫,莫,莫!

　　就写得深婉哀伤,愤懑无奈。另外如《卜算子·咏梅》《诉衷情》等词,虽然也写得哀婉,但骨子里仍然表露出雄放豪迈、自信的一面,"驿外断桥边,寂寞开无主。已是黄昏独自愁,更著风和雨"。梅花的境遇实在是太差了,而且还遭群芳嫉妒。作者以梅花自况,内心的伤痛可想而

知,但即使是"零落成泥碾作尘",仍然充满信心,"只有香如故",依然痴心不改,奋然前行。

第三个风格特点是闲散恬淡。如《游山西村》:

  莫笑农家腊酒浑,丰年留客足鸡豚。
  山重水复疑无路,柳暗花明又一村。
  箫鼓追随春社近,衣冠简朴古风存。
  从今若许闲乘月,拄杖无时夜叩门。

就写了山村风光,田园气象,农家欢乐好客的情形,从而表现出作者在政治上受到排挤打击,满怀的痛苦心情,在农村美好的田园生活中得到平衡和缓解,甚至补偿。陆游诗词中的闲散恬淡,只是作为他风格中的一个侧面,即使是这样一种不是主要的风格色彩,有时还受到主体风格的影响,渗透在其他次要风格为主的诗篇中,如《临安春雨初霁》:

  世味年来薄似纱,谁令骑马客京华。
  小楼一夜听春雨,深巷明朝卖杏花。
  矮纸斜行闲作草,晴窗细乳戏分茶。
  素衣莫起风尘叹,犹及清明可到家。

这首诗作于1186年,当时陆游奉命权知严州事,由山阴被召入京,在临安待命时所作。诗写客中春愁,有厌倦风尘之意。当时陆游已经62岁,他长期浮沉宦海、壮志未酬、情怀抑郁,也在诗中隐隐流露出来。透过诗人闲散的表面,我们还是可以感受到诗人英雄末路、壮心不已的雄放豪迈。

其次,是后人对陆游诗词创作在美学风格上的高度评价。

第一个评价是对陆游在文学史上地位的评价。同时代人朱熹曾这样评价陆游,他说:"放翁老笔尤健,在今当推为第一流。"刘克庄在《后村诗话》中这样评价陆游:"惟放翁记问足以贯通,力量足以驱使,才恩足以发越,气魄足以陵暴,南渡而后,故当为一大宗。"朱熹与刘克庄是稍后于陆游的同时代较有名望的诗人。文学史上往往有这样一种情况,同时代人相互评价,往往彼此抬高,再过几个朝代,从文学史来看,却未必有当时所评价的那么高。而这两位诗人对陆游的评价,今天看来仍然恰如其分,这在文学史上是十分不易的,可见他们文学评价的眼光十分犀利准确。

第二个评价是对陆游诗词美学风格的评价。罗大经在《鹤林玉露》中说:"(陆游)尝从范石湖辟入蜀,故其诗号《剑南集》,多豪丽语,言征伐恢复事。"杨慎在《词品》中对陆游的评价是:"放翁词……雄慨处似东坡。"姚鼐在《古诗选》附录《今体诗钞》的《序目》中这样评价陆游："放翁激发忠愤，横极才力，上法子美，下揽子瞻，裁制既富，变境亦多。其七律固为南渡后一人。"从以上各位名家对陆游的评价中，我们多少可以感受到陆游的雄放豪迈带给人们的震撼。古代文学批评家在评价陆游时常常拉上苏轼、辛弃疾，我们知道这两位诗词作者是豪放派的代表人物。如果将古代诗词作者简单分为豪放派和婉约派的话，那么陆游肯定要被放在豪放派诗词作者之中。当然，一个作家的美学风格是多方面的，我们不能只用一种风格来框定他。古代评论家也已经注意到陆游诗词创作的多方面风格，如刘克庄在《后村诗话》中说："放翁长短句……其激昂感慨者，稼轩不能过；飘逸高妙者，与陈简斋、朱希真相颉颃；流丽绵密者，欲出晏叔原、贺方回之上；而世歌之者绝少。"古代评论家将陆游与许多诗词大家放在一起评述，也只能就某一突出的风格进行评价。几个大家之间的风格，不可能完全雷同，如陆游与辛弃疾相比，同是豪放，陆游就不如辛弃疾匠气十足，善掉书袋。陆游的诗词讲究朴素之美，更有生活气息，讲究真情实感的流露，题材也更广泛，于平淡中能见深刻，于朴素中见悠远，这在陈简斋、朱希真也难做到。在流丽绵密方面，陆游不如晏叔原、贺方回的缠绵凄切，陆游有几首诗写得也凄婉，但他绵中藏针，如陶渊明一样，一方面过着"采菊东篱下，悠然见南山"的闲逸生活，另一方面又怀着"刑天舞干戚，猛志固长在"的远大抱负，时时不忘九州统一。

讲到陆游的诗词美学风格，不能不谈到他的师承关系。宋代姜特立在《梅山续稿》卷二《陆严州惠剑外集》中说：陆游"不蹑江西篱下迹，远追李杜与翱翔"。所谓"不蹑江西篱下迹"，是指陆游早年师从曾几学诗，曾几虽然名气不大，但属江西派诗人。江西派诗人对陆游有过影响，但陆游用力最多、学习最勤、深得精髓的仍是李杜的诗篇。当然，李白、杜甫二人对陆游的影响，可能又是杜甫忧国忧民的思想对陆游影响更大，在诗的风格上、气质上也更接近些。元代高明在《吴越所见书画录》卷一《题晨起诗卷》中说："陆务观诗，大概学杜少陵，间多爱君忧时之语。如《题侠客图》所谓'无奈和戎白面郎'，《示儿》'但悲不见九州同'，《壮士歌》所谓'胡不来归汉天子'，其雄心壮气，可想见已。"吴之振在《宋诗钞·剑南诗钞》《小序》中说："宋诗大半从少陵分支，故山谷云：'天下几人学杜甫，谁得其皮与其骨？'若放翁者，不宁皮骨，盖得其心矣。所谓爱君忧国之诚，见乎辞者，每饭不忘。故其诗浩瀚崒嵂，自有神合。呜呼，此其所以为大宗也！"

用不着再补充更多的资料，我们已能看出陆游诗学的渊源，虽然后人也谈到陆游诗学白居易、李商隐，但毕竟不是他诗词美学风格的主流。

第二，陆游诗词创作的美学思想及其流变。

一般来说，任何一位某一方面的文学艺术大师，都有着自己比较系统的美学观点和美学理论。陆游也是这样，他对诗词创作用力最多，体会也最深，时常在诗文中表露自己的美学思想，以及对诗词创作的看法。

首先，工夫在诗外，强调诗词作者的知识学养、生活和情感的积累。

他在《示子遹》一诗中写道：

> 我初学诗日，但欲工藻绘。
> 中年始少悟，渐若窥宏大。
> 怪奇亦间出，如石漱湍濑。
> 数仞李杜墙，常恨欠领会。
> 元白才倚门，温李真自郐。
> 正令笔扛鼎，亦未造三昧。
> 诗为六艺一，岂用资狡狯？
> 汝果欲学诗，工夫在诗外。[1]

作者回顾自己学诗的大致过程和心得体会，其中还包括走过的弯路，最后点出学诗的真谛。陆游十分强调工夫的锻炼，他在《追怀曾文清公呈赵教授赵近尝示诗》中写道：

> 忆在茶山听说诗，亲从夜半得玄机。
> 常忧老死无人付，不料穷荒见此奇。
> 律令合时方帖妥，工夫深处却平夷。
> 人间可恨知多少，不及同君叩老师。[2]

在《夜吟》中写道：

> 六十余年妄学诗，工夫深处独心知。
> 夜来一笑寒灯下，始是金丹换骨时。[3]

从初学诗时讲究辞藻，到讲究生活阅历，再到跳出诗的圈子来谈诗词创作，这是诗人在写作道路上的一大飞跃，而且是质的根本性的飞跃，这也是作者到后来工夫极高，信手拈来，触物成诗，达到极致的标志。正如作者所说："客从谢事归时散，诗到无人爱处工。"[4]陆游的诗不像有些诗一味讲究辞藻技巧，在小圈圈中打转，文绉绉的，寒酸酸的。陆游的诗很讲究气的作用，他说："诗岂易言哉！才得之天，而气者我之所以自养。有才矣，气不足以御之，淫于富贵，移于贫贱，得不偿失，荣不盖愧，诗由此出，而欲追古人之逸驾，讵可得哉？"[5]

在诗文中古人经常讲到气的问题，实际上气的含义十分复杂，是古代诗词创作中一个重要的美学课题。文中的气主要指人的气质、感情或精神

[1] 朱东润选编：《陆游选集》，上海古籍出版社1962年版，第189页。

[2] 朱东润选编：《陆游选集》，上海古籍出版社1962年版，第4页。

[3] 朱东润选编：《陆游选集》，上海古籍出版社1962年版，第98页。

[4] 疾风选编：《陆放翁诗词选》，浙江人民出版社1958年版，第349页。

[5] 疾风选编：《陆放翁诗词选》，浙江人民出版社1958年版，第353页。

状态。孟子在《公孙丑章句上》中就说过:"曰:'我知言,我善养吾浩然之气。'曰:'难言也。其为气也,至大至刚,以直养而无害,则塞于天地之间。其为气也,配义与道;无是,馁也。是集义所生者,非义袭而取之也。'"[1]

联系以上陆游和孟子两人关于气的论述,有一个共同之处,就是气是可以自养的,即通过自我修养来达到。不同的是,陆游讲了气与才的关系,孟子讲了气与道和义的关系。无论为人为文,气都是必不可少的。陆游在《澹斋居士诗序》一文中曾这样说:"盖人之情,悲愤积于中而无言,始发为诗。不然,无诗矣。苏轼、李陵、陶潜、谢灵运、杜甫、李白,激于不能自已,故其诗为百代法。国乾林逋,魏野以布衣死……乃有才名,益诗之兴本如是。"[2]

陆游的这一说法与外国文艺理论中讲的"愤怒出诗人"这一命题是完全一致的。但陆游却比外国文艺理论家早说了几百年。这不能不说陆游认识的先进与伟大。

其次,自然天成,妙手偶得。

陆游写诗较注重自然天成,返璞归真,妙手偶得。陆游曾在《文章》一诗中谈了自己对诗文创作的看法:

> 文章本天成,妙手偶得之。粹然无疵瑕,岂复须人为?君看古彝器,巧拙两无施。汉最近先秦,固已殊淳漓。胡部何为者,豪竹杂哀丝。后夔不复作,千载谁与期?[3]

文章切忌矫揉造作、雕琢修饰过度。正如陆游在《夜坐示桑甥十韵》中说的:"好诗如灵丹,不杂膻荤肠。大巧谢雕琢,至刚反摧藏。"[4]实际上朴素平夷也是一种水平,而且是上乘的水平。陆游在《追怀曾文清公呈赵教授赵近尝示诗》中说:"律令合时方帖妥,工夫深处却平夷。"工夫由浅到深是一个由易到难的过程,再由艰深从平夷而出,则更是一个艰难的过程,更见出作者水平之高。

再次,独辟蹊径,贵在自得。

曹雪芹在《红楼梦》开篇一章中就表明自己十分厌恶"千部一腔,千人一面"的文学作品。没有个性的作品是没有生命力的,读者不愿意看,也记不住,更谈不上留传后代。所以,陆游就提倡:"文章之妙,在有自得处,而诗其尤者也。舍此一法,虽穷工极思,直可欺不知者;有识者一观,百败并出矣。"陆游在《次韵和杨伯子主簿见赠》一诗中说得再清楚不过:"文章最忌百家衣,火花齾齾世不知。谁能养气塞天地,吐出自足成虹蜺。"读完陆游全集,我们总是被他个性鲜明、风格独特的诗文所折服。看了他在诗文中表明自己对诗文创作规律的探索,我们才知道这是他终生的追求。

[1] 疾风选编:《陆放翁诗词选》,浙江人民出版社1958年版,第357页。

[2] 疾风选编:《陆放翁诗词选》,浙江人民出版社1958年版,第371页。

[3] 疾风选编:《陆放翁诗词选》,浙江人民出版社1958年版,第353页。

[4] 疾风选编:《陆放翁诗词选》,浙江人民出版社1958年版,第356页。

最后，陆游诗风的流变。

陆游少年学诗，师出多门——学过陶渊明的诗、王维的诗、岑嘉州的诗，但一直没有找到一条适合自己诗歌创作的道路。自从和曾几相识，陆游才从他丰富的学识与浓厚的爱国主义思想的结合中找到一条诗歌创作的新路子，从此诗歌创作的质量不断提升，创作热情更加饱满，写作技巧日臻成熟风格也更加鲜明。在陆游中年时，曾出任边塞，深入抗击外族侵略的前沿，这使他的诗歌一变而为慷慨激昂、热情洋溢，充满了爱国主义的浪漫情怀，一直到晚年隐居山林，仍然没有衰退。晚年陆游诗歌创作风格，较中年时期的雄放豪迈有所转变，这时他写了许多反映乡村风光、风土人情的诗作，体现了诗人闲散恬淡的襟怀，但偶尔还是流露出作者爱国的热情，如回想当年"楼船夜雪瓜洲渡，铁马秋风大散关"的军旅生涯等诗作，特别是那首绝笔诗《示儿》更是感人至深。陆游一生所处的时代是多灾多难的时代，这就注定了陆游这位具有强烈爱国主义精神的诗人也必定是多灾多难的一生。元好问曾说过："国家不幸、诗人幸。"这倒也说出了时代兴衰与诗人创作丰歉的关系。如果杜甫不是生在安史之乱，他能写出那么多深刻反映民生疾苦的诗作吗？时势造英雄还是有一定道理的。

第三，形成陆游诗词美学风格的原因。

儒家传统的忠君爱国、积极入世的思想深刻地影响着陆游。春秋时代的孔子就是一位热心救世，"知其不可为而为之"的楷模。孔子为了实现自己的政治理想，周游列国，游说诸侯国君，风尘仆仆，颠沛辛劳，"席不暇暖""三月无君则吊"，以及"博施于民而能济众""修己以安百姓"的思想与精神实是难能可贵，令人可敬可佩。孟子在《公孙丑章句下》中表现出来的"如欲平治天下，当今之世，舍我其谁也"[1]的高度使命感、责任感必然影响陆游世界观的形成。绍兴二十六年（1156年），陆游提出"学者当以经纶天下自期"，从这里可以知道，他的世界观又必然影响到他的文学观，反映到他的诗文创作中。儒家思想中"达则兼济天下，穷则独善其身"的思想在陆游的诗文创作中都有充分的体现。

儒家诗学道统对陆游诗词创作及美学风格的形成都有深刻的影响。孔子在《论语·为政篇第二》中说过："诗三百，一言以蔽之，曰：'思无邪。'"在《论语·阳货篇第十七》中又说："小子何莫学夫诗？诗，可以兴，可以观，可以群，可以怨。迩之事父，远之事君；多识于鸟兽草木之名。"这些话充分表达了孔子对诗歌的社会作用的认识。孔子在《论语·季氏》一章中还说："不学诗无以言"，孔子的意思，不是说不学诗就不能说话，而是说不学诗就不能说漂亮的话和得体的话。特别是孔子继承《尚书·尧典》中"诗言志"的思想对后代包括对陆游的影响就更大一些。《左传·襄公二十五年》中就引孔子的话说："志有之；言以足志，文以足言；不言，谁知其志！言之无文，行而不远。"孔子在这段话当中就讲到了志与言与文的关系，对后代文艺美学思想的发展有着较大的影响，

[1] 刘宏章、乔清举校注：《论语·孟子》，华夏出版社2000年版，第195页。

起到开先河的作用。这些儒家诗学观点对于饱读四书五经，致力科举，然后走上仕途的陆游来说影响肯定十分深刻，这些都能在他的诗词创作和文学理念等方面得到印证。

第四，富有个性的美学风格的追求。

陆游在他漫长的一生中，形成了自己富有个性特征的美学风格。在长期的创作实践中逐渐表现出来的个性特征，包括学识、修养、个人气质以及时代影响下作者对审美感受的把握。因为风格的形成有一个较长的过程，所以，这一过程是动态的，充满变化的。

诗人通过自己的审美理想去把握生活，而审美理想的经验基础，使得诗人的审美感受具有极大的个性色彩和经验差异，使得他们在把握现实时有自己独特的追求和所采取的独特方式，从而形成独特的风格。陆游诗词美学风格的主要基调是雄放，很明显陆游的美学风格就不同于苏东坡和辛弃疾。有人曾把陆游比之于李白，此事见罗大经《鹤林玉露》卷四《陆放翁》："寿皇尝谓周益公曰'今世诗人，亦有如李太白者乎？'益公因荐务观，由是擢用，赐出身，为南宫舍人。"周必大之所以推荐陆游，一是当时名气如李白那么大的诗人只有陆游，二是陆游诗词风格的雄放豪迈很似李白。但从后期诗作的发展看，风格更接近杜甫，接受了杜甫忧国忧民的思想和诗歌做派。

创作个性的稳定性和特殊性，使得作者对于能够打动他的那部分生活美和现实美显得特别敏感，对这种美的生活境界表现出异乎寻常的兴趣和不断的追求，因而有着别的诗人所不具备或没有的特殊审美感受。当把这种特殊审美感受不断地在表象的寻求、表象的分解和综合中，把意象转化为形象，以一定的传达手段表现出来，就有了创作个性和风格。我们看陆游的诗作，能感受到他恢复中原的精神始终存在，诗中既有李白的豪放，更有杜甫忧国忧民的忧愁。这是由陆游思想、性格、审美感受所决定的。在宦海沉浮中，陆游历经过多次政治上的打击，为了求得心理平衡与安慰，他接受了道家的思想，因此在诗作中表现出闲散恬淡的诗风和心态。

从以上分析，我们不难看出，诗人艺术风格的形成，离不开对文化遗产的继承和吸收，以此来滋养自己的审美素质。

陆游是一位中国文学史上寿命较长，创作勤奋，存诗最多的诗人，他留给后人的美学课题也最多。

第二节　严州史学

一　袁枢与《通鉴纪事本末》

（一）袁枢在严州编写《通鉴纪事本末》

袁枢（1131—1205年），字机仲，建安（今福建建瓯）人，17岁入太学，试礼部辞赋第一。孝宗隆兴元年（1163年）考中进士。历任温州判官、严州教授、太府丞兼国史院编修、大理少卿、工部侍郎兼国学祭酒、右文殿修撰、江陵知府等职。晚年喜读《易经》，著有《易传解义》《辩异》等书。乾道九年（1173年），袁枢出为严州教授，在任四年。此时，除忙完公事外，有许多时间可以自由支配。于是，他努力完成终生的愿望，编写《通鉴纪事本末》。淳熙元年（1174年），终于完成书稿的编写。淳熙二年（1175年）刊成于严陵郡库，为官刊初刻本，由待省进士、州学直学兼钓台书院讲书胡自得党工，承直郎差充严州州学教授章士元董局。此书世称"严州本"或"小字本"，半页13行，每行24字（间有20至26字者），白口，左右双栏。版心下鱼尾下先记页数，次记字数，次记刊工姓名。前有淳熙元年（1174年）杨万里的序言，后有淳熙二年（1175年）朱熹及吕祖谦后序，笔迹朴厚，似以手迹上板。卷前又补抄章大醇序。近人傅增湘在《藏园群书题记》初集卷二对此书有按："（严州刻本）字体方严，摹印清朗，绝无挖补之痕。其中缝刊工人名逐叶咸具，而字数记在下鱼尾下刊工之上，尤为宋版所稀见。"给予极高的评价。宝祐五年（1257年），湖州重刊此书，称"大字本"或"湖州本"。傅增湘通过对"严州本（小字本）"和"湖州本（大字本）"的反复比较，认为"（严州本）书法劲整，有颜筋柳骨之风，且核对颇审，实出大字本之上"。

北宋史学家司马光编撰的《资治通鉴》一书，不仅具有很高的史学价值，而且代表了北宋史学的最高水平，对后来的史学发展都产生了极大的影响。继此书问世之后，后世学者不断予以补撰、续作、改编、注释、评论，形成了一种专门的学问。其中在改编《资治通鉴》的各种著作中，袁枢的《通鉴纪事本末》和朱熹的《资治通鉴纲目》，在史书体裁上做出创新。袁枢编撰《通鉴纪事本末》的直接原因，就是为了解决通读《资治通鉴》的困难，试图寻找一种新的编写方法，让读者对历史事件有一个整体的概念。司马光的《资治通鉴》记述了1300多年的历史，取材广泛，但它是按年月记述的，一个大的事件因为时间长，往往被搞得支离破碎，使急于了解事情真相的读者觉得不方便。司马光在完成此书的编撰之后，已经意识到这一问题。原想编一部《资治通鉴举要历》，出一本《资治通鉴》的简编本。终因年纪大，力不从心，未能完成，成为他的一大遗憾。最后，这一心愿由袁枢来完成。

（二）《通鉴纪事本末》一书的史学贡献

袁枢是一位非常注重史德的史学家。在他担任国史编修时，北宋宰相章惇的子孙利用和袁枢的同乡关系，请求为章惇作传时曲笔回护。袁枢说："子厚为相，负国欺君，吾为史官，书法不隐，宁负乡人，不可负天下后世共议。"《宋史·袁枢传》谓"（袁）枢常喜诵司马光《资治通鉴》，苦其浩博乃区别其事而贯通之，号《通鉴纪事本末》"。袁枢根据《资治通鉴》记载的重要史实，以事件为中心，按照《资治通鉴》原来的年次，分类编纂，抄上原文，包括司马光本人的史论，每件事情标上题目，而袁枢本人并不发表个人的意见。这样，共编集了239个故事，66个附目，上始于战国时期的"三家分晋"，终于后周的"世宗征淮南"，共42卷，总共记载了305件历史大事。《通鉴纪事本末》选目侧重于国家统分、社会治乱、女后外戚干政、宦官参政专权、朝廷与地方关系、中国与周边国家关系等，都是"有补治道"的政治军事大事，非常适合统治阶级需要。《通鉴纪事本末》问世以后，立即受到社会各界的广泛关注。宋孝宗淳熙二年（1175年），严州郡庠首刻本一出来，马上被抢购一空，不到一年就又重印。著名学者杨万里、吕祖谦、朱熹为此书作序跋，赞不绝口。杨万里说："由周、秦以来，曰诸侯、曰大盗、曰女主、曰外戚、曰宦官、曰权臣、曰夷狄、曰藩镇，亦不一亦，而其源不一哉……得其病之之源，则得其医之之方矣，此书是也。有国者不可无此书。"次年，时任参知政事的龚茂良得到《通鉴纪事本末》一书，立即推荐给孝宗皇帝，孝宗边阅读边赞叹，后诏严州摹印十部，赐予太子和镇守江淮的将帅，命他们熟读此书，并说："治道尽在是矣！"（《宋史·袁枢传》）《通鉴纪事本末》一书在史书体裁创新方面有突出贡献，首创编年、纪传、典制体并驾齐驱的纪事本末体，成为中国传统史学的一种主要体裁。袁枢并非把原书事件摘出，简单排比，而是把原书拆散，按照一定体例，以事件为中心，按照事件发生和发展的时间顺序完整地叙述出来，达到了"寨事之成，以后于其萌；提事之微，以先于其明"的效果。以"秦灭六国"为例，《资治通鉴》把史事按时间分散在卷二至卷七的141年中，豁裂散漫，难稽首尾。《通鉴纪事本末》则把这六卷中的170余条汇集起来，按时间顺序依次载录了秦孝公、惠文王、武王、昭襄王、孝文王、庄襄王、秦王政吞食六国以至统一中国的全过程。对于袁枢的体裁创新和《通鉴纪事本末》的价值，清代史学家给予较高的评价。王鸣盛充分肯定此书的作用："此书分《通鉴》为二百三十九事，一事为一篇，颇便下学。觉《纲目》不作无害，而此书似不可无。"他认为可以没有朱熹的《资治通鉴纲目》，而不能没有袁枢的《通鉴纪事本末》

某位四库馆臣也认为：

> 自汉以来，不过纪传、编年两法，乘除互用。然纪传之法，或一事而复见数篇，宾主莫辨；编年之法，或一事而隔越数卷，首尾难稽。枢乃自出新意，因司马光《资治通鉴》区别门目，以类排纂，每事各详起讫，自为标题；每篇各编年月，自为首尾。始于三家分晋，终于周世宗之征淮南，包括数千年事迹，经纬明晰，节目详具，前后始末，一览了然，遂使纪传、编年贯通为一，实前古之所未见也。

这个评价比较客观，它既说明袁枢"自出新意"著书的主观目的非常明确，又指出纪事本末体裁"千古之所未见"，是袁枢的首创。历史学家章学诚更加明确地指出纪事本末体史书的优点：

> 《尚书》圆而神，其于史也，可谓天之至矣，非其人不行，故折入《左传》，而又合流于马、班。盖自刘知几以还，莫不以谓《书》教中绝，史官不得衍其绪矣。又自《隋·经籍志》著录，以纪传为正史，编年为古史历代依之，遂分正附，莫不甲纪传而乙编年。则马、班之史，以支子而嗣《春秋》，荀悦、袁宏，且以左氏大宗，而降为旁庶矣。司马《通鉴》病纪传之分，而合之以编年。袁枢《纪事本末》又病《通鉴》之合，而分之以事类。按本末之为体，因事命篇，不为常格，非深知古今大体，天下经纶，不能网罗隐括，无遗无滥。文省于纪传，事豁于编年，决断去取，体圆用神，斯真《尚书》之遗也。

可见《通鉴纪事本末》开创了中国传统历史编纂学中的纪事本末体裁，打破了唐宋以前数百年编年、纪传两种体裁相互争衡、徘徊不前的局面，使中国古代史学发展到一个新的历史阶段。

二 严州历史上最早的志书——《严州图经》

《严州图经》是严州历史上最早的志书。严州历史上良好的修志传统就是从南宋时期建立起来的。《严州图经》事以类从，横排门类，纵叙史实，纵横结合，志、传、录、图、记兼用，以志为主，以类为编，适度策论。《严州图经》重视地方的人文历史、风俗特产、乡贤名人等内容，呈现了修志的基本要素，为后世修志立下了规范。

《严州图经》由南宋董弅主修，喻彦先检订，陈公亮重修，刘文富订正。董弅时官知严州军州事，刘文富时官州学教授。《严州图经》修于南宋绍兴九年（1139年），淳熙十一年（1184年）重修。全书共八卷。今所流传的为淳熙重修本，存三卷。卷前有图，为子城图、建德府内外域图、府境总图、建德县境图、淳安县境图、桐庐县境图、遂安县境图、寿昌县境图、分水县境图。第一卷为州郡之经，包括历代沿革、分野、风俗、州境、城社、户口、学校、科举、廨舍、馆驿、土贡、税赋、仓场库务、军营、坊市、桥梁、物产、沟渠、县境、寺观、祠庙、古迹、贤牧、学校、登科记、人物、碑碣。第二卷为建德县经，包括历代沿革、县境、城社、乡里、户口、廨舍、知县题名、馆驿、土贡、税赋、课利、寺官、祠庙、山、水、滩、古迹、贤令、人物、碑碣、坟墓。第三卷为淳安县经。包括历代沿革、县境、城社、乡里、户口、学校、廨舍、馆驿、仓务、土贡、赋税、寺观、祠庙、山、水、滩、古迹。

图经，原指除文字外兼用图画来说明历史发展情况的书籍。图经是属于地理志一类的书籍，文字外多附有地图，故以图经命名的为多。实际上，地理类的图经，最早的面貌是以图为主，附加文字。但图形的表达虽然很直观，却相当费时费力，叙述的进度也相当缓慢。正因为文字的表达十分便捷，更重要的是文字可以表达图形无法表达的内容，所以，后来当图经中需要说明的事情越来越多时，文字部分的表达也越来越细致。这样一来，图的作用就逐渐退到次要的位置上去了，图经这个名称也逐渐被志所替代了。北周的《周地图记》现已佚失，所以，我国现存较早的一部有地图的图经就是《严州图经》。自从它诞生后，几经重修，历经沧桑。

南宋绍兴九年（1139年），严州知州董弅修撰完毕，他在《严州图经》的序言中这样说道：

> 绍兴七年，弅来承乏，尝访求历代沿革、国朝典章、前贤遗范，率汗漫莫可取正。询诸故老，则曰：是邦当宣和庚子盗据之后，图籍散亡，视它州尤难稽考。……于是，因通判军州事孙傅有请，乃属僚属知建德县事熊通、州学教授朱良弼、主建德县簿汪勃、主桐庐县簿贾廷佐及郡人前汉阳军教授喻彦先相与检订事实，各以类从，因旧经而补辑，广新闻而附见，凡是邦之遗事略具矣。

这篇序文中"因旧经而补辑"的"旧经"，是指北宋年间的《诸路图经》。《宋史·真宗纪》："大中祥符三年丁巳，翰林学士李宗谔上诸道图经。"《续资治通鉴》："真宗大中祥符三年十二月丁巳，翰林学士李宗谔等上《新修诸道图经》千五百六十卷，诏奖之。"[1]由此可见，在北宋祥符年间，本没有专门的图经，而是当时全国大行政区划的"路"（唐时称为"道"）的图经。董弅主修的这部《（绍兴）严州图经》早已亡佚，这在郑樵的《通志》中都未见记载。

淳熙十一年（1184年），知州陈公亮到任。第二年，"时和年丰，讼简刑清，百废俱举，课最之余，因取旧经，命文富订正之，将再锓诸木"[2]。淳熙十三年（1186年），图经刻成，名《重修严州图经》，后人把这部图经叫《（淳熙）严州图经》。这部图经保存了《（绍兴）严州图经》中董弅的序文。图经分历代沿革、分野、风俗、州境、陆路、水路、城社、户口、学校、科举、廨舍、改充、馆驿、仓场库务、军营、坊市、桥梁、沟渠、物产、今产、土贡、税赋、寺观、祠庙、古迹、贤牧、题名、登科记、人物、碑碣等门类，前附子城图等图。

在《（淳熙）严州图经》修撰完成之后，还有过几次修改增补。因为最早的《（淳熙）严州图经》所记年代的下限为淳熙丙午（1186年），而残本《严州图经》一直记到宝祐五年（1257年）。这个年限比《（淳熙）

[1]（清）王鸣盛：《十七史商榷》，上海书店2005年版，第58页。

[2]永瑢编校：《四库全书总目》卷四九《通鉴纪事本末提要》，中华书局2003年版，第437页。

严州图经》的年限晚了71年。可以肯定，这71年内，图经曾经有过几次增补修改。残本《严州图经》卷首录有清代瞿镛铁琴铜剑楼《藏书目录》中的一段话：

> 《严州图经》三卷。宋严州郡守陈公亮修，前有绍兴己未知军州事董弅序及淳熙丙午州学教授刘文富序。王氏《舆地纪胜》、陈氏《书录》、马氏《通考》俱作《新定志》，即此书也。

三 《严州图经》的续本——《景定严州续志》

《严州图经》的续本是《景定严州续志》（确切地说是《新定志》的续本）。据现存的《严州图经》的"知州题名"所记，下限为宝祐四年（1256年）吴燨罢任；建德县"知县题名"所记，下限为自宝祐五年（1257年）杜林去任开始记起，两书的说法基本吻合。据《四库全书总目提要》："《景定严州续志》，十卷，宋郑瑶、方仁荣同撰。瑶时官严州教授，仁荣时官严州学录，共始末则均未详也。所记始于淳熙，迄于咸淳，标题惟曰《新定续志》，不著地名，盖刊附绍兴旧志之后，而旧志今佚也。"这里要指出三个错误：一是"所记始于淳熙"，应该始于宝祐，紧接着《新定志》；二是"盖刊附绍兴旧志之后"，应该是附于《新定志》之后；三是"不著地名"，其实"新定"就是严州的古地名。

《景定严州续志》分节镇、城关、户口、列廨、仓场库务、馆驿、行衙、坊市、郡官建置、贤牧、名宦、瑞产、荒政、税赋、军饷、学校、钓台书院、州学教授题名、贡举、登科题名、乡饮、乡会、人物、山、水、寺观、祠庙、古迹、碑碣、书籍等门类，行文简洁明了，体例深依方志法则，故《提要》说："（《景定严州续志》）叙述简洁，犹舆记中之有古法者。"

《四库全书总目提要》中还提到这么一件事：

> ……其户口门中，载宁宗杨皇后为严人，而乡会门中，亦载主集者为新安郡王、永宁郡王。新安者杨谷，永宁者杨石，皆后兄杨次山之子也。而《宋史》乃云：后，会稽人，当必有误。此可订史传之讹矣。

睦州淳安人杨皇后，在《宋史》中定为会稽（今浙江绍兴）人，而《续志》成书早于《宋史》，所言当可信。

第三节 严州理学

一 理学家朱熹与严州

(一) 朱熹生平介绍

朱熹是儒家系统中的著名代表人物之一，也是在我国封建社会思想文化领域影响较大的一位思想家。从学术成就上看，他是宋代理学家的集大成者，也是宋明理学最突出的代表。从历史地位和社会影响上看，朱熹在中国古代学者中，是屈指可数的几位伟人之一。

朱熹（1130—1200年），字元晦，又字仲晦，别号晦庵，60岁以后自称晦翁。祖籍徽州婺源（今属江西省婺源县），宋高宗建炎四年（1130年）出生于福建南建（今福建南坪市）龙溪县，卒于宋宁宗庆元六年（1200年），葬于建阳塘石里之大林谷。

朱熹的祖辈世代做官，为"婺源著姓，以儒传家"，其家族在地方上很有名望。据江永编著的《近思录集注·考订朱子世家》记载："唐末，有朱古寮者，世为婺源镇将，因家焉。"自朱古寮传至朱森为第七代。朱森为朱熹之祖父——"森生松，为朱熹之父。朱松，字乔年，号韦斋，官吏部"——不到20岁就中进士，授建州政和尉，后来"因召对，称善，改左宣教郎，除秘书省校书郎"，嗣后在吏部做官，他曾上疏极力反对秦桧与金人议和，最后受任出知饶州（今江西波阳）未赴任。"得主管台州崇道观。"喜欢研究历史，"取经子史传，考其兴衰治乱，应时合变"。朱森也是一位理学家，是罗从彦的学生，学习过杨龟山（时）所传的河洛之学，其著作有《韦斋集》十二卷，外集十卷。朱松在朱熹出生的那年就失去官职，只好以教学为生，家境比较困难，更为不幸的是，当朱熹14岁时，其父就去世了。年少的朱熹，只好遵照遗嘱的安排，依靠父亲生前好友刘子羽过日子。

从朱熹的生平事迹来看，他一生的大部分时间都是在读书、讲学和注释儒家经籍。因此，他在学术上的成就比其他方面更为卓著。朱熹虽然多次担任地方官职，但每次时间都不长。他自24岁开始做官，到71岁去世，共被授官二十余次。由于权臣当道，朱熹多次遭受排挤，有时辞而不就，真正在地方上做官不过10年，在朝廷中做官时间更短。可见，其仕途坎坷，很不顺利。

朱熹出身于儒学世家，他的父亲朱松对朱熹的教育十分认真。《宋史》本传说："熹幼颖悟，甫能言，父指天示之曰：'天也'，熹问曰：'天上何物'？"这个传说，说明朱熹自幼就是一个具有强烈求知欲望的人，由于朱松是在二程理学思想教育下成长起来的儒生，他对儿子的要求自然是按照儒家学做圣贤的目标去实行。据《朱子年谱》中记载，朱熹在10岁时就"励志圣贤之学"，每天如痴如醉地攻读《大学》《中庸》《论语》《孟子》。他自己回忆说："某十岁时，读《孟子》，至圣人与我同类者，喜不可言。"[1]从此，朱熹立志要做圣人。以后他又教育学生说，"凡人须以圣人为己任"。

朱熹在学习上的勤奋用功，可以从《年谱》的记载中得知一二。据记载，当他十五六岁时，读《中庸》"人一己百，人十己千"一章，"悚然警厉自发"，决心"以铢累寸积而得之"。"人一己百，人十己千"是《中庸》第二十章中的话。其原文说：

> 博学之，审问之，慎思之，明辨之，笃行之。有弗学，学之弗能，弗措也；有弗问，问之弗知，弗措也；有弗辨，辨之弗明，弗措也；有弗行，行之弗笃，弗措也。人一能之，己百之；人十能之，己千之。果能此道矣，虽愚必明，虽柔必强。

这段话是指导人们做学问的重要途径和方法。所谓"博学之"就是要广泛地汲取各种知识；所谓"审问之"就是学习时须详审察问，把不明白的问题弄清楚；所谓"慎思之"就是指思考问题须在慎字上下功夫；所谓"笃行之"，就是要把所学的东西认真付诸实行。《中庸》是儒家经典之一，它讲的学、问、思、辨、行本来是学习和实行圣贤们学说和道德的规范。但作为一般的为学方法，上述要求对我们是具有借鉴作用的。朱熹在学术上之所以能够取得那么巨大的成就，就是因为他能够按照这个途径和方法去实行。他后来深有体会地说，"某自十六七时，下功夫读书，彼时四旁皆无津涯，只自恁地硬著力去做，至今虽不足道，但当时也是吃了多少辛苦读书"（《年谱》卷一）。由于学习上进步很快，他在18岁时就考上建州乡贡，19岁又考中进士。在取得进士资格以后，朱熹继续勤奋读书。24岁时，朱熹徒步数百里，求学于当时著名理学家，他父亲的同学李侗。公元1160年，正式拜李侗为师。李侗是程颐再传弟子罗从彦的高足，而罗从彦则是二程著名弟子杨时的学生。朱熹受学于李侗之后，潜心于理学的研读，很快就成为李侗的得意门生。李侗曾赞扬他"颖悟绝人，力行可畏，其所诧难，体人切至，自是从游累年，精思实体，而学之所造亦深矣"。并说朱熹"进学甚力，乐善畏义，吾党罕有"（《年谱》卷一）。这样，朱熹终于全面继承了二程理学，并且进而集之大成，成了宋明理学家中的最高代表。

朱熹在年轻时，读书的范围十分广博，除四书五经外，对先儒的书乃至诸子百家、禅、道、兵书、史书等无不涉猎，甚至还吸取了许多自然科学知识。他是一位知识非常广博的大学问家。宋高宗绍兴二十一年（1151年）朱熹22岁，官授左迪功郎，被派往泉州同安县为主簿。他在任职期间，主要是为封建国家收赋税，按照儒家礼教整饬民风。他纠正了当地贫民因"贫不能聘"而行的"引伴为妻"的陋习。他还积极搜集藏书，在同

[1]（元）脱脱等撰：《宋史》，中华书局1997年版，第75页。

安建立了"经史阁"和"学宫",招收生徒进行讲学,并以《周礼》《仪礼》和唐宋礼制为蓝本,绘制了礼仪、器用、衣服等图,教授学生习用。

朱熹为官正直,能体察民情。公元1167年秋天,福建崇安发大水,朝廷派他前往视察灾情,他曾遍访于崇安各山谷之间。在视察中,朱熹发现"肉食者漠然无意于民,直难与图事"。他说:"若此学不明,天下事决无可为之理。"由于灾情严重,粮食无收,地方官不认真救济,到次年青黄不接之时,就在崇安发生了饥民暴动。这时,朱熹与知县诸葛廷瑞共同发起,要求地方豪富,用藏粟赈救饥民,他又请求朝廷以"六百斛赈济",这才平息了饥民的暴动。由此,朱熹便想出了建立"社仓"的办法,并建议朝廷广为推行,以此解决农民在青黄不接之时的口粮问题。朱熹在各地做官期间,能够不畏强暴,以一定的魄力去反对邪恶势力,也提出了一些补救时弊的正确主张,同时还做了一些救民于水火的好事。从根本利益上讲,这虽然是为了巩固宋朝的统治,但比起那些昏庸腐败的官员来,则显示了朱熹的正直和远见卓识。但也应指出,朱熹作为一个笃行道学的封建卫道者和统治阶级的上层分子,其根本立场,还是站在统治者一边,因为他反对人民"犯上作乱",每当"饥民"或"流民"聚众闹争时,他就毫不犹豫地进行镇压。

朱熹一生从事理学研究,竭力主张以理学治国,但却不被当道者所理解,加上他在政治道路上举步艰难,所以其结局十分不妙。然而他为了实现自己的学说,却表现出了孔子那种"知其不可为而为之"的精神。公元1162年,他向孝宗上封事说,"帝王之举,必先格物致知,以及夫事物之变,使义理所存,纤细必照,则自然诚意正心,而后可以应天下之务"。劝说孝宗以身作则,照儒家经典中的义理办事,"任贤使能,立纲纪,正风俗",以达到国富兵强、抗金雪耻的目的。至次年,朱熹又乘孝宗召见之机,重申前议说,"大学之道,在于格物以致其知。陛下未尝随事以观理,即理以应事,平治之效,所以未著"。上述建议的基本内容是要求用"三纲领"(即明德、亲民、止于至善)和"八条目"(格物、致知、诚意、正心、修身、齐家、治国、平天下)为指导。先从皇帝本身做起,再施行于臣民。这些意见虽受到孝宗的赞许,但因阻力太大,未能得以施行。

宁宗即位之后,朱熹得到提倡理学的宰相赵汝愚推荐,官拜焕章阁侍制兼侍讲。这是朱熹唯一一次在朝中做官。他利用给皇帝讲书的机会,多次向宁宗讲述"正心诚意"的意义,要求皇帝身体力行。他在进言中,一是指出朝廷不应在京畿百姓遭灾之年大兴土木,"以慰斯民饥饿流离之难";二是要求宁宗"下诏自责,减省舆卫";三是要求整肃纪纲,维护朝廷的尊严,令"近习不得干预朝权,大臣不得专任己私"。这些言论,引起了宁宗的反感,而朱熹仍多次进言,"斥言左右窃柄之失"(《宋史》本传)。这更使宁宗对他产生了厌恶之心,仅在朝40日,就被撤去职务。此后，他回到家乡专心讲学著书。

宋孝宗淳熙二年（1175年），为了调和朱、陆两家的分歧，由另一位著名学者吕祖谦发起，邀请了朱熹和陆九渊、陆九龄兄弟共四五人在信州鹅湖寺（今江西铅山县境内）集会，讨论"为学之方"。这便是我国学术史上有名的"鹅湖之会"。

朱熹既是我国历史上著名的思想家，又是一位著名的教育家。他一生热心教育事业，孜孜不倦地讲学授徒，在教育思想和教育实践上，都取得了重大的成就。他倡办文化教育的目的，虽然是为了宣传封建统治的伦理思想，传播儒家的道德文化，但也做出了许多有益于后世的贡献，起到了弘扬民族文化、推进学术发展的作用。朱熹在世之时，曾经整顿了一些县学、州学，又亲手创办了同安县学、武夷精舍、考亭书院，等等。特别应当提出的是他重建了白鹿洞书院和岳麓书院，亲自制定了学规，编撰了"小学"和"大学"的教材，为国家培养了一大批封建知识分子，其中包括不少著名的学者，形成了自己的学派。

（二）朱熹的理学思想

理学又称道学，是中国封建社会后期居于统治地位的社会意识体系，它是以研究儒家经典的义理为宗旨的学说——即所谓义理之学。从研究方法上说，理学不同于过去以注释儒家经典为主的"汉学"，故人们又称宋代开始的义理之学为"宋学"。从世界观的理论体系来看，理学是在中国特殊历史条件下形成的一种新的哲学思潮。在其代表人物中，有以"气"为最高范畴的哲学家——如张载、罗钦顺、戴震等人，也有以"理"为最高范畴的哲学家——如二程、朱熹、陆九渊和王守仁等人。人们一般所说的"理学"，主要是指程朱和陆王之学，因为无论程朱或陆王，都把"理"作为自己哲学体系的最高范畴。这是宋明理学的主流。理学思潮的兴起，从政治上说，是为适应宋朝加强封建中央集权的需要。鉴于唐宋藩镇割据，"君君臣臣父父子子之道乖""三纲五常之道绝"的历史教训，为防止再度发生"臣弑其君"和"以下犯上"的事件，经过北宋建国以来几十年的艰苦营造，建构了理学这样一种学术思潮。它萌发于晚唐的韩愈"道统"说和李翱的"复性论"，奠基于周敦颐、邵雍、张载，初创于程颢、程颐兄弟，朱熹则是理学的集大成者。

朱熹深化和完善了本体论思想，他在二程初创的唯心主义理学基础上，总结了北宋以来唯心主义理学和唯物主义理学斗争的经验教训，建立了一个精致的、富于理性思辨的唯心主义理学体系，使之达到了唯心主义理学的最高水平。后人习惯把朱熹和二程的学说称为"程朱理学"。朱熹和二程一样，把"理"作为最高的哲学范畴。他说：

> 宇宙之间，一理而已，天得之而为天，地得之而为地，而凡生于天地之间者，又各得之以为性，其张之为三纲，其纪之为五常，

> 盖皆以此理流行，无所适而不在。

宇宙间的一切都充斥着一个普遍流行和无所不在的"理"，理生天地，成万物之性，展现为"三纲五常"。无论自然、社会和伦理道德，都体现了"理"的流行。"理"无所不在，这是对二程理一元论的继承和概括。在此基础上，朱熹又提出了"太极"这个概念，认为"太极"是"理"的总体。朱熹的理一元论哲学体系，主要可分为以下三方面。

首先，在"理"与"气""理"与"事"的关系上，主张"理气统一"。为此，他借用了张载气化论的思想，对理本体论的世界观做出了合乎逻辑的论证。其论证方式分两个步骤：第一步，就具体事物而言，朱熹断言"万物皆有理"，如在自然界，四时变化，"所以为春夏，所以为秋冬"是理；在动物界，"甚时胎，甚时卵"是理；在植物界，"麻、麦、稻、粮甚时种，甚时收，地之肥瘠，厚薄，此宜种某物，亦皆有理"。这些"理"都是指具体事物的"当然之则"及其"所以然"之故。第二步，从理本体论的角度看，朱熹则说："理未尝离乎气，然理形而上者，气形而下者，自形而上下言，岂无先后？"[2]说明"理气"虽然不可分离，但"理"是具有无形体特征的精神抽象，"气"是有形体特征的物质现象。就在"理"和"物"的关系上，朱熹强调"理"在"物"先。"理""事"关系也是如此。朱熹说：未有这"事"，先有这"理"——如"未有君臣已先有君臣之理，未有父子已先有父子之理，不成元无此理，直得有君臣父子，却旋道理入在里面"。从常识上无论如何都是讲不通的，这是朱熹唯心主义哲学的诡辩。

其次，在"理"的性质上，朱熹作了比二程更为抽象的论证和更明确的规定。他把作为宇宙本体的"理"和具体事物的"理"严格区分开来。在论证"理"是精神实体的过程中，朱熹采取了"体用一源""有无统一"的精巧方法，使他的哲学更具有抽象性和迷惑性。

再次，在"总理"与"万理"的关系上，朱熹提出了"理一分殊"的命题。他说："总天地万物之理便是太极"，"太极"是"理"的总体，就是"理一"。"理一分殊"否认了个别和一般的差别，把一般与个别相等同，这是形而上学观点。承认矛盾对立终归形而上学。朱熹发展了二程"无独必有对"的矛盾观。认为在自然界和社会的一切现象中，都存在着两两相对的矛盾。事物除了对立关系之外，对立事物之间还存在着相互联系和相互依存的关系。朱熹说："盖阴之与阳，自是不可相无者。"进而他又说：

> 天地之化，包括无外，运行无穷，然其所以为实，不越乎一阴一阳两端而已，其动静、屈伸、往来、阖辟、升降、浮沉无性，虽未尝一日不相反，规亦不可一日不相无也。[1]

---
[1] 郭齐、尹波点校：《朱熹集》，四川教育出版社1996年版，第595页。

他得出结论"凡物无不相反以相成"。这是对事物矛盾对立统一关系的基本概括。朱熹还认为，对立的事物也可以相互转化，"阴变阳、阳变阴"，各向其反面转化。他说："阴阳之道，无日不相胜，这个退一分，那个进一分"，"阳极生阴，阴极生阳"，阴阳之间存在着相互克服和斗争的关系，向着相反的方向发展，超过极限，就相互换位。

综上所述，朱熹在发展观上是从承认矛盾对立和发展开始，最后又归宿于形而上学的不变论。他提倡"格物致知"，强调"知先行后"。"格物致知"出于《大学》"致知在格物"一语，原无认识论意义，基本上是讲对一般道德的体认。明确从认识论的意义上解释"格物"的第一个人是程颐，他说："格犹穷也，物犹理也。犹曰穷其理而已矣。"朱熹继承了二程的说法，并建立了更系统的格物穷理说，他说："所谓致知在格物者，言欲致吾之知，在即物而穷其理也。"他通过对"格物致知"的阐释，表述了自己的认识论思想。性分"天命""气质"，明申理欲之辨。在人性问题上，朱熹直接继承了张载和二程的思想。朱熹把"天理"和"人欲"绝对对立起来，认为"天理人欲不容并立"。"天理存则人欲亡，人欲胜则天理灭。"克得一分人欲，就复得一分天理，当人欲被克尽之日，就是天理流行之时，这就达到了超凡入圣的境界。上述"存天理，灭人欲"的道德信条，在中国封建社会中，长期发挥着钳制人们思想、维护封建剥削制度的作用。

朱熹一生的建树，主要表现在他适应中国封建社会政治的需要，建立了一个博大精深的以"理"为核心范畴的唯心主义哲学体系。这个体系是以儒家政治伦理为中心，广泛吸取和糅合佛、道思想，又在理一元论基础上吸收一些唯物主义思想而建立起来的。朱熹之所以能够在中国封建社会取得如此崇高的地位，除上述原因外，还由于他是中国历史上一位少有的博学多识和思想深邃的学者，在他的哲学体系中包含了真理的成分。

（三）朱熹与詹仪之的交往

朱熹是著名的理学家、教育家。在哲学上继承和发展了二程（程颢、程颐）关于"理""气"关系的学说，集"理"学之大成，世称"程朱学派"。朱熹曾四次来淳安，与詹仪之商研理学，并在瀛山书院讲学。据《淳安县志》（1990年版）记载：

> 朱熹于乾道七年（1171年）至遂安康塘，会文于百琴楼。淳熙年间，朱又在瀛山书院与遂安詹仪之论学。

詹仪之（？—1189年），字体仁，南宋淳安（遂安县）县郭村（银峰村）人。詹氏家族有双桂书堂（淳熙二年詹骙状元及第后改名为瀛山书院），督教宗族子弟。詹仪之有志于学，在绍兴二十一年（1151年）中进士。乾道五年（1169年），张栻知严州，吕祖谦分教郡庠。詹仪之赋闲在家，与张、吕二人每日以问学为事，遂成莫逆之交。乾道七年、九年，詹仪之两次邀朱熹来瀛山书院讲学，与之往复问学，商补《大学》格致辞章。淳熙二年（1175年）詹仪之知信州，时值朱熹、吕祖谦、陆九渊兄弟等人在鹅湖论学，詹仪之往复问辨无虚日。淳熙四年，詹仪之任两广经略安抚使。上书论广盐官鬻之弊，孝宗嘉之，升为吏部侍郎，知静江府，在任六年，革除官鬻之弊。詹仪之为官，恪尽职守，曾说：

> 居官之法，尽心平心而已，尽心，则无愧，平心，则无偏。

不曾料想，功成之日，流言四起，终被贬官袁州。淳熙十六年（1189年）二月，詹仪之归退故里，朱熹到瀛山看望。是年七月，詹仪之逝世于家中。朱熹闻讯，于次年又来詹仪之故里具位致奠，写了《祭詹侍郎文》。詹仪之一生孜孜学问，乐善不倦，向为士林所重。

朱熹的《祭詹侍郎文》是这样写的：

> 维绍熙元年岁次庚戌七月癸丑朔十有一日癸亥，具位朱熹谨致奠于近故经略阁学侍郎詹公之灵：呜呼！世之学者众矣，其所以为学者，类不过出入乎口耳之间，求其笃志力行以期入乎圣贤之域者则鲜矣。惟公粹美之资，得于天秉。孜孜问学，乐善不倦。其尊闻行知之效，见于日用之间者，在家在邦，随事可纪。盖一本于中和，而行之以慈恕。信乎，所谓志于仁而无恶者矣！晚登从班，出镇南服，急于救弊，以绥其民，故不暇计百全之利，而其害有出于意虑之外者。上虽不获已于积毁之言，然暂谪而亟还之，则既有以知公之无罪矣。众亦咸谓商度财利，钩校米盐，本非所以烦儒学老成之士，莫不冀公之复起，而有以卒究其所学之蕴也。不谓归未及门，而遽以病告；税驾未几，而遂至于不起。此则有志于学者所以叹息流涕而遗恨于无穷也！熹辱知惟旧，蒙念亦深。闻讣逾年，一莫莫致。其为愧负，盖不胜言。缄词寓哀，尚祈鉴享。呜呼哀哉！

朱熹在祭文中表达了对詹仪之的敬仰，对詹仪之的学问给予了高度评价，对詹仪之的政绩也作了充分的肯定，其情、其言令人感动。

（四）朱熹与严州的感情

朱熹与严州的感情是非常深的，他赴京办事多次经过严州。过去严州是水上交通要道。朱熹后期许多活动都在浙、赣、闽三省交界处附近，从这里出发到京城临安（杭州）办事，严州是必经之地。严陵山水风光，激起了理学家的诗情。早在绍兴十八年（1148年）春，朱熹19岁，他赴临安参加省试，就写了一首诗，题为《桐庐舟中见山寺》：

一山云水拥禅居，万里江楼绕屋除。
行色匆匆吾正尔，春风处处子何如？
江湖此去随鸥鸟，粥饭何时共木鱼？
孤塔向人如有意，他年来借一蘧蒢。

绍熙五年（1194年），朱熹除知江陵府、荆湖北路安抚使，辞归，经严子陵钓台，他写了一首《水调歌头》（书钓台壁间他人所题后）：

不见严夫子，寂寞富春山。空余千丈危石，高插暮云端。想象羊裘披了，一笑两忘身世，来把钓鱼竿。不似林间翮，飞倦始知还？中兴主，功业就，鬓毛斑。驱驰一世豪杰，相与济时艰。独委狂奴心事，不羡痴儿鼎足，放去任疏顽。爽气动心斗，千古照林峦。

（五）"鹅湖之会"

在南宋的理学家中，陆九渊是名气很大的人物，他与朱熹同时代，比朱熹小九岁。朱、陆二人在治学目标上基本一致，但其思想方法和认识途径却大不相同。朱熹的理一元论把自然界和封建社会中的一切社会关系，以及一切思想、行为准则都归为"理"的体现。在治学方法上，他主张通过多读书、"泛观博览"去达到对"理"的认识。由于这种方法十分复杂繁难，必须下很大的苦功夫才能达到目的，因此陆九渊就觉得它支离烦琐，按照他的"心即理"的观点，主张求理不必向外用功，只须"自存本心""保吾心之良"，就可以达到对"理"的把握。

从哲学观点上讲，朱、陆两家是南宋时期唯心主义理学内部的两个不同学派，由于观点不同，两家在学术问题上进行了长期的争辩。朱、陆二人的辩论方式，主要是通过书信的往来进行交锋，然而"鹅湖之会"却是一次例外。

宋孝宗淳熙二年（1175年），为了调和朱、陆之分歧，由另一位著名学者吕祖谦发起，邀请了朱熹和陆九渊、陆九龄兄弟共四五人在信州鹅湖寺（今江西船山县境内）集会，讨论的主题是"为学之方"。这便是我国学术史上很有名的"鹅湖之会"。会议开始，陆九龄首先发难，作诗表明观点。朱熹听了一半，就对吕祖谦说："子寿（陆九龄字）早已上子静（陆九渊）的船了。"辩论开始，陆九渊和陆九龄再用一诗以表达自己的观点。陆氏兄弟把他们的为学之方标榜为"易简功夫"，而讥笑朱熹的治学之道是"支离事业"。陆学是从"心即理"的宗旨出发，认为朱熹的"泛观博览"和"即物穷理"的认识途径是支离琐碎而繁难的，不实用，只欣赏自己的"切己自反"和"发明本心"的理论。实际上陆氏兄弟的"易简功夫"，就是一种直觉的认识方法。朱熹听了陆氏兄弟的一套理论，很不以为然。会议进行了三天，双方各持己见，最后只好不欢而散。

"鹅湖之会"以后，两派继续辩论。从本体上来说，朱熹是属于客观唯心主义，陆九渊是主观唯心主义。"鹅湖之会"五年过后（1180年），陆九渊来到白鹿洞书院拜访朱熹，请朱熹为其兄陆九龄撰写墓志铭，二人一见如故，十分友善，并且表达了相互之间的仰慕之情。这件事说明，虽然朱熹与陆氏兄弟在学术上有意见分歧，但在学术交往上和待人处事上都有着豁达大度的君子之风。

二 严州知州、著名理学家张栻

（一）张栻生平介绍

张栻（1133—1180年），是南宋时期与朱熹、陆九渊、吕祖谦齐名的思想家，朱熹、张栻、吕祖谦三人传学于东南，时人誉为"东南三贤"，同时代的另一位学者陈亮说："乾道间东莱吕伯恭（吕祖谦），新安朱元晦（朱熹）及荆州（张栻）鼎立，为一代学者宗师。"[1]《宋史·道学传》将朱熹、张栻并列一传。两人的学术思想倾向基本一致，并且交往很深，他们相互切磋，相得益彰，共同发展了二程的理学思想，而且由朱熹集其大成。因此，张栻在理学史上占有重要地位。

[1] 孙平主编：《淳安县志》，汉语大词典出版社1990年版，第726页。

张栻生于宋高宗绍兴三年（1133年），卒于宋孝宗淳熙七年（1180年）。字敬夫，又字乐斋，号南轩，汉州绵竹（今四川绵竹）人。出身于大官僚家庭，他的父亲张浚，字德远，徽宗时进士，做过南宋高宗、孝宗两期的丞相，一生以恢复中原为己任，在他主持政务和执行军务时期，力主抗金，反对议和，并选拔重用韩世忠和岳飞等抗金名将，对稳定南宋统治做出了贡献。张栻从小就随父亲辗转各地，后来才定居衡阳。出生于这样家庭的张栻，从小就受到良好的教育和熏陶。

公元1163年，孝宗继位，张栻"慨然以奋战仇虏，克服神州为己任"。这时他父亲再次被起用（这以前受秦桧等主和派的排斥，被谪贬20年）开府治兵，都督军事，张栻"时以少年，内赞密谋，外参庶务，其可综画，幕府之人皆自以为不及也"。他秉承父志，反对和议，力主抗金。曾因军事入奏，进言孝宗，激励孝宗"上念宗社之仇耻，下闵中原之涂炭"，希望孝宗励精图治，革除因循之弊，报仇雪耻，匡复社稷。这次入奏，深得孝宗赏识，于是"乃定君臣之契"。以后，张栻又接连几次上书，要求抗金。据《宋史》记载：宋孝宗乾道元年（1165年）张栻受湖南安抚使刘珙之聘，主管岳麓书院教事，在此苦心经营三年，使书院闻名遐迩，从学者达几千人，初步奠定了湖湘学派之规模。乾道五年（1169年）又由刘珙推荐，除知抚州，未及上任，又改严州（今属浙江）。次年招为吏部员外侍郎，并暂时兼任起居郎侍立官，兼待讲。在这段时间，他做了几件非常出色的事情。一是在宋孝宗乾道六年（1170年），虞允文认为敌势衰弱，要求派使者前往金国，以索取徽宗、钦宗二帝陵寝为名，要求金人归还洛阳、巩县等失地,"士大夫有忧其无备而召兵者,辄斥去之"。只有张栻不怕打击、排斥,进见孝宗皇帝,陈述自己的看法,认为己方条件暂时还不具备,不应贸然出兵。最后说服孝宗皇帝,阻止虞允文的贸然军事行动。二是虞允文重用史正志为发运使,名为均输,实际上是大量猎取州县财赋,致使远近哗然,士大夫争相指责这件不得民心的事情。张栻面见皇帝,陈述利弊,最后终于停止了这件事情。三是阻止朝廷准备任用宦官张说除签枢密院事。由此,张栻得罪了虞允文及其他大臣,最后被排挤出朝廷,除知袁州(今属江西)。淳熙七年(1178年)张栻改任右文殿修撰,提举武夷山冲祐观。同年八月,年仅48岁的张栻就病逝于住所。

(二)张栻的理学思想

第一,以古圣贤相标榜,以二程之学为学统。张栻出生于一个忠义之风十分浓烈的家庭,从小接受儒家传统思想熏陶,"自其幼壮不出家庭而因以得夫忠孝之传"。28岁以前,张栻没有出去做官,一直在家读书,接受圣贤之教。绍兴三十一年(1161年),张栻遵从父命,去衡山拜胡宏为师。胡宏是南宋著名的理学家,全祖望对此人在儒学上的造诣十分推崇,认为"中兴诸儒所造,莫出五峰(胡宏)之上","卒开湖湘之学统"。在这样的老师指导之下,张栻获益匪浅。对张栻在胡宏门下的受业情况,朱熹曾这样记载道:

> (张栻)自其幼学而所以教者,莫非忠孝仁义之实,既长又命往从胡公仁仲先生问河南程氏学,先生一见知其大器,即以孔门论仁亲切之旨告之。公退而思,若有得也,以书质焉。而先生报之曰"圣门有人,吾道幸矣"。公以是益自奋励,直以古之圣贤自期,作《希颜录》一篇,蚤夜视省,以自警策。

张栻在叙述其师的学术渊博时说:

> 先生自幼志于大道,尝见杨中立(二程高足杨时)先生于京师,又以侯师圣(二程弟子)于荆门,而卒于传文定公(胡宏之父安国)之学,优游南山下二十载。

胡安国虽非二程嫡传,但他服膺二程,曾多次声称其学得之于"伊川书",又与二程之高足谢良佐、杨时交游切磋,因而接受了二程的学统;胡宏是他的儿子,又从其父接受二程的学统,再传给张栻。

第二,发挥程氏理学,阐述天人精髓。张栻的理学思想基本上是沿着二程的思路发展而来的。他对理学的发挥又具有自己独特的特点。在宇宙观上,张栻一方面强调"太极"是宇宙的本原;一方面又认为"心"是万物之主宰。他论述了"太极"(理)的本原性。对于太极之理与万物之理的关系问题，张栻的观点与二程的观点是一致的。另外，他还论述了"心"的主宰性，"心也者，贯万事，统万理，而为万物之主宰者也"。然后，他又认为："人心"就是"天理"。张栻的"心""理"等同论具体表现在他的"人心"即"天理"的理论中。他说："仁，人心也。率性立命知天下而宰万物者也……诚能存而识之，扩充而达之，生生之妙，油然于中，则仁之大体岂不可得乎！"他的这些思想是对程颢《识仁篇》的进一步发挥。在认识论上，张栻发挥了二程的格物致知论，并对知行关系作了更为详细的论述。张栻的格物致知是以性善论为基础，以"去人欲，存天理"为目的。在认识的来源、对象上强调"知吾所固有"，在认识途径上主张通过内省"格心之非"。张栻以"格"为"致"，以"物"为"理"，他把格物致知与理欲之辩相联系。张栻的格物致知论，虽然同程朱有共同之处，但又有所离异，它同主观唯心主义者陆九渊思想基本相同，但也表现了融和理学于心学的特点。在知行关系上，他不同意程朱的"知先行后"和"知主行次"论，提出了"知行互发"的主张。在这一问题上，他比程朱二人更科学。从学术成就上来比较，他不如朱熹那样博大精深，但从发展理学的贡献上看，张栻的贡献仍然是卓越的，一代理学宗师，张栻是当之无愧的。

（三）张栻在严州创作的诗文

张栻是一个非常尽职的知州，也是一个非常勤奋的作家，他在严州时间不长，但却创作了许多关于严州的作品，为我们留下了许多宝贵的精神财富。

一是诗。初到严州，张栻远远地看见乌龙山的雄姿，就有了创作的冲动，写了《寒食前三日野步乌龙山中石上往往多新芽手撷盈掬酌玉泉煮之芳甘特甚有怀伯承兄赋此以寄》诗：

> 披云得新脾，煮泉听松风。
> 香永味自真，不与余品同。
> 悠然泊莫留，归来隐疏钟。
> 念昔湘滨游，年年撷芳丛。
> 迟日照高岭，新雷惊蛰龙。
> 落硙快先啜，鼓腹欣策功。
> 夜灯紫筠窗，香生编简中。
> 谁与共此乐，臭味有邻翁。
> 揭来七里城，日月转飞蓬。
> 山川岂不好，予忧日忡忡。
> 酌此差自慰，思君复无穷。

诗中写了春天时节严州府所在地梅城的一些风光特色，如玉泉寺所在的"玉泉",还有"有风七里,无风七十里"的七里泷、七里滩,也就是诗中所写的"七里城"。古城梅花城是秀美的,"披云得新胜,煮泉听松风。香永味自真,不与余品同。悠然泊莫留,归来隐疏钟"。从"披云"两字,我们知道他已经爬过乌龙山了。从"煮泉听松风",我们知道他肯定去过玉泉寺了。初来乍到,张栻虽然对严州古城感到很新鲜,但禁不住他远离家乡产生的美丽乡愁,想起了故乡的朋友"伯承兄"。"念昔湘滨游,年年撷芳丛。"张栻触景生情,想起他们在一起那些非常难忘的日子。最后两句诗"山川岂不好,予忧日忡忡。酌此差自慰,思君复无穷"道出了他心里真实的想法——难道说这里环境不好吗?不是的,只是想念远方的朋友。这首诗情景交融,写得很感人。

二是文。张栻在严州写的文章有好多种类。一类是谢表。初到严州,按惯例,他就立即给皇上写了《严州到任谢表》:

奉诏中陛,分符近邦。已见吏民,敬颁条教。中谢。伏念臣禀资不敏,涉道未深。诵编简以穷年,粗守趋庭之训;虽江湖之屏迹,敢忘向日之心!藐兹忧患之余,时轸记怜之旧。既将详试以民事,又使密迩于行都。赐封彤庭,曲行睿奖。辞阙未更于积日,驱车已届于新封。仰在望之云天,依归曷已;顾来迎之父老,责望谓何!此盖伏遇皇帝陛下勇智继汤,聪明法舜。谓意诚心正,澄源虽自于朝廷;然本固邦宁,共理亦资于牧守。夫何迂懃,乃预选抡!惟是此方,素称瘠土,而其输赋,独重他州。编居半离于山林,稔岁犹艰于衣食。观其生理。良足兴嗟。臣谨当咨访里闾,推原根本,悉陈利害之实,仰冀恩泽之流。视民如伤,用体大君之德意;为国以礼,更思先圣之格言。

在表中,张栻告诉皇上我已经到任,接下来还要谦虚一下,说自己"禀资不敏,涉道未深",表明了自己的家教和想法,以及对皇上的思念与忠心,感谢皇上的信任。同时还要吹捧一下皇上的英明:"此盖伏遇皇帝陛下勇智继汤,聪明法舜。"然后,张栻把自己了解到的严州百姓的生活艰难情况向皇上汇报,希望皇上开恩。由此我们感受到了张栻爱民如子的仁爱心情。

张栻在严州当知州期间,对严子陵的高风亮节非常崇拜,为此,他专门写了《严子陵祠》《祭严先生》两则短文。

《严子陵祠》:

某以愚陋,被命来守此邦,窃仰先生高风于千载之上。视事之始,恨拘印绶,不得躬走祠下,敬遣迪功郎、严州州学教授郑某往致一奠。

《祭严先生》：

> 某切惟此邦之所以重于天下者，以先生高风之所存也。虽旧隐之地，祠像具设，而学官之中，烝尝独旷，其何以慰学士大夫之思？乃辟东偏，肇始祀事。嗟乎！世远道散，宠利相希，而事君之义益以不明。惟先生曾不以一毫动其中，启世祖贵德尊士之心，成东京砥节厉行之俗，施泽远矣！繄我多士，克承绎之。

文中讲得非常明确，严州之所以有名是因为有了严子陵。大家尊重严子陵的意义在哪里呢？关键是"启世祖贵德尊士之心，成东京砥节厉行之俗，施泽远矣！"

前面我们看了张栻写的关于乌龙山的诗，现在我们再看他写的《乌龙山神》这篇短文：

> 维乾道六年岁次庚寅五月辛亥朔十四日甲子，具位谨以牲币清酌，致祭于山之神。某窃惟古者诸侯各祭境内之山川，严其坛壝，洁其币牲，以致吾诚焉耳。后世立之栋宇，设为像貌，其失甚矣。仁安之山，实镇兹土，风去变化，雨我百谷，是为神灵，民所依赖，而严祀之所旷然未讲，其何以收聚？诚意克有感通，肇建兹坛，亦既讫事，谨率僚属再拜以祠。惟神昭相，俾雨旸以时，嘉生无疠，吏虽不敏，敢不率民敬事，永以无替！亦惟神之休。

这篇短文是写为了严州百姓能过上风调雨顺、五谷丰登的好日子，而去祈求乌龙山神的。由此看出他对百姓的热爱，是一个非常尽职的州官。

张栻在乾道五年（1169年），任严州知州时被宋孝宗皇帝召还，上殿询问有关儒学的事情，张栻写了《严州召还上殿札子（乾道五年）》一文：

> 臣闻前史称汉高帝不悦儒学，或以是为高帝之病。臣窃以谓高帝所恶特腐儒俗学耳。高帝聪明大度，其仗义履正，盖有与儒术暗合者，是以能成大业。然以高帝天姿如此，政宜用儒，惜乎当时不遇真儒谈实学耳，不然，则其治效又岂止此哉！夫所贵乎儒学者，以真可以经世而济用也。若夫腐儒则不然，听其言则汗漫而无纪，考其事则迂阔而无成，则亦安所用夫学哉？臣试举两事论之。夫所谓兵与财者，有天下者之所急也。腐儒之论则曰儒者不知兵，儒者不言财。曾不知子路问"子行三军则谁与"，孔子对以"必也临事而惧，好谋而成"。夹谷之会，强者儒焉，则知用兵未有若孔子也。孟子之言曰："无政事则财用不足。"则知理财未有若孟子也。腐

儒者己则不能，遂断以为儒者无是事，则所谓兵与财者国不可一日阙，则时君世主不免用夫肯任此者，而小人始得进矣。臣以为天下之事所以难立者，以夫所谓君子者不能任事。曰君子而不能任事，则事将归于小人，而弊始百出矣。此非特时君世主之过也，儒者不知学之过也。臣窃惟皇帝陛下以超世之资，恶腐儒俗学之害，甚似汉祖，然臣之愚，以为腐儒俗学固为害矣，而自古所以济世者实在于儒学。愿陛下无以腐儒之故而忽夫儒学之真，尊圣人制治之典，求开物成务之才，于以助成圣德，共济远图，实天下幸甚！取进止。

张栻在札子中阐明了自己对儒学的理解，指出我们需要的是具有真实意义的儒学，能解决实际问题的儒学；而不是腐儒，只会空谈，不会解决实际问题的儒学。正如李白在《嘲鲁儒》一诗中所说："问以经济策，茫如坠烟雾。"这样的腐儒，再怎样夸夸其谈，又有什么用呢？他在文中纠正了人们对"汉高帝不悦儒学"的偏见，不明真相的人认为这是"高帝之病"，其实，高帝是"所恶特腐儒俗学耳"。张栻高度赞扬了高帝的天资聪慧，只是当时没有碰到真正有学问的大儒，所以引起了人们的误解。腐儒不知"兵"与"财"，而历史上真正的大儒如孔子、孟子，他们都是有真才实学的，既懂军事，也懂财政。历史上的汉高祖是讨厌腐儒的，希望孝宗皇帝不要因为腐儒的缘故而忽视真正有学问的儒者，要"尊圣人制治之典，求开物成务之才，于以助成圣德，共济远图"。对孝宗皇帝充满着期待。这篇札子写得情真意切，说理透彻，给人以启发，引人深思。

张栻在严州任职期间还写了几封书信。古代的书信也叫启，如《答柳严州启》：

奉诏牧民，方待临川之次，蒙恩易郡，更叨桐水之除。自揆初心，敢忘素守！已上奉祠之请，辄辞乘传之行。岂不知在今此州，实拱行阙。仰云天之在望，知日月之可依。地望既隆，民俗且简。几席枕湖山之上，簿书杂鱼鸟之间。前瞻文正之风流，尚想子陵之节概。叨逾过分，夫复何言！然某方兹退伏于里间，且欲从容于学问。斯未能信，敢言轻试于治人；道之难明，祗合静求于在己。庶几有得，不辱其先。曰冀大君之仁，俯从小己之愿；岂谓山川之阻，忽勤鱼索之效。敢占芜辞，少叙鄙意。恭惟知府朝议以德履之甚茂，全天才之有余。惟自处期忠厚之归，故所至以牧养为事。翱翔中外，益著声猷。咏中和之诗，已腾声于近服；陈治安之策，即趋对于明庭。某未谐先观之期，徒负告新之意。敢借偃藩之乐，少留坐啸之娱。秋律既深，霜飚愈厉。愿体眷毗之厚，益精调护之宜。瞻颂之深，敷宣罔既！[1]

[1]杨世文：王蓉贵校点：《张栻全集》，长春出版社1999年版，第658页。

《答严州州县官启》：

> 南为祝融客，方自屏于江湖；郡枕子陵溪，忽起分于符竹。虽公朝之不弃，在私义之未遑。盖退而治己，尚多缺然；则出而临民，其敢率尔！辄上祠官之请，且惟编简之求。岂期薰慈，远贻庆问！三复辞情之美，益增颜面之惭。恭惟某官论议该深，见闻卓异。素所蓄积，蔚为瑚琏之珍；暂尔淹迟，莫掩斗牛之气。未遂同僚之幸，徒勤仰德之怀。愧感之深，敷宣罔既。[1]

[1] 杨世文、王蓉贵校点：《张栻全集》，长春出版社1999年版，第1125页。

《回严主簿启》：

> 发策大庭，飞英隽轨，所论不诡，公言允孚。惟皇家设科，本收多士之用；而君子从仕，岂为一身之谋？故官无尊卑，而报国则均；事无大小，而行志则一。方观远业，以慰舆情。先辱贶于辞笺，徒增深于感抱。

这三篇启都写得儒雅大方，风流自赏，气格雄浑，文采焕然。虽说是一般的书信，但作者却一点也不随意，而是非常认真地写作。有些段落简直就是很好的赋，对仗工整，骈四俪六，富有才情，如"仰云天之在望，知日月之可依。地望既隆，民俗且简。几席枕湖山之上，簿书杂鱼鸟之间。前瞻文正之风流，尚想子陵之节概"。"素所蓄积，蔚为瑚琏之珍；暂尔淹迟，莫掩斗牛之气。"读这些句子，简直就是在读诗，给人以美的享受。

三 严州教授、著名理学家吕祖谦

（一）吕祖谦生平介绍

吕祖谦，字伯恭，婺州（今浙江金华）人，生于宋高宗绍兴七年（1137年），卒于宋孝宗淳熙八年（1181年），人称东莱先生。与朱熹、张栻齐名，同被尊为"东南三贤"，"鼎立为世师"，是南宋时期著名的理学大家之一。他所创立的"婺学"，也是当时颇具影响的学派之一。吕祖谦出生于一个儒学和官僚世家，其先祖本东莱（今安徽寿县）人，六世祖时迁至开封。北宋时期著名的大官僚吕公著即吕祖谦的五世祖，从那时起，吕家便成为显扬于世的儒学世家。自吕公著开始，其家族"登学案者七世十七人"。

全祖望考证说，这个著名的宋代儒学世家，许多家族成员都是很有名望的儒家学者，同被选入《宋元学案》，名列儒学史册。吕祖谦的六世祖吕夷简，做过宋仁宗的宰相，封申国公（后徙许国公），显扬于时。五世祖吕公著，在宋仁宗、英宗时历任天章阁待制等职，神宗时为史中丞，哲宗时为尚书右仆射兼中书侍郎，死后赠申国公，是著名儒师胡瑗的学生，自己也是有名的儒家学者。吕公著之子吕哲在神宗朝历任崇政殿说书、知州等职，为北宋儒林中有名的学者之一，《宋元学案》对其人专立《荥阳学案》。吕公著次子吕希绩、三子吕希哲是著名象数学家邵伯温的学生，均为儒林学者。吕希哲之子吕好问、吕切问亦名列学案（《荥阳学案》中有传）。吕好问在钦宗时，官尚书右丞，恩封东莱郡侯。

吕祖谦的伯父吕本中，官中书舍人，兼权直学士院，南宋著名诗人，也是儒学名流之一，世称东莱先生（后人称吕本中为大东莱，称吕祖谦为小东莱），其学说及生平见于《宋元学案》卷三十六《紫微学案》。由上可知，吕家不仅是两宋著名的儒学世家，同时也是显耀于世的官僚世家，身为重臣者代有其人。

> 宋兴以来，宰相以三公平章重事者四入，而夷简公著乔梓，居其二焉，是以逮祖谦，绵历七八世，祖武孙绳，父作子述，一以多识前言往行，以畜德为事，家学渊源最为深远。

家学连绵相传，至吕祖谦乃发展为高峰，祖谦之后仍然连绵不绝。"故论者谓中原文献之传，独归吕氏，其他名公钜儒弗及也。"此虽有夸张之词，但也说明吕学在两宋占有重要地位，绝非虚言。

宋代儒学突破了汉儒严守师法和偏重训诂考据的治学方法，侧重于对儒家经典义理的阐释发挥，因而其思想方法比较灵活，有利于各家争鸣。因此，仅在南宋的理学阵营中，就形成了吕学、朱学、陆学三大不同的学派。如果从哲学上分，朱学属客观唯心论，陆学是主观唯心论，吕学则企图将心学和理学相调和，带有明显的折中主义色彩。全祖望在《宋元学案》中说：

> 宋乾（乾道）、淳（淳熙）以后，学派分而为三，朱学也，吕学也，陆学也。三家同时，皆不甚合。朱子以格物致知，陆学以明心，吕学则兼取其长，而复以中原文献之统润色之，门庭径路虽别，要其归宿于圣人则一也。

这说明在南宋理学阵容中，上述三派各有其特点，而吕学则带有综合朱、陆之学的特色。但从大范围看，三派同归宗于孔孟。"吕学"之称，是以学派创立人之名来名其学派，正如"朱学""陆学"以朱熹、陆九渊之名称其学派一样。在《宋元学案》中，全祖望还将"吕学"称为"婺学"，这是用地域名称来区别不同学派的方法。正如人们把朱学称为"闽学"一样。其实，上两种称号都不能说明某学派的性质。单就"婺学"而言,当朱、陆创立学派的同时,婺州地区还兴起了唐仲友和陈亮的"婺学",这仅仅是因为唐、陈二人所创学派都在婺州地区,其实他们之间学术思想并不相同,如陈亮创立的永康学派则反对空谈性理,带有明显的反理学性质,唐仲友之学虽称之为"婺学",却"不专主一说,苟同一人,隐之于心,稽之于古,合者取之,疑者阙之",也强调经世之学。全祖望说:"乾、淳之际,婺学最盛。东莱兄弟以性命之学起,同甫(指陈亮)以事功之学起,说斋(指唐仲友)则为经制之学。"这说明"婺学"又分为不同学派,故后人又将吕祖谦的学派称之为"金华学派",这个学派和朱、陆的学派同属南宋理学内部的三大派别之一。

"吕学"最大的特点是"不名一师,不私一说"。吕祖谦最初以恩荫入仕,但由于他是一位博学多才的学者,于孝宗隆兴元年(1163年)便考中进士,不久又考中博学宏词科,此后一直担任文教学术的职务,先后做过儒学教授、太学博士、讲官、史官,官至著作郎兼国史院编修和实录院检讨。这就为他从事学术研究和创立学派提供了良好的条件。在此期间,吕祖谦不仅撰著许多关于理学、史学和文学的著作,而且积极从事讲学授徒活动。宋孝宗乾道二年(1166年),吕祖谦护送母丧回到婺州,利用守孝时间,在武义县境内的招明山筑室暂居。在这段时期,吕祖谦专门从事讲学活动三年之久,"四方之士争趋之"。乾道八年(1172年),因为其父办理丧事,又回婺州,守孝期间,他的许多学生又回到他身边受业。这段时期,吕祖谦还同陆九渊、朱熹等人经常往来,互相进行学术交流。中国学术思想史上著名的"鹅湖之会"就是在这一时期由吕祖谦发起进行的。作为一个学派的创立者,吕祖谦的学生很多,据《重修浙江通志稿》记载,其可考者不下百人,他们来自南北各地的不同州县,其中以浙江及其邻省居多。仅《宋元学案·东莱学案》所载,较著名者有葛洪、乔行简、辅广等二十余人。另见于《丽泽诸儒学案》者六十三人。此外,尚有私淑弟子多人。吕祖谦晚年家居讲舍名为丽泽书院。全祖望在《宋元学案》中,除立有《东莱学案》专述吕祖谦、吕祖俭的行事及学说之外,尚立有《丽泽诸儒学案》叙其后学。他在《案语》中说:"明招学者自成公(吕祖谦)下世,忠公(吕祖俭)继之,由是递传不替,其与岳麓之泽并称……明招诸生历元至明未绝,四百年文献之所寄也。"

(二)吕祖谦的理学思想

吕祖谦的理学思想主要来自家传,而吕氏家学虽然不私一说,但仍以儒学为宗。他们同其他理学家一样,特别注重对《中庸》《大学》的"治心养性""穷理尽性"和"正心诚意"等学说的提倡和研究。在吕祖谦的理学思想中,也是以"正心诚意"和"治心养性"为其主要内容。他自己从幼年时期便躬行践履了这一思想。《宋史》本传说他"少卞急,一日,诵孔子言'躬自厚而薄责于人'。朱熹言:'学如伯恭,方是能变化气质。'"由此可以说,他算得上是履行圣人"治心养性"而改变气质的典范。在认识论和修养论上，吕祖谦仍然是以自存本心和"反求诸己"为根本。据此，他发挥了孟子的"良知良能"之说。这一路径虽然同"心学"一致，但又把程、朱以"穷理"为本的格物致知论同上述思想结合为一体，既主张"反求诸己"，又主张格物致知，以期达到保养良知良能，存其"本心"的目的。这也是企图把"心学"和"理学"相调和的表现。

"吕学"企图消除理学内部的门户之争，调和两家异同。"鹅湖之会"虽未达到这一目的，但吕祖谦在自己的学说中不仅充分体现了这一要求，同时也融会了其他方面的儒学思想。如果避开门户之见，"吕学"既不属朱，亦不归陆，而是具有自己的特色、自成一家之言的学术派别。在吕祖谦的学说中，也表现了一些超越理学范围的内容。

吕祖谦具有客观唯心主义的天理观。吕氏家学虽然博杂，但他们受二程思想影响很深。吕希哲曾与程颐共同师事胡瑗，后来又师事程颐，其子吕好问、吕切问也曾受业于程氏门人，吕祖谦不但从家学中接受了二程思想，还对在时代上相接替的杨时（杨龟山，二程之高足，南渡之后，被誉为"南渡洛学大宗"，死于吕祖谦出生前两年）十分崇敬。如他认为，读《中庸》"且专看龟山解为佳"。他对程颐的《伊川易传》特别推崇，认为这部书是"不可不朝夕讽阅"的重要典籍。这些事例证明，吕祖谦受二程理学思想影响很深。因此，在他的"天理"论中，把"理"或"天理"作为自己哲学的最高范畴。归纳起来，他的"理"或"天理"包含以下几层含义。其一，"理"或"天理"是超越时空而存在的宇宙万物之总则。吕祖谦说："物之逆乎天者，其终必还……天理则与乾坤周流而不息也。"[1]又说："天理之在天下，犹气之在万物也。……名虽千万，而理未尝不一也。"[2]"德者，天地万物所用得实然之理，圣人与天地万物同游之也。此德既懋，则天地万物各得其理也。"[3]"理"或"天理"既是自然界的总规律和最高原则，也是人类社会的最高原则。"天理"是万物运动变化之终极原因："大抵消息盈虚，天理之常，裁成辅相，君人之道也。"在人道中，它就是道德规范和礼乐刑政制度："理在天下，遇亲则孝，遇兄弟则为友，遇朋友则为义，遇宗庙则为敬，遇军旅则为肃，随一事而得一名，名虽千万而理未尝不一也。"同其他理学家一样，吕祖谦把维护封建宗法制度及一切礼乐刑政和军事等上层建筑的诸多制度和法规，都说成是"理"或"天理"的体现。总之，它是社会生活中的最高原则，是人类必须遵循而不可违背的天条。"循其天理，自然无妄。""凡物之逆于天者，其终必还……有限之力，岂能胜无穷之天也？"这显然是宿命论思想的表现。在吕祖谦的天理观中，"天理"和"天命"是紧密相结合的。他说："命者，正理也，禀于天而正理不可易者，所谓命也。使太甲循正理而行，安有覆亡之患哉？"在吕祖谦看来，"天命"所在，即"天理"所在，遵"天命"就是顺"天理"，违"天命"就是违"天理"。他说，"圣人之心"，就是顺"天理"，违"天命"就是违"天理"。他

[1] 舒大刚主编：《中国历代大儒》，吉林教育出版社1997年版，第568页。

[2] 舒大刚主编：《中国历代大儒》，吉林教育出版社1997年版，第568页。

[3] 潘富恩、徐余庆：《吕祖谦评传》，南京大学出版社1992年版，第15页。

说：“圣人之心，即天之心，圣人之所推，即天所命也。故舜之命禹，天之历数已在汝躬矣……此心此理，盖纯乎天也。"认为圣人之心体现了天之心，又体现了"天命"和"天理"。吕祖谦企图调和"理学"和"心学"，体现了"道""心"合一的想法。

吕祖谦一方面在"天理"论中把"理"或"天理"作为其哲学的最高范畴和宇宙万物的总原则，另一方面又特别强调"心"的地位和作用。他的主观愿望是要调和理学阵营中客观唯心论和主观唯心论的分歧，但其结果则是通过这种调和而通向了主观唯心论。首先，他把作为宇宙本体的"理"（"天理"）和进行思维活动而产生意识的"心"都说成是"纯乎天"的主宰者。他说："问心与性何以别？答曰：心犹帝，性犹天，本然者谓之性，主宰者谓之心。"这就把人的"心""性"同"天""帝"联系在一起了。

另外，吕祖谦又根据天人相通的观点来说明"心"和"理"的一致性。吕祖谦说："圣人与天地万物为一体，天地之中，一物顺理，无非所以发吾之良心；一物不顺理，无非所以警吾不善之端也。"这里所讲的"心"和"理"的一致性，主要是指圣人之心同天理的一致性。因为"圣人之心即天之心"。吕祖谦的理学思想，既肯定了客观唯心主义的"理"的本体论，又强调了主观唯心主义的"心"的主宰作用，目的是调和二者的分歧。然而，客观唯心论与主观唯心论虽然同属于唯心论，二者尽管可以相通，但最终仍然是不一致的。"鹅湖之会"曾企图调和朱、陆之间的分歧，使之会归于一，结果还是未达到目的，这就是最好的说明。不过，吕祖谦虽然是一个理学家，但在他的著作中并不只是空谈道德性命。他的学说，一方面是"以性命之学起"，并且"要以三德三立其根本"（三德："至德以为道本""敏德以为行本""孝德以知逆恶"。三行："孝行以亲父母""友行以尊贤良""顺行以事师长"）的学规；另一方面又提倡治经史以致用，要求"学者当为有用之学"。为了说明学以致用的道理，吕祖谦以百工治器为喻，他说："百工治器，必贵于用，而不可用，工弗为也。学而无所用，学将何为也。"因此，他对当时士人只重虚文不察实际的不良风气进行了严厉的批评：

> 今人读书，全不着有用看。且如二三十年读圣人书，及一旦遇事，便与闾巷无异，或有一听老成人之语，便终身服行，岂老成人之言过于六经哉。

这就一针见血地指出了那些只读圣贤之书、不闻实事之人并无真才实学。

（三）吕祖谦与严州

吕祖谦曾两次到严州任职。第一次是1161年任严州桐庐县尉，第二次是1169年任严州教授。在严州任职期间，他主要分管文化教育工作，对当地文化教育事业的发展做出了重要贡献。

吕祖谦于绍兴三十一年（1161年）授严州桐庐县尉，主管学事。乾道五年（1169年）八月添差严州州学教授，十月二十一日，到官交接事务。到任之后吕祖谦写了《通张严州启》《通严州郑教授启》这两篇书信。据杜海军《吕祖谦年谱》记载："十八日之官严州。二十一日交事。"据《景定严州续志》卷三《州学教授题名》，吕祖谦前任严州教授为郑庶，乾道三年六月初十到任。此信件应当是写给郑庶的。

郑庶，字几道，吴县人（《江南通志》卷一百二十），绍兴二十七年王十朋榜进士（《吴郡志》卷二十八）。周必大《文忠集》卷十七《跋伯父与郑庶手书》。吕祖谦任严州州学教授，就着手整顿学舍；远近士人多来从学，铎音大振。

《景定严州续志》卷三《州学教授题名》："乾道五年，吕成公以太学博士需次来为员外教授，后未有继者。"

《景定严州续志》卷二《名宦》：

> 吕祖谦……乾道五年需太学博士次来为郡员外博士，铎音大振，士由远方负笈者日众，泮宫至不足以容之。在学著《春秋讲义》。明年，张南轩为守，政教胥善。南轩《奏免丁钱状》先生所作也。与南轩并祠于学。……景定辛酉，追封先生为开封伯，秩于从祀。今侯钱可则仿帝学绘祀，因舍采焉。时其孙宝之仍以建德宰行献事。

《景定严州续志》卷三《州学教授题名》："吕祖谦，乾道五年九月十五日到任。"主持严州州学。《淳熙严州图经》卷一《学校》："国朝雍熙二年，知州田锡迁于城西北隅，即庙建学，以教诸生。"《廨舍》："州学教授廨舍在本学外门内，今移在学之东侧。"《学校》："乾道五年，知州张栻恺然不满属学之南有志真废尼寺故址，悉举以广学宫，于是学门南开。门内有屋二十余间，僦与民居，日收赁钱，添助养士。"

《景定严州续志》卷三《学校》：

> 州学在城西北隅。始，学门屈折东出，乾道五年张宣公知州，始辟南向。直北为棂星门，又北为泮水，为大成殿门。殿于一学为中。殿庑为从祀，为前廊位。两庑有侠廊。钱粮库在其东。由殿门而东为肃仪位，为魁星楼，西为公厨。大成殿之北为明伦堂。堂之东为名侯祠。……西为先贤祠。……即堂庑为四斋：东曰时习、曰近思，西曰克己、曰笃志。明伦堂之北为敬书楼，下为南轩、东莱二先生祠。

东莱吕祖谦伯恭父为严陵教官，闻张栻将除严州，有书两通，愿请余教。冀其早日成行。《东莱吕太史别集》卷七《与张荆州》：

> 恭以某官闻道达者，积有岁时，身历世变而独贯盈虚消息之几，心玩至理而处清旷幽闲之地。所蓄既厚，所养既深，海内之士共徯应聘而起，以观儒者之效。今兹旌纛之来，万目共视，一举一措，盖将占吾道之盛衰。虽小国寡民，不劳余刃，然儆戒祗惧，固自昔圣贤不已之诚也。

张栻除严州时间当为九月。此前吕祖谦与张栻尚未谋面，这当是第一次通问。十一月，在严州整顿学政，旧弊多革。有与潘景宪等书，督其缮写《程氏易传》。

《东莱吕太史外集》卷五《答潘叔度》：

> 某到严已两旬，郡庠亦渐成次序，规矩皆无所更改，但辰入未归，以身率之而已。昔时此曹终日在外点授，遇两膳时乃来，今遂不能尔也。郑几道为人自平实，但所病者力不足耳。程《易》缮写今几何？年兄千万少留主盟，俟其写毕乃为此来，不然，恐遂散漫不举也。

吕祖谦于本年十月十八日到严州，此云"到严已两旬"，以此推断此书在十一月。十二月，有《通张严州启》，陈乡风之情。

《东莱吕太史文集》卷四《通张严州启》：

> 伏审温诏起家，仁声先路，四封欢动，不胜朝夕之思。一世观瞻，独任春秋之责。敬陈悃愊，上彻崇严。恭惟某官传世精忠，潜心正学，弥纶开济，尚期素定于胸中。牧养拊摩，夫亦何劳于掌上。然君子之诚本无息，而儒者之效久不明。在昔诸贤固尝有志，或远近未孚而夺于时命，或内外未合而窒于物情。讥评交兴，疑信相半，思少伸于此恨，顾将付于何人？历访缙绅，咸推墙仞，惟魏国既行而复尼，惟衡山有韫而莫施。今兹一来，任是二责，实系斯文之兴废，岂徒阖境之咸休。必将尊其所闻，莫而后发；临事而惧，佩洙泗之格言；视民如伤，奉涧瀍之遗训。使群议蒇毫发之隙，则吾道增丘山之崇。某久矣乡风，于焉效役，写拙诚于简牍，敢为骈俪之虚辞；委陋质于斧斤，尚赖琢磨之厚赐。

吕祖谦与张栻曾晤面，建议将废尼寺改建为学宫。《淳熙严州图经》卷一《贤牧》题名附张栻："乾道五年十二月十九日，以右承务郎直秘阁权发遣。"《淳熙严州图经》卷一："乾道五年，知州张栻恧然不满属学之南有志真废尼寺故址，悉举以广学宫。于是，学门南开。门内有屋二十余间,僦于民居,月收赁钱添助养士。"

《东莱吕太史文集》卷三有《为张严州作乞免丁钱奏状》,文中反映张栻作为一个州的父母官,非常同情老百姓。《奏状》中有几段文字特摘录于下:

> 右臣昨者恭奉圣旨,差权发遣严州军州事。内窃省循,以未信之学,遽当民社,深惧识力眊浅,疏阔舛缪。仰负皇帝陛下,责成共理之意。敬陈悃愊,恳辞弗俞;黾勉遵承,惶灼无地。爰自就道,遍访本州利病。往来者皆言严之为郡,地瘠人贫,丁盐钱绢,额数繁重,民不聊生。此赋不除,永无息肩之日。臣瞻望威颜之始,冒昧控诉,天慈悯恻,许令到任条具以闻。仰见陛下至仁博临,勤恤民隐,虽古先圣王之用心,不是过也。臣自到任,延问耆老,谘诹僚吏,参稽案籍,始知本州丁盐钱绢,为民大害。向来所闻百不一二。谨条具本末,上干天听。臣照对本州丁盐钱绢之起,据父老称,自承平时,每一丁官支给盐一斗,计五斤。每一斤计钱三十一文二分省,共计钱一百五十六文省,却纳绢一丈二尺八寸。数内一半系本色绢,一半系折纳见钱。是时,绢每一匹直钱一贯文省,每丁计纳绢六尺四寸,计价钱一百六十文省。又折帛见钱一百六十文省。两项通计三百二十文省。将官中所给盐,斤价钱百五十六文省比折外,每丁实陪贴纳钱百六十四文省。所纳不多,公私两便,未见其害。后来,蔡京改变盐法,令大商人纳买钞支给袋盐货卖,从此官司更不支给丁盐,徒令纳绢盐,给既停,绢价复长,浸久浸增。目今,绢一匹估计折纳七贯文省,民力殚竭,职此之由,臣请为陛下详言之。……臣谨按:本州丁籍,建德县第一等至第四等户,计一千八百四十九丁,第五等有产税户,计一万七千八百九十八丁,无税户计三千八百二十二丁。遂安县第一等至第四等户,计千三百三十七丁,第五等有产税户,计八千九百六十四丁,无产税户,计一万八百八十六丁。寿昌县第一等至第四等户,计九百七十七丁,第五等有产税户,计七千六百二十九丁,无产税户,计四千二百一十八丁。分水县第一等至第四等户,计五百六丁,第五等有产税户,计一万三千七百五丁,无产税户,计九百七十八丁。淳安县第一等至第四等户,计三千六百五十丁,第五等有产税户,计八千三百三丁,无产税户,计一万八千二百七十四丁。桐庐县第一等至第四等户,计一千三百九十九丁,第五等有产税户,计一万五千四百八十丁,无产税户计二千一十八丁。通计六县,第一等至第四等户,止有一万七百一十八丁,其第五等有产税户,共管七万一千四百七十九丁。

是书虽云代张栻作，实为吕祖谦关于民生思想的深刻体现。《为张严州作乞免丁钱奏状》中有"奏牍既升，方虞闻罢"之语，此语说张栻也是说自己。其言语之激切，观点之犀利，可见早期吕祖谦用世之心。

第四节　严州刻本

一　严州刻本兴盛的历史背景

唐时浙江出现书籍刊本，五代时吴越国刻印了大批佛经，这和当时的经济、政治与文化诸方面原因是分不开的。唐代浙江属江南道。据史载，浙江农田水利事业发展，手工业十分兴盛，越窑、丝织业、造纸业、制茶业、制盐业以及造船、矿冶业等在全国都处于领先地位。浙江历来文化发达，人文荟萃。唐和五代时期，诗人有骆宾王、贺知章、孟郊、顾况、钱起、张志和、罗隐等；在书画方面有陈闳、孙位、虞世南、褚遂良、徐浩、贯休都名重一时。此外，浙江的名山佳水也曾使许多文人雅士到此驻足，流连忘返，颇多吟咏。中唐时著名文学家白居易、李沁和元稹都分别在杭州、越州（今绍兴）任过地方长官，为人民办了许多好事，同时也传播了文化教育。因此唐、五代时期浙江文风堪称极盛。

唐代浙江教育也很发达。其时官学设置比较健全，规定地方府州要办府学与州学，县要办县学，县以下要办镇学，并规定地方府、州、县要根据学生数额设专职博士与助教。发展教育，少不了要印课本等书籍。印书籍和经卷都要用纸，浙江于此又有得天独厚的条件。除了通常的麻纸而外，从晋朝开始，浙江嵊县一带就开始用野生藤皮造纸，人称"剡藤纸"。张华《博物志》载："剡溪古藤甚多，可造纸，故即名纸为剡藤。"藤纸在隋、唐时十分有名。北宋时期，浙江为全国最富庶的地区。史载当时全国每年漕粮六百万石，两浙路就占四分之一。苏轼《进单锷吴中水利书状》称："两浙之富，国用所恃，岁漕都下米百五十万石，其他财富供馈，不可胜数。"[1]即是明证。仅此一事，可见浙江经济发达之一斑，这无疑为浙江刻书、出版事业，提供了坚实的物质基础。

浙江历来人才辈出，北宋时范仲淹、王安石、苏轼等著名政治家、文学家都先后莅临浙江，主一方之政，他们在政事之暇多从事文学活动。杭州诗人林逋和湖州词人张先、杭州词人周邦彦，以及科学家沈括在全国都首屈一指。文学艺术的传播，在客观上已不能满足于传统的手抄笔录，书籍的刊刻成了客观上的需要。教育发达，学子对书籍的需求也是促进北宋浙江刻书、出版事业发展的一个重要原因。北宋时期的浙江一带，刊书所需的写板、刊板、校雠等工匠文化素质较高，为浙版书的刊刻精良创造了有利的条件。同时，浙江历来出佳纸，这又是刊书必不可少的物质条件，据北宋苏易简《纸谱》称：

[1] 浙江省地方志编纂委员会编：《宋元浙江方志集成》（第12册），杭州出版社2009年版，第5610页。

> 江、浙间多以嫩竹为纸。北土以桑皮为纸。剡溪以藤为纸。……浙人以麦茎、稻秆为之者脆薄焉。以麦藁、油藤为之者尤佳。

南宋迁都，给杭州的经济、文化发展带来了空前的历史机遇。南宋时，一大批具有一技之长的北方手艺人随着政治中心的南迁而南下谋生，在他们的参与下，刻书、出版事业出现了繁荣的局面。如原来在汴京大相国寺东开书铺的荣六郎家，南迁后在临安中瓦南街东续开了经史书籍书铺。由于印刷业的发达，纸张有了市场需要，因而大大刺激了造纸业的发展——比如离杭州很近的富阳就成了造纸的重要基地。

总之，宋室南迁之后，浙江刻书、出版事业进入了空前的发展阶段，成为全国最大的书籍刊印中心。究其原因：第一，当时政府对图书典籍印刷的重视。第二，南宋朝廷继续贯彻北宋重文轻武的政策，浙江的文化教育事业格外兴盛。第三，南宋理学的兴盛与浙东事功学派、浙东史学的崛起，再就是南宋时期浙江文学艺术的空前繁荣，诗词、小说话本、歌舞戏曲争奇斗妍。这些都对刻书业发展产生了极大的刺激作用。

二　南宋严州著名刻书家——陆游和儿子陆子遹

南宋严州著名刻书家是陆游及其儿子陆子遹。陆游父子按籍贯，属绍兴人，但其主要刻书成就是在严州。陆游（1125—1210年），字务观，号放翁，南宋著名爱国诗人、藏书家、刻书家。严州素有刻书传统，陆游于淳熙十三年（1186年）初，除朝请大夫、知严州，时年62岁。告辞之日，宋孝宗因其年高，故谕以"严陵，山水胜地，职事之暇，可以赋咏自适"。做诗撰文自是陆游本色，他于政事之暇，还从事刻书。其在严州府所刻之书有如下一些：

（宋）江公望撰《江谏议奏议》。江公望，字民表，建中靖国元年（1101年）由太常博士拜左司谏，抗疏极论时政，蔡京当权，编管南安军，后遇赦还。陆游《渭南文集》卷二十七《跋钓台江公奏议》云：

> 某乾道庚寅（1170年）夏，得此书于临安。后十有七年，蒙恩守桐庐，访其家，复得三表及赠告墓志，因并刻之，以致平生尊仰之意。淳熙十三年（1186年）十一月十有六日，笠泽陆某书。

此书是陆游知严州后刻的第一部书，系郡斋本。

陆游自撰《新刊剑南诗稿》二十卷，收陆游诗作二千五百余首，严州郡斋本刻于淳熙十四年（1187年），问世后，引起文坛轰动，时人一睹为快。

唐李延寿撰《南史》八十卷，此书严州有旧刻（疑南宋绍兴八年刻），书版存严州郡斋。后毁于火。陆游守严州第三年，淳熙十五年（1188年）重刻。

唐刘禹锡撰《大字刘宾客集》三十卷，绍兴八年有严州刊本，后毁于火。淳熙十四年（1187年）陆游守严州时重刻。

南宋刘义庆撰《世说新语》十卷，绍兴初年严州有刻本，陆游淳熙年间守严州时重刻，刻成后陆游有跋文记此事：

> 郡中旧有《南史》《刘宾客集》，版皆废于火。《世说》亦不复在。游到官始重刻之，以存故事。《世说》最后成，因并识于卷。淳熙戊申（1188年）重五日新定郡守笠泽陆洲书。

陆游守严州不足三年，刻书颇多，为南宋浙江和严州刻书事业做出了显著贡献。

陆子遹，一作子聿，字怀祖，陆游第六子，也是南宋浙江著名藏书家、刻书家。据《景定严州续志》卷二《知州题名》：

> 宝庆二年（1226年）十一月十五日到任，绍定二年（1229年）三月二十二日赴召。祖佃、父游皆出守，列于州学之世美祠，始创钓台书院。

陆子遹知严州时，刻书颇多，据知有：曾祖陆佃所撰《尔雅新义》二十卷、《鹖冠子》三卷、《鹖子》十五篇、《陶山集》二十卷、《二典义》一卷。其父陆游所撰《剑南续稿》六十七卷、《高宗圣政草》一卷、《老学庵笔记》十卷。宋石介撰《徂徕集》二十卷、王定保撰《开元宝遗事》二卷、宋杨亿编《西昆酬唱集》二卷、唐令狐楚编《唐御览诗》一卷、宋魏野编《巨鹿东观集》十卷、宋潘阆撰《潘逍遥集》一卷、宋杨朴撰《东里杨聘君集》一卷。此外，尚有陆佃撰《春秋后传》二十卷、陆宰撰《春秋后传补遗》一卷、《皇甫集》六卷、《圣政草》等书亦为陆子遹或其父陆游所刊。南宋时严州刻书据《新定（严州）续志》载："郡有经史诗文方书凡八十种"，而陆游父子所刻书即有二三种。

三 南宋严州刻书情况简介

南宋严州其他官刻书有：宋卫湜撰《礼记集说》一百六十卷。初刻于江东漕院，时在绍定四年（1231年），经卫湜再耗九年之心力，于嘉熙四年（1240年）再刻于严州，是以定本，卫湜自作前序、后序，又自作跋尾，据此可考定此书为嘉熙四年卫湜知严州时刻于新定郡斋。

宋袁枢撰《通鉴纪事本末》四十二卷。袁枢（1131—1205年），今福建建瓯人，孝宗隆兴元年（1163年）进士。袁枢平时喜诵司马光《资治通鉴》，但苦其浩博，乃将《资治通鉴》二百九十四卷，归并为二百三十九个标题，每一标题述一大事的始末经过。这样，在我国编年体、纪传体、典志体等史学方法之外，创立了一种新的体裁——纪事本末体。袁枢的《通鉴纪事本末》约撰著于孝宗隆兴元年（1163年）中进士后，完稿后于孝宗乾道九年（1173年），是年袁枢由太学录调任严州教授，在任四年。书稿成后，淳熙元年（1174年）杨万里作《通鉴纪事本末叙》，淳熙二年（1175年）吕祖谦作《跋纪事本末》，朱熹作《跋通鉴纪事本末》。初刻于严陵郡庠。以后，端平元年（1234年）、淳祐六年（1246年）、宝祐五年（1257年）又数度重刻，八十年中至少刻印了四次，重版频率之高，在古书刊刻中是不多见的。

张秀民《中国印刷史》云：淳熙十三年（1186年）有"严州州学刻《唐柳先生集》"，嘉定元年（1208年）重刻，为州学官刻本。

宋张栻撰《南轩先生文集》朱熹所定本为四十四卷，《宋史·艺文志》录为四十八卷，《直斋书录解题》为三十卷，称《南轩集》。朱熹编定四四卷本于淳熙十一年（1184年）刊刻，据朱熹年谱：淳熙十年癸卯春正月，朱熹差主管台州崇道观，次年办浙学，疑此《南轩先生文集》刻于此时。又，张栻乾道五年（1169年）曾守严州，曾刊《阃范》于严，当然也有可能为张栻守严时所刻，即《直斋书录解题》著录之三十卷本《南轩集》。

宋钱时撰《融堂四书管见》十三卷——为《论语》十卷、《孝经》一卷、《大学》一卷、《中庸》一卷，与朱熹所编《四书》不同，为景定二年（1261年）钱可则知严州时所刊。朱熹、吕祖谦同撰《近思录》十四卷，宋蔡谟纂《近思续录》十四卷，郑瑶、方仁荣纂《新定续志》十卷，均为钱可则知严州任内所刊，刊于景定一至二年间（1260—1261年）。宋董棻编《严陵集》九卷、《新定志》八卷。《严陵集》自序称："所收严州诗文自六朝谢灵运、沈约以下迄于南宋之初。前五卷为诗，第六卷诗后附赋二篇，七至九卷皆碑铭题记等杂文。"《新定志》自序称："尝访求历代沿革，国朝典章，前贤遗范，率汗漫不可取正。询之故老，则曰'是邦当宣和庚子（1120年）之后，图籍散亡，视他州尤难稽考。'……乃因通判军州事孙傅有请……因旧经而补辑，广新闻而附见，凡是邦之遗事略具矣。"均刊于绍兴九年（1139年）董棻知严州时。

宋吕祖谦撰《阃范》十卷，《直斋书录解题》称："集经、史、子、传，发明人伦之道，见于父子、兄弟之间为一篇。时教授严州，张南轩守郡，实为之序。"为吕祖谦任严州教授时所刊。宋赵彦肃撰《复斋易说》六卷，许兴裔守严州时所刊并有序，初刊于嘉定十四年（1221年）。宋刘文富订正《严州图经》八卷首一卷，陈公亮于淳熙十一年（1184年）权知严州，以旧版不存，十二年（1185年）命州学教授刘文富订正重刻，次年刊成。

第五节　货币文化：神泉监

一　神泉监简介

什么是神泉监？监是钱币的铸造之所。泉，古代是钱币的意思。在睦州铸造钱币的地方叫神泉监。睦州铸造钱币是在宋神宗时代，因此，这个"神"字是否与宋神宗这一名称有关，因为没有资料证明，只能留待进一步考证。监是与府平级的官署，其首曰监当官。随着经济的发展和对货币的需求，宋代的铸钱监不断增多，由初期的七监（铜钱监四监、铁钱监三监）到宋神宗时发展到二十六监（铜钱监十七监，铁钱监九监）。每年所铸铜钱也由太祖时的7万贯，逐渐增多，太宗至道时为80万贯，真宗景德末为130万贯，仁宗庆历时为300万贯，到神宗熙宁以后，每年铸铜钱共600余万贯，达到最高峰。

二　神泉监为什么会设在睦州

主要有以下几个原因：

第一是这里有制造钱币的材料——铜。据记载，秦时朝廷就在这里置官采铜。《元丰九域志》云："铜关山，《新安记》云：秦时于此置官采铜，因以名。"万历年间编的《严州府志》云："铜关山，县西八十里，《新安记》云：秦时于此置铜官采铜，后铜乏，遂废。"《读史方舆纪要》云："铜关山，在府西八十里。《志》云：秦时尝于此置官采铜。"另外，北宋的晏殊在《类要》一书中也有记载，不过他记的是唐朝："睦州铜关山，唐时于此置铜官采铜。"《淳熙严州图经》记载道："宋熙宁七年，于铜官五宝山置神泉监铸铜钱。""铜官山，在（建德）县西八十里，旧经载《新安记》云，秦时于此置官采铜，因以为名。"

第二是经济发展的需要。自赵宋王朝（960年）建立以来，经过一百年左右的稳定发展，国家的经济迅速恢复，全国财政收入从宋朝初期的1400余万贯猛增到真宗天禧五年（1021年）的5700余万贯。从市场交易到国家税赋征收，都离不开以铜钱为主体的金属钱币（白银作为上缴中央财政的主币，是从明代中后期大量的墨西哥白银进入中国后才开始的），钱币用量相当大，致使宋代不时有"钱荒"之虑。宋朝廷采用铜钱、铁钱两种钱币，在全国划分为铜钱区和铁钱区，并一度禁止相互流通、混用，开禁后又在四川和陕西等铁钱区明确规定兑换比价为"每铁钱十纳铜钱一"。但铁钱的铸造方法较铜钱简单，易于私铸，且在一国之内铁、铜钱的流通范围不同，这本身就存在众多弊端："太平兴国四年（979年），令民输租及榷利，铁钱十纳铜钱一。时铜钱已竭，民甚苦之。商贾争以铜钱入川界与民互市，铜钱一得铁钱十四。""川陕铁钱十直铜钱一，输租即十取二。旧用铁钱千易铜钱四百，自平蜀，沈伦等悉取铜钱上供，及增铸铁钱易民铜钱，益买金银装发，颇失裁制，物价滋长。"普通百姓少有铜钱，因而在以铁钱兑换铜钱时明显比官价低，遭受官、商的双重盘剥，而四川等地还因铁钱携带不便创行了今日纸币雏形的"交子"。因此，朝廷开始考虑在已有监的基础上，于各地"铜山易得薪炭处，置监铸钱"；"后乃诏京西、淮南、两浙、江西、荆湖五路各置铸钱监，江西、湖南十五万缗、余路十万缗为额，仍申熟钱斤重之限"。睦州神泉监即在新设之列。

第三是南宋时期睦州神泉监的设立，与朝廷都城设在杭州（临安）有关。此时，杭州（临安）已成为当时政治、经济、文化的中心。南宋偏安江南半壁江山，带来了南方的经济繁荣和商业兴盛，交易额大增，用钱的额度大大提升。朝廷必须建立一个取用方便的钱币制造厂。离杭州（临安）不远的睦州是当然的理想之地。

三　史书记载中的神泉监

据《元丰九域志》卷五记载："上，睦州，新定郡，军事。治建德县。监一，熙宁七年置，铸铜钱，神泉，州东五里。"《淳熙严州图经》记载："神泉监，在望云门外。熙宁七年置。旧取婺州永康县铜山场以铸钱，今取信州铅山县铜锡为之。监官廨舍在监东。"王应麟《玉海·食货·钱币》记载："元丰二年七月七日三省言铸钱司旧额五监，近岁江、池、饶增岁铸额，及兴国、睦、衡、舒、蕲、惠并置六监，宜增提点一员。"《玉海·食货·钱币》曰："崇宁三年九月诏东南十监，舒、衡、睦、鄂、韶、梧六监铸小钱，余五监铸当十钱。"《宋会要辑稿·食货·钱法》载："衡州咸宁二十万、舒州同安十万、严州神泉监十五万、鄂州宝泉十万、韶州永通八十三万、梧州元丰十八万，以上六监一百五十六万缗，逐路支用。"《宋史·食货志》记载："先是江、池、饶州、建宁四监岁铸钱百三十四万缗，充上供；衡、舒、严、鄂、韶、梧州六监岁铸钱百五十六万缗，充逐路支用，建炎经兵鼓铸皆废。"《玉海·食货·钱币》曰："绍兴二十八年八月壬寅选官二员往严、饶州措置，命户部侍郎赵令垠提领。""绍兴三十年五月丙戌诸路岁铸钱以五十万缗为额。明年才铸及十万缗，惟严州神泉监直输行在，而建、韶、饶、赣皆输内币。乾道三年三月以左藏库铜九万八千八百十斤下严州神泉监鼓铸。可铸钱三万九千五百余缗。"《玉海·食货·钱币》曰："《中兴会要》饶州永平监额四十六万五千贯、池州永丰监三十四万五千贯……赣州铸泉监、严州神泉监并无定额，庆元三年八月戊子复置。"

从上述文献记载来看，睦州神泉监大致情况是：从北宋神宗熙宁七年（1074年）睦州神泉监置监以来，一直都在睦州城望云门外五里，大致位置在今严东关一带。用来铸钱的铜原料是从婺州（今金华）永康县铜山场运来的。元丰二年（1079年）七月七日，睦州神泉监增加提点一员。提点是宋代掌实际职事的差遣官，负责铸钱公事。汪圣铎在《两宋货币史》引《中书备对》云："元丰初年，此监神泉监岁额十万贯，供应本路。于崇宁元年（1102年）被罢废。"崇宁二年（1103年）五月，朝廷令睦州等四监用陕西钱模铸折十钱，并限令在一年之内铸三十万缗。三年（1104年）九月，朝廷又令睦州等六监铸小铜钱。宋宣和二年（1120年）方腊农民起义军攻克睦州，睦州神泉监由此罢废。七年（1125年）二月，宋复置铸钱监。江、池、饶州、建宁四监岁铸钱百三十四万缗，充上供；衡、舒、严、鄂、韶、梧州六监岁铸钱百五十六万缗，逐路支用。其中严州神泉监铸钱定额为十五万缗。由于南宋高宗建炎期间（1127—1130年）战乱，严州神泉监停废。绍兴八年（1138年）初，宋高宗赵构定都临安（今杭州），当时称"行在所"。绍兴二十八年（1158年）八月壬寅朝廷派遣官员往严州复置神泉监，并命户部侍郎赵令垠为提领。三十一年（1161年）严州神泉监铸钱十万缗，直接运到京城行在所供宫廷使用。乾道三年（1167年）三月以左藏库铜九万八千八百十斤下严州神泉监鼓铸，铸钱三万九千五百余缗。淳熙年间（1174—1189年）铸钱的铜锡原料是从信州铅山县（今江西省铅山县永平镇）运来的，铸背泉淳熙元宝折二钱。黄建生先生在《睦州神泉监历史简说》中云："《宋会要辑稿》载，光宗绍熙元年（1190年）神泉监被废罢。"庆元三年（1197年）八月戊子神泉监复置。改城东望云门为朝京门。后来不知什么原因严州神泉监又罢废。淳祐十二年（1252年）严州知府赵汝历在神泉监废址上建安养院。

古籍上对北宋睦州（严州）神泉监铸币的记载：

《宋史·食货下二》载：

建中靖国元年（1101年）。……五月，始令陕西及江、池、饶、建州，以岁所铸小平钱增料改铸当五大铜钱，以"圣宋通宝"为文，继而并令舒、睦、衡、鄂钱监，用陕西式铸折十钱，限令今岁铸三十万缗，铁钱二百万缗。

《文献通考·卷九·钱币二》载：

北宋诸路铸钱总二十六监，每年铸铁钱五百四十九万九千二百三十四贯，内铜钱十七监，铸钱五百六万贯；铁钱九监，铸钱八十八万九千二百三十四贯。铜钱逐监钱数……神泉监，睦州，一十万贯……

《玉海·元丰二十七监·铜钱》载：

  会要元丰三年（1080年），是岁诸路铸钱总二十七监（一作二十六监），铸铜铁钱五百九十四万九千二百三十四贯，铜钱一十七监，铸钱五百六万贯，铁钱九监，铸钱八十八万九千二百三十四贯。铜钱……睦州神泉监十万贯……

《玉海》卷一百八十载：

  崇宁二年（1103年）十月行当十钱。三年（1104年）二月复置宝丰黎阳监。九月，诏东南十监舒、衡、睦、鄂、韶、梧六监铸小钱，余五监铸当十钱。

淳祐《景定严州续志》记载："朝京门，前志为望云门。""神泉监在朝京门，今废。安养院，淳祐壬子知州赵汝历即神泉监废址为之。"淳祐壬子为宋理宗淳祐十二年（1252年），安养院建于神泉监废址之上，说明神泉监在淳祐十二年前就已经废置了。

第六节　起义文化

一　陈硕真农民起义

  唐代，社会的主要矛盾仍然是统治阶级与被统治阶级之间的矛盾，是地主阶级与农民阶级之间的矛盾，这种矛盾贯穿始终，一直都相当尖锐。唐朝各个时期都有农民起义发生。浙江在唐朝前期就发生了陈硕真起义。陈硕真（？—653年），女，睦州清溪（今淳安）人。她所领导的农民起义，爆发在唐高宗执政初年。实际上，在唐太宗执政后期，由于其好尚珍奇，纵情游乐，导致人民赋役负担日益加重，农民的反抗斗争已经时有爆发。唐太宗还多次对外用兵，为攻打高丽，几次指令地方营造船舰。贞观二十二年（648年）八月，唐太宗"敕越州都督府及婺、洪等州造海船及双舫千一百艘"。沉重的赋役最后落到了浙江人民的头上。睦州与婺州相邻，地产竹木生漆，必然也会深受影响。唐高宗的对外政策与唐太宗一脉相承，对朝鲜半岛继续大规模用兵。直到龙朔三年（663年）攻占朝鲜半岛上的百济之前，才"以海东累岁用兵，百姓困于征调，士卒战溺死者甚众，诏罢三十六州所造船"。

  可以说陈硕真起义起因于太宗，发难于高宗。陈硕真是利用道教（符箓派）组织起义的。起义之前，陈硕真自称仙女下凡，能够役使鬼神，在民间树立起很高的威望。唐朝政府对陈硕真的传教活动极为不满，一度将其逮捕入狱。这一做法使得矛盾更加激化。陈硕真出狱以后，便于唐高宗永徽四年（653年）十月戊申，在睦州清溪梓桐的一个山村里正式举起反唐大旗，自称"文佳皇帝"，以妹夫章叔胤为仆射，童文宝为大将，建立政权。同县人蒋宝率众响应起义，起义军很快发展到数万人。接着，章叔胤率部攻下桐庐；陈硕真率部攻下睦州（今建德梅城镇）、於潜（今临安於潜镇），进而进攻歙州（今安徽歙县），但没有成功。陈硕真又命童文宝率领义军四千人掩袭婺州（今金华），州境"凡在僚属，莫能拒悍"（《大周故银青光禄大夫使持节利州诸军事行利州刺史上柱国清河县开国子崔君墓志铭并序》[1]）。后来婺州刺史崔义玄以司功参军崔玄籍为前锋，自己率州兵随后，攻打起义军根据地睦州。

崔义玄当时任婺州刺史。此人是隋末的英雄人物之一，先投奔李密，未受重用，改投李渊，史载在太宗李世民讨王世充时，多次采纳他的计策，他算得上身经百战的智将。唐朝建立后，崔义玄积官至婺州刺史。他接到农民起义军将领童文宝进攻的警报，立刻纠集部将，准备发兵抵抗。不料手下诸将慑于陈硕真的声威——认为陈硕真有神灵护体，与之对抗必然会被灭宗族的——纷纷劝说崔义玄放弃抵抗，并且谁也不敢出兵。这时，崔义玄手下的司功参军崔玄籍说："顺天心合民意的起兵有时尚不能成功，陈硕真只不过是个有点法术的女子，一定坚持不了多久。"崔义玄听后大喜，即命崔玄籍为先锋，自己亲自统帅大军继后，抵抗童文宝。陈硕真听说婺州告急，就立即退出歙州，率主力支援童文宝。双方主力在桐庐东部下淮戍相遇，陷入了僵持状态。随后，起义军失利，被杀数千人。崔义玄进入睦州境。十一月底，崔义玄与前来镇压起义军的扬州长史房仁裕联兵进攻起义军，陈硕真、章叔胤被俘牺牲，农民起义失败。

陈硕真起义是唐朝前期规模和影响较大的一次农民起义。虽然不到两个月，起义就被统治阶级镇压下去了，但还是给了刚上台不久的唐高宗以沉重打击。唐高宗执政之初，之所以政治比较清明、社会经济能继续发展，甚至被誉为"贞观遗风"，与处在贞观末年实力延续，加上包括陈硕真在内的这一时期的农民起义，不能说没有一定的关系。

陈硕真作为一个农村妇女，竟能在唐王朝最为强盛的时期，敢于冲破封建礼教的重重束缚，揭竿而起，建立农民政权，将斗争矛头直指封建王朝，不愧为杰出的巾帼英雄。她所表现出来的中国妇女反抗封建统治的大无畏精神，不仅丰富了中国农民起义史的内容，也给后世的农民起义带来了很大的影响。

二　方腊农民起义

（一）方腊为什么要率领农民举行起义

方腊为什么要率领农民举行起义。主要是当时的社会矛盾非常尖锐，老百姓已经无法生存了——除了造反，没有别的路可以走。

宋朝统治者赵匡胤一上台，就奉行"不抑兼并"（王明清《挥尘后录》）的政策，集中了前代的"刻剥之法"（朱熹《朱子语类》），对广大农民群众实行残酷的经济剥削和野蛮的政治压迫。农民是当时社会的主要劳动者，但他们手中却没有土地或有很少的土地，大量的土地都集中在少数统治者手中。到了宋徽宗当政的时候，土地兼并加剧，朝廷还成立了"西城扩田所"这样一个机构，公开在汴京（今河南开封）附近兼并土地。宋徽宗的手下大臣朱勔则是"田产跨连郡邑，岁收租课十余万石，甲第名园，几半吴郡"[1]。形成了"富者（有）弥望之田，贫者无卓锥之地，有力者无田可种，有田者无力可耕""天下三分二分贫"的严重局面。

宋徽宗是一个不称职的皇帝，大部分时间不问政事，贪图享受，讲排场，摆阔气，沉浸在个人艺术爱好的天地之中。蔡京父子为取悦宋徽宗，取《易经》上的"丰亨，王假之"和"有大而能谦必豫"的说辞，倡导所谓"丰亨豫大之说"，引诱鼓动宋徽宗大肆挥霍："人主当以四海为家，太平为娱；岁月能几何，岂徒自劳苦！"统治阶级过着穷奢极欲的生活，而老百姓则生活在水深火热之中。他们的腐败生活是建筑在老百姓饥寒交迫的生活之上的。就以蔡京为例，他的住宅非常豪华，有树木如云的大花园。家内享用极端奢侈，做一碗汤要杀几百只鹌鹑。一次留讲议司官员吃饭，单是蟹黄馒头一项就花了一千多贯钱。家中侍婢成群，厨房中分工很细，专管切葱丝的婢女竟不知道整个包子是怎么做出来的。焚香熏一次也要花几十两银子。

宋徽宗喜欢园林建筑、奇花异石等，蔡京、童贯、朱勔等人就组织力量到全国各地去搜刮，还专门成立了苏州"应奉局"这样的机构来办理这些事情。这些机构就打着皇帝的旗号到各地去搜刮民脂民膏，乘机中饱私囊。

方腊所在的浙江淳安属于当时的江南东路和两浙路，是赵宋王朝剥削最厉害的地区，这里的社会矛盾、阶级矛盾特别尖锐。李纲在给王黼的一封信中说得非常明白："东南者天下之腹心也"，"国家以养兵为重，而养之之具：金、缯、谷、粟，转江通漕，尽在东南"。为了迎合宋徽宗的口味，朱勔等人还别出心裁地搞了"花石纲"，这是一件劳民伤财的事情，闹得江南百姓是鸡飞狗跳，怨声载道。正如公元1120年10月，方腊在领导农民起义誓师时说的那样："东南之民苦于剥削久矣，近岁花石之扰，尤所弗堪！"方腊的话说到了穷苦老百姓的心坎上。当时的天下已是一堆干柴，就缺方腊这样有见识、有胆略的人出来组织大家揭竿而起。方腊的动员讲话就是一把火，把这堆干柴点燃成熊熊的冲天大火。

（二）方腊是怎样进行农民起义的

首先，方腊利用宗教势力和民间组织来与宋徽宗进行意识形态方面的较量。他懂得借用宗教的力量来唤起民众，反抗宋朝统治阶级。方腊虽

[1] 周绍良主编：《唐代墓志汇编》上册，上海古籍出版社1992年版，第930页。

然是个普通农民,但他却是农民阶级中的优秀分子;虽然他没有读过什么书,也没有到外面跑过码头,见过世面,但他却聪明过人,做起事来有板有眼,讲究策略。这在史书中都有记载。《青溪寇轨》及其附录《容斋逸史》是这样说的:方腊"托左道以惑众""其徒处处相扇而起"。赵宋王朝的公文中也说方腊"妄称妖幻,招聚凶党"。李纲在《梁溪先生文集·上门下白侍郎书》一文中说:"方寇者,本狂愚无知之民,传习妖教,假神奇以惑众,遂谋僭逆。"这里所说的"妖教",就是牟尼教,亦称摩尼教或"食菜事魔"教。北宋时期,牟尼教与江东流行的"四果",江西盛行的"金刚蝉",福建一带的"明教"或"揭谛斋"等教派一样,统统被当朝统治者称为"异端""邪教"。只是"名号不一",情况有别(陆游《渭南文集》卷五《条对状》)。两浙一带民间秘密流行的"牟尼教",是从"摩尼教"演变过来的,是经过老百姓改造过的民间宗教。摩尼教是伊朗古代的一种宗教,在唐代以前,就已传入中国。它的教义是所谓"二宗""三际"。"二宗",是指"明"与"暗"两种势力;"三际",是指初际、中际、后际三个阶段。方腊利用宗教来宣传群众,组织群众,宣传平等互助的大同思想,在农村群众中产生了广泛深远的影响,有非常强的向心力、凝聚力。

其次,方腊通过誓师大会等形式与宋徽宗进行政治舆论方面的较量。他是很有水平的民间领导人,在起义誓师大会上有精彩演讲和政治动员。方勺在《青溪寇轨》一书中有这样的记载:

> 县境梓桐、帮源诸洞,皆落山谷幽险处,民物繁夥,有漆楮松杉之饶,商贾辐辏。腊有漆园,造作局屡酷取之,腊怨而未敢发,会花石纲之扰,遂因民不忍,阴取贫乏游手之徒,赈恤结纳之。众心既归,乃椎牛酾酒,召恶少之黠黠百余人会,饮酒数行,腊起曰:"天下国家,本同一理。今有子弟耕织,终岁劳苦,少有粟帛,父兄悉取而靡荡之,稍不如意,则鞭笞酷虐,至死弗恤。于汝甘乎?"皆曰:"不能。"腊曰:"靡荡之余,又悉举而奉之仇雠,仇雠赖我之资益以富实,反见侵侮,则使子弟应之,子弟力弗能支,则谴责无所不至。然岁奉仇雠之物,初不以侵侮废也。于汝甘乎?"皆曰:"安有此理!"腊涕泣曰:"今赋役繁重,官吏侵渔,农桑不足以供应,吾所赖为命者,漆楮竹木耳,又悉科取,无锱铢遗。夫天生烝民,树之司牧,本以养民也。乃暴虐如是,天人之心,能无愠乎?且声色、狗马、土木、祷祠、甲兵、花石靡费之外,岁赂西北二虏银绢以百万计,皆吾东南赤子膏血也。二虏得此益轻中国,岁岁侵扰不已,朝廷奉之不敢废,宰相以为安边之长策也。独吾民终岁勤动,妻子冻馁,求一日饱食不可得。诸君以为如何?"皆愤愤曰:"惟命!"腊曰:"三十年来,元老旧臣贬死殆尽,当轴者皆龌龊

邪佞之徒，但知以声色土木淫蛊上心耳。朝廷大政事，一切弗恤也。在外监司、牧守，亦皆贪鄙成风，不以地方为意，东南之民，苦于剥削久矣。近岁花石之扰，尤所弗堪。诸君若能仗义而起，四方必闻风响应，旬日之间，万众可集。守臣闻之，固将招徕商议，未便申奏，我以计系之，延滞一两月，江南列郡可一鼓下也。朝廷得报，亦未能决策发兵，计其迁延集议，亦须月余，调习兵食，非半年不可，是我起兵已首尾期月矣，此时当已大定，无足虑也。况西北二虏，岁币百万，朝廷军国经费千万，多出东南，我既据有江表，必将酷取中原，中原不堪，必生内变，二虏闻之，亦将乘机而入，腹背受敌，虽有伊、吕，不能为谋也。我但画江而守，轻徭薄赋，以宽民力，四方孰不敛衽来朝，十年之间，终当混一矣。不然，徒死于贪吏耳。诸君其筹之。"皆曰："善。"[1]

[1]（宋）方勺撰：《泊宅编》，中华书局1983年版。

从以上这段精彩的描述，我们可以感到，作为平民百姓的方腊确有出众的口才，他的演讲能抓住人的心灵，具有很强的鼓动性、号召力和感染力。他讲话中的几个反问句特别有力，斩钉截铁。因为他讲的都是事实，事实胜于雄辩。他讲的都是老百姓亲眼看到的或者亲耳听到的，"当轴者皆龌龊邪佞之徒，但知以声色土木淫蛊上心耳。朝廷大政事，一切弗恤也。在外监司、牧守，亦皆贪鄙成风，不以地方为意，东南之民，苦于剥削久矣。近岁花石之扰，尤所弗堪"。这是对当朝统治者的强烈控诉，真是声声泪、字字血。方腊讲得非常投入、非常动情，声泪俱下，不容听者不为之动容，不产生心灵的共鸣。一句句都深深地敲在了广大农民兄弟的心坎上。老百姓对当朝统治者已经完全失去信心，彻底绝望了，才会勇敢地挺身而出。这种演讲真是晓之以理，动之以情。方腊的演讲是非常精彩的誓词，是讨伐宋王朝有力的战斗檄文。它对宋朝统治阶级的残酷统治以及他们荒淫无耻的生活，作了无情的揭露与批判，说出了千百万农民的心里话。

正因为方腊有远大的理想，所以他有奋力拼搏的决心与勇气。几个月内，方腊的农民起义军就打下了七个州、五十二个县。面对宋朝统治者强大的军队，他毫无畏惧之心，层层组织反击。仅几个月组织起来的农民队伍，就能在训练有素的政府正规军面前进行有效抵抗，实在是太不容易了。这就是因为他们有共同的信念，共同的追求。

大军压境，包围夹击，兵临城下，农民起义军依然众志成城，视死如归，绝不投降。他们共同浴血奋战，坚持到底。即使被捕也宁死不屈。这当然归功于方腊——危难时刻，榜样的力量是无穷的，是非常有号召力和感染力的。

再次，方腊组织农民起义的武装力量与宋徽宗进行军事方面的较量。这需要有非凡的智慧和超人的胆略。这些起义者的武器就是锄头、木棍、毛竹竿，和朝廷的正规军相比，明显处于下风。因此就需要起义者更多地利用地形，利用敌人的判断失误，在气势上压倒敌人、在决心上压倒敌人、在勇敢上压倒敌人。初期攻打州县时农民起义军比较容易得手，一方面是因为统治者对方腊这些起义者非常轻视，认为农民起义军没什么了不起的，另一方面是因为农民起义军起事突然，州县的长官一时弄不明白是什么情况，措手不及，再加上起义军灵活机动的战略战术，使当时的地方官无招架之术，三下两下就被起义军打败了，有时甚至是摧枯拉朽，如秋风扫落叶一样。如《朱子语类》卷一三三《本朝七·盗贼》一书中说的："方腊之乱，愚民望风响应。其间聚党劫掠者，皆假窃腊之名。人人曰：'方腊来矣！'所至瓦解。"[1]真正做到东南震动，朝廷为之震惊，攻下的区域是七州五十二个县，这七州是睦州、歙州、杭州、湖州、衢州、婺州、处州。活动范围则到达江南东路、两浙所辖的十八个州，即今天浙江的全境，皖南、苏南和江西东北部的广大地区。方腊的农民起义无论在当时还是对后来的历史都产生了深远的影响。

（三）宋徽宗是怎样剿杀方腊起义军队伍的

宋徽宗是一个热衷于艺术的皇帝。当农民起义军举事的消息不断传来的时候，他只好丢下手中的画笔，与大臣们一起商量对付农民起义军的办法。他的办法是软硬兼施，硬的一手，即军事打击，软的一手，就是招降纳叛、分化瓦解。

先说硬的一手。在方腊起义军打下杭州后，以宋徽宗为首的北宋朝廷开始紧张了。1120年12月21日，宋徽宗得到大臣称遘奏警的报告后，顿时惊恐万状，立即取消了联金攻辽的计划，决定把用以攻辽的京畿禁旅、鼎澧枪排手、秦晋蕃汉精兵十五万人全部调到东南前线，全力对付方腊率领的农民起义军队伍。同时，任命童贯为江浙淮南等路宣抚使，谭稹为制置使，王禀为统制。宋徽宗还命令枢密院起东南两将（第一将、第七将）、京畿一将（第四将）统兵前往。命令明确说：其中的副将，如果不是身经百战富有实战经验的人，可以马上进行撤换；他们统帅的军兵，一定要那些曾经戍守过陕西，经过战争考验的人。总而言之，就是要派有战争经验的军人火速前去剿灭方腊起义部队。经过一番紧张的策划和调遣，秦晋六路蕃汉精兵"同时俱南下"：辛兴宗、杨惟忠统熙河兵，刘镇统泾原兵，杨可世、赵明统环庆兵，黄迪统鄜延兵，马公直统秦凤兵，冀景统河东兵，刘延庆统制诸路军马。这些都是赵宋王朝的精锐部队，不仅武器精良，而且经过专门训练，号称十五万，其实可能还不止。因为随后宋徽宗怕已经派去的十五万精兵不足以把方腊的农民起义军镇压下去，又于1121年二月底三月初，增派刘光世、张思正、姚平仲等三人，各率鄜延、河东、泾原精兵数千，前往增援。

赵宋王朝的最高统治者宋徽宗最怕方腊的起义部队占领金陵（今江苏南京），凭借长江天险，与宋朝统治者相对抗。因此，在1121年正月十一

[1]（宋）方勺撰：《泊宅编》，中华书局1983年版，第109页。

日，宋徽宗下诏，命令童贯、王禀领兵据守润州（今江苏镇江）。十九日又下诏："金陵乃喉襟之要害，占据江宁府（今江苏南京），把守镇江，次议讨贼，此其上策。"童贯按照宋徽宗的意见立即一一落实，做出部署。他自己率领大军驻扎在镇江，而让王禀率领一支部队守住扬子江口，刘镇率领一支部队镇守金陵，封锁长江。宋徽宗撒下天罗地网，正规军、地方武装、各路大军把方腊的部队包围起来。最后，终因寡不敌众，方腊的农民起义遭到失败。但方腊是很有骨气的，面对敌人的屠刀也绝不屈服，大义凛然，宁为玉碎，不为瓦全。

再说软的一手。一是企图招安方腊。宋徽宗曾九次下诏，要招安方腊，但方腊有自己的追求——他要为天下的老百姓谋利益，要改变这不合理的吃人社会。

二是要分化瓦解方腊的起义军队伍。宋徽宗在诏书中不断提高赏格，开出条件，诱惑那些意志薄弱的小人。如在宣和三年（1121年）正月丁巳，宋徽宗下达了《增立捕方腊等赏格御笔》的诏书：

> 已立赏状捕凶贼方十三（方腊的别名）及一行凶党，尚虑赏轻，诸色人未肯掩杀。今增立下项：生擒或杀获为首方十三，白身特补横行、防御使，银绢各一万匹两，钱一万贯，金五百两；次用事人，每名白身特补武翼大夫，银绢五千匹两，钱五千贯，金三百两；有名目头首，每名白身特补敦武郎，银绢各一千匹两，钱三千贯，金一百两。已上愿补文官者听。一、如系官员、文武学生、公吏、将校、兵级等获到前项人，并拟比迁补官职，仍与支赐。一、系贼中徒伴购杀前项人将首级，或能生擒赴官，并特与免罪，一切不问，亦依赏格推恩支赐。

这软的一手的确也是非常厉害的，在方腊的队伍中也确有经不起考验的人，如缪二和洪载都是方腊手下的大将，经不起你死我活的战争的残酷考验，最后投入宋徽宗的怀抱，成为农民起义军的叛徒，为千秋万代的后人所唾弃。

方腊以一介农夫的身份敢于发动与威风凛凛的皇帝较量的农民起义，做下惊天地泣鬼神的大事业，确实了不起。

第七节　佛教文化

一　玉泉寺与少康大师

（一）玉泉寺

严州府府治所在地梅城的北面有一处寺庙叫玉泉寺，这里是少康大师所建的道场，原名玉泉庵，位于乌龙山腹，因寺旁流泉飞瀑如玉而得名。唐德宗贞元十年（794年）净土宗五祖少康大师开山，原为"善导和尚净土道场"。寺后石冈高耸，名"乾冈"，原筑有万松亭。寺前东侧有石冈如臂，往前伸出，陡峭如城，故名"石城冈"。石冈上有紫岩一片，似鱼，首尾毕肖，鳞甲皆具，即传说中的半焦鱼。玉泉寺西面的阿弥陀佛殿内有块巨石，高一丈七尺有余，周三丈五尺，色褐黑如铁，据《建德县志》记载，"岁久渐长，所谓息石也"。唐代少康大师开山时，镌阿弥陀佛像居其上，后人于此处建阿弥陀佛殿，其佛跏趺坐于莲台之上接引芸芸众生。至今已有1200余年历史，为玉泉寺的镇寺之宝。

息石之右有泉喷溅如玉，故名玉泉。泉在唐代即已出名，历代皆有诗词赞咏。北宋诗人赵抃有诗写道：

潺潺流水入神清，落涧通池绕群厅。
乱石长松三十里，寻源须上玉泉亭。

明万历三十五年（1607年）严州知府毛志尹到玉泉寺礼佛后，见寺旁"泉如喷玉"，故于泉旁建茶室三间，并题"源头活水"。其泉历史悠久，泉虽小，名甚远。

玉泉寺在乌龙山腹地，乾冈之下，石城冈之西，居之既高，藏之弥深。从大殿门口南望，九座山峦起伏，犹如青莲开瓣，城东的北峰塔和城南的南峰塔双塔耸立其间，犹如亭亭玉立的莲蓬，十分秀美。晨昏之时，烟笼雾罩；将雨之时，云缠雾绕；晴日烟岚，雨夕云迷，极富诗情画意。明人张元电有诗云：

石佛山岩古，茅堂秋草深。
流云栖塔顶，飞絮贴禅心。
高阁悬灯在，危萝碍日沉。
乘间一登眺，留此壮云林。

巍巍龙山千峰秀，九莲朝圣第一景。如此圣地，如此胜境，有众人仰慕的圣师，所以圣寺香火鼎盛，朝拜者络绎不绝。

（二）少康大师

少康，一作山康，唐缙云仙都山周村人。因缙云辖属处州，处州州治之山名少微，故又称他为少微上人。少康俗姓周，母亲姓罗。宋赞宁《宋高僧传》载：

释少康，俗姓周，缙云仙都山人也。母罗氏，因梦游鼎湖峰，
得玉女手捧青莲授曰："此花吉祥，寄于汝所，后生贵子切当保惜。"

及生康之日，青光满室，香似芙蕖。

少康的幼年，也有传奇色彩：

适绷褓三年，眼碧唇朱，齿得佛之一相，恒端坐含笑。时乡中善相者目之："此子将相之才，不语，吾弗知也。"年甫七岁，抱入灵山寺中，佛生日礼圣容。母问康曰："识否？"忽发言云："释迦牟尼佛。"闻皆怪之，盖生来不言语也。由是父母舍其出家。

少康长到15岁，已能背《法华》《严楞》等五部经。不久他离开故乡，开始云游。他首先在越州（绍兴）嘉祥寺受戒。过了五年，少康转到上元（南京）龙兴寺。后来西行上庐山东林寺，接着又到达京都长安。少康会写诗，和许多朝中名人往来。当离京去四川时，著名诗人卢纶、钱起、戴叔伦、李端都来送行。少康出蜀后又在襄阳鹿门山长住，和著名诗僧皎然、顾况有酬唱。此时战乱已平，他还南下到过岭南雷州一带。

贞元初，唐德宗返回长安，少康来到洛阳。在白马寺大殿中，看见有奇异光彩从经文中闪闪发出。出于好奇，他翻开经书，才知是善导的《行西方异化文》。少康大喜，因为善导是净土宗的创始人，这经卷属稀世佛典。少康轻轻地对经祝愿，我如果与净土有缘，请佛光再现一次。说完，那佛光真的再闪烁了一下，并还有无数化拜菩萨。少康激动万分，立下誓愿："劫石可磨，我愿永远不变。"[1]随即再次前往京都长安，到光明寺朝圣。在善导影堂大厅中间，少康慎重地陈述自己的誓愿后，善导佛像忽然化为佛身，徐徐升到半空说："你皈依我教，广泛化育人生，到功满之日，同生极乐世界。"[2]少康细心谛听，觉得自己又有所证验。

不久他离京，开始南下，在江陵（湖北）果愿寺遇到一个神僧，对他说，"你想教化人，应该去新定（建德），你的因缘在那里"。说完人就不见了，只闻有一股香气，似乎往西而去。他连忙跪地，望空拜谢。少康最后到达睦州，因人生地不熟，他将化缘得到的钱，诱导儿童，凡念阿弥陀佛一声，就付一钱。一个月后，念佛十声付一钱，这样坚持一年，不论男女老少，遇到少康都念阿弥陀佛。那念佛声，到处可以听到。十年以后，少康在睦州（建德梅城镇北）乌龙山上建成净土道场一座。中有道檀三级，每到夜半，僧人开始绕佛礼拜，唱赞二十四典，每逢斋日，信徒云集，多达三千人。每到少康升座，高声念佛，众共和之，当念"阿弥陀佛"时，只见一佛能从他口中出现。连念十声，则有十佛如连珠般从口中吐出，"你们见了佛身，就能往生（西方娑婆世界）"。众人欢声雷动。

贞元二十年（804年）十月三日，少康嘱咐身边弟子："当于安养起增进心，于阎浮提（人世、红尘）生厌离心，加紧修净土。"[3]说完跏趺坐，身放异光数道而逝。这时天色突变，狂风四起，百鸟悲鸣，乌龙山一时变

[1] 建德乌龙山玉泉寺编：《玉泉印月》（内部出版），2010年版，第16页。

[2] 建德乌龙山玉泉寺编：《玉泉印月》（内部出版），2010年版，第35页。

[3] （宋）赞宁撰：《宋高僧传》，1987年版，第158页。

成白色。他的塔坟在睦州乌龙山东台子岩上，人称台岩康法师。后来由于年代久远，只剩下一方石头，据说石下的土能治病。后汉隐帝乾祐三年（950年），天台缙云德韶禅师重建此塔。

少康会诗也能文，撰有《往生论》三卷和文谂合撰《往生西方净土瑞应传》。入宋，朝廷追赠为广道大师。当时的人们都称善导为弥陀化身，少康是善导后身。《一统志》云："少康遍游名山海内，呼为少微上人。"[1]少微，古山名，在丽水市东南富岭乡。《清一统志·处州府·山川》曰："以郡应少微处士星，故山名少微，州曰处州。"因此，少微上人，即处州和尚之意。少康游遍名山海内，交游甚广，《全唐诗》中酬赠给少微上人的诗达十多首。

[1]（宋）赞宁撰：《宋高僧传》，1987年版，第158页。

钱起《送少微师西行》（一作《送僧自吴游蜀》）诗云：

> 随缘忽西去，何日返东林。
> 世路宁嗟别，空门久息心。
> 人烟一饭少，山雪独行深。
> 天外猿啼处，谁闻清梵音。

戴叔伦《送少微上人入蜀》诗云：

> 十方俱是梦，一念偶寻山。
> 望刹经巴寺，持瓶向蜀关。
> 乱猿心本定，流水性长闲。
> 世俗多离别，王城几日还。

卢纶《送少微上人游蜀》诗云：

> 瓶钵绕禅衣，连宵宿翠微。
> 树开巴水远，山晓蜀星稀。
> 识遍中朝贵，多谙外学非。
> 何当一传付，道侣愿知归。

李端《送少微上人入蜀》诗云：

> 削发本求道，何方不是归。
> 松风开法席，江月濯禅衣。
> 飞阁蝉鸣早，漫天客过稀。
> 戴颙常执笔，不觉此身非。

皎然《酬别襄阳诗僧少微》诗云：

证心何有梦，亦说梦归频。
文学赉秦本，诗骚学楚人。
兰开衣上色，柳向手中春。
别后须相见，浮云是我身。

顾况《送少微上人还鹿门》诗云：

少微不向吴中隐，为个生缘在鹿门。
行入汉江秋月色，襄阳耆旧几人存。

刘长卿《赠微上人》诗云：

禅门来往翠微间，万里千峰在剡山。
何时共到天台里，身与浮云处处闲。

刘长卿《送少微上人游天台》诗云：

石桥人不到，独往更迢迢。
乞食山家少，寻钟野路遥。
松门风自扫，瀑布雪难消。
秋夜闻清梵，余音逐海潮。

严维《送少微上人东南游》诗云：

旧游多不见，师在翟公门。
瘴海空山热，雷州白日昏。
片心应为法，万里独无言。
人尽酬恩去，平生未感恩。

欧阳詹《送少微上人归德峰》诗云：

不负人间累，栖身任所从。
灰心闻密行，菜色见羸容。
幻世方同悟，深居愿继踪。
孤云与禅诵，到后在何峰。

熊孺登《野别留少微上人》诗云：

若为相见还分散，翻觉浮云亦不闲。
何处留师暂且住，家贫唯有坐中山。

需要指出的是，刘长卿《送少微上人游天台》诗，《全唐诗》又载在皇甫曾的诗集中。此诗作者到底是谁？我们只能从他们俩的生平来辨别。

刘长卿（709—786年），字文房，宣州（安徽）人，一说河间（河北）人。早岁居洛阳，曾任随州（湖北）刺史，世称刘随州。天宝后期登第，释褐长州尉。肃宗至德三年（758年）摄海盐令。同年因事下狱，贬南巴。代宗永泰元年（765年）前后入京。大历初以检校祠部员外郎出为转运使判官，驻扬州。后擢鄂岳转运留后，为鄂岳观察使吴仲孺诬奏，贬睦州司马。德宗建中初（780年）迁随州刺史。建中三年（782年）李希烈叛，据随州，长卿流寓江州，晚岁入淮南节度使幕。

皇甫曾（？—785年），字孝常，润州丹阳人，天宝十二年（753年）登进士，安史之乱避地吴越，代宗广德（763年）至大历初（766年）在京任殿中侍御史，大历六—七年（771—772年）间因事舒州司马。卸任后住丹阳，大历九年（774年）春游湖州，与颜真卿、皎然等联唱。大历末任阳霍令。

少康，贞元六年（790年）入洛，后到长安。然后辗转江陵果愿寺，才向东南去睦州。这时刘长卿流寓江州（九江）和淮南，皇甫曾最后任阳霍令（河南禹县），贞元元年（785年）卒。从时间推测，此时皇甫曾已去世，作者应当是刘长卿。

净土宗，是中国佛教最大的宗派之一，五祖少康居于重要地位。他和中唐许多文士，经过了藩镇割据和安史之乱。作为一个佛法大师，为了净土法门，他用钱诱导人们礼佛，开创了新的传教方式。同时，他会偈语、会写诗，与卢纶、刘长卿等文人交往，结下了深厚的情谊。此外，他还是云游旅行家，在靠双足步行的古代，他从缙云仙都山出发，西走巴蜀，北至东洛，南去雷州，走了大半个中国。在越州、上元、庐山、长安、天台、鹿门等地都留下了他活动的足迹。

经过一定时间的熏陶教化后，少康认为弥陀影响已经潜移默化、深入人心，接下去必须以宣扬弥陀真义为重点，进一步弘扬净土法门。唐贞元十年（794年），少康在梅城附近的乌龙山南麓启建净土道场，升座说法，宣扬弥陀真义。乌龙山位于今建德市梅城镇北面，距新安江镇25公里，海拔890余米，山体磅礴雄伟，林木苍翠，水秀山奇，绵延数十里，自古有"小齐云"之称。少康选择吉地，"筑坛三级，聚人午夜行道唱赞二十四契，称扬净邦。每遇斋日，（善男信女）云集，所化三千许人"。少康誓修净土。初因受善导《西方化导文》启悟，又在长安光明寺目睹善导真容并面受教诲,因此少康把玉泉寺中的"念佛堂"取名为"善导和尚弥陀道场"。少康告诉弟子:"我念佛时,你们如果看见有阿弥陀佛从我口中飘出,说明你已经有了一定的道行,以后定能往生西方极乐世界。如果还没有看见阿弥陀佛,也不要着急,只要真信净土,加功用行,以后也能看到阿弥陀佛,也一定能往生西方极乐世界。"众弟子听了大师的教诲,无不倍感自责,加功用行,精进念佛。北宋中期著名诗人、对净土法门卓有贡献的两浙提刑杨杰作《善导和尚弥陀道场赞》云:

> 东峰坛级石嵯峨,十佛随身信不讹。
> 后善导依先善导,今弥陀是古弥陀。
> 一心正受超三界,孤月澄辉照万波。
> 乘般若舟游净域,度生还亦到娑婆。

少康如此大张旗鼓地聚集众人修学念佛,在江浙掀起了念佛求生净土的热潮。由于少康不遗余力地弘扬净土法门,使净土法门迅速传播,名师辈出,形成天下佛徒共修的瑞景。

唐永贞元年(805年),少康年届69岁。这一年的农历十月初三日,大师预知自己往生时限已至,"嘱累道族:'当于净土,起欣乐心;于阎浮提,起厌离心。'"言毕跏趺,"身放光明而逝。天色斗变,狂风四起,百鸟悲鸣,乌龙山也一时变白"。

少康圆寂后,道俗奔丧,络绎不绝。四众弟子为他在郡治新定东方的台子岩修建了舍利塔,人称"后善导塔"。又因墓塔位于台子岩之故,人们称少康大师为"台岩法师"。少康的墓塔"岁久唯余方石,石傍之土相传疗疾。州民凡婴众病,悉焚香取土,随服多差"。由于百姓取塔旁之土治病,加上日晒雨淋的破坏,一个多世纪后,少康墓塔的损坏已经非常严重。后汉乾祐三年(950年),曾经协助文益禅师开创禅宗法眼宗一派、被吴越王钱弘俶赐"大禅师"号并尊为"国师"的德昭大师(891—972年),非常尊崇少康,当发现其墓塔受损严重后,马上组织人员,新修建了少康的墓塔。

少康在中国佛教史上的地位,宋初名僧赞宁认为:

> 康所述偈赞,皆附会郑卫之名,变体而作,非哀非乐,不怨不怒,得处中曲韵,譬犹善医以锡(糖)蜜涂逆口之药,诱婴儿之入口耳。苟非大权入假,何能如此方便,度无极者乎!唱佛佛从口而出,善导同时作佛寺,故非少缘哉!

入宋,朝廷追赠少康为广道大师。

二　与严州有关的佛教诗文

（一）李频有关佛教的诗

佛理禅语是非常深奥的理论，是唯心主义哲学的极致。佛学的作用在于麻醉人们的思想与灵魂，研究的是人们假设的虚幻的未来，为了取得神灵的保佑，让自己有个美好的未来，就必须敬尊神仙、钻研佛理，让自己的灵魂通过不断的修炼，达到一个更高的境界。

如果读了李频的诗，人们可以感到，李频对佛学理论是有较深研究的。

《送元遂上人归钱塘》
白衣游帝乡，已得事空王。
却返湖山寺，高禅水月房。
雨中过岳黑，秋后宿船凉。
回顾秦人语，他生会别方。

这是一首作者赠别元遂上人的诗。首段写元遂上人学佛、礼佛的事。当元遂上人还是布衣之时，就曾到京城游学，最终未能走上仕途，却走上了吃斋念佛，遁入空门的道路。第二段写元遂上人回归钱塘，诗中写的"湖山寺""高禅水月房"，是否就是后来的灵隐寺呢？因为资料不全，不好妄加猜测，但有一条可以肯定的是，这个元遂上人所要去的寺庙在杭州。第三段写元遂上人在回杭州途中可想象到的情景："雨中过岳黑，秋后宿船凉。"这句诗通过一个"黑"与"凉"写出了诗人对秋后雨夜独特的感受，抓住季节与时段的特征，反映诗人内心悲凉的情绪，以及对友人元遂上人的关心与担忧。同时，见出远遂上人在交通十分不便的古代旅途中的凄清、寂寞与艰苦。这首诗如果从佛教意义上来说，是最后一段颇有深意。"回顾秦人语，他生会别方。"长安古城，古为秦地。这一段诗，给人以恍如隔世之感。回首之间，刚刚在秦之地，与元遂上人话别，再要想见，可能是来生了，而且还不一定在秦地。在儒、释、道三教中，儒、道是讲今生的，讲眼前，只不过儒家讲积极入世，道家讲出世，而只有佛教是讲来生的。一些在今生命运不佳之人，努力修炼，大做善事，广积善缘，祈盼来生有一个好的命运。有了来生一说，让那些命运不好的人，企望通过自身努力以及神的威力，忘记自身的痛苦，麻醉自己敏感的神经，在幻觉中、梦想中有一个好的来生，从而达到自我心理上的平衡与满足。因为有了佛教，这些命运不佳的人，不是把对自己命运不佳的不满情绪向社会发泄，而是归罪于自我作孽，修炼不够，这正是统治者所期望的，也正是佛教这么多年来能广为流行，能为统治者与老百姓共同接受的原因。

李频结交的佛门弟子，不乏有才学德行较高之人，但他们不爱红尘爱禅房，不受高名利禄的诱惑，安于清贫寂寞的僧侣生活，在古佛青灯黄卷的平静生活中度过自己的一生。李频结交的栖白上人就是这样一位僧人。

《题荐福寺僧栖白上人院》
空门有才子，得道亦吟诗。
内殿频征入，孤峰久作期。
高名何代比，密行几生持。
长爱乔松院，清凉坐夏时。

　　这是诗人赞颂荐福寺栖白上人的诗。在一般人看来，和尚是最静闲的人，每天只烧香拜佛念经，有的满足于做一天和尚撞一天钟的例行佛事。而李频笔下的栖白上人却不是这样的平庸之辈，而是空门之中的才子。他不仅精通佛理，还精通古诗。诗中的"空门"二字，在佛学中是有专门解释的。所谓"空门"，是指佛教以色相世界皆属虚妄能破除偏执，由空而入涅槃，以空为入道之门，故称"空门"。"得道"二字，是指释道二教谓信教而成佛成仙的人。栖白上人很有才气，朝廷几次征召他入朝做官，但栖白上人不为所动，视利禄、官位如粪土，看破红尘，不受征召。历史上，有些人为了当官，故意走捷径，当隐士，希望皇帝或朝廷来找他，给他台阶下，然后受征召，出山做官，这就是所谓终南捷径。栖白上人，不是这样的人，他尘缘已断，六根清静，如同孤寂肃立的山峰，屹立挺拔。在茫茫人世间，它坚持操守，特立独行。诗歌的第三段"高名何代比，密行几生持"，写出了诗人李频对栖白上人由衷的赞美。人是社会性的动物，很难耐得住寂寞，尤其成年累月在禅房静寂中修持，更是难上加难。栖白上人不喜爱出世当官，他喜欢什么呢？诗的最后一段："长爱乔松院，清凉坐夏时。"他喜欢的是高大的松树、宽阔清静的院落，是念经吃斋的禅房。夏天，他遵守佛法规矩，在清凉的院落里坐夏，不为尘世所动，可见他已心如止水，心无杂念。全诗通过对栖白上人的描述，为我们塑造了一位才学出众、操守高尚的僧人形象。

　　唐代确有胸怀才学，皇帝召不来的才子。李频家乡的翁洮，就是这样一位才子。翁洮宁可归隐青山，过贫寒的平民生活，也不愿接受皇帝的征召。当时唐僖宗曾专门为这件事下过一个诏书，《征翁洮诏》：

　　举尔所知，下以忠而事上；荐贤受赏，君以礼而使臣。建州刺史李频奏其乡人翁洮，力学苦吟，隐居求志，宜即丘园之贲，以旌槃洞之伦，当有论思，毋为高尚，可特遣使加币，就其隐居征之。尔其幡然而改，决然而来，将备补阙之官，期以匡朕不逮。令睦州守臣催促就道，仍别遣使往建州，褒赐刺史李频，以广贤路之劝主者施行。

翁洮为此事还专门写了一首诗，诗的题目是《枯木诗辞诏命作》：

　　枯木傍溪涯，由来岁月赊。
　　有根盘水石，无叶接烟霞。
　　二月苔为色，三冬雪作花。
　　不因星使至，谁识是灵槎。

李频与僧人交往较多，在他的诗中留下了许多美好的回忆。《回山后寄范郸先辈》就是这样的诗：

　　高楼会月夜，北雁向南分。
　　留住经春雪，辞来见夏云。
　　遥空江不极，绝顶日难曛。
　　一与山僧坐，无因得议文。

　　李频在山里拜见范郸老前辈，两人相见甚欢，事后李频写下这首诗，回忆当时见面的场景，畅叙友情，并将诗寄给了范郸前辈。首段"高楼会月夜，北雁向南分。"写了他们是在一个月夜相会，禅房寂静，青松云屯，饶有诗情画意。在两人意兴阑珊之后，终于如北雁南飞一般地分别了，颇有依依不舍之情。二段"留住经春雪，辞来见夏云。"写诗人与范郸的春留夏别的友情，可见他们是经常在一起的，是老熟人。三段"遥空江不极，绝顶日难曛。"写了江山胜景，遥远深邃的天空，江水溪流相接，很难看出哪里是尽头，在山顶看太阳，好像太阳下去得特别慢。末段"一与山僧坐，无因得议文。"写得很客观实在，与范老前辈在一起，本来机会难得，完全可以多谈一些诗文方面的问题，但结果却相反，难以论文。此处留下无限想象的空间。诗人与僧人究竟在谈论什么呢？是讲佛经典故，还是生活琐事，或者是其他事情呢？可见他们要谈论的话题很多，却还轮不上论文，真让人猜不透其中的谜底。其实作诗，与其坐实写出，还不如虚空灵动，如同书法的飞白，绘画的云烟，让人有无限想象的空间，任遐想的翅膀翱翔，令读者回味无穷，兴意难歇。
　　佛教是哲学中处于上乘地位的学说，具有较强烈的历史纵深感，是从较大跨度的历史高端来看待人生、看待社会、看待未来。李频的《题栖霞寺庆上人院》就是这样的一首诗。

　　居与鸟巢邻，日将巢鸟亲。
　　多生从此性，久集得无身。
　　树老风终夜，山寒雪见春。
　　不知诸祖后，传印是何人。

首段写上人居邻鸟巢,与鸟相亲。二段说世间众生皆有这般本性(如人与鸟相关的本性),长久地和睦相处可以忘却自身。多生是佛家用语,指多数之生死,轮回六道而经多数之生。久集,是指长久地聚集相处之意。三段写树老经风,山寒见雪。诗人的思维是跳跃性的,是超乎异常的,能站在时序交替、时空变幻的一个更高的历史的哲学层面和视角上来看问题。还是寒冷飘雪的冬天,但他透过一层层雪的帘幕,看到了春天的脚步与踪影。诗人凭着自己对时序季节交替变化的认识,将它很自然地写进自己的诗歌之中,同时,又与佛教的感受糅合在一起,为下一句诗做好铺垫,即使时序是这样的交替变化,而人事、佛事是不是如此呢?第四联以诸祖以后,何人会去接掌佛印,承受前人传下来的衣钵呢?诗人关心佛界的事情,有时会被很多疑问困惑着,反映在诗中,给人以神秘迷茫的感觉,给人以想象的空间,留下悬念,让人回味无穷。

值得特别一提的是作者在《题栖云寺立上人院》一诗中又重复了《题栖霞寺庆上人院》的三、四两段。前两段是这样的:"是法从生有,修持历劫尘。独居岩下室,长似定中身。"大意是说佛法是自有生以来就存在的,要研习它并躬行实践要经历许久的年月。同时,还赞赏了立上人甘于寂寞、孤独,苦行修炼,修持有道。三、四段的完全重复,是诗人特别喜欢这两句诗吗?

另一首《赠立规上人》诗中,诗的第一、二段是这样的:"竹向空斋合,无僧在四邻。去云离坐石,斜月到禅身。"第一段写出了僧寺的特点、环境及僧家生活,点明了僧人们住的地方有许多竹子,竹子已可以将他们空荡荡的斋院围合起来了。"空斋"二字点出寺院当时人少,连天上的云路过这里也匆匆离去了,还是月亮有情有义,斜斜地照进院殿。真是月光如水,清空如洗,把一个寺庙的空旷、孤独、清冷、寂寞和盘托出,应该是写得不错的。而三、四段又重复了写过的话。

秋天是一个收获的季节,对于诗人来说,也是诗歌创作的收获季节。这个季节中的诗人思维特别活跃。在李频二百多首诗中,题目中出现"暮秋""秋宿""秋夜"等与"秋"有关的词、字就有十余首之多。李频的《秋夜宿重本上人院》《暮秋宿清源上人院》就是这样的诗。虽然我们限于资料,不能判断出它们的写作时间,但从诗中,我们能明显感觉到季节的先后。《秋夜宿重本上人院》这首诗在季节上应早一些,是初秋时节写的。

> 却忆凉堂坐,明河几度流。
> 安禅逢小暑,抱疾入高秋。
> 水国曾重讲,云林半旧游。
> 此来见月落,还似道相求。[1]

[1] 方韦编著:《李频诗集编年笺注》,中国文史出版社2015年版,第148页。

首联从追叙秋夜宿重本上人院开始起笔，诗人在初秋之夜来到寺院，在院中遮阳避暑的棚屋中纳凉，望银河，遥远的星空中不时有流星飞过。这虽然是自然现象，但总能引起诗人不尽的遐想。唐朝诗人是富于激情与想象力的，而且他们都钟情于秋天这个富有诗意的季节。

诗的二、三段，写诗人与重本上人的交往。二段的前一句写重本上人在暑天安静打坐的枯燥生活，后一句写诗人因身体有恙，在一个秋高气爽的日子里来到宁静的寺庙中静养身体。三段的前一句写重本上人在南方江湖纵横的水国多次传道讲经。后一句写诗人多次与僧人们一起外出游学畅谈，引以为知己。第四段，诗人把月落、月出这一自然现象的交替循环，与佛道相求糅和在一起，展开联想，似乎能找出它们之间的共同点。实际上不光是佛道与月落、月出有相似处，人间正道又何尝不是这样呢？老子不是说过"祸兮福之所倚，福兮祸之所伏"的话吗？类似于这样的话当然还可以找出很多。

如果诗人仅仅写寺庙的环境或与僧人的交往，固然可以表现诗人自己的美学思想观点，而一旦与佛法联系在一起写，就使他的诗不仅展示了美，而且写出诗篇内容的深刻含义。《暮秋宿清源上人院》就是这样一首两方面结合得比较好的作品。

> 野客愁来日，山房木落中。
> 微风生夜半，积雨向秋终。
> 证道方离法，安禅不住空。
> 迷途将觉路，语默见西东。

诗人在第一段开头一句就写了自己为什么会与僧人寺庙这么亲近，因为他们有共同之处。诗人是多愁善感的。诗中的野客，说的是山野之人，当然是作者自喻。野客为自己的未来发愁。他发什么愁呢？一个身在官场的诗人，在宦海沉浮中，在相互倾轧中求生存，求发展，尤其是像李频这样没有太大政治背景的读书人，生就的直率、朴素、耿直，让他在官场十分难混，当然要为自己的未来发愁。官场上的事是"高处不胜寒"，今日不知明日事，充满风险，这正是诗人发愁的主要原因。二段写在僧院清景及秋风夜雨中的感受。民国革命家及诗人秋瑾曾有诗云："秋风秋雨愁杀人。"秋与愁有什么必然的联系呢？有道是"愁乃心上秋"，秋风秋雨虽然是没有感情的，但人是有感情的，人一旦赋予秋风秋雨以感情色彩，当然秋风秋雨也就有了拟人化的色彩，至少可以为忧怀愁绪起到较为强烈的环境及气氛上的烘托作用。诗中没有出现冰凉的字眼，但"微风生夜半"一句，却让人读后有夜半风起、不寒而栗的感觉。长时间的秋雨，更让人产生清冷的感觉。第三、四两段借用佛教用语抒写自己对人生哲理的感受与理解。意思是说对佛教道义有了深入的体验和理解之后，才可以放弃修道的常规法则，安心入室后，又不能执着空无。写了自己对佛教道义的理解、感受，但同时又写出了自己的困惑和不理解的矛盾心情。如何修成正果，走出迷途，这需要高人指点迷津。也就是说，如果能从迷途中转入觉路，那时候或者宣讲出世，或静坐参禅，才能东西往来，自由通行，达到佛教的较高境界。这也是诗人不断修炼，向往与追求的境界。如果没有诗人平时对佛教理论的学习、钻研，是很难在诗中有这么深入的理解与感悟的。

通过以上分析，我们不难看出李频诗歌中与佛教有关的诗作都有以下两个原因：

一是作为苦吟派诗人的李频热衷功名利禄，一生中为科举及第，步入仕途并期望逐步高升而苦苦追求。当他中举及第后，在由权势、官禄所形成的名利场上尝遍冷暖，饱受利禄羁绊、俗事萦心的尘俗之网困扰，不论在清醒之际还是在失意之后，面对滚滚红尘，碌碌人世，往往对另外的世界油然而生一种向往之心。

二是寺院的建筑多在名山胜水之中。古人云："天下名山僧占多"，说的就是这种现象。青山绿水，白云飘飞，风清月白鸟鸣的方外世界幽雅宁静，恰与纷扰嘈杂的尘世形成鲜明的对照。李频虽然后来及第从政，步入仕途，但他从本质上来说，仍然还是一个诗人，文人喜爱宁静的读书生活的脾性不改。

寺院既是文人读书应试前复习功课的理想场所，也是游览与避世的世外桃源。在李频的眼中，僧人、寺院已成为一种象征，更是一种出世的理想世界，所以他乐于与他们往来。在这里可以解脱世事，纾解忧患，消释烦恼，调节心灵；在这里还能体味到在禅定的宁静状态中搜字觅句的愉快，一种如食橄榄般的先涩后甜的喜悦。因此描写僧人与寺院的作品在李频整个诗集中所占的比率较大。

李频在他二百多首诗中就有十五首写到僧人与寺院。由此可见，在诗人心灵皈依禅门的同时，禅乐成为苦吟诗人李频乃至整个晚唐诗人的共同归趋。李频与僧人交往的目的是为了追求心灵的解脱。在与僧禅的交往中，苦吟诗人李频常为僧人们的艰苦修持、高绝的道行所打动，在诗中诉说自己礼僧敬佛的虔诚、消解烦恼的渴盼，以及不能割舍世缘，而又对僧禅空生羡慕的矛盾无奈之情。诗人除被幽静闲寂的生活情调所吸引外，还有更深沉的人生哲理，也深深地感应着苦吟诗人李频。为此，他喜欢在诗中运用佛典中的词语。

（二）陆游有关严州佛教的诗文

一是陆游有关严州佛教的文章。

陆游于宋孝宗淳熙十三年（1186年）七月到严州，就任权知严州军州事一职，于淳熙十五年（1188年）七月任满，回归山阴故里。在严州整整两年，公务繁忙，应对频仍，却能写下这逾四百篇的诗文，堪称勤奋。

真如朱熹所说的是"自蚤（早）至莫（暮），无非做功夫时节"。以放翁的功夫，实在已经较朱文公之言有过之而无不及了。陆游在严州写过两篇关于佛教的文章，如《严州重修南山报恩光孝寺记》和《严州乌龙广济庙碑》。

《严州重修南山报恩光孝寺记》

浙江自富春溯而上，过七里濑、桐君山，山益秀，水益清。乌龙山崛起千仞，鳞甲爪鬣，蜿蜒盘踞，严州在其下，有山直州之南，与乌龙为宾主：乌龙以雄伟，南山以秀邃。形势壮而风气固，是为太宗皇帝、高宗皇帝受命赐履之邦。登高四望，则楼观雉堞，骞腾萦带，在郁葱佳气中，两山对峙，紫翠重复，信天下名城也。

南山报恩光孝禅寺，实为诸刹之冠。质于地志及父老之传，唐末有僧结庐于山之麓，名广灵庵；庆历中，始斥大之为广灵寺；绍圣中，易禅林佛印大师希祖实为第一代，始徙寺于山巅，今寺是也；崇宁中，赐名天宁万寿；绍兴中，易今名。初，郡长者江氏为塔七级，与寺俱毁于宣和之盗。厥后文则来居而寺复，法琦来助而塔建，及得智廓、仲玘而学者云集。廓不期年示灭，凡今之营缮崇成者，皆玘也。如来大士有殿，演法会斋有堂，安众有寮，栖钟有楼，寝有室，游有亭，浴有泉。又以余力为门，为庑，为库，为垣，为磴路，为御侮力士之像，未五六年，百役踵兴，无一弗备。郡人童天佑、天锡、方珍出资为最巨，老僧智贵倾其衣囊助施为尤难。若夫以宿世愿力，来为外护，取郡之积木以终成之者，太守、殿中侍御史冷公世光也。寺之役既成，冷公适有归志，遂奉祠以去，岂非缘法哉？予亦尝来为守，廓及玘皆予所劝请，则于是山不为无夙昔缘，故玘来求予为记。

予行天下多矣，览观山川形胜，考千载之遗迹，未尝不慨然也。晚至是邦，观乌龙似赤甲白盐，南山似锦屏，一水贯其间，纡徐澄澈似渭水，而南山崇塔广殿，层轩修廊，山光川霭，钟鸣鲸吼，游者动心，过者骇目；又甚似汉嘉之凌云，盖兼天下之异境而有之。骚人墨客，将有徙倚太息援笔而赋之者。予未死，尚庶几见之。

绍熙四年（1193年）二月庚申记。

文章首先写严州南山报恩光孝寺的周围环境，先从寺前面的富春江开笔，"富春溯而上，过七里濑、桐君山，山益秀，水益清"。接下来写山，"乌龙山崛起千仞，鳞甲爪鬣，蜿蜒盘踞，严州在其下，有山直州之南，与乌龙为宾主：乌龙以雄伟，南山以秀邃"。写出了乌龙山的雄浑气势。再荡开一笔，又从山转到眼前的古城，"楼观雉堞，骞腾萦带"，真是"天下名城"，表达了自己对这座文化名城的赞美与热爱。

接着作者写南山报恩光孝寺建造、修建的简要历史。先写寺的地位，

"实为诸刹之冠"。大家从地方志的记载和民间传说中可以知道，这座寺建于唐朝。唐朝末年，有僧人在山脚造了简单的房子，作为佛教活动的场所，起初叫广灵庵，后来改为广灵寺。佛印大师希祖为寺庙的第一代开山祖师。寺中有七级佛塔，后毁于方腊农民起义队伍之手。后来又修复，而且堂庑增大，"如来大士有殿，演法会斋有堂，安众有寮，栖钟有楼，寝有室，游有亭，浴有泉。又以余力为门，为庑，为库，为垣，为磴路，为御侮力士之像，未五六年，百役踵兴，无一弗备"。寺庙由此达到鼎盛时期。这次修复得这样好是因为许多有钱人的热心捐助。僧人智廓、仲玘请陆游为寺写篇记，陆游也觉得这是非常有缘分的事情，因此快乐地答应了。向读者交代了写这篇记的起因。

最后作者写了自己的感受。陆游在文中说，虽然自己去过许多地方，但面对这里美丽的风景和悠久的历史，心中还是生出了许多感慨。"观乌龙似赤甲白盐，南山似锦屏，一水贯其间，纡徐澄澈似渭水，而南山崇塔广殿，层轩修廊，山光川霭，钟鸣鲸吼，游者动心，过者骇目；又甚似汉嘉之凌云，盖兼天下之异境而有之。骚人墨客，将有徙倚太息援笔而赋之者。"陆游文采风流，锦辞丽句，对该寺庙和周围环境充满了赞美之情。

《严州乌龙广济庙碑》

山川之祀，自《虞书》以来，见于载籍，与天地宗庙并。或谓山川兴云雨，泽枯槁，宜在秩祀，非必有神主之。以予考之，殆不然。"维岳降神，生甫及申"。山川之神，降而为人，与人死而为山川之神，一也。岂幸而见于经则可信，后世则举不可信邪？柳宗元死为罗池之神，其传甚怪，而韩文公实之；张路斯自人为龙，庙于颍上，其传尤怪，而苏文忠公实之。盖二神者，所传虽不可知，而水旱之祷，卓乎伟哉，不可泯没，则二公亦不得而掩也。予适蜀，见李冰、张恶子于离堆、梓潼之山，皆血食千载，非独世未有疑者，盖其灵响暴者，亦有不容置疑者矣。

严州乌龙山广济庙之神，曰忠显仁安灵应昭惠王，旧碑以为唐贞观中人，姓邵氏，所记甚详。虽幽显殊隔，不可尽质，然神灵动人如罗池，变化不测如颍上，历数百年未尝少替，而朝廷之所褒显，吏民之所奉事，亦犹一日，此乌可以幸得哉？至于绍兴辛巳东海之师，群胡见巨人皆长丈余，戈戟麾旌，出没烟云间，则相告曰："乌龙神兵至矣！"或降或遁去，无敢枝梧者。是又与东晋八公山及庆历嘉岭神之事相埒。然彼皆在近境，而此独见于山海阻绝数千里之外，岂不尤异也哉！不得韩苏之文以侈大其传，而邦人进士沈奂顾以属笔于某。辞卑事伟，有足恨者，乃作送迎神诗一章，使并刻之，实庆元五年十月甲子也。其辞曰：王之生兮，值唐初基，龙翔于天兮，英雄是资。独沉草莱兮，默不得施；巉然万仞兮，胸中之奇。

使得小试兮，冒白刃而搴朱旗；丈夫战死兮，固亦其宜。死于不遭兮，精神曷归？王亦何怼兮，人则为悲。乌龙之山兮，跨空巍巍。筑杰屋兮奉祠，酿桂兮羞芝，弹箜篌兮吹参差，王舍斯民兮逝何之！锡以祉兮燕及荧嫠，岁屡丰兮长无凶饥，拥羽盖兮驾玉螭，时节来飨兮民之依。国有征诛兮，克相王师，长戈大纛兮，肃肃阴威，扫平河洛兮，前功弗隳。隆名显爵兮，永世有辞。

陆游在文章一开始就讲了山川之祀与天地宗庙祭祀相提并论的关系。人们的祭祀活动是随着时间的推移在不断改变的。过去因为对大自然不了解，人们害怕大自然的无比威力，所以要祭祀河流山川之神。随着人们对大自然的逐渐了解，观念也在慢慢地发生着变化，逐渐由对山川的祭祀，变为对著名历史人物的祭祀。柳宗元死为罗池之神，其传甚怪；张路斯自人为龙，庙于颍上。这些都是由对人的祭祀上升为对人化了的神进行祭祀。作者还写到"予适蜀，见李冰、张恶子于离堆、梓潼之山，皆血食千载"。李冰因为建造都江堰，对四川平原的排涝灌溉、水系建设有着特别的贡献，为此当地老百姓把他当做神来祭祀。另外，对道教有较大贡献的张恶子也受到人们的祭祀。

接着作者介绍了"严州乌龙山广济庙之神，曰忠显仁安灵应昭惠王，旧碑以为唐贞观中人，姓邵氏"。清乾隆十九年（1754年）修的《建德县志·乌龙庙》有如此记载：在乌龙山麓。神姓邵，名仁祥，字安国，淳安人，隐居乌龙山。谒建德令周光敏，条陈事宜。令怒其无礼，笞杀之。濒死，语令曰："吾三日内必报尔。"届期，雷电晦冥，有巨蛇长数十丈至县庭。令见之，惊怖立死。空中语人曰："尔诸民，立庙祀我，我当福汝。"接下来，作者介绍了乌龙神的威力，"绍兴辛巳东海之师，群胡见巨人皆长丈余，戈戟麾旄，出没烟云间，则相告曰：'乌龙神兵至矣！'或降或遁去，无敢枝梧者。"

受邦人进士沈夐顾的嘱托，陆游写了这篇碑记。

二是陆游有关严州佛教的诗。

陆游在严州写过许多首有关严州佛教的诗，其中较有名的有两首。一首是《早自乌龙庙归》：

残漏声中听曳铃，翩翩吹帽出郊坰。
雨余涧落双虹白，云合山余一发青。
铁马蹴冰悲昨梦，朱颜辞镜感颓龄。
归来独对空斋冷，鸟迹苍苔自满庭。

作者在这首诗中感叹自己年华易逝，壮志难酬。"铁马蹴冰悲昨梦，朱颜辞镜感颓龄"写出了作者内心的痛苦。

另一首《乌龙庙》：

> 江边苍龙背负天，蟠踞千载常蜿蜒。
> 其前横辟为大川，高城鼓角声隐然。
> 龙庙于山家于渊，世为吾州作丰年。
> 老守虽愧笔如椽，洁斋试赋迎神篇。

作者在这首诗中表达了希望乌龙神能保境安民，来年风调雨顺，百姓喜获丰收的愿望与心情。

第八节　严州名人

一　江公望

江公望（生卒年不详），字民表，故居在今建德市三都镇梓里村江村，后迁严州府治所在地梅城。江公望于宋熙宁六年（1073年）中进士，建中靖国元年（1101年）拜左司谏（谏诤官）。这年徽宗登位大赦，户部尚书王古（严州建德人）处理粮赋逋欠。王古对逋欠确实无法缴纳的，就赦免了，对逮捕来的人也加以释放。御史中丞赵挺之弹劾王古是倾天下之财谋私惠于人间。江公望以为既是大赦，所以一切与民，王古怎能行私惠于其间？乃上疏皇帝：人君若要知时政之利弊、人臣之忠邪，没有人能像谏官、御史那样可信的了。如果谏官、御史挟私情肆意诬言，为了泄私愤扰乱皇帝的视听，这样的情况，则不可不明察了。臣闻赵挺之与王古论事常不相合，屡见于彼此言辞气色之间，负气待机而发。谚云"私事官仇"，小人所不为的事，而赵挺之居然泄私愤而诬人，以蒙蔽皇上的视听，混淆是非忠奸，这能算忠臣吗？

对于皇宫内苑畜养珍禽异兽，供皇帝及后宫妃嫔赏娱之事，江公望极力谏阻。认为这不是初登帝位者（时徽宗初即位）所宜设置的，这样是要"玩物丧志"的。一日，江公望入对时，徽宗即告诉江公望："所有珍禽异兽已纵放遣散！只一白鹇，因养之较久依依不肯去，我以柱杖逐之才去。"宋徽宗还刻江公望姓名于杖头，以记其谏。

时陈佑因论曾布而被罢黜，江公望入谏曰：

> 陛下自登基以来，已经三易言官，逐十谏臣，非天下所愿望也！
> 夫谏臣养之不可不素，用之不可不审，听之不可不察，去之不可不慎。

时人以为名言。江公望复因上疏弹劾奸相蔡京，被贬安南军，但天下人都崇敬他的赤诚刚正。后遇赦返乡，不久，病卒于家中。葬梓里乡江村山脚。宋建炎四年（1130年），诏赠右谏议大夫，官其后两人。祀乡贤祠。著作有《江司谏奏稿》和《江司谏文集》。

二 叶义问

叶义问（1098—1170年），字审言，今建德市李家镇人。宋建炎二年（1128年）中进士。初为饶州（上饶）教授兼摄郡事，因岁旱严重，未经奏准，便发常平仓（谷贱时加价籴入，谷贵时减价粜出，故名常平）米，以赈饥民。提点刑狱官黄郭书为此事上疏弹劾。宋高宗不仅下诏勿问，反而迁升知江宁县（故城在今江苏省江宁县西南60里），不久又升江州（今江西省九江市）通判。豫章（今江西省南昌市）太守张宗元悖逆于秦桧。秦桧就以飞语伤人罪，通知漕臣张常先设法逮住陷害他。张常先又欲假他人之手行事。时张宗元因事过九江，张常先便行文叶义问，要叶义问拘留张宗元所坐之船。而叶义问则回文说："吾宁得罪，不为不祥。"张常先汇报于秦桧，叶义问被罢官。

秦桧死，诏升叶义问为殿中侍御史。枢密汤鹏举又欲效秦桧所为，培植自己的党羽，将周方宗、李庚安置在台谏之列，以便铲除异己。叶义问为此累章弹劾，结果汤鹏举、周方宗等均被罢免。

稍后，叶义问迁吏部侍郎，不久又拜同知枢密院事。时金主自将兵，号百万，自涡口（安徽怀远县东北，涡水入淮之口）渡淮，南侵而来。皇帝命叶义问督江淮军，并书"义问到处，如朕亲行"八字于旗以赐之。叶义问与参谋军事虞允文即召集诸将，勉以忠义。部署方毕，金兵已直搏宋军。宋军将士作殊死战，鏖战至天暮，胜败未分。恰有溃军自光州（安徽弋阳县）至，虞允文授以旗鼓，从山后转出，敌以为援兵至，当即逃遁。宋军以劲弓尾追击射，大败金军。孝宗即位（1163年），封叶义问为新安郡侯，资政殿学士、提举洞霄宫观。叶义问居官多年，清正廉明。平日又慷慨好施，所得俸禄大多周济亲朋好友。致仕后，老家既无房屋可居，自己又无余资建造宅第，因此寄寓衢州庵舍以终天年。清风亮节，不愧其谥号为"忠简"。

三 马大同

马大同，字会叔，号鹤山，生于宋绍兴二年（1132年）正月初一，进士出身。据建德市三都镇马宅村的《马氏宗谱》记载，"礼部尚书讳大同由进士累迁至户、礼二部尚书"，"并封建德县开国男"。娶桐庐方氏为妻，生五子，封令人。关于马大同，《中国历代人名大辞典》记载云：

……严州建德人，字会叔。高宗绍兴二十四年中进士。任小官时，以刚直介闻。孝宗时每进言，辄陈恢复大计。所历中外要官，必求尽职，以洗冤、泽物为己任。累官户部侍郎。学者称鹤山先生。

《全宋文·两宋严州进士表》《全宋文·建德县历代进士表》记载："绍兴二十四年甲戌科张孝祥榜""礼部尚书讳大同进士迁至户、礼二部尚书"。马大同考中进士那年22岁。张孝祥（1132—1170年）是南宋著名词人，高宗绍兴二十四年（1154年）考中进士，安徽和县人，曾任荆南、湖北安抚使，其词作风格豪迈。他在建康留守席上所作《六州歌头》一词，表现出要求恢复国家统一的激情，对南宋朝廷的苟且偷安予以强烈谴责，张浚曾为之罢席。在主张恢复国家统一这一问题上，马大同与张孝祥的认识是高度一致的，说明他们是正直的官员。

清曾钰嘉庆《宁远县志》卷九记载：

> 提刑少卿严陵马大同职事巡行。过九嶷，谒舜祠，见祠宇圮甚，乃留钱百千，属邑尉邹安道为之缮葺。因赋小诗十二绝，聊序一时之胜云。淳熙癸卯（1183年）冬至前一日。其诗仅存六首，余俱残缺。

大概是马大同任荆湖南路提刑官时，拜谒舜祠，"见祠宇圮甚"，感慨而作。并留下自己的俸银百千，嘱咐随同的地方官邑尉邹安道葺舜祠。九嶷山，又名苍梧山。位于湖南南部永州市宁远县境内，宁远县城南60里，属南岭山脉之萌渚岭，纵横二千余里，南接罗浮，北连衡岳。九嶷山素以风光独特、溶洞奇异、文物众多、传说动人而驰名中外，令人神往。《史记·五帝本纪》："舜南巡崩于苍梧之野，葬于江南九嶷。"《水经注》云："苍梧之野，峰秀数邵之间，罗岩九峰，各导一溪，岫壑负阻，异岭同势。游者疑焉，故曰：'九嶷山'。"

马大同写的《过九嶷谒祠赋》小诗十二绝，现在仅存六首收于湖南的《宁远县志》卷九。现摘录如下，以飨读者：

> 行尽平岗十里间，好山迎我翠相环。
> 九嶷更在云深处，只恐天高不可攀。
>
> 何候拔宅登仙去，虞帝因山作庙基。
> 人物由来相代谢，不知陵谷几迁移。
>
> 平生梦想九嶷高，原隰驱驰敢惮劳。
> 肃肃衣冠朝帝所，此行端不为游遨。
>
> 宇宙才分便有山，兹山戢戢序成班。

重华远矣遗风在，好似相从揖逊还。

人与韶音渺莫闻，山如羽卫自森森。
不封不树知何处，漫说零陵古到今。

二妃千古恨难刊，不谓南巡遂不还。
空使湘江江上竹，至今犹染泪痕斑。

另外，清厉鹗在《宋诗纪事》一书中转引《九嶷山志》，有马大同《过九嶷》的另外一首诗：

帝德于今祀万年，如何遗像托疏椽。
凭谁为假丹青手，付与梅仙十万钱。

除此之外，马大同还有一首题为《题龙潭石岩》的诗，此诗见于《永乐大典》卷九七六四引《广信府志》：

揽辔观风只课程，风云要挹楚乡清。
晨旌几碍观山目，夜拆翻惊梦月情。
观者宁知部使者，平生元是老书生。
沧浪何处无人识，欲往从之一濯缨。

这些诗都表明了马大同对人生的理解。从马大同的诗作中我们可以感受到，他人在官场，身不由己；官场险恶，高处不胜寒；尽管他直言相谏，要求恢复国家统一，可皇帝不听。那些主和派还趁机挑拨，落井下石。在诗作中他又感叹历史沧桑变化，不可预知，只有等待时机。

陈桥驿老先生于1990年主编的《浙江古今地名词典》，对马大同所在的村子就有专门的介绍："马宅，村名。在建德县城东31公里。属三都镇。宋户部侍郎马大同建宅于此，遂名。村依山沿前源溪呈带状分布……"马大同的宅院随着时光的流逝早已不复存在，就连建造在村背后山上的马大同墓，历朝历代不知被多少人偷盗过。到了20世纪60年代，连他坟前的石条、石凳都被农民拿去修水库了。如今留下来的只有马宅这个地名以及他的一些美好的传说。

孝宗淳熙三年（1176年），马大同44岁，为户部员外郎。孝宗淳熙七年（1180年）马大同48岁，升大理正兼吏部郎官。孝宗淳熙十年（1183年）马大同51岁，为荆湖南路提刑官、江南西路提刑官，升户部侍郎。马大同在朝廷任职期间，功绩显著，皇帝多次诏敕嘉奖。马大同以刚介雅正、风教为己任闻名。后升为国子监簿（明嘉靖《浙江通志》卷四一）。

马大同以天降大任为己任，不管在朝堂之上，还是在便殿上，一有机会就向高宗上疏，畅叙治国大计。高宗对宰相说宣马大同夜来细谈，马大同面对高宗毫无惧色，论起国家大事滔滔不绝，对治国大计出言不凡，高宗大悦，叹者三："气节可嘉！气节可嘉！气节可嘉！"由是有大用意。后每对上奏，辄陈北进中原恢复大计，历数朝野官员要恪尽职守，以洗冤泽物为己任。宋孝宗淳熙三年（1176年），马大同升为户部员外郎（《宋会要辑稿·职官五二之一六》）；淳熙七年（1180年），马大同升为大理正兼权吏部郎官（《宋会要辑稿·食货四一之一》）；淳熙十年（1183年），马大同任荆湖南路提刑（清嘉庆《宁远县志卷九》）。宋代在占据交通要道的州府设"提刑司"，"提刑官"则每年定期到所辖的州县巡查。史载宋代"提刑官"的职能，除了监察地方官吏之外，主要是督察、审核所辖州县官府审理、上报的案件，并负责审问州县官府的囚犯，对于地方官判案拖延时日，不能如期捕获盗犯的渎职行为进行弹劾（《宋史·职官志七》）。宋代犯杖刑以下的罪，知县可判决；犯徒刑以上的罪，由知州判决，而"提刑官"主要负监督之责；州县的死刑犯一般经过"提刑官"的核准，"提刑司"成为地方诉讼案件的最高审理机构。"提刑官"在巡查州县的监狱时，除了查看囚犯的人数、囚禁时间外，还审理疑难案件，平反冤狱以及接受民众的投诉。

淳熙十四年（1187年），马大同在江西路提刑官任上因不畏强权，依法办案，为民伸冤，得罪权贵被诬陷而罢官（《宋会要辑稿·职官七二之四九》）。马大同为官公正廉明，除恶务尽，以洗冤泽物为己任。他同情百姓疾苦，心忧天下，所任之地，遐迩闻名，是童孺皆知的大宋提刑官。

至于《建德县志》（1986年版）记载，"宋兵部侍郎马大同墓在三都大塘坞"，其中"兵部侍郎"爵位在"文献"与"宗谱"中查无记载，须待进一步查考。马公大同在朝廷任职期间，功绩显赫，皇帝多次诏书嘉奖。"奉皇帝诰敕赞宋户、礼二部尚书马大同像赞。"赞曰："文武之才，宏博之学，制行则方，运朝謇谔，明新至善自任先觉，血食乡贤，观看钦若，大宋至宝，颂。""赐进士出身马大同，洪州进贤县准裕差迪功郎勘会本人依裕合该差，该绍兴二十四年内授榜头张孝祥。绍兴二十七年十二月十二日。""奉天承运，皇帝敕曰：朕念大同尔之才仕中之时，尔之德仕中之杰，尔之志仕中之直，尔之贤仕中之达，宜加转户部曹郎摄职位，毋易。钦此。"

马大同后遭权贵诬陷，卒于绍熙五年（1194年）十月二十八日，享年63岁，葬于建德市三都镇马宅村大鹤山之阳。现墓已毁。马氏自始祖裕公第一世于宋乾德元年（963年）徙居和溪（三都镇和村）后，或迁于龙游，或徙于东阳，或居于桐庐以及建德各处，世远无稽，自为一派。马宅派由和溪分支而来。自此，马宅村遂以马姓命名，一直沿用至今，代代相传，繁衍生息至今已33世。

第九节　中原文化对严州文化的影响

一　中原士族南迁给严州文化带来的影响

远古时期严州属中华九州之一的扬州；春秋时先属吴后属越，战国时属楚。后来秦国统一中国，建立郡县制的行政区划，分天下为三十六郡，初属会稽郡，仍是越地。秦朝对越族归化，采取强制性手段，令越民迁徙浙西、皖南等荒僻之处，同时又将北方"有罪吏民"流放越地。秦灭汉兴，西汉王朝采取剿抚策略，令越民降汉，后属严州地区的淳安县当时属丹阳郡、归歙县。西汉末年，北方战乱，大批地方士族避乱江南，随之避乱的还有大量的农民与手工业者。浙江是这次北人南移的主要地区之一，其结果是带来了中原文化，包括北方大量的劳动人口，也包括北方先进的农业、手工业技术，以及中原的人才、学术与思想观念，由此引发山越文化与中原文化的逐渐同化。

据史料及方氏宗谱记载，方氏鼻祖雷公，字天震，封于方山，居河南郡。汉平帝元始元年（1年），方望之长子方纮，为汉大司马长史、汝南尹，因王莽篡乱，方纮即携带家属避地丹阳歙县东乡（即今淳安）。汉建武元年（25年）刘秀即位，方纮为丞相。方纮是最早南迁淳安，传播中原文化的士大夫。方纮又有四子，方雄、方杰、方纲、方毅，且都为出类拔萃之人才。方雄，字代英，汉建武六年（30年）拜尚书郎，后迁给事中，十一年为金牙将军，二十五年升云麾将军，后征战有功，拜西河太守。方雄又有三个儿子，长子方俦，少年英俊，善辨天文。汉明帝永平二年（59年）举贤良为南郡守六郎君，后为太子门下大夫左侍郎。永平六年（63年）封关内侯。次子方储，聪明博学，知天文五行，精于占卜。举贤良方正，对策天下第一，拜授议郎，转为洛阳令，升太常。后方储因秉忠受屈，饮鸩而卒。三子方俨为大都督、丹阳太守。

方储等兄弟虽遭奸相加害而死，但当时歙之东乡汉风日盛，人文蔚起。方储生三子，长子方观之，任长城（今浙江长兴）县令；次子方觌之，授关内侯；三子方洪之，晋安县令，可谓显赫的官宦人家。所以，他们当时能在贺城东北之迈山，修筑占地近百亩，雕有翁仲、石狮、石马、石羊等气势宏伟、壮观荫威的汉代古墓群。比方姓迁淳晚180年的东汉皇室成员刘蒜，因避黄巾之乱，南迁歙东林兰（今光昌）。当时淳安虽未建县，只属歙之东乡，但由于中原士族南迁，汉风日盛，为后来的贺齐建县立郡打下良好的基础。

二　南宋建都临安（杭州）给严州文化带来的影响

宋代经济文化的高度发展和全面繁荣，在中国古代历史中，是屈指可数的。而"两浙之富,国用所恃,岁漕都下米百五十万石,其他财富供馈不可悉数","朝廷经费之源,实本于此"。及至南宋,"高宗南渡,虽失旧物之半,犹席东南地产之饶,足以裕国"。南宋时,浙江无论是农业生产的发展、手工业的发达、商业的繁荣,还是海外贸易的兴盛,在全国都居于举足轻重的地位。南宋浙江的经济文化之所以能够得到如此之大的发展,除吴越钱氏统治集团对浙江的开发经营,为宋代浙江经济文化的全面发展奠定了基础,以及北宋制定和采取的一系列有利于发展东南经济的政策措施之外,两宋之际大量高素质的北方人士之南下、政治中心的南迁、南宋统治者为维护政权的生存而实行的一系列有利于恢复和发展经济的措施,都是使浙江的社会经济和文化迅速恢复和更为迅猛发展的主要缘由。

南宋政治中心迁入杭州,对严州文化的发展有着重要的作用。随着政治中心的南迁,大批高层官员也随着朝廷而南迁,更有大批为朝廷服务的高层文化人也随之南下。比如南宋朝廷初到江南,生活安定下来后,就着手进行建设——南宋朝廷宫殿的建设、城墙的维修与加固、中央官衙的重建、临安城街道与街市的建设、西湖园林风景的建设与环境的保护,这些都需要大批有文化、有经验的建筑师。严州作为杭州陪都性质的城市,它的发展必然受到杭州的影响。另外,临安都城的建设,许多原材料都是从严州地区运去的,比如茶园的青石板、木料等。严州的土漆自古就非常有名,也是贡品之一,这时正可以很好地发挥它的作用。在向都城提供服务的过程中,也是中原文化与严州文化不断交流融合的过程。宋都南迁,把中原地区先进的农业生产技术和发达的手工业,如酿造业、造船业和民营作坊等都带到了南方。另外,许多儒家经典著作和其他文化作品的刻印传播,在京城临安非常兴盛的情况下,也逐渐向附近城市延伸,严州因有着非常明显的地理优势,很快就成为首选的地点。所以严州刻本应运而生,达到了刻印出版的高潮。南宋安定下来后,进入相对稳定的时期。经济的繁荣带来了货币使用量的增加,为了跟上发达的经济形势,在铜的产地严州建立造币厂,也是情理之中的事情。严州还是水上交通枢纽,有着繁忙的运输码头,因此获得来自都城的信息和行情都比其他闭塞地区方便,商人们的反应也比其他闭塞地区快。文化的传播也因有商业功利性的传播相助比其他闭塞地区来得更快。随着城市规模的发展,相关的娱乐业也跟着繁荣起来。比如瓦子勾栏、茶楼酒肆以及其他文体表演等都找到了自己生存的空间。另外,史学与地方志也出现了兴旺的局面。

第四章 严州文化的余绪流风
（元朝—清朝）

第一节 戏剧文化：元杂剧、南戏与严州

一 元杂剧与严州

元杂剧是我国最早在全国范围内流行并且拥有众多作家和大量文学剧本的戏剧样式。当时也有人称它为"传奇"，或者把它和散曲放在一起称为"北曲"。后世为区别自唐就已出现的各类说唱表演艺术的"杂剧"，也为区别于宋、金的杂剧，通常称它为元杂剧、元曲或北杂剧。它的一些表演程式在很大程度上奠定了我国民族戏曲的若干表演特点。元杂剧是在前代戏曲艺术的基础上发展起来的。这种戏剧样式什么时候开始形成，已难确考。杂剧这种戏剧样式的最初出现大致是在金末到元初，也就是13世纪初期到中期这个时间段内，经历了从不完备到完备的发展阶段。杂剧体制的完备、成熟并开始兴盛是在蒙古朝改称元朝之后。元杂剧的联套形式，显然受宋金时代流行的赚词和诸宫调的影响。元朝时严州城市规模已经比较完备，城市文化比较发达，戏剧表演有了固定的市场。因此，为市场服务的戏剧家也应运而生，其中周文质和王晔就是其代表。

（一）周文质（？—1334年）

周文质，字仲彬，其祖先是建德（今属浙江建德市）人，后移居杭州。家世业儒。其体貌清癯，学问广博，资性工巧，文笔新奇。善丹青、能歌舞、谐音律，性尚豪侠，好事敬客。与钟嗣成为至交好友，"二十年未尝跬步离也"。元统二年（1334年）卒。钟嗣成记其病卒状甚详，曰：

元统二年六月，余自吴江回，公已抱病，盛暑中，止以为痼疾之毒，

而不经意也。医足踵门，病及五月，而无瞑眩之药。十一月五日，卒于正寝。呜呼惜哉！始余编此集，公及见之，题其姓名于未死鬼之列，尝与论之亡友，未尝不握手痛惋，而公亦中年而殁，则余辈衰老萎恭者，又可以久于人世也欤？[1]

[1] 张㧑之等主编：《中国历代人名大辞典》，上海古籍出版社1999年版，第1537页。

周文质所作杂剧今知有四种：《持汉节苏武还乡》《春风杜韦娘》《孙武子教女兵》《敬新磨戏谏唐庄宗》。仅《持汉节苏武还乡》存有残曲，见《元人杂剧钩沉》。散曲今存小令四十三首，套数五首。《太和正音谱》评其词"如平原孤隼"。生平事迹见《录鬼簿》《太和正音谱》。

（二）王晔

王晔（生卒年不详），字日华，号南斋，睦州人（今浙江淳安县），后迁居杭州（今属浙江杭州市）。钟嗣成《录鬼簿》将其列入"方今才人相知者"。体丰肥而善滑稽，能词章乐府，所制工巧。孙楷第《元曲家考略》考证王晔本系睦州人，其子王绎善绘画。王国维《宋元戏曲史》考证王晔又辑有《优戏录》一书，汇列代之优辞有关于世道者，自楚国优孟而下，至金人"玳瑁头"凡若干条，杨维桢为之序，其书今已佚。所作杂剧今知有三种：《破阴阳八卦桃花女》《卧龙岗》《双卖华》，现存前一种。散曲有与朱凯合作的《题双渐小卿问答》（原名《风月所举问汝阳记》）十首，人皆称赏。另有套数（双调·新水令）《闺情》一首。贾仲明（凌波仙）吊词云："诗词华藻语言佳，独有西湖处士家。""珠玑梨绣，日精月华。"《太和正音谱》列入一百五十名词林英杰之中。生平事迹和创作情况见《录鬼簿》《太和正音谱》《元曲选》《全元散曲》。又曾编《优戏录》，已佚。《破阴阳八卦桃花女》故事是写洛阳周公善卜卦，但常为村民任定之女桃花女所破。周公怀恨在心，设计强纳桃花女为媳，本意却要害她。周公择黑道日迎娶，在举行婚礼的过程中，借凶神恶煞作祟陷害桃花女，但他的计谋被桃花女识破，一一以法禳除。最后周公不得不低头服输。这一作品保存了古代婚礼的习俗，对于仪式和禁忌作了具体的描绘，是民俗学研究的难得资料。其中虽表现出宗教迷信色彩，却又曲折地反映了古人驱灾灭祸的朴素愿望。同时，桃花女聪明机智、善良的性格，也描写得比较生动。《录鬼簿》记《破阴阳八卦桃花女》杂剧为王晔作，但今存脉望馆抄本及《元曲选》本，皆作无名氏作品。《太和正音谱》将此剧列在"古今无名氏"项内，《录鬼簿续编》"失载姓氏"项下也收此剧。故现存此剧是否为王晔所作，尚有异议。

二 南戏与严州

严州南戏的代表作是《杀狗记》。《杀狗记》全名作《杨德贤妇杀狗劝夫》（《永乐大典》目录），或作《杨德贤妇杀狗劝夫记》（《寒山堂曲谱》）。明末清初人大抵认为是徐畛所作。徐畛，字仲由，淳安（今浙江淳安县）人。明洪武初年受县令招聘任县学教官三年，因性不喜羁绁，自免去。洪武十四年（1381年）诏征秀才，被举应诏，至藩省，力辞而归。自号巢松病叟，常葛巾野服，优游山水之间。《乾隆淳安县志》记他"以诗酒自放，尤工词曲。每与客酬饮吟和，执盏立就，无不清新豪迈"。著有《巢松集》。朱彝尊《静志居诗话》记，徐畛自称"吾诗文未足品藻，唯传奇词曲不多让古人"[1]。《静志居诗话》还引录他的《满庭芳》曲，清俊超逸，而《杀狗记》曲文，俚俗粗浅，二者不似一人手笔。且元代戏文《宦门子弟错立身》中已提到传奇（指戏文）《杨氏女杀狗劝夫婿》，可见当时已较流行。徐畛于洪武初年已当县学教官，当是由元入明，但年月难以考知，他是否能在《宦门子弟错立身》出现之前的一段时间内创作《杀狗记》，也属疑问。他或许只是个改编者。

[1] 朱彝尊：《静志居诗话》，人民文学出版社1990年版，第87页。

《杀狗记》在明代屡经文人改编、校订。今存汲古阁本为龙子犹（即冯梦龙）最后改订本，以之与《九宫正始》所录《杀狗记》曲文比勘，可知它确是来源于古本，不同之处多是词句的改动和曲牌的更换。据松凫室《现存杂剧传奇版本记》载，《杀狗记》有明富春堂刊本，与汲古阁本不同，但此本今不知何在。

本剧故事梗概与杂剧《杨氏女杀狗劝夫》大致相同。这个故事，出现的审案官员是王翛然，历史上实有其人，他是金代著名的清官。有些杂剧作品写到他，都带传说色彩。王翛然的故事当主要在北方流传，由此或可推测杂剧《杨氏女杀狗劝夫》在前，南戏剧本在后，后者改编前者。

《杀狗记》写了一个家庭的故事：孙华爱结交市井小人，浪荡挥霍，且又视胞弟孙荣为仇敌。孙华妻子杨氏规劝丈夫，并使兄弟和好。其间她曾定计杀狗，把它扮作人尸，使酒醉的丈夫误以为死人，惊中打算私埋，但他的"狐朋狗党"不仅不助他避祸，反而向官府出首，而真正愿意搭救他的却是兄弟孙荣。这就是所谓"杀狗劝夫"。这个故事可能是金代流传的民间传说。

剧中孙荣、杨氏是作者着力赞扬的人物。孙荣"事兄如事父"，不管孙华多么无理，对他朝打夕骂，让他挨饿受冻，甚至妄图害他性命，他都不怨恨，始终敬之爱之。孙华醉卧雪地，孙荣忍着饥饿，背负送回家中；孙华独霸家产，孙荣不肯"坏乱人伦"告到官府；孙华求他埋尸，孙荣不畏牵连，慷慨应诺；孙华将遭刑讯，孙荣主动承担杀人罪责。这是一个封建统治阶级提倡的"悌弟"的化身。最后，皇帝嘉奖孙荣"被逐不怒，见义必为，克尽事兄之道"，特授县尹之职。这里宣扬的事兄之道就是一味顺从、忍让，赞颂的兄弟之义就是对兄长恶行的纵容、包庇。杨氏被封为"贤德夫人"，她的"贤"表现为不厌其烦地大讲"妻子易得，兄弟难得"的故事，表现为就是在小叔子冻饿难忍的情况下也不肯"背夫之命，散夫之财"。她认为妻子对丈夫只能劝谏，不能违抗。最后是用杀狗扮人尸的计谋，才使孙华醒悟悔过，兄弟重又和顺。这个形象很像是按照"三从四德"的封建规范塑造出来的。

和杂剧《杀狗记》不同，南戏中增加了一些人物，其中吴忠、王老实都是忠实的奴仆，作者还借王老实这个形象描绘了一幅"五代不分，百口共食"的和睦大家庭的生活图景。《杀狗记》通过这些悌弟、贤妇、义仆，宣扬了"夫妇有别，长幼有序"和"贵贱有序"等封建伦理道德观念。剧中又一再强调"亲者到底只是亲""结义的到底只是假"，以维护血缘之亲的家庭关系。这和宋代以来不少俗文学作品中出现的颂扬人与人之间的友谊关系，以及《杀狗记》中赞美结义兄弟、生死之交乃至江湖义气的观念截然相反。很明显，《杀狗记》所宣扬的是陈旧、正统的封建纲常观念。

《杀狗记》曲文虽经文人改动，却仍保持着俚俗、朴素的本色。唯剧中大段说教，枯索无味；情节发展，漏洞较多；关目排场，也欠允当。只是剧中描写两个游手好闲之徒柳龙卿和胡子传的种种无赖行为却颇生动。柳、胡二人，一个刁猾，一个愚鄙。两人一唱一和，十分契合。作者以这两个市井"乔人"穿插全剧，使这部说教味很重的剧作也不乏生动的场面和令人忍俊不禁的趣语。

明代以来，不少曲家和学人批评《杀狗记》为"恶本""恶剧"。因此往往引出人们对《荆记》《刘知远白兔记》《拜月亭》《杀狗记》这一现象的困惑。主要是后世有许多文艺批评家认为《杀狗记》水平不如其他三种杂剧，差距较大。《曲海总目提要》中《白兔记》条有一种解释：元明以来，相传院本上乘，皆曰《荆记》《刘知远白兔记》《拜月亭》《杀狗记》，又曰《荆》《刘》《蔡》《杀》。《蔡》，谓《琵琶》也。乐府家推此数种，以为高压群流。李开先、王世贞辈议论亦大略如此。盖以其指事道情，能与人说话相似；不假词采绚饰，自然成韵；犹论文者谓西汉文能以文言道世事也。[1]

[1]董康编著：《曲海总目提要》，人民文学出版社2014年版，第1520页。

这种解释实际是总结了明清时代曲家的一种比较普遍的看法，但不够圆满。因为"不假词采绚饰""自然成韵"原是宋元南戏的共同特点，不只是这四五个作品专有的特色。看来，这里还存在某种偶然因素。文学史上各种并称之说的出现，其中不乏偶然性造成的。而一旦形成某种说法后，就又常常约定俗成地流传开来，从而成为"世称"。《杀狗记》能够幸运地"附骥"，成为"四大南戏"或"四大传奇"之一，也就不显得奇怪了。

第二节　农耕文化：建德市大慈岩镇新叶古民居、淳安县浪川乡芹川古村落、桐庐县深澳镇深澳古村

一 建德市大慈岩镇新叶村古民居

古代的村落、古代的民居，是我们祖先农耕生活历史的真实写照，是古代农耕文化的缩影、沉淀，它是后代人们研究古时农耕文化的活化石。在建德市大慈岩镇新叶古民居，随处可见古时小康之家留传下来的耕读遗迹。

（一）新叶古民居简介

新叶村这个小小的村落，背靠巍峨高耸的大慈岩主峰玉华山，旁边就是拱围着小村落的道峰山。村头的抟云塔、文昌阁，显得庄重、深沉而古老。村中间有一条青石板铺成的村道。古老的房子有着青砖白墙黑瓦，加上一色的马头墙，显示出江南古民居深受皖南古建筑风格影响的独特韵味。这里的古民居风格大体一致而各有特色，这个具有七百余年历史的古村落，没有产生过声名显赫、特别值得夸耀的人物，也没有一幢特别让人记忆深刻、卓然不群的古建筑。新叶村始建于宋末元初。从玉华叶氏第一代叶坤到这里安居后，历经宋、元、明、清、民国，到如今共计三十余代，一直没有中断并完好地保持着血缘的聚落，单就这一点就非常不容易。这些都有完整的历代《玉华叶氏宗谱》可查。这座古村落坐南朝北，按照五行九宫来设计。整体较有规划，建筑质量良好。村落发育程度相当高，建筑类型多，而且基本上完整地保存了下来。全村现存有200多幢明清古建筑，有16处古祠堂、古塔、古庙、古庵、古阁、古书院等较有特色的古建筑，这些古建筑内，大多搭有古戏台，楹联横匾随处可见，古老乡村文化颇见功底；雕梁画栋，飞檐翘角，精工细作，足见古代工匠艺术水准之高。这里被称为"中国明清建筑露天博物馆""中国民居建筑大观园""中国封建社会宗族文化的活版图"。

（二）耕读传家—古代小康之家的理想生活

自从伟大的思想家孔子提出"学而优则仕"的观点后，人们追求功名、出人头地的思想就日益浓烈。在很多人的心目中，唯一的出路就是读书、当官。有道是"万般皆下品，唯有读书高""书中自有黄金屋，书中自有颜如玉，书中自有万钟粟"。两千多年的中国封建社会，其中一个重要内容就是有才有学之士不辞辛劳，昼夜苦读，不摘桂冠，誓不罢休。历史上曾有102岁老人参加科举考试，搏取功名的科举奇闻。万人争过独木桥的情景与现实，让人兴奋、快乐，也让人失望、心寒。毕竟能考取功名，成为官场英豪的只有少数人，而大多数人只能是科场的失败者、失意者。为了生存，他们必须面对残酷的现实，重新回到自己的农耕生活中。即使自己的黄粱美梦做不成，也必须把美好的愿望寄托在自己的下一代人身上。如此一代代希望与绝望的相传、成功与失败的赓续，便构成了农耕时代农民耕读生活的历史。

新叶古民居的耕读生活历史便是中国古代农村耕读生活的历史缩影。

新叶村建于南宋嘉定元年（1208年），始祖叶坤少时家中人丁稀少，家庭困难，难以婚娶，为了生活及繁衍后代，他入赘夏姓人家，夏姓人家属于叶坤的外婆家一脉。他所住的地方被族人称为"白下里叶"。当时，村里有十八族合住在一起，后因战乱和瘟疫以及土地贫瘠等原因，他们都搬走了。经过叶氏几代世祖率领族人长期开垦、改造、兴修水利，新叶村的土地终于由原来贫瘠的生土变成肥沃的熟土良田，农业经济有了很大的发展。这就为新叶村的农耕生活打下了良好的基础。经济好转、家庭富裕、手中有活钱后，叶氏第三代世祖叶克诚（号东谷居士、季六公，1250—1323年）就有了雄心壮志，开始盘算扩大基业，建造家族的亭堂房屋。他以天人合一、和谐有序的哲学思想作指导，按照五行九宫，根据玉华山山脉的走向，为村落进行规划选址，建造房屋。到了明代中期，叶氏第十一世叶一清（号白崖山人，1517—1583年），根据当时人口大量增加、村落必须扩大这一现实，又对新叶村进行仔细规划。叶一清从小在外求学，曾就读于明代思想家王阳明的门下，精通堪舆学。他继叶天祥掌管"九思公"后，就对新叶村房屋进行扩建改造。这时，村落的面貌、住宅型制和风格都发生了较大变化。为寻根，叶氏祖先就找到皖南叶氏先辈的居住地。通过交流学习，增加叶氏族人之间的情感友谊，也学习参考了他们的建筑风格。后来房屋增多且相互之间较为密集，又加上当时的建筑材料中木头使用较多，容易着火，不当心就会毁掉一大片，于是加建"封火墙"。"封火墙"也叫"马头墙"，这在当时是非常必要的。这是当时惨痛的教训让人们必须这样去做。由此，如今的新叶村仍然保留着当时的建筑格局。

住宿条件的改善，来自于农耕生活者的勤劳与才智，同时也为自己及后代的读书学习创造了条件。古人一直有耕读传家的思想。左宗棠在给儿子孝宽的信中说："吾平生志在务本，耕读而外，别无所尚。……子孙能学吾之耕读为业，务本为怀，吾心慰矣。"[1]另外，他还把"纵读数千年奇书，无实行不为识字；要守六百年家法，有善策还是耕田"[2]的楹联悬挂于祠中，并把"要大门闾，积德累善；是好子弟，耕田读书"和"慎交游，勤耕读，笃根本，去浮华"作为家训。在新叶古民居的楹联及春联中，我们随处可见耕读传家的内容。

叶氏家族也像其他那些大家族一样，十分崇尚"耕可致富""读可荣身"的思想理念。虽然"耕可致富"这一条做得很成功，但后一条"读可荣身"效果却不明显。但这并没有使他们丧失信心，依旧是谆谆教导子孙要认真读书。到明万历二年（1574年），第十一世祖白崖山人叶一清在第三次重修宗谱时，写了《勉族祖训》，其中有一条"读书"，这样写道：

谋生唯有读书高，试把书高训尔曹。
平地可登卿与相，翻身便作俊和髦。

---

[1]（清）左宗棠撰：《左宗棠全集》，岳麓书社2009年版，第2504页。

[2]李伟编：《对联大全》，北方妇女儿童出版社2010年版，第218页。

能消心上如焚火，解拔胸中似织茅。
更有一言是真诀，买珠还椟剑进鞘。[1]

为激励叶氏子孙努力上进读书，叶氏宗谱《仁分祀产》中记载着："文武童生县试，给盘费银二钱五分，府试给盘费银二钱五分，院试给盘费银三钱正。"[2]《义分祀产》中则记载着："举人每年给谷六石，进士每年给谷八石。"[3]除此之外，还要在功名人所属支堂前设立"抱鼓石"（当地称神鼓石），"上下马石""竖旗立座"。每逢喜庆日，还要挂长幢于祠堂内，上面记录着中试者的姓名等第和所任官职，以激励族中子孙。

叶氏家族是一个重视学习、鼓励子女上进的家族。始祖叶坤虽是放牛娃出身，自己没有文化，但他不放松对子女的培养，在家庭经济条件稍有好转的情况下，就送孙子叶克诚到兰溪县城南叶氏"宗人讳诞者所建"的瀫东书院去读书。等到叶克诚执掌家族事务后，他终于创办了属于玉华叶氏的书院重乐精舍，后改名为重乐书院。重乐书院建在距新叶村三四公里的儒源村。新叶村过去属兰溪县，所以光绪《兰溪县志》中就有记载："儒源，玉华山左，源深十里许，峰峦环绕，重重弯曲，一径中通，地极幽静。"书院办在这里，主要是这里人烟稀少，绝少外来干扰，便于子弟安心专注学习。当时还延请了较有名望的金仁山先生、许白云先生、叶由庚先生、柳道传先生、徐见心先生前来任教。重乐书院文友金华人徐见心有诗记载当时的情景：

山水茫茫松竹幽，幽人寻访趁清秋。
鱼从池面穿云影，鸟向枝头拨露沤。
径不着埃新月皎，室深藏石暖烟浮。
会须共结山中社，顿忘身封万户侯。[4]

诗说，山中结社，与鱼鸟相伴，呼吸着自由的空气，在他们看来，比身封万户侯更有意义。

除重乐书院之外，村中还有私塾、义学。私塾是大户人家请教师到家中或家族子弟受教育的场所，教授孩子断文识字以及参加科举考试应具备的《四书》《五经》等方面的知识。义学一般由宗族创办，如新叶村的有序堂、荣寿堂的书房都是义学的场所，教授本族子弟读书识字。到清末，光绪三十二年（1906年），皇帝下诏废除科举，令各省省府与府州、县设立学堂，培养人才。叶氏宗族在官方的资助下，又开办了一所官学堂。民国二年（1913年），叶氏宗族又在西山祠堂建起了华山小学。

在明、清两代，并不十分富裕的新叶村民还是勒紧裤带，举族集资，在村口修建了抟云塔、文昌阁。据《抟云塔记》记载：抟云塔，"故兹之名抟云者亦曰于方为巽，取象则风，当夫秋飙迅发，彼鹍鹏起者负乘天之

[1] 陈志华等撰：《新叶村》，河北教育出版社2003年版，第74页。

[2] 陈志华等撰：《新叶村》，河北教育出版社2003年版，第74页。

[3] 陈志华等撰：《新叶村》，河北教育出版社2003年版，第74页。

[4] 陈志华等撰：《新叶村》，河北教育出版社2003年版，第76页。

云抟扶摇而上九万里，将拭目俟之也。"[1]抟云塔又叫文峰塔。文峰塔建成之后三百多年，同治年间，在它脚下又造了一座文昌阁。文昌阁是文峰塔的配套建筑，同样是为了文运昌盛，而命运似乎和村民们开了个玩笑，新叶村的科举史并不辉煌，仅仅是在清康熙三十年（1691年），叶元锡得中辛未科进士，之后便再无建树。尽管如此，叶氏族人还是津津乐道于科举和仕途。

虽然抟云塔、文昌阁与土地祠并不是建在同一个时期，但它们的组合却达到了和谐统一。如今，这组建筑仍然矗立在新叶村的田野上，给村子以生动的轮廓，是村子的地标，在四周的丘陵区，很远就能见到它们。只要看到它，就会想起新叶村后人的耕读理想和追求。

[1] 陈志华等撰：《新叶村》，河北教育出版社2003年版，第79页。

二　淳安县浪川乡芹川古村落

（一）芹川古村落简介

芹川古村落隶属于浙江杭州市淳安县浪川乡。位于银山北侧山麓，距县城千岛湖镇约45公里，千汾公路经过村口。村庄面积0.6平方公里。全村共有520户、1800余人，95%以上居民为王姓，是当地最大的自然村之一。

据清康熙《江左郡王氏宗谱》记载，元初，王氏祖先百拾公打猎至此，见此处四面环山，银峰耸翠，芹涧澄碧，于是嘱咐长子万宁公从月山底（今浪川乡月山底村）迁居于此，取村名"芹川"。由于独特的地域特征，芹川村居住环境清幽，进村沿途曲折蜿蜒，村头水口狭紧，村口古樟参天，山势呈狮象对峙，村庄青翠环抱，别有洞天，确有"山重水复疑无路，柳暗花明又一村"之感。一条长1.3公里，宽6—10米，呈"S"型的芹川溪穿村而过。溪水清澈，长年不涸，是村民生产、生活的唯一水源。溪中游动着许多欢快的石斑鱼。村中历史文化遗产很多，有进德桥、际云桥、赈灾恩赐碑、光裕堂、敦睦堂、敬义堂、七家学堂、上策厅、昭灵庙、具笏轩、连理古樟等。一幢幢保存完整且具有徽派建筑风格的古民居沿溪而筑，溪畔杨柳倒垂，溪中石斑鱼嬉戏，犹如一幅"小桥流水人家"的桃源美景。至今村内保存古建筑三百余幢，其中光裕堂、敦睦堂为明代建筑，其余为清朝末期建筑。

芹川村整体呈坐北朝南之势，四面环山，民居沿溪而建于东西两侧山峦之间的长条地带上，自然景观十分优美。其中，银峰耸秀、芹涧澄清、象山吐雾、狮石停云、玉屏献翠、金印腾辉、餐霞滴漏、沙护鸣钟八景是对芹川村自然景观的高度概括。

芹川村民居均为两层，属皖南徽派建筑风格。由于地形限制，门面一般较窄，多为三开间，十米左右，而进数较多，因此，民居给人总的感觉是比较狭长。大门多为石库门，以大青石贴面，并建有装饰门楼。大门前沿设台阶，台阶两侧设素面护栏。进入大门首先是天井，然后首层明间是敞开式客厅，客厅两侧次间为厢房。进与进之间有小门相通，后面几进房间布局与首进基本相同。古建筑的木雕主要集中于天井四周的柱头和横梁上。二层多为储藏之用，非主要活动空间。由于芹川村的民居沿溪而建，有的民居巧妙地把溪水引入院内，在庭院中设置活水塘，这在其他地方很少见。村内建筑类型较为丰富，形制多样，质量较高，村落形态比较完整，具有较高的历史研究价值和旅游开发价值。

芹川古村历来经济富庶。中华人民共和国成立前名震遂安县的大地主王时炳即出自该村。中华人民共和国成立后，该村又曾一度为区、乡两级政府所在地。近代以来，该村学风兴盛。早年投身资产阶级民主革命、曾任全国商会联合会副会长的王文典，原遂安县中心学校——台鼎小学的几任校长，均为芹川人。芹川古村文风之深厚，可见一斑。2006年6月2日，芹川古村被浙江省人民政府列为"省级历史文化村镇"。

（二）芹川古村落村名的含义

前面我们说了，芹川人爱好读书，崇尚耕读传家的家风。他们的祖先在村名的取用上就深有考虑，对后人有着启发教育意义。以"芹"取名，看似普通简单，其实很有深意。这一"芹"字是有出典的，这个典故就是出于苏轼、苏辙、范成大作的诗。苏辙的《新春》诗有"园父初挑雪底芹"的句子；范成大也有"玉雪芹芽拔薤长"的诗句；苏轼的《东坡八首》之三有"泥芹有宿根，一寸嗟独在。雪芽何时动，春鸠行可脍"[1]的诗句。

[1]苏轼：《苏东坡全集》，中国书店1986年版，第175页。

用植物芹菜能耐冰雪并且能保存生命来比喻政治迫害下的挣扎、图生存、保气节，这是从苏轼开始的。苏轼在受审讯期间，得到一些同情者的帮助，免除了死罪，被贬谪到黄州。元丰三年（1080年）二月他到黄州后，生活穷困，次年春得朋友帮助申请到一块官府的荒地。他亲自垦耕，把这块荒地依白居易诗意取名为东坡，作诗《东坡八首》。诗前有一自序：

> 余至黄州二年（其实只一年左右，旧时习惯，过了年关便可如此说）日以困匮，故人马正卿哀余乏食，为于郡中请故营地数十亩，使得躬耕其中。地既久荒，为茨棘瓦砾之场，而岁又大旱；垦辟之劳，筋力殆尽。释耒而叹，乃作是诗，自愍其勤。庶几来岁之入，以忘其劳焉。[2]

[2]苏轼：《苏东坡全集》，中国书店1986年版，第175页。

这几首诗表面上虽是描述穷苦耕作之状，内里却是对宋朝恶劣官僚政治的不满。如"我久食官仓，红腐等泥土"和"良农惜地力，幸此十年荒"[3]等，《东坡八首》之三云：

[3]苏轼：《苏东坡全集》，中国书店1986年版，第175页。

> 自昔有微泉，来从远岭背。穿城过聚落，流恶壮蓬艾。去为柯氏陂，

十亩鱼虾会。岁旱泉亦竭,枯萍粘破块。昨夜南山云,雨到一犁外。泫然寻故渎,知我理荒荟。泥芹有宿根,一寸嗟独在。雪芽何时动,春鸠行可脍。[1]

这首诗开头说,原有的细小泉水,从山上流过城镇,变成垢秽,助长了杂草,使鱼虾聚集。后来天旱了,泉水也枯竭了,萍草皆已枯。忽然一夜雨来,本是可喜,但走到荒地一看,野草丛蔚。侥幸的是泥巴里还留下一些芹菜的旧根,只一寸来长,孤零零遗存在那里。作者希望这耐过冰雪严寒的旧根,等春天一到,又重发生机,那时长出芹芽,就可以做成芹芽鸠肉脍了。初看起来,诗文只是描写一种田园自然景象,但我们如了解他这一两年来的生活经历,就会明白,他是像陶渊明描写田园和拟古诗一般,诗句的深处实有无限的人生感叹与社会感叹。联系他近两年被逮、搜家、入狱、贬谪这一连串的变故,就可知道这首诗可能暗示着:过去的政府恩惠,只助长了恶吏专横;而一旦恩惠枯竭,他的生活就艰困濒于死境;只因他能耐住冷酷的现实,在一些同情者的帮助下,方得保存生机;但还要等待政局春天到来时,才会真正成活。苏轼在这首诗里用芹来比喻自己,也正如他此前不久在狱中作诗,用榆、槐、竹、柏来自比一样。他在《东坡八首》之前的几首诗里,又用梅花来作比兴。苏轼把芹看得很重要,有如屈原的兰蕙香草,这也许因为芹是他故乡有名的植物之故。元丰三年(1080年)五月,正是他写《东坡八首》前几个月,和他最要好的堂哥文同的灵柩经过黄州,他写了一篇祭文,其中就说,"何以荐君,采江之芹"[2]。联系苏轼的遭遇,读了《东坡八首》的诗,自然会引起许多同感。苏轼的"泥芹"之泥固然是污浊的,但它的"雪芽"却是出淤泥而不染的。

芹川古村的先人取这一村名,就是让后人学习苏东坡以芹自喻,耐得住严寒考验。芹看似普通,寓意却不简单。芹川这一村名,看似简单,其实寓意深刻。

三 桐庐县深澳镇深澳古村

(一)深澳古村简介

深澳是申屠氏族后人聚居的村落。历史上深澳、荻浦统称深浦,为同一申屠氏始祖,于南宋后发展而成。据明洪武十年(1377年)修《桐南申屠氏宗谱》中青田刘基(刘伯温)所撰《申屠氏宗谱序》称:"申屠氏远本神明之胄,自炎帝后封于申地,赐姓曰'申'。申伯之裔讳沐者乃周王申后之兄,爵封京兆屠原,故复姓申屠。""及汉时,申屠嘉为丞相,其七世孙申屠刚避王莽之乱循迹于富春之南,地以人胜,故名其境曰屠山(今富阳市图山)。王莽篡位,申屠氏族遂避地河西,转入巴蜀,往来

[1] 苏轼:《苏东坡全集》,中国书店1986年版,第175页。

[2] 苏轼:《苏东坡全集》,中国书店1986年版,第416页。

二十年许。光武中兴,诏拜尚书令。"至唐"节度使申屠隆,克承先志。隆之子曰庆顺,文词诗章冠世少有,高名不就钱王(吴越王钱镠)之聘。子曰坻,坻子曰瑾、曰理。瑾公居屠山以奉祀,理公即今桐溪始祖三一府君"。由于未说明理公于何时至桐溪,故按常理推断应为北宋时期。但据明成化四年(1468年)续修宗谱时,申屠氏外甥、时任礼部尚书姚夔撰文称,申屠氏渊源"椒房在周代,相国在汉朝,避地在新莽,迁居在宋之南渡,分派在明之初"[1],则申屠氏应在南宋初迁居桐溪(今深澳一带)。以姚夔的身份,其说法应可靠,但早于他的刘伯温亦是严谨的名士,因而这一历史存疑尚无法定论。但理公后代在明初分派,形成深澳、荻浦二村,无论据家谱还是口传,则都是一致的。

[1] 周保尔主编:《桐庐富春江文化集萃》,杭州出版社2013年版,第23页。

深澳古民居多为四合式天井院,四面两层楼房,中间围出一个小天井,既保持了住宅内的安静与私密,又节约用地,体现了结构的整体性。这些当地称厅堂屋的建筑,基本形式相同,主要区别在于天井的多少和轩廊的设置。一个天井的称二进堂屋,两个天井的称三进堂屋,多的有七个天井,比如现存的恭思堂共有八进七个天井,总面积有1800多平方米,可谓庭院深深。有时限于宅地形态,堂屋不能在中轴线上延伸,则往往依托外墙向两侧扩建,当地称这种向两侧扩建的天井院为抱屋。

厅堂屋一般为五开间,但其梢间都较小,当地称这种五开间为三间两弄。明代官府对民间建筑设有规定,不允许建五开间大屋,故老百姓就用"三间两弄"来应对。厅房楼梯就设在二进或三进的梢间,而整个楼面则互相连通。

无论是几进的建筑,第一进必然是门堂。深澳民居的门堂,大多为双重大门。正面大门用石条做框架,双扇木门。进入大门,在明、次间的步柱之间用石槛和板壁将明间一分为二,称为壁门。这些石制的高门槛就是民间说的"门当",而用来固定板壁门的方柱则称为"户对"。"门当户对"的俗语就由此而来。在两个次间开小侧门,一般情况下,人们都从小侧门跨槛入内。但凡重大活动时,如节日期间,如果贵客到,则打开中间壁门迎客。二进的中央三间一律称为明堂,是主人待客、祭神拜祖的场所。深澳的明堂往往置券棚顶或花格平顶檐廊,使明堂更为气派庄重。檐廊两侧开边门,以利通风。明堂宽敞,仅用板壁将梢间隔开,直接面对天井。在明堂靠后金柱间置板壁,称太师壁,其上悬挂书刻堂名的挂匾,其下放置长条案几。案前放八仙桌,桌左右各置一太师椅,太师椅旁金柱上往往挂有长条抱联。太师壁后,步柱间称为退堂。可从退堂处进入后宅。有的多进民居,在二、三进之间砌一夹墙,开双重中门,使后宅更为严密。

天井是厅堂屋的重要部分,起着宅内采光、通风、汇集和排泄雨水的作用。深澳古建筑天井四周往往是重檐,不仅有利于遮蔽雨雪,也增加了视觉上的层次感,发挥了一种装饰作用。天井都用上好青石板铺筑,铺筑前先行做好向外的排水沟。有些天井的水沟做得考究，刻以花纹，雕以小桥。天井石板上置须弥石座，放上大水缸。天井两侧的厢房，是住宅中最好的房间，往往供家中人读书用。一些窗格做成冰裂纹，喻义"寒窗苦读"。

在漫长的社会实践活动中，中国古建筑的建筑雕刻形成了一定的程式。如八仙的形象就程式化为道情筒、芭蕉扇、尺板、笛子、葫芦、花篮、莲花和宝剑。这些看似雷同的图案，仔细看来却是无一相同。同样内容的建筑雕刻，其形态表情的塑造和雕刻方法等都有不同。在深澳民居的雕刻中，我们可以看到线刻、浅浮雕、高浮雕、镂空雕、圆雕等各种不同的雕刻手法。一些内容相同的雕刻也可因不同的雕刻手法而予以区分。我们不能不为古代劳动人民的创造力所折服。

深澳古民居受徽派建筑影响，从建筑风格、建筑形式来看，大多雷同。这些古民居基本建于清代中晚期，由于同族同宗，建房时极易互相参照、攀比。正是由于这种参照和攀比，才形成了深澳民居的典型意义和特色。

深澳是建在溪滩边的村庄，濒临应家溪。申屠氏先人在规划村落建设时，首先规划了村落水系。深澳的村落水系是一个独立的供、排水系统。这些始于宋、明时期的水系，由暗渠、明沟、坎井、水塘和溪流五个层次立体交叉构成。第一个层次，为减少应家溪洪水对村庄的压力，在村西侧沿山开凿一条人工溪流，称为后溪。它将应家溪上游的屏源溪水分流引入，平时可灌溉，洪水时可分洪，减少进入应家溪的水量。后溪与应家溪将深澳村夹在其内。第二个层次是在应家溪上游西侧开挖一条800余米的暗渠，自南向北从村的东侧将水引入村内。暗渠深入地下4米左右，渠宽1.5米、高2米，用卵石砌壁拱顶，人可自由进入疏浚。进入村内的300余米暗渠，每隔一定距离开口建一水埠，供村民下埠使用。暗渠两侧建房，并形成深澳村的老街。当地人将这种深入地下的埠称"澳"。由于它较深，故又称"深澳"，村落也以此为名。第三个层次是两条与"深澳"平行的地面水沟，其水引自屏源溪，在进水口设置闸门以控制水量。沟深在半米左右。水渠穿越村落，流经各家各户的门前屋后，供日常使用，同时起着归集地面雨水，带走生活污水的作用。古建筑天井下的出水沟往往与这些水沟相通。如荆善堂屋外有沟埠，屋内亦建有沟埠，则是最为典型。第四个层次是村头的大水塘。平时蓄水，是村内清洗污物、农具的地方。后溪水可注入塘内，塘北头有出水口，建有闸门。第五个层次是村内的17口坎井。这种露天水井呈畚箕形，自地面向下，深1—3米。坎井三面卵石砌壁，一面铺以石质踏跺，斜入井下，供人使用。这些坎井内一般均有进水暗渠和出水渠，其中有些坎井互相连通。如名叫"八亩塘"的坎井，除泄水暗道外，还发现一条长15米、高1.5米，人可进入的卵石拱顶暗渠。暗渠上方为房屋。这些坎井水质清洌，均是地下水。深澳村的坎井分吃水井、洗涤井和洗澡井。当然，这些井还起着消防灭火的作用。大量坎井的使用，起到了降低和汇集地下水的作用，从而减少建筑内的潮湿度。这五个层次的水系，各自独立又有机联系，充分调控地面和地下的水资源，在村内自成一个体系。至今村民大多数还是习惯使用村内水系，近在一旁的应家溪反而较少利用。这种方便和安全地将饮用水、生活水和污水分开处理的布局和使水始终处于流动状态的引水技术，已初步具备现代城镇用水的理论。正是这种水系安排，使村落建筑得以聚集，深澳村也得以在数百年间保持兴盛。深澳村的这一水系是我国古代治水疏导理念的成功实践。

除深澳村外，荻浦村的一些古建筑也有着自己的特色，如建于明代的咸和堂，历经四百多年风雨，它的抬式梁架依然沉稳坚实；建于清乾隆二十年（1755年）的申屠氏宗祠；始建于宋代，后几经扩建，最后重修于清末的跌界厅（申屠氏宗祠和跌界厅已是省级文物保护单位），等等。江家祠堂外表朴实，但其内的牛腿、斗拱均饰以五彩，仍可见当年的缤纷华丽。徐畈村徐氏宗祠内，石柱上刻有的楹联依然清晰可见，使我们感受到一种浓厚的乡间道德规范和民风。环溪村的爱莲堂、尚志堂、绍德堂等建筑也都颇具规模，各有特色。深澳的古建筑是宝贵的历史文化遗产。

（二）深澳古村的文化内涵

深澳的古民居布局紧凑，民居之间往往以角门、后门相连通。小巷狭窄，都以卵石铺面，不少建筑就地采用卵石砌墙，显得十分古朴。深澳古民居的另一特色是外拙内秀。建筑外观都十分简洁，但内部梁架结构和门窗上的木雕装饰却十分讲究，甚至有些奢华。除牛腿、斗拱、花枋外，深澳建筑中的扁作梁、楼屋裙板亦加以雕刻。这些木雕装饰的内容十分广泛，几乎囊括了古代人们心中所有的吉祥动物和赋予一定意义的植物花卉，如狮、鹿、鹤、蝙蝠、麒麟、鲤鱼、梅、兰、竹、菊、荷花、石榴等。其内容的广泛还表现在大量的人物故事和吉祥故事等图案的使用，如《二十四孝》《三国演义》《说岳全传》《封神演义》等，体现了忠孝节义的传统思想；"鱼跃龙门图""状元及第图""文房四宝图"等，表达了对读书做官的追求；"丹凤朝阳""麻姑献桃""喜鹊登枝""四季花瓶"等，表现了祈求四季平安、福寿吉祥的愿望。事实上，深澳民居中的这些木雕往往就成为孩童启蒙教育的题材，民居中长大的孩子从小就耳濡目染，甚至一生不脱其影响。深澳民居木雕装饰图案，反映出我国古代建筑木雕采用象征、比拟、谐音等多种表现手法。比如各家各户都雕有狮子牛腿，而且均有四只，用四狮谐音寓意四世同堂；而其造型也程式规范，都是一雄一雌，母狮均带有两只小狮。用多籽石榴寓意多子多孙；牡丹和寿桃象征富贵长寿；莲荷鲤鱼比拟连年有余；蝙蝠取其谐音，意为遍处是福；蜂猴则意封侯。建筑中的窗格上，四角常常装饰有四只蝙蝠，窗格中心有麻姑献桃图，麻姑头侧有一蝙蝠，意为五福捧寿；梅、兰、竹、菊则象征主人对高洁人品和坚毅品质的追求；瓶中插月季有四季平安之意，等等。大量使用吉祥的动物和品格高洁的花卉草木是深澳建筑木雕的一大亮点。

深澳民居每幢建筑的木雕装饰都有一定的主题，这种主题表现了主人的思想文化和道德取向。有的主题是福禄寿禧，有的是耕读传家，有的是忠孝传家等。主题不同，在装饰上故事的取材就会不同。当人们流连于这些雕刻中，可以体会出不同的文化背景和不同的思想感情。对宅院的取名，往往表达出主人的情趣与思想。如"怀素堂"，其名取自《中庸》："君子素其位而行。"《周易》曰："素履，往无咎。至于位与履之所在，而悉本诸怀，而后即所怀者以为行与往。"[1]而"九思堂"得名于其建房太祖对子孙的告诫："思诚之功，要有九思，谓：思艰难，思无邪，思其居，思其外，思其忧，思其善，思以慎，思以孝，思己过。"[2]

从堂名中往往可以窥见建房者的道德追求和文化情怀。深澳古村落已被浙江省人民政府公布为省级历史文化名村。

第三节 科举文化

一 严州科举历史简介

中国科举制度起源于隋，盛行于唐宋元明，结束于清末，延续1300余年。状元之称，自唐而始，为历代因承，直至清末废止科举制度。状元之称，历代所指多为进士科殿试第一名。在历史上，严州崇尚读书，是人才辈出的地方。严州地区也出过多名状元——如唐朝的施肩吾、宋朝的方逢辰、明朝的商辂。在进士考试中成绩突出者还有淳安的何梦桂，曾在进士考试中获得第三名，也就是我们通常称的探花。另外，据光绪《严州府志》第八、第九本，《选举志》卷十五至卷十七记载，严州历史上还出过644位进士。其中唐朝有进士李频等12人，宋朝有进士马大同等453人，元朝有进士李天佑等12人，明朝有进士商辂等115人，清朝有进士何士锦等52人。

二 严州科举名人简介

（一）唐朝状元施肩吾

施肩吾（780—861年），字希圣，号东斋，唐睦州分水县招贤乡人，是集诗人、道学家、台湾澎湖的第一位开拓者等名号于一身的历史传奇人物。他先在分水高翔珠村安隐寺读书，后就读于分水龙口山。因其天资聪颖，又肯吃苦用功，于唐宪宗元和十五年（820年）登卢储榜进士，复受皇泽特恩钦赐状元及第。在科举时代，能获得这顶状元桂冠是非常荣耀的事情。于是安隐寺赐名为龙门寺；龙口山（现桐庐县分水中学所在地，今存

[1] 秦颖译注：《周易》，新疆人民出版社2002年版，第45页。

[2] 周保尔主编：《桐庐富春江文化集萃》，杭州出版社2013年版，第26页。

"唐状元施肩吾读书处"和"洗砚池"石碑）因传说施肩吾在此读书时曾起五色云，被认为是吉兆，更名为五云山。施肩吾因为在京城看到朝廷腐败，官员拉帮结派、钩心斗角、互相残害，便不愿在官场随波逐流。他在给友人的一首诗里这样写道："九重城里无相识，八百人中独姓施。弱羽飞时攒箭险，蹇驴行处薄冰危。"[1]他虽官授江西按察使，却没有去当官，而是回到家乡；后来又跑到洪洲西山（今江西省南昌市）学道修炼，称华阳真人，著有多部道学论著。

唐大中十三年（859年），天下大乱，施肩吾率领族人乘木船，经过多日漂泊，到达澎湖，并最终在那里定居。他把大陆的先进生产方式和农业生产技术带到那里，与当地人一起参加生产劳动，开发宝岛，被后人誉为开发澎湖的先驱者。在《续修台湾府志》中，有他的一首《题澎湖屿》诗："腥臊海边多鬼市，岛夷居处无乡里。黑皮年少学采珠，手把生犀照盐水。"生动地描写出由大陆去的汉族人民和台湾当地各族人民一起生活和劳动的情景。在另一首《感忆》诗中写道："暂将一苇向东溟，来往随波总未宁。忽见浮云归别坞，又看飞雁落前汀。"[2]生动地记述了他率领大陆百姓离乡去开拓海岛时的心情，以及他们在渡海中所领略到的壮丽风景。施肩吾擅长写诗，他的诗才早在赴京会试前就在诗坛初露头角，《全唐诗》收他的诗作有197（一说184）首，另有《西山集》十卷、《闲居遣兴》诗一百韵刊行于世。

（二）宋朝状元方逢辰和探花何梦桂

方逢辰，字君锡，方镕长子，宋代淳安高坊人。宋末大臣，元初隐居不仕。初名梦魁，自幼随父习字学文，尤以理学为归宿。尝与黄蜕、何梦桂、方逢振肄业于石峡书院。淳祐十年（1250年），理宗临轩策士，见其所对陈述有条，直爽清楚，亲自选拔为进士第一，并且将其初名梦魁改作"逢辰"，于是便以"君锡"为字用。初授官承事郎，佥书平江军节度判官厅公事。宝祐间，历官秘书省正字、校书郎、著作左郎。因上疏条陈海州丧师丑闻与战守事宜，言词激烈，理宗为之不悦，遂引疾求去。程元凤拜相后，极力推荐，终因朝中大臣相继指摘逢辰不该"交游义学"而作罢。开庆元年（1259年），又召为著作郎，暂代尚书左郎官，不久被免职。国博徐庚金聘他去婺州书堂讲学，从游者数百人。景定二年（1261年），任婺州知府，不久被罢官，于是回梓里创办家塾，以理学授门徒。后出任嘉兴知府，继而改知瑞州，又被罢官。咸淳元年（1265年），度宗即位，召他为司封郎官兼国史院编修、实录院检讨官兼直舍人院，不久调任秘书少监、直舍人；其后，历任秘阁修撰、江东提刑、江西转运副使、兵部侍郎、国史实录院修撰兼侍读、吏部侍郎等职。德祐间（1275—1276年），任荆、湖、四川宣抚司参谋官，累官户部尚书，后改礼部、吏部尚书，俱不受。宋亡，元世祖曾诏御史中丞崔彧起用他，为他所拒绝。对此他曾写下一首《征不赴》诗以明志，诗云："万里皇华遣使軿，姓名曾覆

[1]（清）彭定求等编：《全唐诗》，海南国际新闻出版中心1995年版，第1867页。

[2]（清）彭定求等编：《全唐诗》，海南国际新闻出版中心1995年版，第1868页。

御前瓯。燕台永重金为屋，严濑风高玉作钩。丹凤喜从天外落，白驹须向谷中求。敲门不醒希夷梦，休怪山云着意留。"[1]

方逢辰平生得力于推究事物为穷理之本，坚持身体力行为修已之要，读书有法，劝诫有条。凡他所到之处，无不以教务为先，如吴中和靖书堂、金华婺州书堂与东阳义学、江西鄱江书堂、东湖书院等，皆是他公暇治学之地，诚所谓所到皆以教化为务，以继往开来为己任。家居讲学，生徒常数百人。著有《孝经解》《易外传》《尚书释传》《大学注》《中庸注》《格物入门》诸书，学者称"蛟峰先生"。度宗尝为御书"石峡书院"四字，复赐手诏云："近进士一科文章盛，而古意衰。卿以儒硕创家塾，以程、朱之学淑其徒，朕甚嘉之。"[2]其眷遇如此。

何梦桂，字岩叟，宋代淳安文昌人。幼颖悟，从学于乡生夏纳斋。咸淳元年（1265年），廷试第三，授台州军判官。改太学录，迁博士。时厢军鼓噪哗变，梦桂往谕，遂帖然安堵。除太常博士，转监察御史，抗疏言时政甚切，迁军器监以归。寻转太府卿，时事已不可为矣。元初，荐授江西儒学提举，以疾辞不赴，筑室小有源，不复与世接触，日以著书自娱。所著《易衍》《大学说》《中庸致用》等书。学者称为"潜斋先生"，祠之于石峡书院。

（三）明朝状元商辂

自科举制度实行以来，连中"三元"（旧称乡试、会试、殿试之第一名为解元、会元、状元，合称"三元"）者，屈指可数，不过十余人。有明一代，连中"三元"者，仅商辂一人而已。

商辂，字弘载，号素庵，浙江淳安人，生于明永乐十二年（1414年）。商辂的先人，周时居汴（今河南开封市），后流寓西夏。始祖瑗，官西夏都知兵马使，宋嘉祐年间（1056—1063年）奉使归宋，仁宗嘉其义举，赐地于淳安县芝山。商瑗举家南迁，从此定居下来，至辂时，业已四百余年。

据《菽园杂记》载：商辂父亲仲宣为严州（今浙江建德市）府吏，辂出世的那夜，知府遥见吏舍四围一片红光，定睛细看，又不是火光，心里非常奇怪。翌日向群吏打听，方知是府吏商仲宣昨夜添有一子。那时人很迷信，知府见其出世即不同凡响，一再嘱咐商仲宣好生抚育，言其来日前途不可限量。

商辂天资聪慧，自幼即受到良好教育。他嗜书，于书无所不读，年岁稍长，进一步遍览史籍，饱读儒家经典。明宣德十年（1435年），21岁的商辂第一次参加乡试，一举夺魁。次年，便兴冲冲地赴京会试，但名落孙山。商辂没有气馁，也不怨天尤人，而是认真地从主观上找原因，他发觉自己的学识还浅薄，乡试夺魁纯属偶然。国子监祭酒（相当于今天学校的校长）李时勉，以网罗人才见称，他见商辂气宇不凡，甚为器重，让他进入国子监。李时勉在学舍东厢后特意辟一静室供他学习，同时安排洪士直

[1] 孙平主编：《淳安县志》，汉语大词典出版社1990年版，第728页。

[2] 孙平主编：《淳安县志》，汉语大词典出版社1990年版，第728页。

为其老师。洪士直以道德文章饮誉海内，为士大夫所景仰。商辂深得洪士直垂青，当即收为弟子。在这样的环境里，商辂如鱼得水。他手不释卷，废寝忘食，学识提高之快，令人刮目相看。李时勉的"慨然以天下为己任"的精神，深深铭刻在他心中，对他以后立身处世起着一定的作用。李时勉的"训励甚切""督令读书，灯火达旦"的严谨学风，促使他意气风发，毫不懈怠。

三年后，又值会试之年，周围的太学生纷纷摩拳擦掌，跃跃欲试，唯独他心静如水，坐诵依旧。又是一个三年过去了，会试前夕，独具慧眼的李时勉知道，六年刻苦学习的商辂，不可同日而语，早就是太学生中的佼佼者，便动员他参加会试；老师洪士直也鼓励他去。但商辂认为自己的知识积累仍不充分，便婉言谢绝了。

光阴荏苒，不觉又是三年过去了，即商辂名落孙山后的九年。这九年，他俯首寒窗，日伴阳光，夜伴油灯，苦读不休。这时，商辂终于成竹在胸，走出国子监里的小屋，迎着微熹的黎明晨光，参加明正统九年（1444年）的会试。他锋芒毕露，名列第一。次年殿试，又独占鳌头，以"三元"及第。《梦征录》载：商辂参加科试前某夜，与其师洪士直同宿学舍，有人送他人首三颗，梦醒后说与士直听，士直说："吉梦也。"事有凑巧，后果以"三元"应之。商辂授官翰林院修撰，开始了仕宦生涯，不久，与刘俨等十人进学东阁。

明正统年间（1436—1449年），北方的蒙古瓦剌部统一了蒙古各部，时时南下扰掠。明正统十四年（1449年）七月，也先率军分四路南下，大同参将吴浩战死，西宁侯宋瑛、武进伯朱冕俱战殁。警报雪片飞入京师（今北京市），明英宗朱祁镇不顾文武大臣的劝阻，在司礼秉笔太监王振挟持下御驾亲征。七月十五日，王振调动京师的五军、神机、三千营等官军五十万，仓促出征。明军士气不振，军心不稳，将士疑惧，至前线闻败，又仓促班师，一路迂回逗留。八月十五日至土木堡（今河北怀来县东），为瓦剌军所包围，明军将士饥渴疲劳，仓促应战。五十万明军死伤过半，随军大臣、将领数百人死亡，皇帝朱祁镇也被瓦剌俘虏。

八月十六日，土木堡惨败和皇帝被俘的消息传入京师，举朝上下，大为震惊，文武百官聚集在殿廷下惶恐无策。十八日，皇太后孙氏敕谕朱祁钰监国，摄总百官，总理朝政。朱祁钰是宣宗朱瞻基次子，朱祁镇的异母弟，时年22岁。朱祁钰召集廷臣商议战守之策。翰林院侍讲徐珵借言天象示警，鼓吹尽快南迁，方可免难。商辂坚决反对南迁，主张抗击瓦剌，对徐珵意见"唾而斥之"。兵部侍郎于谦等人，一致上奏反对南迁，这样，主战之策就定了下来。

这时，文渊阁阁臣只剩下陈循、高穀等三人，经陈、高推荐，朱祁钰增补商辂、彭时两人入阁，参与机务。朱祁钰监国期间，在于谦、商辂等人的参与下，加强京师城防，积极备战，于谦升为兵部尚书，专门负责守城。同时，安定社会秩序，鼓舞军民斗志，得到群众大力支持。四方援军陆续赶来，守城军士从万余人增达二十二万人，明军士气异常高昂。在国家处于危难之际，必须立一个皇帝以安定人心。商辂力主群议，上奏皇太后，请朱祁钰即皇帝位，章奏送入不久，皇太后批出懿旨，同意商辂等人所请。九月初六，朱祁钰祭告天地，尊朱祁镇为太上皇，正式登上帝位，改明年为景泰，是为景帝。瓦剌俘虏朱祁镇时，原以为奇货可居，要求的条件很苛刻。明朝又立了新皇帝，瓦剌手中这张牌就失去作用。十月，瓦剌军挟持朱祁镇抵达北京城郊，扎营西直门外。于谦严令诸将分率士兵，列阵京城九门之外待敌。商辂积极协助于谦，参与做好御敌的准备。商辂还在开展政治攻势、分化瓦解敌人上大做文章。他选派智勇双全的兵士，化装成黎民百姓，混入敌人内部，在敌营四周散发传单，以重金悬赏敌酋首级，造成敌营内部混乱，敌酋惶恐不安。明朝太监喜宁，曾从朱祁镇北征，后叛附也先。商辂利用这层关系，伪造喜宁写给明廷的信件，然后遗失在敌营中，瓦剌军拾得信件，疑虑丛生，不敢贸然出战。也先原以为明军不堪一击，但实际证明，明军在各方面已经做好迎战的准备。双方交战五日，瓦剌军死亡万余人，也先的弟弟孛罗卯那孩也被明军火炮击毙，也先又担心陆续赶来的明朝援军断其退路，在围困五天之后，拔营挟朱祁镇北返。京师保卫战取得了胜利，使明朝度过了一场危机。

  明景泰元年（1450年），商辂升翰林院学士。是年秋，也先将朱祁镇送还京师，景泰帝对朱祁镇的归来并不高兴，竭力削减迎奉的待遇，让商辂携一车两马迎朱祁镇入居庸关。到京后，朱祁镇被送往南宫（今北京市南池子），名虽尊崇，实际是被幽禁。逢年过节，景泰帝也不许廷臣前往朝贺。土木堡之变后，孙太后曾下诏立朱祁镇两岁的儿子见深为皇太子，景泰帝并未表示异议，但总有些不是滋味。即位后，一直有废去皇太子的意思，但苦于没有机会。到了景泰三年（1452年），景泰帝下了易储的决心。他采纳内侍太监王诚等人的意见，给内阁阁臣送去金银，借助广西土官都指挥黄𬭚上疏求更立皇太子的奏章，召集廷臣会议。于是下诏废皇太子见深为沂王，出就沂邸，代之以自己的独子见济。

  朱祁镇在南宫过着凄苦孤寂的日子。景泰帝唯恐他与外界联系，以至连南宫内的纸笔也不多给。是年，发生了太监阮浪一案，几乎酿成一场大祸。事情是这样的：太监阮浪曾在南宫内服侍过朱祁镇，深得这位太上皇的喜爱，赏给他镀金绣袋及镀金刀各一件。后来，阮浪赠给门下皇城使王瑶。不料此事被锦衣指挥卢忠发现，飞章上告，说阮浪受太上皇之命，以此物勾结王瑶，企图复辟。景泰帝大怒，立即降旨，捕阮、王二人入狱，并要穷追此案。卢忠见事情闹大，畏惧装病，满口胡言，哭笑无常。商辂竭力劝阻景泰帝，"卢忠的疯语不可轻信，决不能因此伤害骨肉之情"。景泰帝也知事情闹大了收不了场，所谓凭证也不足信，便顺水推舟，听从了商辂的意见，事情也就不了了之。一场大案，让商辂化解了，朱祁镇也得以免此一难。皇太子既易，商辂进兵部左侍郎，兼左春坊大学士，并赐第于南薰里。其时，塞上腴田多为势豪侵占，商辂奏请核查收还卫军。开封、凤阳（今属安徽）诸府饥民流亡济宁、临清（今均属山东）等地，被地方官驱逐。商辂担心激化矛盾，建议招抚流民开垦京师附近八府荒田，官给粮种，使流民有所归。再说见济立为皇太子后，一年有余，便因病死亡。景泰帝异常悲恸，命葬西山，谥为"怀献"。

礼部郎中章纶、御史钟同认为皇太子已殁，且无兄弟，不如仍立沂王见深。遂约定先后上疏，钟同为前矛，章纶为后劲。钟同上书陈说："上皇之子，就是陛下之子，沂王天资厚重，应还储位，以定天下。"[1]疏入后，景泰帝非常不悦，勉强发交礼部，令其议奏。章纶依着原约，进呈修德弭灾十四事，有"还沂王之储位，定天下之大本"语。景泰帝看罢奏章，不禁大怒，当晚就将章纶下狱。数月后，又将钟同投狱。经商辂力救，始得免。

景泰七年（1456年）末，帝染病在身，次年正月的南郊大祀天地势难亲临。武清侯石亨、右都御史徐有贞（即鼓吹"南迁"的徐珵）、太监曹吉祥等人，以武力迎上皇于南宫，朱祁镇得以复辟。杀兵部尚书于谦、大学士王文等，废景泰帝，迁居西内，后薨，谥"戾"。商辂奉令起草复位诏书，石亨等人暗中要商辂在诏书里夹进私货，被商辂严词拒绝。辂说"祖宗制定的，谁敢擅自变动"。从而得罪了石亨等人。石亨遂诬陷他与于谦朋比为奸，商辂因此被斥为民。

明成化三年（1467年）二月，削职为民、屏居乡里十年之久的商辂，奉诏入京。他"方巾丝绦、青布圆领"，出现在成化帝朱见深的面前。成化帝让他以故官重新入阁，参与机务。他上疏辞免，成化帝不许，抚慰他，"先帝知道你是冤枉的，今起用，尽可勉力效用"。

商辂自二度入阁，至明成化十三年（1477年）致仕，居内阁十一年。这十一年，他恪尽职守，更加成熟了。他德业著于当时，风范耸于后世。史书上说他"平粹简重，宽厚有容，至临大事，决大议，毅然莫能夺"[2]，是极为中肯的。二度入阁后，商辂首疏八事：勤政、纳谏、储将才、饬边备、革冗员、设社仓、崇先圣之号以配天、开人德之基以造士。得到成化帝的嘉奖。关于纳谏，商辂进一步提出："建元以来，凡因直言敢谏而被贬斥的，应予起用。"[3]成化帝接受意见。于是罗伦、孔令恂等敢于进谏的廷臣，得以官复原职。

转年彗星见。给事中董旻、御史胡深弹劾不称职大臣，语及商辂，帝不听。商辂请求致仕，成化帝说，朕信任你，你怕什么？并责备言官："唐太宗用魏徵，朕用商辂，有何不可？"[4]进而欲廷鞫言官，重加谴责。商辂连忙进言，"现在言路大开，如果任加责备，哪还有什么人敢说话呢？"请宽容言者无罪。成化帝转怒为喜："辂称大臣。"寻升兵部尚书兼左春坊大学士。不久，改户部。《宋元通鉴纲目》成，改兼文渊阁大学

[1]（清）张廷玉等撰：《明史》，浙江古籍出版社1998年版，第451页。

[2]（清）张廷玉等撰：《明史》，浙江古籍出版社1998年版，第451页。

[3]（清）张廷玉等撰：《明史》，浙江古籍出版社1998年版，第452页。

[4]（清）张廷玉等撰：《明史》，浙江古籍出版社1998年版，第452页。

士。皇太子立，加太子少保，进吏部尚书。明成化十三年（1477年）进谨身殿大学士。

由于皇庄的建立，皇帝参加了对土地的掠夺，达官贵人侵夺田土成风，各类庄田遍布京师内外及各府州县。仁寿太后庄户占有大量土地，仍依仗权势与农民争田。成化帝顶不住仁寿太后的一再请求，就想把农民迁徙到塞外。农民辛勤耕种的土地被掠夺，一个个敢怒不敢言。商辂闻讯后，飞章上疏说："天子以天下为家，安用皇庄为。"又说："民者，国之本；食者，民之天，食足则民安，民安则国安，岂能将民田给国戚，重伤国本邪。"[1]成化帝见疏，认为商辂以民为本说得对，就说服了仁寿太后，还田于农民。

成化五年（1469年）冬燠，七年彗星见，八年天下大水。商辂上弭灾七事：崇正道、谨命令、亲贤臣、慎赏罚、纳谏诤、励官守、恤军民。商辂十分准确地指出当时朝政的主要弊病，如果成化帝能虚心听取，对朝政的改善是有帮助的，但成化帝只在批答中表示嘉纳，并未采纳实行。

成化帝因受制于万贵妃，怏怏不乐，又兼思念亡子，更觉郁郁寡欢。成化十一年（1475年）五月某日，揽镜自照，见头上忽有白发数茎，禁不住愁叹道："老将至而无子。"太监张敏伏地顿首道："万岁已有子。"太监怀恩也跪奏道："张敏所言不虚，皇子潜养于西宫，年已六岁。因怕召祸，故匿而未报。"原来成化帝某日行至内藏，女史官纪氏应对称旨，成化帝大悦，与她同寝使其有了身孕。

万贵妃4岁入宫，始为孙太后宫女，后侍奉成化帝。成化帝16岁即位，她已年近35岁。只因她行为机敏，善于曲奉迎合，故而宠冠六宫，深受成化帝喜爱。万贵妃曾育有一子，未及起名便夭折了，从此不再有孕。她唯恐其他妃嫔生子，自己失宠，发现哪位妃嫔有孕，便千方百计加害使其堕胎。婢女谎称纪氏有病，于是将纪氏贬居安乐堂，生子后，又派太监张敏抱去溺死。皇上无子成为朝廷内外忧患的大事，张敏并没有将皇子溺死，而是帮助纪氏把皇子隐藏起来，用米粉哺养，瞒过了万贵妃。成化帝闻讯大喜，即刻驾幸西宫，一面命太监怀恩往告内阁，阁臣无不欢欣鼓舞。商辂请礼部定名，唤作祐樘，次日颁诏天下。商辂因此事暴露后，时时担心祐樘的安全，怕祐樘重蹈太子祐极的覆辙，但又不便明说，只得与同僚酌定一疏，婉转其辞：皇子年幼聪慧，是天下的根本。更因得到（万）贵妃精心抚育保护，恩逾己出。百官万民，无不说贵妃贤德，无与伦比。但外界议论，皇子母因病别居西宫，母子难得见面，有悖人情事体。宜移近所，使母子朝夕之间，便于接见。而一切抚育保护，仍请万贵妃主持。成化帝准奏。于是纪氏迁居永寿宫，母子经常见面，祐樘得到一定的保护。万贵妃恼怒异常，又不敢贸然下手，只能暗暗怀恨，昼夜咒骂不已。一月后，纪氏猝死，有说是万贵妃派人勒死的，有说是纪氏被逼自缢的。

纪氏死后，商辂举宋真宗李宸妃故事，使纪氏得以册封为淑妃，谥恭

[1]（清）张廷玉等撰：《明史》，浙江古籍出版社1998年版，第452页。

恪庄僖，辍朝三日，所有殓殡事宜，皆依礼进行。商辂等人的暗中保护，使得皇子祐樘没遇上什么事情。由于后宫皇子渐多，万贵妃也曾勾结太监汪直等人，进谗言另立皇太子，成帝没有同意。夜长梦多，形势紧迫，于是商辂上疏："陛下即位行事十年有余，未立皇太子，天下盼望殷切。当立之，以安中外人心。"[1]成化帝颔首赞同，是年十二月，始立皇子祐樘为皇太子，彻底粉碎了万贵妃的阴谋。是年六月，雷电击中乾清门，引来一片火海，乾清门化为废墟。工部上奏，拟从川、湖采木，重建乾清门。商辂力主缓建，一来可避免官吏借题发挥，骚扰百姓；二来可增强防范观念。成化帝认为商辂言之有理，重建事便搁置下来。十二月，改谥朱祁镇为景皇帝，也是商辂等人努力的结果。历代帝王斋醮，为人臣者多不敢有所异议，更有甚者，推波助澜，有过之而无不及。唯独商辂敢于正视，直言进谏，实是难能可贵。成化十三年（1477年），宫北建成玉皇阁，奉祀玉皇大帝。成化帝令造祭器，编乐章，待神降之日，举行祀礼。商辂上奏章说："陛下建玉皇阁，上为母后祝釐禧，下为黎民祈福，圣心诚敬，为天下人所景仰。但据考证，不合礼仪。昔日傅说（yuè，音悦。商王武丁大臣）告高宗说：'滥于祭祀，是大不敬的行为，礼多则乱，乱则难以事神。'"[2]成化帝听从商辂意见，像送宫观，祭服祭器，乐舞之具，尽送太常寺收藏，所有斋醮事项，一概停止。是岁，又见日食，商辂上疏八事：番僧国师，不得重给符券；四方常贡外，勿受玩好；诸色人许直言自达公府；遣部吏虑囚理冤；抑停不急营造；实三边军储；守沿边关隘；增置云南巡抚。[3]

[1]（清）张廷玉等撰：《明史》，浙江古籍出版社1998年版，第452页。

[2]（清）张廷玉等撰：《明史》，浙江古籍出版社1998年版，第453页。

[3]（清）张廷玉等撰：《明史》，浙江古籍出版社1998年版，第453页。

商辂对大事独具慧眼，大义凛然，侃侃直言；对琐碎小事，不计较，能谦让，基本上做到和睦共处。钱溥曾以九年不迁升，迁怒于商辂，作《秃妇传》取笑商辂，商辂不以为然，淡然置之；高瑶请复景泰帝位号，黎淳上疏驳斥，疏中极力诋毁商辂，商辂笑笑而已，对待他如同往常一样。

第四节　建筑文化

一　严州古城

（一）独具一格的梅花城

严州州城自古以来就被人称作"梅花城"。据民国《建德县志》记载："建德城即严州城，俗称梅花城，以临江一段雉堞半作梅花形故也。"其依据乃是城堞的形状格式。严州的城墙比北京的梅花城要低一层，为三角单孔，成凸字形，有如半朵梅花，因此严州城才有"半朵梅花城"的说法。"昔者藩王封此邑，梅花为雉石为堞"[4]，"湖设东西塔南北，满城绣出白梅花"[5]，说的也是封邑的由来和梅花形的城堞。民国《建德县志》甚至连州城城堞的数字也点出来了，"梅花堞连倚山一带矩形堞

[4]朱睦卿主编：《严州古城——梅城》，中华书局2004年版，第46页。

[5]朱睦卿主编：《严州古城——梅城》，中华书局2004年版，第46页。

在内，共一千三百零五个"[1]。严州民间"天下梅花两朵半——北京一朵，南京一朵，严州半朵"的说法并非空穴来风，而确实是有来历的。

"严家少妇梅家女，家世神仙女亦仙。"[2]相传严子陵夫人严李陀乃西汉末年隐士梅福之女。梅福亦曾为官，见王莽专权，遂退而隐居，后被人附会成神仙，留下了许多遗迹和传说。梅城之名是否和梅福有关也是一个历史之谜。《严州图经》中说得很清楚，"惟严为州，山水清绝，有高贤之遯躅，久以辑睦得名，今因严陵记号"。"吾郡山水闻天下，以严名州，子陵高节故也。"[3]严州之得名确因严子陵而来。

严州历史上有三次大的修城记载。最早建严州古城是唐中和四年（884年），"陈晟筑罗城。周回十九里，高二十五丈，阔二丈五尺"。第二次筑城是在宋徽宗宣和三年（1121年），"方腊既平，知州周格重筑，缩为十二里二步"。面积约为2.25平方公里，比唐城缩小了一半。这一次有了城门的记载：东曰望云，南曰定川、曰安流，西曰安泰、曰和平，北曰嘉贶，东北曰百顺，西南曰善利，共八门，规制也不小。最后一次筑城是在元末明初。元至正二十一年（1361年）五月，建安府（至正十八年李文忠克建德路，改为建安府）守将李文忠重筑府城，"西北移入正东三百五十步，正北移入八十五步，正南移出一百六十步，周八里二十三步六分，高二丈四尺，阔二丈五尺"[4]，约合1平方公里。设城门五座，"东曰兴仁，西曰和义，南曰澄清，北曰拱辰，西北曰武定。各覆城楼，护以月城——惟北无月城"[5]，梅花城也应建于此时。除了五座旱城门外，还有四座水城门，"一在拱宸门西，久塞；一在建安、秀山之间，名水牢（斗）门；一在兴仁门左，旧有闸，以司启闭；一在和义门南，通西湖"[6]。

在梅城古城中还有东西两个湖。特别是西面这个湖，当地老百姓特别感到自豪，说"天下西湖三十六，梅城西湖是其中之一"。这一说法不是无中生有的，是有来历的。关于"天下西湖三十六"这一说法，最早来源于清朝陆以恬的《冷庐杂识》："天下西湖三十六，就中最美是杭州。"[7]传说该诗为苏轼所写。其实，苏轼写这首诗时未必将全国各地的西湖排过名，一般来说是虚指。后有好事者将天下36个西湖进行排名，其中有一个排名中就有建德梅城的西湖和寿昌的西湖。正是历史上有过这样的说法，所以严州的老百姓广为流传，引以为豪。

（二）贺城

贺城，原淳安县城，简称淳城。东汉建安十四年（209年），贺齐所筑，故称贺城；迄武周神功元年（697年），历489年，皆为郡治，故又称郡城。淳城周围二里二百二十五步，古有城郭。有内城、外城之分，外城是县西古城基。据清康熙癸丑（1673年）《淳安县志》载，县治在城正北，"东面濠上，西面临谷，南枕新安江，北连冈阜"。元末，县治毁于兵燹，城堕而不复修筑。明洪武二年（1369年），复建县治于旧址。嘉靖三十七年（1558年）知县海瑞建城门六：南曰澄清、东南曰振德、东

---

[1] 朱睦卿主编：《严州古城——梅城》，中华书局2004年版，第46页。

[2] 朱睦卿主编：《严州古城——梅城》，中华书局2004年版，第48页。

[3] 朱睦卿主编：《严州古城——梅城》，中华书局2004年版，第36页。

[4] 朱睦卿主编：《严州古城——梅城》，中华书局2004年版，第52页。

[5] 朱睦卿主编：《严州古城——梅城》，中华书局2004年版，第52页。

[6] 朱睦卿主编：《严州古城——梅城》，中华书局2004年版，第53页。

[7]（清）陆以恬：《冷庐杂识》，上海古籍出版社：2012年版，第105页。

曰还淳、西曰环翠、东北曰孝义、北曰巩安，各建城楼，以司启闭，以严瞭望。自此，统括内城、外城为划一城池。至民国，古城屡有开拓。1929年，县长冯世范辟建后街，在西自黑巷、东至横街，长约里许的濠坑（即古渠），全部用茶园石板横盖其上，县民称之为"冯公街"，后继筑湖滨路，又拓西门街。至1949年以前，城区计有湖滨路、县前街、西门街、上下直街、冯公街、东门街、横街等街道。路面宽4—8米，大都中铺石板，旁砌卵石。淳城自古以来就是浙西重镇，为浙皖交界区的战略要地。明清时，商业经济已有发展；到民国时，尤其是抗日战争爆发后，由于日本侵略军未侵入这个山区重镇，这里变成战时官、商活动据点，一度出现繁荣景象。新中国成立初期，淳城有工商业332户，经营中西药、百货、棉布、糖烟酒、粮油、旅馆、饮食等行业。民国十一年（1922年），淳城创办明乐、明光电灯厂。民国三十二年（1943年），曾设手工业制造农业铁木器具及肥皂。以后，又陆续办起淳安皮革厂、利民纺织厂。淳城交通，向以水运为主。上溯屯溪，下达杭城。陆路古有驿站。民国后期公路有三条：一至街口坑，通建德、杭州；二至芹坑，通建德、杭州；三至界首，通遂安、开化。淳城文教卫生设施，古有学宫、书院、文庙之类。清末民初，有中、小学校出现，计有东陵女子小学、雉山小学、石峡师范。还有戏馆，可容纳三四百人，剧团有橄榄剧社、青溪剧团、联光剧团（均业余）；有县立民众教育馆、县立图书馆、中山公园、公共运动场所。私立医院一所。

（三）狮城

原遂安县城俗称狮城，以县治后五狮山得名。唐武德四年（621年），由木连村溪北迁此，迄1959年新安江水库蓄水被淹没，历1339年，一直是遂安县的政治、经济、文化、交通中心。狮城明初设里，辖东南、西北两里。清宣统二年（1910年），施行城镇乡自治制。城内及附城统称城区；民国十七年（1928年）施行村里制，区仍其旧，城内里二。民国二十一年（1932年），废村里制，狮城始为建制镇，名狮山镇。县治居城北偏西。据明万历壬子（1612年）《遂安县志》记载："婺峰环其前，五狮拥其后，襟带武强、龙渡诸溪，肘臂六星、文昌诸阁，虽不通大驿，实严胜壤也。"狮城原先无城墙，明正德八年（1513年），知县容九霄倡议依狮山筑城，周长四里又六步，并建有五座城楼。县署位于城西北，背靠五狮山。万历二年（1574年）重修城墙，周长七百七十八丈，高二丈四尺。城门仍五。至清光绪九年（1883年），城墙堕坏，由知县唐济复修。续至民国二十三年（1934年），又经重修，并于城垣四周添设八座碉楼。城中有东街、北街、西街、南街、直街、横街、张家路等街道和众多弄巷。

狮城旧有典业、盐栈及南货、京广洋货、烟酒糖、衣铺、药铺、书铺等店庄。其他如染坊、磨坊、豆腐坊、灯笼、镶牙，均工商兼营，前店后坊；水果、熟食，仅设摊贩。

狮城交通，水陆皆便。民国二十二年（1933年）四月，淳（安）遂（安）、遂（安）开（化）公路动工兴建，当年路基筑就，次年九月通车，其中至淳安县界20公里，至开化县界31公里。内河航运，主要是遂安港，舟楫往来，经淳安港口水埠中转，上溯徽州，下达杭城。

狮城的文教卫生和娱乐设施，古有书院。清末民初，始有贞文女子小学、台鼎小学，后陆续创办县立简易师范、县立初级中学、县立医院、县立通俗教育图书馆、狮山公园、公共体育场等。

（四）桐庐古城

桐庐位于浙江西北部，地处钱塘江中游的富春江流域。县域面积1825平方公里，有"八山半水分半田"之称。据《方舆胜览》载："昔有人采药结庐桐木下，人问其姓，指桐木示之，因山名桐君，郡曰桐庐。"桐庐由此而得名。三国吴黄武四年（225年）置桐庐县，属吴郡，至今已有1791年的历史。新中国成立后，桐庐、分水先后隶属建德、临安、金华专区。1960—1961年，桐庐、分水以及富阳、新登的部分地域合并为桐庐县。1960年起隶属杭州市。桐庐是一块风水宝地，地处西湖—富春江—新安江—千岛湖—黄山的黄金旅游线中心地段，境内锦峰秀岭、洞奇石美。瑶琳仙境、东汉古迹严子陵钓台、华夏药祖圣地桐君山、地下第一长河垂云通天河、大奇山国家森林公园等二十多个景点如闪闪明星点缀在春江两岸，如诗如画、风情别致。全县森林覆盖率达72%以上，水环境、大气环境质量好。自南北朝至清代，有一千多位名贤高蹈之士到这里吟诗作画，留下了无数诗词美文和壮丽画卷。宋代诗人范仲淹的《潇洒桐庐郡十绝》、元代画家黄公望的《富春山居图》、桐庐籍当代画家叶浅予的《富春山居新图》等传世佳作，使"富春山水·潇洒桐庐"的美誉声名远播。桐庐人文渊薮，名人辈出，中药鼻祖桐君、唐朝状元施肩吾、剪纸"金母泰斗"胡家芝、画坛宗师叶浅予、故事大王吴文昶以及"梅花奖"得主单仰萍、陈雪萍、谢群英等越剧明星，闪耀在桐庐历史人文的星空。桐庐是一处养生福地。美丽的富春江穿境而过，富春山水构成了桐庐独特的生态环境，营造出宜居、宜业的人居福地。自古有村名为"百岁坊"、有乡名为"百岁乡"。桐君山不仅是中药药祖文化之地，也是中华茶文化、养生文化的滥觞之地。

二 严州牌坊

（一）严州府城牌坊简介

古代的坊有如时下的社区，坊建有坊门，以便管理和防盗。宋代坊巷制度解体以后，坊门作为一种建筑形式保留了下来，并且逐渐演变成一种装饰性的标志——牌坊，成为封建统治者宣扬儒家忠孝仁义伦理道德的承载物。宋代严州城内28个里坊名称，有19个被沿袭下来，成为牌坊的名称，从中我们可以看到古老的闾里、坊巷制度的痕迹。到清末，州城内共建有各种主题内容的牌坊113座，这些牌坊全为石质，大多五层飞檐，雕刻精美，保留至1949年以后的尚有19座，于"十年浩劫"中尽数毁去。其中，较著名的有"思范坊""三元坊"等。"思范坊"是当地老百姓为了纪念在严州颇有建树的睦州知州范仲淹而建。三元坊既是坊巷之名，亦是石坊之名，在今建德梅城府前街南端一段，因纪念严州人商辂连中三元而建。改革开放后，当地政府在严州古街又新建了"建德侯"牌坊，以纪念三国时期的东吴名将孙韶，建德是他的封邑之地，建德的县名由他的封邑而来。另外，还建了一座"思范坊"，以纪念知州范仲淹。

在等级制度森严的封建社会，立牌坊是一件极为隆重、极不容易的事，根据当时的规定，凡是进入国子监读书和获得举人以上功名的人，方可经地方官府审核批准后，由官方出资建功名坊。至于立孝子牌坊、贞节牌坊、仁义慈善牌坊、功德牌坊者，要求就更严格，须经当地官府核实后逐级呈报，最后由皇帝审查恩准，或由皇帝直接封赠，方能建造。对建造的规格也有严格的等级限制。所以，在当时来说，如果一个人能获得皇帝降旨建造牌坊，那对这个人、这个家族乃至这个地方来说，都是一种无与伦比的殊荣。

（二）建德现存的古牌坊——高垣孝子牌坊

高垣孝子牌坊坐落在建德市大洋镇高垣村，村口青山环抱，古木葱茏，一条古道延伸到村里，是村民出入的必经之路，石牌坊就屹立在古道上，一条小溪从石牌坊旁淙淙流过，近在咫尺的吴家祠堂中厅庄严肃穆，使村口显得尤为古朴和宁静。孝子牌坊，建于清咸丰四年（1854年），"文化大革命"中牌坊顶部被毁。残高5.70米，宽6.20米。2005年村民集资5万元，财政补助1.5万元，将这座残缺的石牌坊按原貌修复。高垣石牌坊，青石材质，四柱三间五楼。柱脚设有抱鼓石加以支撑，正匾以下均以梁枋隔层，坊上形大体硕的梁、枋、柱，以及精雕细刻的斗拱、雀替、花版等各式部件，设置巧妙，衔接精密。坊上遍布雕刻装饰，分别用阴刻、线刻、浮雕、镂雕、双面雕等不同手法，刻有龙凤、花卉、飞禽、瑞兽等，活灵活现。明间梁枋长3.3米，两端刻有卷草图案装饰，下有雀替承接上层横坊（字坊），正面刻"乾隆辛酉科举人吴文迈"；反面刻"钦旌孝子"。再上是石匾，刻"孝子坊"三个大字。明间檐下置一竖匾，上刻"恩荣"二字，两边刻"双凤朝阳图"，顶部是出檐斗拱式庑殿顶。檐翼自然起翘，正脊两端置鱼身吻。次间下檐正脊置立柱，承接上檐。

吴文迈，生于清康熙三十年（1691年）四月廿八日，故于乾隆七年（1742年）十月二十九日。乾隆辛酉（1741年）中科举，其母丧偶多年，患病求医，侍奉左右，文迈煎药，必先亲口尝之，奉母至孝。母故营葬，庐于墓侧三年，不理发，不回家。一夕野火烧迫墓急，以身投火，火灭身却无恙。至济困扶危，毫无吝色，孤儿孀妇，矜恤有加。其孝行广为流传，经县、府、布政司按察使核实，逐级上报，旌表在案，至嘉庆十五年（1810年）十二月会疏："给帑建坊，殁则致祭内以光祖，建一石碑镌刻姓氏载入志书，以励风俗，除册结送。"[1]

（三）淳安县的牌、坊、牌楼

洪家石牌坊。洪家石牌坊位于浪川乡洪家村，系石结构的"节孝坊"，清代建筑。字牌上有"敕授儒林郎候选州同知洪席珍妻列封安人王氏节孝之坊"字样。建筑结构为四柱、三门、三楼，总高9米，总宽6.56米，中门宽3.2米，边门宽1.5米。整座牌坊用料考究，结构紧密，雕刻精细，保护完整。

节孝坊。节孝坊位于姜家镇炉形村，清代建筑。该坊系为旌表银峰童方瑷之妻余氏而建。砖石结构，三间，三重檐。总高9.75米，下层宽7.50米，两边为八字墙及圆门，或飞禽走兽，或几何图案。

贞洁坊。贞洁坊位于汾口镇鲁村，清代建筑。砖石结构，三间，三重檐，高8米，宽6米；歇山顶，嫩戗发戗，有吻兽；小瓦，勾头滴水；明间3.18米，中设高2.35米、宽1.15米的装饰门。明间上部一檐正中横书"贞洁坊"三字。雕刻龙凤、花卉等图案。该坊系为何人所建，不明。

节烈坊。节烈坊位于汾口镇畹墅村东北100米，清代建筑。该坊系为余应辉妻王氏所建。石结构，总高8米，宽6.6米，石柱边宽0.38米。三重檐，嫩戗发戗，三间四柱，柱下部砷石互抱。雕刻龙、凤、云浪、花卉等图案。

木牌楼。木牌楼位于威坪镇五星村佛岭山脚。牌楼坐东朝西，木结构，高6米，宽4米，进深2米。横梁上书有"宋建炎乙酉勒封都统领诰授正承信郎方庚"字样，横梁上有一匾额，上书"忠义"二字。匾额两侧分别书有"建坊永志表"（左）、"雍正元年冬月"（右）的字样，据此推断，雍正元年（1723年）即为木牌楼的建造年代。

（四）桐庐金氏牌坊

金氏牌坊坐落在杭州市桐庐县城南街道下轮自然村，建于清道光元年（1821年），系已故儒士吴士铎之妻金氏坊表。牌坊面东背西，青石材质，四柱三间五楼，歇山顶门楼式石构建筑，通高9米，通面宽6.9米。长条石砌筑的台基长9米，宽0.47米。台基上立四根方形石柱，柱脚均设抱鼓石加以稳固。明间面宽3.45米，柱顶平板枋上置三楼，中楼高于两边楼，边楼之间设平板枋。中楼置平身科两攒、角科两攒承托石构屋面，斗棋正中嵌云龙纹"圣旨"石匾，背面镌刻"恩荣"二字。两边楼之间设栏板，正、背面均刻有"节孝"两字。两边楼并均置平身科两攒、角科一攒。明间上、下额枋浮雕双龙戏珠纹，中额枋刻"已故儒士吴世铎之妻金氏坊芝表"。次间面宽1.75米，平板枋上置平身科两攒、角科一攒。两次间额枋浮雕飞禽、瑞兽等，活灵活现。牌坊平板枋之下的垫板、中额枋正、背面均刻有铭文，下额枋均施有雀替。整座牌坊造型美观，雕刻手法多样，镂雕

[1] 建德市第三次全国文物普查办公室编：《建德古韵》，西泠印社出版社2012年版，第195页。

精细，结构稳固，为桐庐县仅存三座牌坊中最完整的一座。

三 古井

（一）严州古城的六合古井、六眼古井

六合古井位于梅城镇总府社区勤俭路19号，与石板井头交汇处的丁字路口。此井圈原在城内其昌酱园内，后在严东关致中和酒坊原址内重新发现移至此处。井深二丈四尺（约7.15米），水深二丈（约6米），井圈为石质，高0.4米，外部为六边形，内部为圆形，直径0.39米。井圈上刻有"六合古井，信士方应文"字样。此井原名石板井，因井外延为正六边形，故又名六合井（在中国传统文化中，"合"具有"和谐"的含义，所以用"四合""六合""八合"命名）。另外，梅城的六合古井还有"国太教子井"的雅号。相传此石板井乃吴景家用水井。吴景（？—203年），东汉末年丹阳太守，随孙坚征战，因功拜骑都尉，袁术任命吴景为广陵郡太守。袁术称帝后，孙策表以广武将军，复领丹阳太守。在《三国演义》中，吴景有姊妹二人，均嫁给孙坚。姐姐是孙坚正妻，称吴太夫人，生育了孙策、孙权、孙翊三兄弟；妹妹（后被孙权尊称为吴国太）为孙坚次妻，生育了女儿孙尚香。吴太夫人早逝，孙权等遵母亲遗命，奉养吴国太如同亲生母亲。孙坚长年征战在外，吴国太在梅城治家，常于是井之旁，教孙权等子女为人处世之道，所以孙家子女个个长大后都很有出息，而且兄弟能够和睦相处，这在古代帝王之家颇为难得，所以后人又称六合井为"国太教子井"。据《三国志·吴书》记载，吴国太死于东汉建安七年（202年），吴景死于建安八年（203年），当时梅城还是富春县，到孙权称帝后，于黄武四年（225年）置建德县。以吴景死之年（203年）推算，这口井至今至少已有近一千八百年的历史。六合古井具有非常高的史料价值，为研究三国史、建德市的历史提供了实物资料。

六眼古井位于梅城镇梅花社区府前街53号，据民国《建德县志》载，明宣德年间（1426—1435年），梅城人马景福为人乐善好施，为了方便街坊取水，出钱雇工挖井。宣德八年（1433年），严州知府万观用"德沛观泉"表彰此举。古井东至府前街，南西北三向均为民居。占地约10平方米，井深7.7米，水深5.7米，井壁直径1.65米。上有6个井圈，可供6只水桶同时汲水。井圈分前后两排，前排三个井圈形状为圆台式，后排三个为直筒式，中间井圈内圆外方，外井圈为正八边形，两旁为直圆筒式。六眼古井是严州府留下为数不多的明朝古迹之一，为我们研究明代梅城人的生产生活提供了实物资料，具有重要的历史意义。2003年被列为建德市级文保单位。

（二）淳安的铁井

铁井坐落在淳安城西，旧名西井，为宋绍圣间（1094—1098年）进

士汪常所开。汪常官至文华阁待制。大凡中进士者都要"造福乡梓",为家乡做些公益事业。汪常即在县西凿井一眼,周长1丈5尺,水极清冽,时称"西井"。到了宋政和七年(1117年),又铸铁栏以护之,从此称"铁井"。铁井圈直径为1.14米,高0.58米,厚0.02米,井口已破损一块。1959年,新安江水库形成,贺城湮没于水域。"吃水不忘掘井人",人们就把铁井的铁圈护拦抢拆下来,搬至县城,现移千岛湖五龙岛上。

(三)桐庐的孝泉井和表孝亭

孝泉井和表孝亭位于桐庐县富春江镇孝门行政村孝门自然村。孝井泉位于村口古柏树下,与表孝亭仅3米之隔。据调查,孝泉井始建于南朝,重修于清乾隆四十二年(1777年)。井壁采用卵石砌筑,直径为1.1米。井上1.6米处盖有长1.7米、宽0.9米的青石板。井沿上竖立一块长方形青石板,中间阴刻楷书"孝泉"两字,落款楷书"乾隆丁酉冬""张圣寿修砌"。

据民国《桐庐县志》记载:"表孝亭在孝门庄孝子泉侧,原名孝感亭,清雍正十年张汝升购石重建,改今名。"据亭内石额枋题记,该亭初建时为木结构,见之记载为隋唐。按亭内所立的主"路碑"碑记,现亭重修建于清嘉庆十五年(1810年)。亭东西两面开门,卵石道从中通过,面宽一间,平面为正方形,占地面积16平方米,砖石木混合结构,歇山式屋顶,立四根方形石柱,石质梁枋,进深二柱五檩。石柱上刻有楹联两对,柱间额枋中间镌刻楷书"表孝亭",旁题有晋时孝子夏孝先的事迹及表孝亭、孝泉井的由来等文字,落款"大清雍正拾年岁次壬子季春吉旦庠生张汝升建男乱□□书"。亭内山墙处均设长条石凳供人休憩纳凉,山墙中嵌有一方清嘉庆十年(1805年)的"路碑"碑刻。碑刻高1.28米,宽0.75米。

第五节　贱民文化:严州九姓渔民

一　"九姓渔民"历史由来

所谓"九姓",是指"陈、钱、林、李、袁、孙、叶、许、何"九姓。关于它的来历,据文字资料记载有四种说法:一说是南宋大夫遗族,二说是元代部分汉人,三说是明朝歌妓之后,四说是陈友谅的部属。但比较通行的说法是第四种,即九姓渔民是陈友谅的部属。因元末陈友谅与朱元璋争天下,后陈友谅征战失败。公元1368年朱元璋做了皇帝,便把陈友谅的部属九姓贬为渔户。"相传陈友谅部曲共九姓,明太祖锢元,不齿诸民,故其子孙无寸土,惟船于家,男作船户,女多流娼……"[1]亦说陈友谅兵败鄱阳湖,散兵游勇多数定居湖区,部分将士携带眷属沿着赣东北的古驿道"九江—景德镇—浮梁县—祁县"行走,再往北经"黟县—休宁—屯溪"来到新安江畔。他们顺流而下,在渔货最丰的严州"三江口"定居下来。当地官府查明其来历,上报朝廷,朱元璋恐其反明,即下旨贬其为

[1] 浙江省历史学会等主编:《浙江民俗文化》,浙江大学出版社2015年版,第232页。

"贱民",逐入渔舟。

这些人在钱塘江流域从事捕捞、撑船、背纤等种种苦活,上岸只能趿拉着穿半只鞋,不准穿长衫,不准上岸居住,不准与岸上人通婚,不准读书应试,而官家有事还要应召服役。因多数以捕鱼为生,故有"九姓渔船"或"九姓渔户"之称。

清初严州淳安学者方婺如在《百五岁老姬》一文中曰:"渔舟凡九姓,相传故陈水军也。友谅败死,水军散走东下,其后杂隶衢、婺、睦三郡……"[1]建德渔业、旅游部门,曾有人去鄱阳湖渔区实地考察,发现那里许多渔民的姓氏与建德"九姓渔民"相同,其习俗亦有惊人的相似之处。如"九姓渔民"出殡时,它的女儿要送一顶黄纸伞,家人要做一块"铭旌"(灵幡)。这一出自祖上遗风的习俗,也是陈友谅后代的一个"铁证"。因为黄伞、灵幡皆为王家之物,自称"汉王"的陈友谅子孙死后,也要沾光"荣耀"一番。在梅城一带,早年流传"老子严江七十翁,年年江上住船篷;早年打败朱洪武,五百年前真威风"的渔歌,可见连他们自己也承认是陈友谅部属的后代。

[1]浙江省历史学会等主编:《浙江民俗文化》,浙江大学出版社2015年版,第233页。

二 "九姓渔民"的独特风俗

由于"九姓渔民"终生生活在新安江上,又被剥夺了"齐民"的政治权利,几百年来"自为族类""自为婚姻",他们形成了一个相对封闭的特殊部落,产生许多独特的生产、生活习俗。

在渔业生产习俗方面,早在明洪武年间严州就有发达的造船业,打造出首尾尖削、线型瘦长的渔船,以适应滩浅流急的新安江流域。渔船的重要构件,还以老鼠跳、牛扼、老虎鼻、卯儿梁(兔)、龙筋、蛇头、马口梁、羊角、猴留、鸡爪拎、狗腿、猪头板等"十二生肖"命名。称为"娘船"的住家船,安排舱位、带舶等,停泊安全;用于放钓、撒网的生产船因其造型修长、两头尖尖恰似蚱蜢,故称为"蚱蜢舟"。"蚱蜢舟"不仅可在水流湍急的山涧河溪快速航行,因其体态轻盈、宛如片片柳叶飘荡于水面,为新安江的旖旎风光增添勃勃生机,具有较高的审美价值。在梅城渔舟集中的码头,渔民们泊舟岸边理网晒网、备饵串钓。

民国《建德县志》载:鸬鹚"啄锐而长,颈能伸缩,喜啄鱼。胥口江一带渔户视同家畜。见鱼纵使没水,少顷以杵击砣,口中若歌若唱,山谷夹应,幽韵横生;曼声既歇,啣鱼而上;渔人勒颈取鱼,百不失一"。以歌代令的鸬鹚号子,有不同的调子和不同的节奏,表示捕捉不同的鱼类及作业时的不同"指令"。鸬鹚能下潜到七里泷二十余米深的岩石缝里捉鱼,也能听清江面二百多米远同伴的捕鱼声、赶去协助,有时竟能追赶二十余里将鱼擒获。一家大小四五口的生计,全靠一只鸬鹚捕鱼出售来养活,因此若死了一只鸬鹚全家痛哭流泪,妥然土埋。最多一户曾蓄养过十五只鸬鹚。

渔民们原先使用油丝网、打网等小型网具，富春江水库建成后改为尼龙胶丝高网、三层刺网，还有大拖网、双翼回拢网；传统钓具有滚钓、划钓、弹弓钓、轮盘钓等。渔民以捕鱼为生，按理说只要上网、上钓，多多益善，但是"九姓渔民"对不同的鱼类，却有着不同的"待遇"。旧时不抓鳝鱼和鳗鱼，他们认为细长的鳝鱼如棺材杠、鳗鱼则像棺材索。不抓从岸边跳入船舱的鱼，认为食之不吉，应该放生，因为这是向江心逃难之鱼；而从江心跳入船舱之鱼则抓之无妨，因为它往岸上跳是自己"找死"。不捞鲶鱼、黄刺鱼等五种无鳞的死鱼，如果要捞，须先丢一把铜钱，表示是以钱买的，方可去掉晦气。

在生活习俗方面，"九姓渔民"由于没有文化，他们有的以羊儿、马儿、蛇儿生肖为名，有的以虾儿、小鳖水产品为名，有的以出生节气叫作清明狗、六月狗，有的以出生地叫作洋溪佬、兰溪囡，有的以出生先后叫作三号、七号；就是有大名的，男以水、樟，女以花、英等字为多。有的兄弟俩将名字对调一下，如水根、根水；同名同姓的只能在名字前加上大、小来区分了。

渔民在水上作业，雷电、风浪是最大的威胁，祭拜雷公、潮神，希望其"多多关照"，消灾赐福，这并不难理解；但"九姓渔民"尤其信仰周宣灵王，每条船上都供奉着这位"保护神"的画像，认为他是专司风雨之神，其法力无边。相传周宣灵王化为一名旅客，搭乘一条衢州船从杭州溯水而上。桐庐的芦茨老相公和他"斗法"，刮起西风来阻止衢州船前进。旅客们个个胆战心惊，周宣灵王说"不要紧，我有八条顺风梁"，他撑起风篷，改道从蒋家埠的溪流进去，再从胥口出来。芦茨老相公一看失败了，就索性助他三阵"阵头风"。天尚未亮，船就到了衢州。旅客们个个目瞪口呆，同声道："杭州一夜到衢州，只有周宣灵王下凡！"此话一讲，正在下风篷的周宣灵王就从船篷上掉了下来，落入衢江就不见了。周宣灵王原名周缪宣，生活于南宋初年，后死于衢江之中，钱塘江流域各府州县都有宣灵庙。旧时戏班出行也要烧祭周宣灵王，因为他们出行必走水路，希冀水神保佑平安。

"九姓渔民"一般不做寿，但他们认为63岁是一个"门槛"，因此老人到了63岁，家人要用一条活鲤鱼，以五色丝线系于鱼背，由老人往江中放生。放生时口中念叨"七九六十三，鲤鱼跳过坑"，认为这样，这个关口就可以过去。

"九姓渔民"婚俗更为奇特，婚姻仪式有订婚时的"送盘"、结婚头三天的"送妆奁"、结婚头天晚上的"谢礼"、新娘起身时的"训女婿"、新娘"拜祖宗父母"、吃"离娘饭"，以及"抛新娘""拜天地""分大小""入洞房""闹新房"和三朝"回门"。

新娘出嫁头天晚上，男女双方船只披红挂绿、张灯结彩，船头各悬大铜锣一面，互相配合，一轮一轮敲十三下，一直敲到天亮。新娘在锣声中，同亲人话别。接亲时，男船既要与女船并立又不能靠拢，保持约三尺的距离。两船若相碰了，认为以后夫妻会多口角。岳母站在船头高呼女婿之名，教训他"婚后夫妻和睦，不准欺侮妻子"。女婿听到叫声，立即跳过船去，双膝下跪回答"岳母吩咐，一定记住！"说毕赶快逃回男船，动作稍慢者被女方亲友拉住，会受到他们的嘲弄，还要罚香烟和糖果。

新娘到男船上去有两种方式：其一"置新妇于盘，由女船舁至男船，便成佳礼焉"；其二便是"抛新娘"。女船放炮三声：第一声"招呼炮"，请男船做好接的准备；第二声"动手炮"，表示抛新娘正式开始；第三声"结束炮"，表示仪式结束，男船相应放"进门炮"和"胜利炮"。在女船上，一位父母双全、夫妻和睦、有子有女、经济较好的男"利市人"，身穿新衣，腋下捆着宽带，带子由两个帮忙人拉牢作为保险。只见他一脚顶住船沿、一脚在后作马步势，当女利市人喊"千金小姐走上来"时，便接喊"皇孙公子站起来，珍珠凉亭撑起来"。此时，"动手炮"响起，他动作敏捷地一手托新娘背部、一手托其臀部，用力向接亲船上抛去；男船上的人接住新娘后，让其站在铺着袋子的船头上拜天地。因为洞房的门是在船尾部，新郎、新娘要双双爬上船篷背，由船尾下来进入洞房。此时，早有人拔起竹篙，撑起接亲船打了三个圈，朝上游开去。

三 "改贱为良"的经过

"娇小吴娃拢髻年，轻衫窄袖舵楼边。抢风打桨生来惯，侬是严州九姓船。"[1]史载建德县原编不入地丁征科之船户、有九姓大小船只二千另三十一条，船编"伏仁义礼智信捕"七字；至清道光、咸丰年间，尚有一千余只；太平天国以后只剩三百多只。

对"俏觔荐寝"这一败坏风俗的宿弊，清同治五年（1866年）严州知府戴槃奏请裁革九姓渔民课税并准予改贱为良。是年七月，朝廷下旨恩准戴槃之奏章。戴槃接旨后撰成十六行《六言府示》："九姓渔课钱粮，出自渔户船只。向由府邑完纳，积习相沿已久。本府详情奏裁，已奉圣谕恩准。定自五年为始，课银一概免纳。并准改贱为良，革除九姓名目。船中窝娼宿弊，嗣后永行禁止。各宜禀尊毋违，风化肃整净洁。奸人倘敢踏袭，立即严拿究办。"[2]在严州大街小巷、码头城门、交通路口广为张贴。

戴槃还撰写了《裁严郡九姓渔课并令改贱为良碑记》：

> 严郡建德县之渔课，始自明洪武年间。九姓则陈、钱、林、李、袁、孙、叶、许、何。相传陈友谅明初抗师，子孙九族家属贬入舟居，使之身为贱业，几无异于校坊之设也。由明至今数百年来，渔课照完，舟中所居之妇女，名为眷属，实则官妓……从此渔课裁，而九姓之

[1] 浙江省历史学会等主编：《浙江民俗文化》，浙江大学出版社2015年版，第234页。

[2] 周金奎主编：《建德县志》，浙江人民出版社1986年版，第929页。

民人，可以渐入士林，所以清其源也。今本府咨部裁革，诸宪亦出示严禁，庶数百年民患可除，而积习为之一变，其所以维持风化者匪浅鲜也！是为记。[1]

他令工匠镌刻石碑，立于梅城南门码头，永示后世照章办理；点造九姓渔民花名册，赶刻木印《改贱为良执照》，按名册每户一张分发，以作法据。"改贱为良"碑于1960年被列为浙江省二级保护文物，在"文化大革命"中失踪，现仅存断片两块。

至新中国成立前，"九姓渔民"仍然浮家泛宅，唱着"一根竹竿撑破船，既无地位又无权；随水漂泊无定居，妻离子散不团圆"的渔歌，过着凄惨的水上生活。

第六节　方言文化

一　严州方言的形成

我们所说的严州方言中的严州，是指浙江省西部，原严州府的淳安、遂安、建德、寿昌四县，亦即今杭州市之淳安县和建德市。原严州府除了淳安、遂安、建德、寿昌以外，还包括桐庐、分水二县。因为桐庐、分水二县在方言和文化方面接近北部的富阳、临安等地，而与淳安等地殊异，所以不包括在本节"严州"的概念之内，也不对这两县的方言进行讨论。严州历史悠久，古府（县）治梅城因有新安江、兰江、富春江便捷的水上交通，故有古代浙西水上交通枢纽之称。商埠繁华，商贾聚集。人们在此定居，因而留下各种地方方言，最终形成严州方言。严州方言是严州地区人民一笔宝贵的精神财富，也是各民族、各地方方言交流、交融的结果，更是中华民族光辉灿烂的地方文化长河中一条重要的支流。

二　严州方言的现状

从地理位置上看，严州正好处于安徽徽州的徽方言区、浙江杭州的吴语太湖方言区、金华吴语婺州方言区的中间。《中国语言地图集》把严州大部分地区的方言划作徽语严州片。把建德北部与桐庐县交界的乾潭镇（下包、安仁）、钦堂乡划入吴语太湖片，把建德东南部与兰溪交界的大慈岩镇划入兰语婺州片。

严州有七大类方言。一是安徽歙县话。古时以水上交通工具为主要通行方式，新安江上游的歙县人经常到下游严州府的淳安、建德和杭州做生意，有的就定居在严州（即现今的建德梅城）。至今，淳安千岛湖镇和建德梅城镇有一些徽商后代仍讲安徽歙县话和绩溪话。二是安徽安庆话。讲

[1] 周金奎主编：《建德县志》，浙江人民出版社1986年版，第930页。

此类方言的人大都姓陈，分布在莲花镇、三都镇、乾潭镇、梅城镇的一些村落。三是江西南丰话。说南丰话的人分布于新安江街道的白沙村、寿昌镇的童家片和航头镇的石屏片。白沙村中的傅姓、邓姓均由江西迁来。他们对内说南丰话，对外讲普通话或寿昌话。四是江西广丰话。航头镇的航头、溪沿两个村的村民有80%以上的人讲广丰话，不过他们对外讲当地的寿昌话。五是浙江兰溪话。大慈岩镇、大洋镇、更楼街道的邓家村一带的人都说近似兰溪话的方言。六是畲语。境内部分山区居住着百多年前从丽水、福建等地迁来的少数民族——畲族，他们在族内说畲语，对外说当地通用的方言，或说普通话和浙江方言。七是九姓渔民方言。历史上，在以梅城为中心的新安江、兰溪江、富春江上活跃着一批渔民，他们讲着自己的方言。九姓渔民方言具有分尖团的显著特点。

除以上主要的方言外，乾潭镇的罗村、下包有一部分人讲的是福建话，梅城千鹤、杨村桥、三都下二都有一部分人讲的是温州话，乾潭的安仁百塘垄、后山村有一部分人讲的是浙江青田话。另外，邻近兰溪市的三河、邓家一带，当地的方言中带有较浓的兰溪口音。邻近浦江县的三都洪岭等地，当地人讲的话带有浓重的浦江口音。

严州方言从主流上看仍是以梅城话为代表，毕竟它作为州府所在地已有1260多年的历史，作为县城更有1730多年的历史，长期以来一直是浙西政治、文化、经济的中心。虽然建德县城已于1960年从梅城迁往新安江，但它作为建德市东部地区仅次于市政府所在地的中心地位仍是不可改变的，具有较深的影响。

三 严州方言的特点

严州方言内部的异同情况是相当复杂的，不过，严州的梅城话与寿昌话比起淳安话、温州话、安庆话、南丰话来还是要好懂得多。

严州境内的方言，除从很远的地方迁徙过来的如江西南丰、广丰，安徽安庆，福建以及省内温州等地外，其他方言均与水系有关，如新安江上游的安徽歙县、绩溪县、淳安县属徽方言系统，新安江南面的金华、衢州、兰溪等县（市）属婺方言系统，新安江下游的桐庐、富阳、杭州等县（市）属吴方言系统。

严州方言内部，也大都与水系山脉有关。一般以"源"作为方言区块的自然单位，一条山垅一脉水源就是一种口音。这种方言口音与当地的姓氏及历史沿革有关，一条源里除了当地老居户外，外地迁入的都是同姓氏、同祖宗的人，讲的是同一种方言。这种方言交流的外部形式和自然系统往往以"源"为特征。有着崇山峻岭屏障，如果没有外地人口大规模迁入，则很难改变自古形成的风俗语言以及生存方式、经济形态，这是多年来严州方言得以保存下来的客观内在原因。"源"成为严州地区最低层次上的方言乃至文化形成与分布的一个关键性的制约因素。从这个层面上说，严州的方言和文化或许可称为"源方言"和"源文化"。

严州方言表现为以"源方言"为基础的地方语言形态，乡镇与乡镇之间有着很大的差异性，但也不乏相同相近的地方。

（一）方言内部的共同性

一是古全浊声母全部清化。如寿昌地区逢塞音擦音时一律读送气清音，与徽州东部绩溪、歙县等地相同。淳安去声读送气清音，平、上、入声读不送气清音，全浊声母的这种分化型在其他方言里还没有发现。如："报纸""放屁"等词，在普通话中读音较重，而在建德方言中则读音较轻。

二是古阳声韵的鼻尾有的合并，有的失去鼻尾转为鼻化，有的失去鼻尾读作开尾或元音尾，这方面的特点跟吴语相类似。

三是鼻音韵母[m]，寿昌片通摄字读[am][iam]韵，梅城片通摄字读[aom][iaom]。

四是调类，梅城片读六类，寿昌话读八类。古有平、上、去、入四声，大致上按照古声母的清浊各分阴阳。

五是连续调的情况都非常复杂，变调模式一般是前字变，后字不变。

严州方言中有一些词语是大家约定俗成的，如左手，一般叫"反手"；右手，一般叫"顺手"；玉米叫"苞萝"；南瓜叫"北瓜"；没有精神叫"瘪塌落苏"（茄子）。严州方言中的"添"字可用在动词性词语后，表示将动作继续进行下去，有"再""还"的意思，如"吃碗添"（再吃一碗）；严州方言中的"起"可用在动词性词语后，作用跟普通话里放在动词前，修饰动词的"先"基本相同，如"你去起"（你先去）。严州方言中"给"字往往省略，如："我打电话你""你打电话我"。严州方言中惊叹词特别会用，如"哇哧哧""噢""赫""姆妈哎""翻去呗"，等等。

（二）方言内部差别

一是古全浊声母，今读塞音塞擦音声母时，寿昌一带一律读送气清音，梅城一带去声读送气清音，平、上、入声读不送气清音。

二是来自古明微母的[m]母，逢非鼻尾韵、非鼻化韵时，寿昌一带有部分人略带同部位浊音色彩，梅城一带则读[m]。

三是相近的声母，在读音上相混，区分不严格。如北京音中的[n]、[l]，[w]、[h]，[x]、[q]不分，如黄、王不分。"斜"字，在梅城方言中仍保留古音读"xia"（狭），如杜牧诗《山行》："远上寒山石径斜，白云生处有人家。停车坐爱枫林晚，霜叶红于二月花。"这首诗中的"斜"字如按今音"xie"读，肯定不押韵，只有按古音读，诗的前后句的韵脚才能相押。这说明建德方言的读音保留了古代的读法。以上是用古诗来验证建德的古音读法。

四是古入声韵，梅城、寿昌方言中部分带喉塞音尾，部分失去塞音尾读作开尾或元音尾。

五是梅城方言中有较明显的儿化音变，寿昌方言中有少量的词有儿化音变，如梅城话称小女孩叫"泄（小）囡恩（儿）"。

六是人称代词不同。第一人称，梅城话叫"党"，寿昌话叫"咱"；第二人称，梅城话叫"恩"，寿昌话叫"朕"。

七是否定副词"不"，梅城一带用"弗"，寿昌一带用"勿"。

另外，在建德梅城、寿昌方言中还保留着许多古代书面语，如对华而不实，喜欢吹牛的人往往说他是"一副伯嚭相"或是"伯嚭鬼"。伯嚭是2400多年前吴王夫差手下的一个宰相，能言善辩，最后误国亡国。寿昌人把厕所叫"东司"，这个词在唐以前的佛教典籍《五灯会元》一书中就有记载。另外如"斫柴""捋茅草""捋柴"；又如将"扫把""扫帚"叫做"筶（音条）帚"，床铺叫"眠床"，注重礼节叫"重礼数"，"风筝"叫"纸鸢"，等等。

语言是人们交流思想的工具。随着社会开放程度的提高，人与人之间的交流越来越广泛、频繁，人们为适应社会生活、工作和文化交流，推广普通话，学讲普通话。小孩从小就说普通话，对自己家庭或祖上讲的方言逐渐淡忘以至不会说，已是一种趋势。方言作为一种非物质文化的存在形态，正面临着逐渐消亡的危险。因此，在积极推广普通话的前提下，还要有意识地保护好我们古老语言的活化石——建德方言。

四　九姓渔民方言

九姓渔民方言是一种严重濒危的汉语方言，主要分布在浙江省西部新安江、兰江、富春江三江交汇地带，即建德、兰溪、桐庐一带，活动范围南至龙游、衢江、江山，西至淳安，东至杭州。20世纪60年代，各地渔民陆续上岸定居后，与岸上居民交往日益频繁，渔民原有的生产生活方式发生改变，九姓渔民方言也开始面临新的危机——逐渐萎缩与消磨。我们在实地考察的基础上，对九姓渔民方言的语言面貌进行了比较详细全面的描写，比较了其与周围方言的关系，尝试对九姓渔民方言的属性进行初步判定，并对方言接触与语言演变的规律进行一些探讨。运用传统方言学的方法，研究梅城、三都、大洋、淳安、兰溪九姓渔民方言的声韵调系统，从总体上归纳九姓渔民方言的内部异同，存在文白异读、连读变调、儿化音等情况。在声母方面，九姓渔民方言古全浊声母处于"浊—清"变化的尾声阶段，除个别地点古全浊声母未清化外，多数地点均已清化，清化规律与建德梅城岸上方言相同，即逢平、上、入读不送气清音，逢去声读送气清音。此外，泥来母、知章庄声母等的读音问题也对显示九姓渔民方言的特点和属性具有重要意义。在韵母方面，九姓渔民方言也表现出一些重要特点，如果遇摄呈合并趋势、假摄开口二三等知系字读合口韵母、咸山摄细音字韵母单元音化、入声韵塞音韵尾消失等。在声调方面，上声、去声不分阴阳的特点值得注意，从目前掌握的材料来看，并不能找到九姓渔民方言上声、去声曾经分阴阳，后又合并的线索，如果这一现象是古上声、去声不分阴阳的遗留，那么九姓渔民方言的声调系统就具有类型学的意义。九姓渔民方言语言面貌参差不齐，其语言核心部分显然没有一般岸上方言稳固，我们指出这种现象是与九姓渔民流动的生产生活方式密切相关的，甚至在九姓渔民上岸定居以前，其方言的语言系统较其他岸上方言更具开放性。上岸定居后，方言接触除船上方言之间的相互影响外，还包括岸上强势方言及普通话对船上方言的影响。在外力的冲击下，离散式音变、叠置式音变、音移和类推等多种音变方式交替发生作用，语音演变的规律和方向也发生变化。

九姓渔民方言一直处于平衡被不断破坏和修补的交替过程中，并显示出其作为濒危方言的宽容性的特点。九姓渔民方言的词汇语法也很有特点。对九姓渔民方言的词汇语法特点进行总体梳理，并就相关特点与普通话、吴徽语、北方官话、粤语等方言进行比较，以期较为全面地认识汉语方言的一些词汇语法现象。如果我们把九姓渔民方言与其他方言进行比较研究，运用方言地理学的方法对九姓渔民方言与周围其他方言（吴徽语）进行比较，从而对九姓渔民方言的属性做出初步判定。我们共设计了25个语言项目，包括语音、词汇、语法，以方言特征图的方式进行比较，并辅以适当的文字说明，以便更清晰地揭示九姓渔民方言与周围其他方言在语言面貌上的相似程度。总结前面比较研究的结果，并通过九姓渔民方言与其他方言特征比较，得出初步结论——九姓渔民方言是一种接近于南部吴语（婺州片）的汉语方言，或者从另一个角度说，九姓渔民在其依江漂流的群族生活历史中，对其语言影响最深的是吴语婺州片方言。总结九姓渔民方言调查研究中发现的问题，并以此为依据对濒危汉语方言的调查研究方法、濒危汉语方言研究对社会语言学等其他学科研究的意义提出相关思考。严州九姓渔民方言是一种濒危汉语方言，其语音系统较之其他尚处稳定的方言来说，更具开放性和包容性。产生很多活跃的、不规则的语音变异是濒危语言语音系统的主要特点。

第七节　谱牒文化：地方志与家谱

一　地方志

（一）地方志起源与体例简介

地方志又叫方志。志，记也。方志，记一方之物土，是"一方之'全书'"。作为反映当地地理、历史、经济、政治、文化的地方志，是一个地区、一个时代历史社会的真实反映。它"兼具史地，注重人文，详今略古，纪实求真"，既有横断面，又有纵切面，是包括天地人物的百科全书。所以，宋朝司马光称之为"博学之书"，清朝章学诚认为可以"补史之缺，参史之错，详史之略，续史之无"[1]。古人说："郡之有志，犹国之有史。所以察民风、验土俗，使前有所稽，后有所鉴，甚重典也。"[2]明朝统治者认为"治天下以史为鉴，治郡国者以志为鉴"[3]。这就说明历代统治者都把地方志当做维护自己统治的重要借鉴。家有家谱，县有县志，国有国史。我国是一个有修志传统的国家，所以历代留传下来的地方志浩如烟海。地方志同历代国史一样，有官修的，也有私人修撰的，有着久远的历史渊源。

地方志的名称最早见于《周礼》，也叫"地志"，是"地方志"或"四方志"的简称。此后历时两千年，迄至现在，一直沿用这个名称。方志起源于史，即由古代诸侯国的史书演变而来。我国历史从东周解体到秦王朝统一中国前的几百年间，是列国并立、诸侯兼并的分裂时期。在此期间，各诸侯国都设有史官，执行史实的记述，这些就是当时各诸侯国的历史。其名称各国不一，如晋称之为"乘"，楚名之为"梼杌"，鲁称之为"春秋"。历史上有孔子见百二十宝书、墨子见百国春秋的说法，可见当时史官记事之盛。各种不同名称的诸侯国史书，就可视为我国最早的地方志。有人说，地方志是从地理著作中独立出来的，导源于《禹贡》《山海经》。《禹贡》《山海经》是我国古代的重要地理著作。前者是《尚书》中的一篇，记述了我国九州的方域、地质、物产、贡赋、政治等，共一二〇七字，是我国最早的一篇人文地理的重要典籍。作者对我国的山川、形势、土性、怪异、古迹，以及道里的远近、物产的情况，记载颇为详细，是我国最早的一部自然地理的名著。从两书的内容看，可能是战国时期史官的著作或者是作者依据史官记述加上亲身旅行调查所得资料写成的。鉴于此，说地方志源于地理著作与地方志源于史的说法并不矛盾。

明清以前，我国古地方志的发展，经历了三个主要阶段：从汉到隋、唐为前期，主要以记载地理为主；从隋、唐到宋、元为中期，以地理、政事并重，体例初步形成；宋、元为第三个时期，内容偏重于政事，逐渐形成共同的体例，记载也较前广泛全面。到了明代，地方志从内容到体例向前大大迈进一大步。在清代的乾隆、嘉庆之际，由于史学大师章学诚的积极倡导，方志学独树一帜，蔚为大观。乾隆皇帝诏令全国各级政府每隔六十年重修地方志一次，于是全国有一统志，省有通志，府有府志，州有州志，县有县志，甚至一些大镇也有志，北岳还有《恒山志》。地方志的编纂虽有两千年的历史，但形成方志学这门有系统理论的科学，却只有一二百年的历史。郡县志是自宋以来，全国各郡县先后编修的方志，明清以后府厅州县大都有志，如《严州府志》《淳安县志》《建德县志》《桐庐县志》等。

[1] 陈进主编：《新编地方志工作理论与实践》，光明日报出版社2007年版，第90页。
[2] （清）章学诚：《文史通义》，中华书局1994年版，第574页。
[3] （清）章学诚：《文史通义》，中华书局1994年版，第576页。

方志的体例也是随着社会的前进而逐渐由简到详、日臻完备。秦汉以前，方志还未从地理书中脱胎出来，秦汉以后方志才随着经济文化的不断发展逐步形成自己的特点，进入独立发展的阶段。隋唐之际，方志的体例已明显超出地理书的格局范围，经济的比重越来越大，图的地位却越来越小。到了宋代，方志才完全从地理书中分野出来，其体例才比较完备，"凡举舆图、疆域、山川、名胜、建置、职官、赋税、物产、乡里、风俗、方技、金石、艺文、祥异无不汇于一编"[1]。尤其是宋太宗太平兴国年间乐史所编纂的《太平寰宇记》的体例，对后世影响很大。元、明、清几代方志的体例，基本上是循宋人体例的。此期间的志书，上自天文，下至地理，建置沿革、景物、古迹、田赋、疆域、风土、特产、形胜、庙祠、人物、仙释、道术、津梁、邮驿、学校、仓务、海运、碑碣、方技、异闻、杂咏、灾异以至洪堰制度、用水则例，无所不包。大门类中又分细类，如赋类分：田、地、税、苗、义仓、役钱、酒课、拍店、县役等。土产分：谷、布、饮食、用、花、果、蔬、药、草、竹、木、禽、兽、鱼、虫等。至此，我国古代方志作为史学一支的品类和形式才成为定型。清代史学家章学诚又在这个基础上提出"三书"（志、掌故、文征）、"八门"（编年、方舆、建置、民政、秩官、选举、人物、艺文）的体例主张，使方志的体例更趋完备。

[1]（清）章学诚著：《文史通义》，中华书局1994年版，第636页。

此后，方志的体例虽有变化，但终未脱其窠臼，只是内容详尽、编排更醒目而已。如光绪年间编的《山西通志》一百八十卷，分六门以括其要。图以辨方（包括疆域图，府、州、厅、县图）；谱以序世（包括沿革谱、三代世谱、秦汉以来别谱、职官谱、贡举谱）；考以稽古（包括府、州、厅、县考，山川考，关梁考，古迹考）；略以记今（包括田赋略、水利略、盐法略、秩祀略、学制略、营制略、公署略）；记以述事（包括巡幸记、大事记、经籍记、金石记、风土记）；录以存人（包括名官录、乡贤录、忠烈录、孝友录、义行录、仕实录、儒行录、文学录、隐逸录、艺术录、方外录、列女录）。这样，就使这部包罗万象的巨著，纲举目张，井然有序。

（二）严州府志

严州历史上是文献之乡，十分重视地方志与家谱的纂修。从北宋大中祥符三年（1010年）李宗谔开始纂修地方志《严州图经》到民国止，连府志和县志一共有73部之多。其中《严州府志》16部，《建德县志》6部，《寿昌县志》9部，《淳安县志》11部，《遂安县志》12部，《桐庐县志》9部，《分水县志》10部。另外，如果加上1949年以前宁海人干人俊纂修的《民国淳安县新志稿》，计有74部。此志稿现存中国科学院图书馆。

严州府是全国府志编修中开始时间比较早的。从李宗谔纂修《严州图经》开始，严州有了自己修志的历史。从《严州图经》开始，《严州府志》已经具备了志体的基本体例格局，为后世修志奠定了很好的基础，提供了比较规范的参考范本。让后世从府志中受到启发借鉴，使府志一开始就具有存史、资政、育人的功能。如果对严州一千多年来的修志历史作一个梳理，大致可以分为三个阶段：第一阶段是宋、元时期，即严州府志编修的起始阶段。这一时期有这样几部府志：

北宋祥符三年（1010年），李宗谔纂修《严州图经》，可惜此书亡佚已久。

《新定志》八卷，绍兴九年（1139年）由董芬纂修，喻彦先检订，刊本久佚，董芬原序尚存。

淳熙《严州图经》八卷首一卷，陈公亮重修，刘文富订正。淳熙十三年（1186年），本志现存三卷，卷一严州，卷二建德县，卷三淳安县。

景定《新安续志》十卷，钱可则修，郑瑶、方仁荣纂。景定三年（1262年）本志现全存，改题《景定严州续志》。

《建德府节要图经》，元朝方回纂修。至元十四年（1277年），刊本久佚，方回序存。

第二阶段是明朝，是严州修志的发展阶段。这一时期有这样一些府志：

《严州府志》，洪武初年，已无传本，本志见《文澜阁书目》卷十九，凡四册。《严州府志》修纂人姓名无考，纂成时间为正统前或永乐间，已无传本，本志见《文渊阁书目》卷二十。

（景泰）《严州府志》，钱礼纂修。景泰四年（1453年），已无遗本流传。

（弘治）《严州府志》二十二卷首一卷，李德恢纂修，李伯通、董谟同修，唐珪校正。弘治六年（1493年），本志传本极稀，天一阁存五、六、九至十一、十七至十九卷。

（万历）《严州府志》二十五卷首一卷，杨守仁修，徐楚纂。万历六年（1578年），刊本有残缺。

（万历）《续修严州府志》二十四卷，吕昌期续修，俞炳然续纂。万历四十一年（1613年），温州图书馆、浙江图书馆、中国科学院地理研究所藏本均不全。

第三阶段是清朝到民国时期，可称为府志的繁荣时期，这一阶段有这样一些府志：

（顺治）《严州府志补遗》一卷，清钱广居辑，顺治六年（1649年），刊本今存。

（康熙）《严州府志》，任风厚修，毛际可等纂。康熙二十二年（1683年），书成未刊，序今见存。

（乾隆）《严州府志》，三十五卷首一卷，吴士进续修，胡书源等纂。乾隆二十一年（1756年）刊本十六册，今存。

光绪《严州府志》三十八卷首一卷，吴世荣续修，邹伯森等续纂。光绪九年（1883年）增补刊本二十六册，今存。

（光绪）《严州府志》，光绪十六年（1890年）鹤山补编，光绪二十六年（1900年）贺良越再补编。民国廿六年（1937年）重印附补编、再补编。

（三）严州辖区内的县志

在《严州府志》编修的影响下，各县都修了县志。而且相隔多年就进行续修，已成为地方官员和民间不成文的规定。开始续修时间由各地自己定，后来在乾隆的倡导下，每隔六十年续修一次。严州处在交通要道的枢纽地带，南来北往，受到四面八方的影响，上游会受到安徽皖南的影响，下游会受到杭州、绍兴以及江苏等地的影响，南面会受到金华、衢州以及江西等地的影响。这是一个得风气之先的地方，在修志这件事上也能充分体现出来。严州辖区内的县志属淳安、遂安两县最多。淳安县志11部，遂安县志12部，合计23部。建德县志6部，寿昌县志9部，合计15部。桐庐县志9部，分水县志10部，合计19部。按惯例，府（郡）志是在修就县志的基础上编纂的。如从宋代大中祥符年间（1008—1016年）修纂《严州图经》时算起，原淳安、遂安、建德、寿昌、桐庐、分水六县修纂县志则已有近千年的历史。因为有些县志已经遗失，只能从其他书中略知一二，所以难以还原本来的整体面貌。

六县之中，最早的要数北宋《遂安县图经》。《淳安县志》一书约修于南宋景定、咸淳年间，今已不传。万历《淳安县志》，陈三槐后序谓："淳有也，盖起于宋云。郡守钱公礼硕儒方蛟峰先生辑志讲学。"顺治《淳安县志》虞世恺后序亦云："淳志自宋守钱公礼大儒方蛟峰纂修。"守钱公即南宋严州知州临海钱可则，曾在景定三年（1262年）主修景定《新定续志》。志见《太平寰宇记》卷九五所引。《永乐大典》卷九七六六亦引《遂安县图经》一条，当是庆历八年（1048年）以后所修。《建德县志》《桐庐县志》《分水县志》分别修于明朝正统年间（1436—1449年），见《文渊阁书目》卷二十新志类著录。《寿昌县志》还较早于《建德县志》，为元朝郑彧所修。

以下援引一篇明成化年间（1465—1487年）吴福所写的《淳安县志序》，对我们了解古代修志的情况会有一些帮助。

> 洪惟我朝列圣相承，仁覆海宇，凡尺地一民，莫非所有。在天下有一统志，在列郡有郡志，在各县有县志，皆以实录卓乎足征者也。然而显晦者由乎人，盛衰者因乎时；有为于前，不可无述于后，此志之所由以续也欤。淳安为邑，隶严郡，实子陵之乡；山不甚高而秀，水不甚多而清；地狭民稠，人和物阜，古称辑睦，多文学之士，良有以也。县志旧有刻板，散逸殆尽，缺而不修者，盖亦有年。郡侯淮南朱公皅，由内台擢是任，适以是事檄县，县令广信汪君贵，

祇事惟谨。亦曰莅政以来，恒念以为缺典，意亦犹朱公也。殆所谓闭户造车，出门合辙者哉。以予闲居，委任其事。于是前摭旧志所载，后则采辑品第，精别仇较，非可据者不取。书既成，谓宜序予。惟地方有志，所以纪其山川、人物、土地、贡赋、风俗之显晦盛衰，不可无也；然备之或近诬，略之或失实，亦难矣哉！禹贡仅千百言，九州八荒，昭然可见。后有作者，虽皆取法，不能无议；矧显晦盛衰，关乎气运，非偶然也。方今重熙累洽，治隆往古，人其人，时其时矣，可不大书特书，以鸣我国家气运之盛。成化十二年丙申夏六月丁丑。赐进士出身奉政大夫修正庶尹、尚书兵部郎中、致政邑人吴福书于青溪书院。

二 家谱

（一）家谱简介

家谱是记述家庭的发展、变迁的一种文章样式。关于家谱的著述，我国可以上溯到很久远的年代。西汉司马迁所撰写的《史记》中就有"列传""世家""本纪"，这可以说是人物传记，也可以说是最早的家谱，不过所记述的不是普通人家的变迁，而是帝王将相的家谱。唐人刘知几在《史通》中说，可与正史参行的史氏流别还有十种，其第六种就是家谱。他说，"高门华胄，奕世载德，才子承家，恩显父母，由是纪其先烈，贻厥后来，若扬雄《家谍》、殷敬《世传》……"[1]这就是"家谱"。他评论"家谱"的得失时又说："家史者，事惟三族，言止一门，正可行于室家，难以播于邦国。"[2]由此看来，一般家史所记的人物较帝王将相低一等。"高门"出了"才子"，方可荣宗耀祖。如以公元前25年扬雄《家谍》为例，这种"家谱"只记载"高门华胄"，普通人家是难以入谱牒的。因为家谱主要记述的是宗族的繁衍，世系的延续，行文极简，线条粗略，是纪实性资料，一般无突出的思想性。

家谱是我国传统文化的重要组成部分，称得上是人类文明史上的瑰宝。清代历史学家章学诚在《文史通义》中说："且有天下之史，有一国之史，有一家之史，有一人之史。传状志述，一人之史也；家乘谱牒，一家之史也；郡府县志，一国之史也；综纪一朝，天下之史也。比人而后有家，比家而后有国，比国而后有天下。"[3]家谱、方志和国史构成中华民族历史大厦的三大支柱。家谱，又称宗谱、族谱、世谱、家乘、通谱、总谱、会谱、房谱、支谱等，是一个同宗共祖的家族或宗族的血脉谱系。相传荀子曾编著《春秋公子血脉谱》，其中"血脉"二字，揭示出家族血脉的本质特征。《史记·夏本纪》记述了夏朝自禹至桀十四代的世系，说明夏代已有了"家谱"。殷商时期的甲骨文字，有专记家族人物、世系的甲骨，如"儿氏"甲骨，即记载此家族十一代世系，是我国目前发现最早

[1] 来新夏等：《中国年谱与家谱》，商务印书馆1997年版，第101页。

[2] 来新夏等：《中国年谱与家谱》，商务印书馆1997年版，第102页。

[3]（清）章学诚《文史通义》，中华书局1994年版，第588页。

的文字家谱。至周代，贵族在鼎彝礼器上铸造铭刻本家世系，作为祭器陈于宗庙，这就是金文家谱。至两汉，家谱颇为风行。应劭的《士族篇》，颍川太守的《聊氏万姓谱》，扬雄的《家谍》等，尤为著名。曹魏以来，推行九品中正制，门阀权势达到极盛。《通志·氏族略》："自隋唐以上，官为簿状，家有谱系，官之选举，必由于簿状，家之婚姻，必由于谱系。"[1]选官只凭姓氏出身，婚姻全以家谱门第为据。政府设立谱局，并行审查。直至南北朝，成为家谱发展的鼎盛时期，出现谱学大家如贾弼、王僧孺等，自此谱学成为一个史学门类。降至隋唐，开始废除九品中正制，推行科举制度。限制门阀士族势力，使庶族平民晋身仕途成为可能。政府选官不再仅凭家谱为据，唐太宗李世民为抑制门阀，提高皇族地位，命重编《氏族志》。计293姓，1651家，分成九等，李氏一等，外戚二等，原有士族列入三等。赵宋以来，理学家倡导"管摄天下人心，收宗族，厚风俗，使人不忘本，须是明谱系世族与立宗子法"[2]，家谱从之前作为"选官婚姻"的依据，转变为"敬宗收族"的载体。正是因为要确立这种宗法家长制，使得家谱的编修更加普及、频繁，亦从官修转为私编（皇族玉牒除外）。以欧、苏二姓为代表的两个大家族开始新式家谱的创建。明、清以后直至民国，基本以"欧苏遗式"为定式，完善修谱的条规和办法，同时设置专项产业，为修谱提供财力保障，使续编家谱之风达到顶点。

（二）严州地区的家谱

严州地区是家谱编修十分繁荣发达的地方。几乎每个人口多一点的家族都会修家谱，而且是每隔几十年就修一次，把后面出生的人员写入家谱中，与前一次的家谱相衔接。从淳安的家谱来看，人口较多的姓氏是方姓、徐姓、王姓等。建德人口较多的姓氏是陈姓、徐姓、王姓、吴姓、叶姓、黄姓、方姓、李姓、张姓、胡姓、周姓、刘姓、邵姓，这些姓氏人口都在万人以上。桐庐除了陈姓、徐姓、王姓、吴姓、叶姓、黄姓、方姓、李姓、张姓以外，人口较多的还有申屠等姓。

通过家谱，我们可以看出姓氏变化的一些情况。孙权立国江东，肥田沃野，民无饥岁，吸引中原人口陆续南迁，严州地区亦在南迁者首选之列。之后，又因战乱、为宦、经商、农耕、隐居、爱慕严州秀美山水等，各方人士先后迁居于此，融入严州这一大家族。比如战乱迁徙更楼街道甘溪村方姓，由淳安来。宋徽宗宣和年间（1119—1125年），方腊起义失败，宋王朝血洗清溪，方姓族人四处逃奔，其中一支避难甘溪，定居繁衍。邓家村邓姓，由江西迁来。元末明初，战乱不休，江西抚州邓家庄邓氏，为避战乱，迁居建德邓家村。宋末元初，金华知府何应，因元兵骚扰，辞官迁居寿昌南乡徐坞源。南宋末年，金人入侵，江西牛角岭谭履仁，为避难迁居寿昌檀村。明成祖永乐年间（1403—1424年），谭明孙定居里诸佃坑，于是有了寿昌镇里诸村谭姓。也有因隐居而迁徙的，东汉严光隐居富春，为富春严姓之祖。三都镇三都村，是东晋开国侯宋兴隐居地，宋兴为

---

[1] 来新夏等：《中国年谱与家谱》，商务印书馆1997年版，第105页。

[2] 来新夏等：《中国年谱与家谱》，商务印书馆1997年版，第106页。

建德宋氏之祖。南宋理宗嘉熙四年（1240年），南京上元县尹钱伯英，极谏贾似道误国，受帝斥，辞官隐居乾潭胥源。还有因经商而迁徙的，洋溪街道洪坑村洪姓，是宋朝安徽商人洪某后裔。洪于宋时定居此地，繁衍生息。大洋镇南山下村潘姓，是歙县岩寺街下烟潘村人后裔。南宋恭帝时（1275—1276年），潘村人贩运木材遇潮，住在大洋上源。自宋以来，尤其是清代，安徽人因经商迁居建德，相继融入诸多客姓。因农耕而迁徙的，大洋镇上蒋村蒋姓，是宋朝东阳黄田畈人蒋某后裔，蒋某放鸭至此定居。少数民族中的畲族，其雷、蓝、钟诸姓，在清朝时，分别从丽水、温州逃难来建德开荒定居。自唐、宋至清，尤其是清咸丰年间（1851—1861年），战乱不休，大批江西难民接踵而至，又有邹、林、姜、俞、项、周、宁诸姓，迁入建德开荒耕耘。另外，还有因为宦迁徙和因爱慕建德山水而迁徙的。自中华人民共和国成立后，一批北方干部南下，其中有一部分来建德任职。建设新安江水电站、建德铜矿、衢化建德石矿、更楼化工厂、横山铁合金厂等，有外地科技人员、产业工人、家属及新安江水电站库区移民迁入建德。

家谱编修一般由家族中极有威望的长者主持，因为他在家族中有号召力，能协调各方出钱出力。

纵观严州地区的家谱，虽然各谱不完全相同，但总体有一些规律性的东西。谱有序言，而且是多篇序言；有的还有家训；再是世系姓氏变化记录。

人们为什么这么热衷于修家谱，除了血缘关系的凝聚力之外，就是家谱本身具有的敬宗、收族、教化的传统功能，通过家谱进行寻根问祖活动，可以增强炎黄子孙的凝聚力。以血缘姓氏为脉络的家谱，记载本家族最完整的世系，那些客居异乡的游子，无不关切自己根出何方，当他们怀着激动的心情，在家谱上找到自己或先辈的名字的时候，那种热泪盈眶的场面令人感动。家谱所具有的史料价值，也是无可比拟的。正如现代历史学家顾颉刚先生所说：

> 我国史籍之富，举世无比。然列代公认的官修正史由于种种原因，自今论之，尚难允称"信史"。今青年治史学，当于二十五史外博求史料，取精用宏，成就当非前代所可比。而今我国史学领域尚待开发的两个"大金矿"，即地方志和族谱。它向为治史者所忽视，实则其中藏无尽有价值的史料，为"正史"所难于悉记而不为人所知者。

家谱中记载了丰富的人物传记，不仅可补国史、方志之缺，在这个崇尚"名人效应"的时代，更能为地方的人文研究提供翔实的材料。毛泽东曾于1957年在成都举行的中央政治局扩大会议上说过："收集家谱、族谱，加以研究，可以知道人类社会发展的规律，也可为人文地理、聚落地理，提供宝贵的资料。"

第八节　著名古典小说与严州

严州是一个文化积淀非常深厚的地方。许多古典小说中都写到严州的人物与风情。因为严州是三国、水浒故事的发源地之一。有的古典名著还刻印于严州。其中较为著名的古典名著有《三国演义》《水浒传》《金瓶梅》《聊斋志异》《官场现形记》等。

一　《三国演义》与严州

（一）《三国演义》简介

《三国演义》的题材来源，大部分出自陈寿的《三国志》和裴松之给这部史书所作的注解中引用的野史杂记，小部分则是作者根据民间传说和自己的生活经验补充上去的。在罗贯中编写《三国演义》以前，三国故事很早就在民间流传。唐代诗人李商隐的《骄儿诗》中说："或谑张飞胡，或笑邓艾吃"，英雄们的故事已被儿童熟知，可见传播得十分普遍。北宋都城汴梁（今河南开封）有专讲三国故事的民间艺人。据说在小孩子淘气时，"为其家所厌苦"往往会给一点钱，叫他去听讲三国故事。宋代这种口头说讲的三国故事没有记录流传下来。今天所能见到的只有元代至元三十一年（1294年）刻印的一部《三分事略》（《三国志平话》）。它很可能是依据宋元时代民间艺人口头讲述而略加整理的作品。不过，当时这类平话故事的书似不止一种。元人王沂《虎牢关》诗："君不见《三分书》里说虎牢，曾使战骨如山高。"[1]是今见传本《三分事略》所没有的，可见是出于另一种讲说三国故事的书。也就是说，罗贯中着手编著《三国演义》时，可能参考的有关三国故事的书不止一种。他曾多方面吸收前人的成果，丰富了他的鸿篇巨制。

在元朝，除以三国故事为题材的小说外，诸宫调和杂剧也有不少是演唱三国故事的。从《刘关张桃园三结义》到《司马昭复夺受禅台》，重要事件几乎都有剧本，这对于罗贯中的创作也不无影响。此外，元代诗歌中也有歌咏三国故事的，如耶律楚材《除戎堂》诗说："服心不用七擒策，御侮何劳三箭歌。"[2]成遵《泸水》诗："七擒怀信义，三顾报忠勤。"王冕《秋晚即事》："说与南阳诸葛道，草庐虽好莫贪眠。"散曲中同样也有提到三国故事的，白朴《送史总帅镇西川时口口混一》说："八阵功成，七擒功就。"看来，三国故事在元代社会各阶层都广泛流传。但是，不管杂剧也好，平话也好，诗歌也好，情节彼此歧义的地方很多。罗贯中除把这些材料加以选择、剪裁、编排外，还有不少情节是出于他个人的

[1]（元）脱脱撰：《宋史》，浙江古籍出版社1998年版，第1057页。

[2]朱一玄等编：《水浒传资料汇编》，百花文艺出版社1981年版，第2页。

想象和捏合，如"吴国太佛寺看新郎"。罗贯中编写长篇小说《三国演义》，虽是在前人写作的基础上，吸收了一些有益的东西，然而取得这种成绩，主要应该说是和他的创造性劳动与卓越的艺术才能分不开的。

《三国演义》通过对于刘备、关羽、张飞、诸葛亮等的歌颂和对董卓、曹操等的谴责，表达了作者对丑恶现实的不满和对理想的追求。《三国演义》除开揭露封建统治阶级的凶残暴虐和歌颂人民美好的生活理想之外，还有一个十分成功的地方：它在描写各个集团之间的矛盾和冲突中提供了许多生活斗争的经验和策略。在小说中，对诸葛亮这个人物塑造得非常成功。诸葛亮是一个非常有智慧的人，当然，智慧和勇敢是分不开的。诸葛亮如果没有足够勇气是不能取得胜利的。"草船借箭"写鲁肃的惊惧，正是反衬孔明的胆略过人。一般来说，怯懦和智慧总是不相容的。诸葛亮这个形象，除开智慧之外，同时还具有勇敢、谨慎和勤劳等品德。《三国演义》在人物塑造方面有着惊人的成就。这部小说写了四百多个人物，其中主要角色都是具有个性，十分生动而色彩鲜明的不朽典型。

（二）《三国演义》中的建德侯孙韶

《三国演义》第八十六回《难张温秦宓逞天辨，破曹丕徐盛用火攻》专门介绍东吴大将孙韶用计大败曹丕的故事。曹丕志得意满，亲率水军大举进攻东吴，大有志在必得的气势。大敌当前，东吴内部意见也不统一。孙韶要立即亲点兵马前去迎战，而做事一贯稳妥的孙韶的上级徐盛则坚决反对冒险。在相互矛盾不可调和之际，徐盛动用权力，要斩孙韶的人头，以立军威。这件事惊动了东吴大王孙权，他立马赶来相救。极力说服徐盛，最后放了孙韶。但年轻气盛的孙韶，认为徐盛的做法过于保守，连夜带领三千人马前去迎敌作战。徐盛知道后，怕孙韶会有闪失，暗中也马上派兵协助孙韶迎敌。道高一尺，魔高一丈。曹丕初来乍到，情况不熟，贸然行动，却棋逢对手，碰到劲敌。而且还中了徐盛的计策，最后狼狈逃窜，还差点丢了性命。徐盛和孙韶取得了此次战役的重大胜利。

从这些情节中，我们看到了一位有勇有谋的年轻将领的风采，他对我们读者来说是那样的亲切可爱。让我们严州人为历史上拥有这样一位优秀的将领而感到非常自豪。

二 《水浒传》与严州

（一）《水浒传》故事的形成

《水浒传》所写的以宋江为首的农民起义是有史实根据的。范圭书《宋故武功大夫河东第二将折公墓志铭》说，宣和初，折可存擒方腊后，"奉御笔捕草寇宋江，不逾月继获"。《宋史》和《十朝纲要》《三朝北盟会编》《东都事略》等书中也有一些简略的记载。如《宋史·张叔夜传》说："宋江起河朔，转略十郡，官军莫敢撄其锋。"《东都事略·侯蒙传》也说："江以三十六人横行河朔，官军数万无敢抗者。"参加起义的36人的事迹，带有强烈的反抗意识和浓厚的传奇色彩，所以在人民群众中间到处传播着。

宋末元初龚开作《宋江三十六人赞》，初次完整地记录了36人的姓名和绰号。从他写的序里可以看出，曾有人为36人绘相，而远在龚开的少年时代，他们的故事就已见于"街谈巷语"。南宋罗烨《醉翁谈录》缕列的话本名目中，朴刀类有"青面兽"，杆棒类有"花和尚""武行者"。在元代《大宋宣和遗事》关于"梁山泺聚义本末"的叙述中，则已有劫取生辰纲、杨志卖刀、宋江私放晁盖、刘唐下书、宋江杀阎婆惜等情节。元代还出现以李逵、燕青、武松、杨雄、张顺等为主角的杂剧。可以说，从南宋到元末是《水浒传》成书以前的酝酿时期。

元末爆发了农民大起义，群众性的反抗运动风起云涌。它们规模庞大，波及的范围广泛，其间又有许多可歌可泣的事迹产生，因此给人们留下了深刻的印象。于是，便产生了用长篇小说的艺术形式来反映农民革命的客观要求。伟大的作家施耐庵承担起这项历史使命，写成了《水浒传》。他把那些表现在口头传说、话本、杂剧中彼此不连缀的水浒故事集中起来，运用惊人的艺术才能，进行了创造性的劳动，予以更细致、更深刻、更典型的描写，使小说的内容有了极大的丰富和提高。

（二）《水浒传》中的严州内容

宋公明大战乌龙岭。在《水浒传》中有第一百十六回"卢俊义分兵歙州道，宋公明大战乌龙岭"、第一百十七回"睦州城箭射邓元觉，乌龙岭神助宋公明"的回目。说的是宋江带领梁山好汉前去攻打方腊起义军的队伍。开始，宋江的攻打并不顺利。先是折了阮小二，后来又有解珍、解宝战死乌龙岭，再后来打虎英雄武松也在此失去了一条手臂。对于宋江来说真是损失惨重。宋江自乌龙岭失利以来，情绪十分低落，茶饭不思。一日顿觉疲倦，忽忽睡去，梦见乌龙神邵氏前来面授机宜。依其计策，最后取胜。

宋公明智取方腊洞。在小说《水浒传》第一百十八回"卢俊义大战昱岭关，宋公明智取方腊洞"中，讲到童贯受宋徽宗派遣，前来督军。于是，宋江再不敢徘徊犹豫，只好硬着头皮带领部队往前冲。来到淳安方腊的根据地——帮源里，开始受到方腊部队的拼死抵抗，宋江的部队损失很大。后来终因力量悬殊，寡不敌众，轰轰烈烈的农民起义归于失败。被人告密，方腊也于洞中被捕。方腊被抓的洞穴，现在已成为一个著名的旅游景点。据史书记载，方腊不是武松擒获的，而是当时的小校官韩世忠带人抓获的。因为武松勇猛过人，于是人们就把这一功劳归到武松头上了。过去有个戏叫"武松独手擒方腊"。不过，这个戏在别处可以演，在帮源洞一带是不允许演出的，是因为乡亲们对方腊的热爱。方腊是淳安的一位声名赫赫的顶天立地的大英雄，他坚贞不屈，浩气长存，他的英名会随着岁月的磨洗而越来越响亮，形象也会越来越高大。

三 《金瓶梅》与严州

（一）《金瓶梅》的内容

《金瓶梅》的情节内容是从《水浒传》武松杀嫂的故事引申出来，然后加以演绎，主要描写西门庆的罪恶、污秽的家庭生活。西门庆原本只是一个开中药铺的东家，财富和势力都很有限，当武松告他"夺妻杀夫"的时候，他惶惶然，还不能够与县官说话，只能从衙门皂隶那里通关节。几年之间，凭着他的神通，结纳党羽，串通官吏，巧取豪夺，一跃成为地方上的豪强。他进一步攀附朝廷显要蔡京，谋得本县提刑千户的官职，从此更加肆无忌惮，贪赃枉法，溺案徇情，鱼肉乡里，欺压善良，而家庭生活则更加放荡荒淫。

小说通过西门庆这样一个典型人物在社会上活动的脉络，描写了上自朝廷擅权专政的太师，下至在市井间招摇撞骗、蛮横狡诈的帮闲篾片和地痞流氓等形形色色人物的精神状态，描写了他们沆瀣一气在他们勾结编织的社会关系网中所进行的卑鄙的罪恶活动，从而细致地勾勒出一幅阴森残酷的鬼蜮世界。作者标识为北宋，而实际是作者生活的时代，是嘉靖、万历时期社会情况的真实写照。

明代嘉靖、万历时期，封建制度及其意识形态的不少方面日趋市侩化。商品经济的发展，商人势力的壮大，金钱在社会生活乃至整个政治生活中的作用越来越大。达官西门庆的发家，主要不是依靠市场运作所获得的商业利润，而是依靠勾结官府衙门，甚至直接用自己拿金钱交换来的权力巧取豪夺。小说着意指出，西门庆的出现和存在不是一个偶然现象，他是当时腐败制度的必然产物。作者对社会现状不满，但他把罪恶的病根归结为人性的贪欲。小说开门见山就提出酒色财气的问题，作者所描写的人物，上自王公大臣，下至贩夫走卒，几乎没有不贪不欲的。作者集中笔墨写的是西门庆和他的几房妻妾，又以细腻的笔墨描写了西门庆和潘金莲的关系。《金瓶梅》所描述的西门庆与潘金莲的关系是极富讽喻和哲理的。西门庆把潘金莲当做泄欲的工具，作为回报，潘金莲也把西门庆当做泄欲的工具。潘金莲是西门庆贪欲的外化，西门庆死在潘金莲手里也就是死于自己的贪欲。

（二）《金瓶梅》回目："陈经济被陷严州府"

小说《金瓶梅》第九十二回"陈经济被陷严州府，吴月娘大闹授官厅"。大致情节是说西门庆死了以后，西门庆的女婿陈经济一日打听到原西门庆的第三房小妾嫁给了李知县的儿子李衙内，随带了许多东西过去。李知县三年任满后升在浙江严州府，做了通判，领凭起身，打水路赴任去了。这陈经济因想起昔日在花园中拾了孟玉楼那根簪子，吃醉又被潘金莲所得，落后还与了他，收到如今。就要把根簪子做个证见，赶上严州去，只说玉楼先与他有了奸情，与他这根簪子，不合又带了许多东西嫁了李衙内，都是昔日杨戬寄放金银箱笼，应没官之物，"那李通判一个文官，多大汤水，听这个利害口声，不怕不教他儿子双手把老婆奉与我。我那时将来家，与冯金宝又做一对儿，落得好受用"。陈经济想得非常美好，但是，事与愿违，有诗为证："赶到严州访玉人，人心难忖似石沉。侯门一旦深如海，从此萧郎落陷坑。"陈经济打点他娘箱中，寻出一千两金银，留下一百两与冯金宝家中盘缠，把陈定复叫进来看家，并门前铺子发卖零碎布匹。他与杨大郎又带了家人陈安，押着九百两银子，从八月中秋起身，前往湖州贩了半船丝绵绸绢，来到清江浦江口码头上，湾泊住了船只，投在个店主人陈二店内。不日找到孟玉楼府上，谎称自己是孟玉楼的兄弟，是"孟二舅"来看望孟玉楼。后来，李衙内有事出门，孟玉楼单独招待陈经济。陈经济欲与她亲热，遭到孟玉楼的拒绝。陈经济就拿出手中一直珍藏的原来在花园中捡到的孟玉楼掉落的簪子，以此相要挟。孟玉楼当时无法，只得表面上暂时与他亲热。待丈夫李衙内回家，夫妻设计陷害陈经济。将陈经济下到大牢中。后来陈经济由徐知府出手相救才脱离苦海，回到家乡。

虽然陈经济在严州府的活动情节不是太多，但从中可以看出当时严州府是一个非常有影响的州府，这一点是完全可以肯定的。否则，何以被小说作者写入书中。另外，也说明作者对严州一带非常熟悉。建德籍著名红学家戴不凡先生就曾提出过《金瓶梅》作者有可能是建德人，他从书中的内容、风俗、方言等方面进行了论证。虽是一家之言，但也有一些道理在。

四 短篇小说集《聊斋志异》与严州

（一）《聊斋志异》内容简介

《聊斋志异》是中国优秀的古典文言短篇小说集，全书将近五百篇作品，除一部分是素描特写、寓言笑话和奇闻轶事外，大部分是小说。最长的不过四千多字，最短的只有二三十字。题材非常广泛，反映的社会生活非常丰富。其中最优秀的篇章，往往是通过对各种精灵鬼怪以及花妖狐魅的描写，热情讴歌人间的种种美德，无情地揭露和抨击封建社会的黑暗与腐朽。它是一部艺术上具有独特风格，内容非常丰富而思想又非常深刻的杰作。

作者蒲松龄（1640—1715年），字留仙，一字剑臣，别号柳泉，山东淄川（今淄博市）人。他从20岁左右开始此书的创作，经过20年的艰辛劳动，写出了这部杰作。他学识渊博，具有丰富的生活阅历，而他潦倒的生活遭遇，使他对封建社会的弊端有较为清醒的认识，对于人民有较多的同情。

　　蒲松龄是一位很有才华的书生，十几岁便中了秀才，很受当时一些名人的器重。但是以后，他虽然日夜苦读，在科举的道路上奔波了几十年，却始终未能如愿以偿。71岁援例做了贡生，四年以后去世了。他就像他笔下的叶生（见《叶生》）一样，满腹经纶，才华盖世，但却郁郁终生。这样的遭际，使他对科举制度的腐朽有着深切的感受，对科举的内幕，以及科场和学官的黑暗了如指掌。所以《聊斋》中有大量的篇章是揭露和抨击科举制度的。科举制度从一开始就存在着弊端，到了蒲松龄的年代，已经腐朽透顶了。开科取士，已经不在于书生的才华，也不在于文章的好坏，而在于你会不会"走后门"，贿赂考试官，会不会找有权有势的人做靠山，或者你的文章和考试官臭味相投，否则就别想高榜得中。这在《书痴》《神女》《考弊司》《僧术》中都可以看到蒲松龄一针见血的揭露。《聊斋》还告诉人们，科举里的考试官大多是些不学无术的昏庸之徒，他们有目无珠，香臭不辨，营私舞弊，贪污受贿。结果只能是真正有才学的屡试不第，胸无点墨的高榜得中。这在《司文郎》《贾凤雏》《三仙》《于去恶》《叶生》等篇里都可以看到。总之，蒲松龄对科举的讽刺是辛辣的，揭露是深刻的。

　　蒲松龄科场失意，做官无路，穷愁潦倒，一辈子过着"终岁不知肉味"的清贫生活，这就使他有可能接近社会底层，了解他们的疾苦，对封建社会的种种弊端，封建统治阶级的残暴、压榨看得更加清楚；也由于自己的不得志，他更同情人民。因此，揭露现实政治，鞭挞丑恶社会、土豪劣绅，是《聊斋》的又一个主要内容。在《梦狼》《席方平》《促织》《刘姓》《成仙》等作品中，他写出了封建社会大大小小官吏的贪婪、昏庸、残忍和无耻。指出他们当中有一半是不拿兵器的强盗，官贪吏虐，如狼似虎。写出地方上的土豪劣绅又是怎样勾结官府鱼肉人民的。从《聊斋》可以看出当时的社会已经从朝廷到地方，从官员到土豪，结成了一个没有皂白的强梁世界，人民百姓"冤塞胸吭，无处可申"。

　　蒲松龄在揭露的同时，对人民的反抗复仇、顽强不屈的斗争精神是极力赞颂的。全书塑造了不少敢于斗争的英雄和侠士，如《席方平》《红玉》《商三官》《窦氏》《向杲》《张氏妇》等，表达了广大人民的意愿。

　　蒲松龄生活在封建社会的最后一个朝代，其封建的婚姻制度到此已经延续了两千多年。他和前代许多作家一样，对青年男女深表同情，写了几十篇爱情故事，塑造了几十个追求婚姻自主的艺术形象。如《娇娜》《青凤》《阿宝》《连城》《鸦头》《细侯》《小谢》，等等。这些作品里的主人翁都是非常可爱的，他们敢于冲破"父母之命""媒妁之言"和"门当户对"的封建藩篱，执着地相爱。作者热情歌颂他们的忠贞不渝，赞扬他们的自我牺牲精神。与此同时，蒲松龄对那些贪财贪色，对爱情虚情假意、始而无终的市侩，是无情鞭挞的。如《云翠仙》《南三复》《丑狐》等，作者大快人心地写出了他们的可耻下场。

（二）《聊斋志异》的最初版本——青柯亭本刻于严州

蒲松龄生前很想把自己写的书刻印出来，但吃饭都十分困难的他，哪有这样的经济实力。在他去世半个世纪后，蒲松龄出书的遗愿由他的山东老乡赵起杲在严州实现了。赵起杲（1715—1766年），字清曜，号荷村，山东莱阳人。生平喜读《聊斋》。乾隆十一年（1746年）冬，从老朋友周季和手中得到两册《聊斋》的手抄本，后来又在福建和北京各找到一个抄本，形成了一个比较完善的本子。乾隆二十八年（1763年），赵起杲调任杭州同知，遇到了著名的藏书家和出版家鲍廷博。鲍一见这个抄本，极力怂恿赵起杲把它刻印出来，赵起杲当然很乐意，但却因种种原因没有刻成。乾隆三十年（1765年），赵起杲调任严州知府，政务比较清闲，严州又历来有刻书的传统，加上来借手抄本的人很多，于是赵起杲下决心要在严州刻印。他请来饱学之士余集担任编辑，又请郁佩先和自己的弟弟赵皋亭协助，刻印工作则由诸生陈载周负责，鲍廷博除了出资相助以外，还经常协助解决编辑中的疑难问题。第二年五月，十二卷本刻成，赵起杲正在紧张地筹措资金，准备续刻余下的四卷时，却突然于五月十八日病逝于严州试院。

半年后，十六卷本在朋友们的通力协作下，终于告成。"垒垒遗冢，寂寞江滨，可哀也已！然而苦心劲节，已足与云山江水俱长。"赵起杲为《聊斋志异》的出版贡献了毕生的精力，耗尽了心血，也耗尽了家财，以致死后不能归乡入土。赵起杲著有《青柯亭诗集》一卷，其《自题画像（余集画）》一诗云："点缀溪山著此翁，扶筇尽自倚高松。悬知四海皆秋气，却爱残阳晚更红。"

余集是青本《聊斋》的主编，可知此诗是晚年作于严州。赵起杲热爱严州山水，他将《聊斋》刻本和自己的诗集都以府衙中的青柯亭来命名。青本《聊斋》的问世，为这一名著的传播起到了很大的作用，赵起杲为"青本"写的两篇序言和例言成为研究《聊斋》版本的重要资料。"其文则庄、列、马、班，而其义则窃取《春秋》微显志晦之旨，笔削予夺之权。层见叠出，变化不穷。水佩风裳，翦裁入妙；冰花雪蕊，结撰维新。缘其才大如海，笔妙如环。"[2]（赵起杲青本《聊斋志例言》）给予了极高评价。

《聊斋志异》版本很多，但以"青本"为最早的祖本，也是最接近原稿的本子。后来出的许多版本多以"青本"为主要底本做参考。鲁迅先生在《中国小说史略》中曾说过："《聊斋志异》终著者之世，竟未刻，至乾隆末始刊于严州。"[3]这个"刊于严州"的刻本就是"青柯亭本"，不过时间不是"乾隆末"，而是乾隆中，即乾隆三十一年，此有赵、余、鲍诸人的序言为证。

五 《官场现形记》与严州

（一）《官场现形记》作者简介

作者李伯元（1867—1906年），名宝嘉，又名宝凯，以字行，别署南亭亭长、游戏主人、讴歌变俗人等。江苏武进人，父翼辰（申之），27岁卒。李伯元时年6岁，由堂伯父李翼清（念仔）抚养。翼清历官山东肥城和胶州等县知县、兖州同知、东昌知府、山东候补道，伯元及其母、姊随侍任所。光绪十八年（1892年）翼清辞官归里，伯元一家亦随返故乡。不久，伯元以第一名考中秀才。光绪二十年（1894年）翼清去世，伯元一家失去接济。伯元为养家计，于光绪二十二年（1896年）前往上海，先后创办《指南报》（1896年）、《游戏报》（1897年）、《海上繁华报》（1901年），是近代小报的奠基者之一。光绪二十七年（1901年）清廷开经济特科，李伯元被侍郎曾慕涛举荐，婉辞不应，时论有"征君"之誉。光绪二十九年（1903年）应商务印书馆之聘，主编《绣像小说》杂志，为清末四大小说杂志之一。因劳累过度，又有烟癖，以致壮年而卒，年仅40岁。伯元工诗、文、书、画、篆刻，以小说成就最大，与吴趼人、刘鹗、曾朴并称清末四大谴责小说作家。各类著作有十余种。以《官场现形记》六十回为其代表作。该书是晚清谴责小说的开山之作，对清政府"揭发伏藏，显其弊恶，而于时政，严加纠弹，或更扩充，并及风俗"；在艺术上则创造了"头绪既繁，脚色复夥（伙），其记事遂率与一人俱起，亦即与其人俱讫，若断若续，与《儒林外史》略同"的蝉联结构。因而"骤享大名，而袭用'现形'名目，描写他事，如商界学界女界者亦接踵也"。李伯元所著《官场现形记》刻画的是一幅官场群丑图，描述了形形色色的官僚群像，虽然官有大小，权限不同，却都是贪赃枉法，见钱眼开，残害人民之徒，出卖祖国以至自己的灵魂。陶子尧侵吞公款，冒得官为保官贡献女儿。胡统领花天酒地，为冒领军功，纵兵烧掠，奸淫妇女，无所不为。文制台对洋人卑躬屈节，描写得惟妙惟肖，深刻至极。所谓"不在其位，不谋其政。不谋其政，而谋其位"就是这批人做官之前的奋斗目标。待谋得其位，又一要邀宠固位，二要防人来谋位，根本不可能"在其位，谋其政"。对晚清官场腐败揭露得尤为深刻。

（二）小说《官场现形记》中有关严州的内容

《官场现形记》全书六十回，约七十万字，却用了七回八万多字来描写严州的官场"现形"情况，占全书总量的近八分之一，生动地展现了清末严州社会的立体图景。小说从第十二回"设陷阱借刀杀人，割靴腰隔船吃醋"开始，接下来七回描写的是浙江统领胡化若（无话说，胡话说）奉令带兵前往严州"剿匪"的过程。书中交代，"浙东严州一带地方，时常有土匪作乱，抗官拒捕，打家劫舍，甚不安静"。还提到，"这班土匪正在桐庐一带啸聚，虽是乌合之众，无奈官兵见了，不要说打仗，只要望见土匪的影子，早已闻风而逃"。"这时候，严州一带地方文武官员，雪片的文书飞到省城告急"。奉命征剿的省城官兵，从杭州候潮门外上船，到严州的水路原本只两天，居然足足走了七天，而且因为迷恋船妓，带兵的胡统领将官船当作行营，一直不肯上岸。统兵的将佐和帮办的幕僚在船上狎妓、赌钱、吃酒席，甚至于偷盗、争风吃醋，闹得乌烟瘴气。到了严州地面，因为确实没有强盗，但为了邀功请赏，竟然将良家百姓指为盗贼，杀人放火，奸淫掳掠，闹得鸡犬不宁。统兵的胡化若原本怕土匪"割了他的头去"，及听说没有土匪，却偏要"阔他一阔，出个十成队，叫人家看着热闹热闹"。一个叫作柏铜士（不懂事）的都司因为报告了实情，扫了胡统领的兴头，被推下去打了二百军棍。"胡统领又急急地横在铺上吸了二十四筒鸦片烟，瘾过足"，这才传令进兵，"只见五颜六色的旗子，迎风招展，挖云镶边的号挂，映日争辉"，摆足了威风。无奈找不到"土匪"，倒把良民百姓吓得东逃西躲，十室九空，胡化若却"疑心他们都是土匪，大兵一到，一齐逃走，定要拿火烧他们的房子。这话才传下去，不到一刻，前面先锋队都得了信，一起纵容兵丁搜掠抢劫起来。甚至洗灭村庄，奸淫妇女，无所不至"。就是这样一班真正的强盗，还要夸大"匪情"，虚报粮饷，冒领功劳。只因与地方官分赃不匀，引起内讧，直到地方"绅士"魏翘（字竹冈，实即"会敲竹杠"也）通过京城表兄内线上告，惊动了"老佛爷"，慈禧太后派了钦差前来查办。这钦差也是个贪官，只因上司见他"苦这多少年，如今派了他去，也好叫他捞回两个"。书中揭露官场的腐败黑暗，从绿营军队到地方政府，从府县基层到京都部堂，"上下俱是一样"。老佛爷的口说，"通天底下一十八省，哪里来的清官？但（只）是御史说，我也装糊涂罢了"。这个统兵征剿百姓的胡化若，他的统领官职就"弄了京里什么大帽子信得来的"，因此要疯狂地去捞回来。

　　官场腐败，自然道德沦丧。居上位者，只知珠玉妖姬，升官发财，所谓政绩，无非是祸国殃民。胡统领严州剿匪，纵兵屠洗村庄以冒功邀赏。在下者则巧于逢迎，吮痈舐痔，奴颜媚骨成为做官第一要诀。湍制台家蓄十美，属员过翘特地到江南买了两个绝色女子进献，凑成"十二金钗"。更为龌龊的是冒得官，竟将亲生女儿报效上司。人心叵测，遍地陷阱。两个红州县周果甫、戴大理斗法，都是口蜜腹剑、笑里藏刀；时筱仁恩将仇报，对故主落井下石；刁迈彭卖友求荣，断送把兄。书中那一群胸无点墨的酒囊饭袋：刘大侉子、黄三溜子、田小辫子、唐二乱子等，更是晚清官场特产的一宗活宝，捐例大开的必然产物，钱房市侩，袍笏登场，官场的文化品位也荡然无存了。综观全书，人性的堕落与异化到了触目惊心的地步，作家直斥为"畜生的世界"（第六十回）。书中暴露黑暗有余，缺乏一丝亮色。

余 论

在严州文化的发展中，除了前面我们讲到的东吴文化和中原文化对严州文化的影响外，徽州文化也是对严州文化起过重要作用的文化因素之一。徽州处于严州的上游，严州是徽州人向东外出经商和参加其他活动的必经之地。过去讲"无徽不成商"，比较发达的州府、县城都有徽商在经营。所到之处，他们就把很有特色的徽州文化带到那里。

一 徽州文化的含义

说及徽州文化，它有广义与狭义之分。广义的徽州文化乃指传统世代的徽州人进行历史创造活动所形成的一切古代文明成就的总和；狭义的徽州文化则是指由历史上的徽州人在最为辉煌的"徽州时代"创造出来的，以程朱理学为内核、以徽商精神为基础、以文教理性为先导、以创新进取为灵魂的一切器物文明、制度文明和精神文明成果的总和。人们常提到的大多指后者。然而，无论是广义的徽州文化还是狭义的徽州文化，其内容都丰富邃密，体系又完备，涉及经济、政治、教育、学术、文学、艺术、科技（内含建筑、医学等）、工艺等领域，诸如徽商、徽州土地制（佃仆制）、徽州宗族及宗法制、徽州科举制、新安理学、徽州朴学、徽州教育、徽州方言、新安文学、徽派篆刻、徽派版画、新安画派、徽州戏曲、徽州科技（主要包括新安医学、徽派建筑、程大位珠算等）、徽州工艺（主要包括新安四宝、徽派四雕、徽菜等）、徽州乡风民俗、徽州历史地理、徽州历史人物、徽州文书、徽州文献……此诚所谓不胜枚举。

二 徽州文化的成就

追溯徽州文化形成和发展的历史轨迹可知，由于自南宋到明、清在古徽州及其关联着的其他区域出现一种"学成派、艺成海、术成流、商成帮、人成杰"的局面，创造了徽州文化空前灿烂辉煌的历史成就，在其深厚的积淀中存载着汉民族传统文化的大量基因信息，使它成为古代农耕时代传统社会后期杂糅着儒、佛、道等精髓主旨的华夏文明的典型标本和缩影，彪炳史册。

论文化成就，体现在思想学术方面，则有新安理学与徽派朴学，深远地影响着古徽州，使它变成"东南邹鲁""程朱阙里"儒教圣地；体现在教育方面，则有"十户之村，不废诵读"的昌盛文风形成科举及第的连续荣耀——宋、元、明、清时期徽人子弟高中状元、进士、举人的不仅绝对人数甚众，尚且平均量占比例较高，譬如休宁就被戴上了"状元县"的桂冠；体现在文化建设方面，除了拥有大量书院和书屋外，古徽州还出现大批官办或私家刻坊和为数不少的藏书处、阵容相当可观的刻书名家与藏书名家，同时，文会也较普遍地建立起来，文事昌达，风雅十足，像婺源县就长期享有"书乡"的美誉；体现在文学艺术领域，则有徽州方言系统、徽州文学现象、徽州戏曲（包括傩戏、傀儡戏即木偶戏、目连戏、尤其有人称为"京剧之母"的徽剧）、徽派篆刻、徽派版画、新安画派等知名门类的新创涌出，呈现了百花争妍的空前繁盛景象；体现在科技工艺领域，则有程大位珠算学及其发明的"丈量步车"、郑复光物理学成就及其制成中国近代第一台望远镜、詹天佑主持设计并建成京张线中国近代第一条铁路，新安医学、徽派建筑、徽派砖木石竹四雕、以徽墨与歙砚为典型代表的文房珍物之"新安四宝"、徽菜、徽派盆景、徽州漆器、徽州竹编，吴鲁衡罗盘、张小泉贡品剪刀、徽州砖塑、屯溪焰火等的奇崛行世，无不在中国自然科学发展史册里星光粲然；体现在经济领域，则有称雄江左、富甲海内的贸易劲旅——"钻天洞庭遍地徽"的鼎盛徽商。从以上远未概述其全的徽州文化历史成就来看，它几乎涉及古代农耕时代传统社会的各个层面，这样便使徽州文化成为一座共生性尤为明显的中国汉民族传统文化的"富矿藏"。与此紧密相连，在古徽州也就诞生了一批卓越的历史人物，包括思想家、教育家、艺术家、科学家、发明家、医学家、政治家（名官宦）、军事家、著学者、实业家等，诸如朱熹、罗愿、郑玉、朱升、张小泉、黄宾虹、詹天佑、吴承仕、胡适、陶行知……此诚所谓英才辈出，灿若星河。

徽州文化固然因由昔世无数智慧徽人而创成，更借着众多独领风骚的杰出徽人而大放异彩。但就其大体方面来看，徽州文化乃是中国古代农耕时期传统社会后期主流型民族传统文化中亮点频闪的精彩构成部分之一，成为"徽州时代"所处的那个历史区间里传统社会先进文化因素的杰出代表之一。

若再深究一下徽州文化的本质特征，则可看到它所体现出来的儒本化、平实式、开放型、创新性都是颇为鲜明的。首先，徽州文化的根脉与灵魂都深切地植根于崇儒为本的中国传统文化底蕴之中，昔世农耕时代传统社会主流意识形态几乎在徽州文化的方方面面都烙下了历史的印痕，那许许多多被历代儒教卫道士们所极力宣扬倡行的思想、理念、意识、精神、伦理、道德等，不仅深广地物化在古徽州大地各种各样有形的物质载体以及山川草木上，而且深刻地影响着一代又一代的徽州人，于是类似儒商、儒官、儒将等均代有辈出；其次，徽州文化除有反映传统世代上层社会的历史生活风貌外，更多的是再现着古代徽州以及与本地密切相关联的其他区域位居社会中下层人们世俗的乡野或市井生活等内容，较为平实地贴近普通百姓；再次，徽州文化仰赖着历代奔走四方的徽州商人、徽籍官宦、徽籍士子，以及那些出入迁徙的移民等人群发挥着蜜蜂采蜜式的作用，从而架起了沟通外界的桥梁，使它在相对开放的社会历史环境中得以兼收并蓄，并博采众长取得显赫成就；最后，徽州文化在自身所涵盖的众多领域或层面上，充满着创新的精神和理念，生动地体现出中华民族创新进取的可贵品格和蓬勃旺盛的创造活力，这些丰硕成果无不注解着徽州文化的创新实践与特点。

三　徽州文化对严州文化的影响

所谓传承徽州文化，即是说从前人那里将人们视若璧圭的徽州文化的丰富遗产妥善地承继下来、弘扬开来，并好好地传递给子孙后代，这是徽州文化得以延续其文化生命的基本前提，也是具有深广历史影响力的此种文化传统生生不息的重要条件。

具体来说，对于徽州文化的这种传承大致涵括如下几大主要板块内容：其一是器物文化层面的实态化传承，诸如实物遗存传承、文献资料传承等；其二是精神文化层面的意念化传承，诸如思想学术传承、伦理道德传承、文学艺术传承、乡风民俗传承等；其三是复合文化层面的多维化传承，诸如徽商财富传承、教育资源传承、科技文明传承、工艺术法传承等。实物遗存传承主要包括以徽派建筑（譬如徽州"八古"，特别是包括古民居、古祠堂、古牌坊在内的所谓徽州"古建三绝"）为典型代表的地面徽州文化遗存以及众多古玩宝器等文物，在严格保护条件下适合今用的现实传承。

另外，比如严州人吃的菜，在烧法上很多地方接近徽菜的烧法。建德很有名的五加皮酒就是徽州商人朱仰懋综合了许多家酒坊的制造，再根据自己的需要配以多味中药制造而成。建德的许多建筑大多是徽派建筑，白墙青瓦马头墙。还有建德的其他古代建筑，包括祠堂、民居、拱桥、牌坊、亭、塔、井等，是严州古建筑中的优秀代表，是反映建德历史和社会文化的最壮美、最直观的人工制造物，包含着十分丰富的古代历史、科学文化方面的信息和艺术价值，是人类宝贵的文化遗产之一。建德的古代建筑，承袭了徽派建筑的基本风格，富丽华瞻，结构精美，与徽派建筑一样，成为江南一带建筑的杰出代表。还有新安画派、新安医药等，渗透到严州文化的各个方面。自从建造了新安江水电站，徽州人从水路去往杭州的大门被阻断了，相互之间的交往比过去少了，影响也少了许多。但历史上留下来，且渗透到文化基因中去的东西是难以改变的。如果有可能，对严州文化与徽州文化进行一些比较性研究将是非常有意义的课题。

后　记

2014年11月28日晚上10时，《严州文化史》终于杀青了。

对此，我感到非常高兴，压在肩上近一年的担子终于可以卸去了。近十个月来，我起早贪黑——因为白天要上班，只能早晚加班——以年近60的疲惫之躯完成这些书稿，真的有些玩命的味道。妻子多次劝我：你年纪大了，可不可以少揽点活，不行吗？对我来说，实在是有些为难的，按年纪来说，是到了该休息的时候，但我十分热爱这项工作。再说人情难却，只有硬着头皮去完成。

其实这样硬做事情，是很难讲究质量的，只能制造文化快餐：有时可能别人根本不看，一转眼就会像快餐盒一样被人丢进垃圾桶去；也可能别人碍于面子收下你的书，转身就束之高阁了，或者再也不会去动它，或者过段时间就会交给收旧货的人，辗转到夜市的旧书摊上了，或者送到造纸厂去打纸浆。

但我还是自信而且负责任地告诉读者，其实在我写这本书之前，已经从事了多年严州文化史的研究，写过多篇论文。比如，关于三国，我以孙韶为研究对象，在各种刊物上发表过多篇研究文章。关于唐代，我承担过《严州史话》（天津古籍出版社出版）第五章《大唐芳华》第一节至第四节的写作。关于宋代，我对于范仲淹、陆游、马大同、方腊等都进行过研究，论文都发表过。关于明代，我对中国古典名著《三国演义》《水浒传》《金瓶梅》等更是经常写文章并参加全国研讨会。关于清代，我对九姓渔民、《聊斋志异》《唐诗三百首注疏》（章燮）也有过粗浅研究。

当然，严州文化史是积淀非常深厚的，只靠一本书不可能讲深、讲透的。我的研究仅仅是冰山一角。严州文化史是一个富有的金矿，只有不断挖掘，才会得到更多的宝贝。关于严州文化史，还有许多课题有待研究，我期望能有更多有志的同仁加入到这个行列里来。

  我能顺利完成此书，首先要感谢杭州市社科院副院长周膺对我的指导，感谢淳安县政协秘书长汪林星、桐庐县政协文史委主任周保尔、桐庐县文广新局副局长郑玲为我写作提供了许多很有价值的书籍。另外，我还参考并采用了朱睦卿主编的《严州古城——梅城》和方韦编著的《严州史话》等书籍的有关内容，有些课题也曾当面向两位学者请教。在此，特致感谢。最后，我要感谢我的妻子方汛，她为我的写作提供了很多支持和帮助。当然，由于我水平有限，而且时间仓促，书中不足之处一定很多，敬请各位方家批评指正。

洪淳生

2014年11月28日深夜第一稿

2016年10月26日深夜第二稿